KB270938

실전! 유니티 5로 소셜 네트워크 게임 만들기

김천일(유니티러닝센터 강사) · 김효래(경민대 디지털콘텐츠과 교수) 지음

BM 성안당
www.cyber.co.kr

실전! 유니티5로 소셜 네트워크 게임 만들기

2015. 10. 5. 초판 1쇄 인쇄
2015. 10. 12. 초판 1쇄 발행

지은이 │ 김천일, 김효래
펴낸이 │ 이종춘
펴낸곳 │ **BM** **성안당**

주소 │ 121-838 서울시 마포구 양화로 127 첨단빌딩 5층(출판기획 R&D 센터)
       │ 413-120 경기도 파주시 문발로 112(제작 및 물류)

전화 │ 02) 3142-0036
      │ 031) 950-6300

팩스 │ 031) 955-0510
등록 │ 1973.2.1 제13-12호
출판사 홈페이지 │ **www.cyber.co.kr**
ISBN │ 978-89-315-5384-0 (13000)
정가 │ **25,000원**

이 책을 만든 사람들
책임 │ 최옥현
편집 · 진행 │ 조혜란
교정 · 교열 │ 안종군
본문 디자인 │ 앤미디어
표지 디자인 │ 앤미디어
홍보 │ 전지혜
국제부 │ 이선민, 조혜란, 신미성, 김필호
마케팅 │ 구본철, 차정욱, 나진호, 이동후, 강호묵
제작 │ 김유석

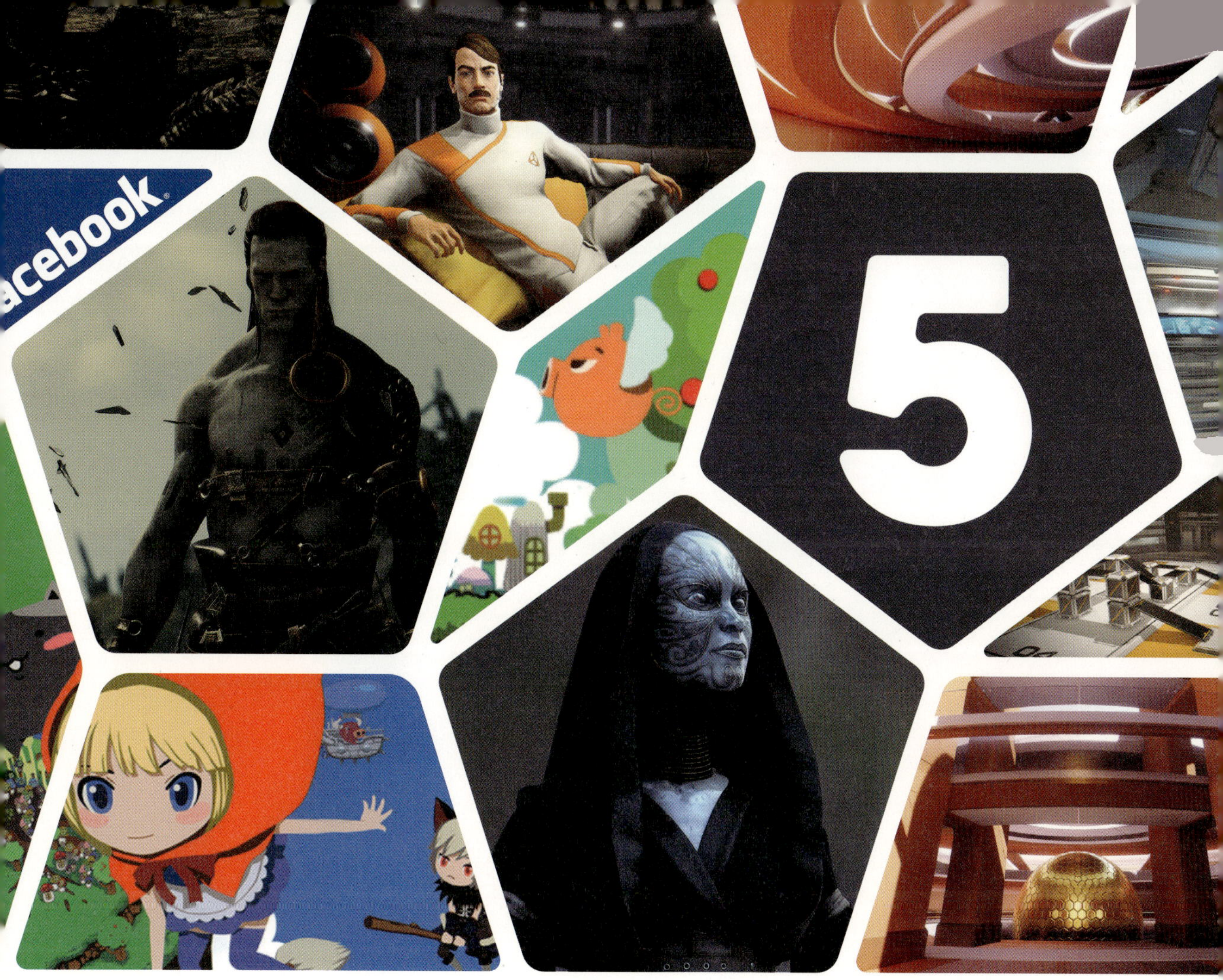

실전! 유니티 5로 소셜 네트워크 게임 만들기

김천일(유니티러닝센터 강사) • 김효래(경민대 디지털콘텐츠과 교수) 지음

BM 성안당
www.cyber.co.kr

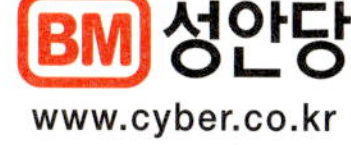

에셋으로 상업용 유니티 소셜 게임 만들기에 한 발 더 다가서다

이 책의 독자들은 유니티를 처음 사용하는 대학생이거나 유니티를 활용하고 있는 개발자일 것이다.

유니티는 국내 모바일 게임 엔진으로서 높은 점유율을 차지하고 있다. 그 이유는 개인 개발자도 무료로 엔진을 이용할 수 있고, 일반 회사도 저렴한 가격으로 가격 대비 높은 성능을 제공하고 있기 때문이다.

국내 서점에는 많은 유니티 관련 책들이 있지만 유니티의 높은 시장 점유율에 비해 아직 소셜 네트워트 게임(Social Network Game, 이하 소셜 게임)에 관한 책은 찾아보기 힘든 실정이다. 이것이 바로 유니티를 이용한 소셜 게임 만들기 책을 집필하게 된 동기이다.

최근 소셜 기능을 이용한 게임들이 많이 개발되고 있다. 앞으로도 모바일 환경에 기반을 둔 수많은 소셜 게임이 등장할 것이다. 이 책은 안드로이드 기반의 소셜 기능을 활용하여 집필했다.

이 책은 요즘 시중에 범람하는 유니티3D 관련 기초 입문서가 아니라 활용서라고 할 수 있다. 또한 현업에서 많이 사용하는 실용적인 에셋을 십분 활용하였다. 부록에서는, NGUI를 이용하여 UI를 개발하는 방식과 아울러 prime31을 이용한 페이스북 연동 작업, PHP + MySQL을 이용한 게임 서버 구축 등을 설명함으로써 하나의 게임을 만드는 것을 목표로 하고 있다. 그리고 처음 유니티를 접하는 대학생들이나 평범한 사용자들의 눈높이에 맞춰 유니티 기초, 유니티 C#, 유니티3D를 다루었다. 또한 PHP 웹 언어를 처음 사용하는 사용자에 맞춰 소스 코드를 작성하였다. 이 책에 모든 소셜의 기능을 담지는 못하지만 유니티를 활용한 소셜 기능을 이용하여 게임을 개발을 하고자 하는 독자에게 도움이 될 것이라 믿는다.

저자 김 천 일, 김 효 래

목차
CONTENTS

Chapter 06   로딩 제작

Chapter 07   랭크 씬 제작

Chapter 08   웹 통신

Part 3   본격 유니티 5 3D 게임 제작

Chapter 09   실전! 게임 제작

부록 1   NGUI를 활용한 유저 인터페이스 최적화 방법

부록 2   유니티 2D와 uGUI를 활용한 2D 게임 만들기

1

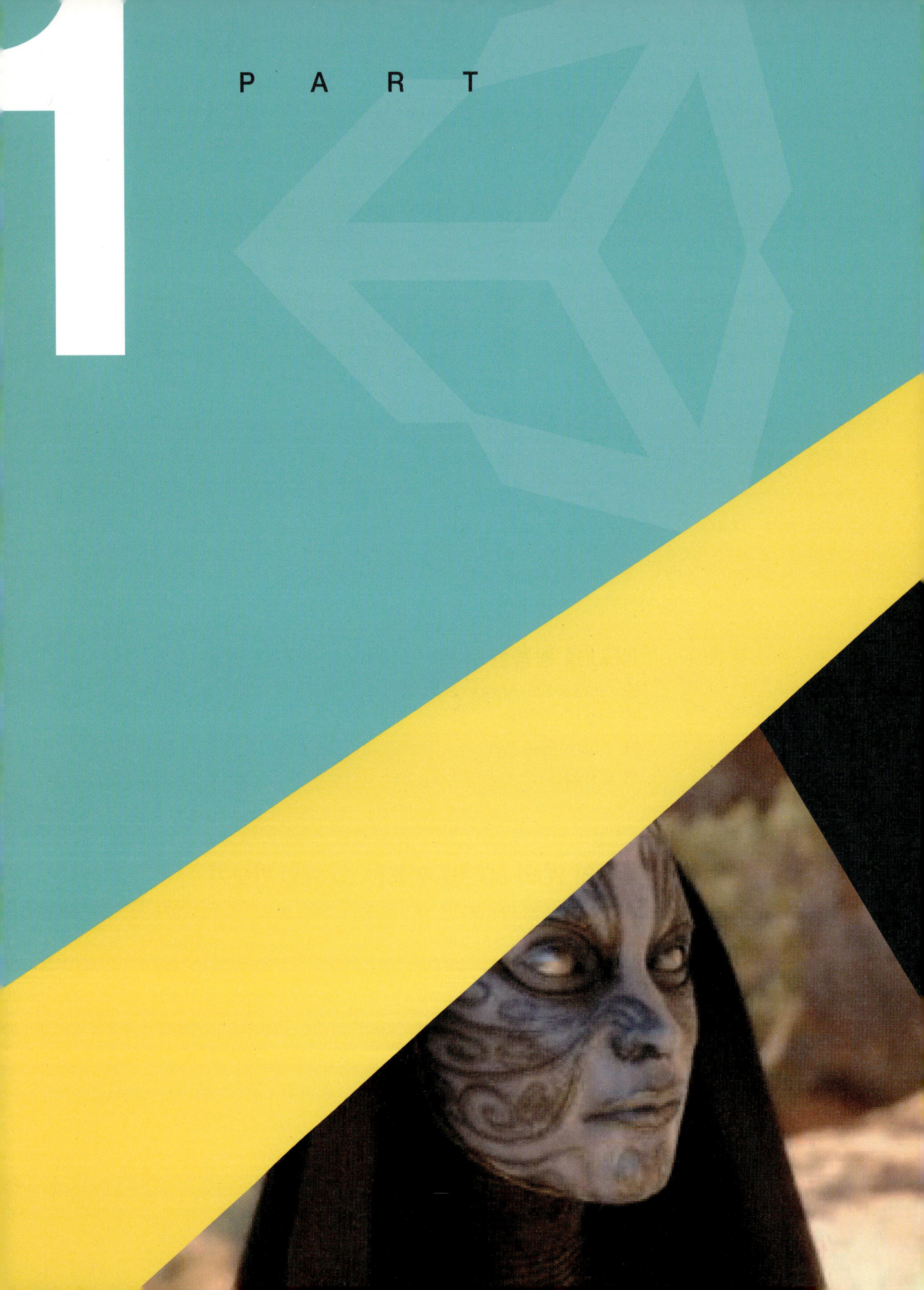

유니티 5 3D 입문

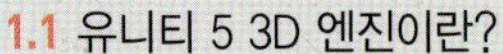

유니티 5 3D(Unity 3D) 엔진은 게임 개발의 민주화를 실현했다. 그 이유는 고급 기술들을 큰 비용 없이 사용할 수 있게 되었기 때문이다. 유니티 5 3D는 지난 2013년 7월을 기준으로 200만 명의 정식 사용자를 보유하고 있으며, '에셋스토어'라는 자체 상점을 운영하고 있다. 이 상점을 통해 사용자들 간의 활발한 자료 공유가 가능하다. 유니티 5 3D의 가장 큰 장점은 인터페이스가 간결하고 사용 방법이 간편하여 초보자도 쉽게 입문할 수 있다는 것이다. 지금부터 얼마나 쉬운지 차근차근 따라해보자.

얼마 전 'MS 이매진컵'의 심사위원 중 한 분이 페이스북에 "요즘 대학생들이 참여하는 프로그래밍 공모전에 가보면 모두 약속이나 한 듯이 유니티로 개발하는 추세이다"라는 글을 남겼다. 이처럼 유니티 5 3D는 누구나 쉽게 배우고 활용할 수 있다는 장점 때문에 활용도가 점차 높아지고 있다. 우선 유니티 5 3D란 무엇인지부터 알아보자.

1.1 > 유니티 5 3D 엔진이란?

게임을 개발하는 데에는 기획, 디자인(기획) 및 아트, 프로그래밍이 필요하다. 이 중 프로그래밍 파트에서는 C, C++, Java, Object-C 등과 같은 다양한 언어를 이해해야 한다. 프로그래밍 언어는 문법만 안다고 해서 끝나는 것이 아니다. 알고리즘, 그래픽스 등을 비롯하여 영어, 수학, 물리 등에 대한 공부도 필요하다. 이 모든 것이 준비된 후에 개발을 시작해야 한다. 이 밖에 스크립트를 입력하고자 한다면 비주얼스튜디오 모노디벨롭과 같은 IDE 에디터의 사용 방법을 알아야 하고, 서버까지 개발하고자 한다면 머리가 더욱 복잡해진다.

그림 1-1 유니티로 만들어진 3D 샘플 예제

그렇지만 유니티 5 3D 엔진을 이용하면 게임을 좀 더 쉽게 개발할 수 있다. 유니티 5 3D 활용 방법과 C# 언어 정도만 숙지하면 그동안 어렵게만 느껴오던 게임 개발에 입문할 수 있다. 유니티 5 3D 입문자라고 하더라도 에셋스토어를 이용하면 유니티 5 3D 유저들이 개발한 3D 데이터, 이미지, 사운드 등의 많은 리소스를 유료 또는 무료로 이용할 수 있다.

그림 1-2 유니티 5 3D 프로젝트의 초기 화면

Note 유니티 5 3D 엔진은 무료로 사용할 수 있는 다양한 플랫폼을 지원하고 있기 때문에 많은 사용자를 보유하고 있다. 유니티 5 3D 엔진은 입문자도 곧바로 시작할 수 있다.

1.2 > 유니티 5 3D로 개발된 게임

1 길건너 친구들

'길건너 친구들'은 iOS에는 2014년 10월에, 구글 플레이에는 2015년 1월에 출시된 게임이다. 이 게임은 '힙스터 웨일(Hipster Whale)'이라는 소규모 회사에서 제작했다. 국내에서는 Unity ADS를 통한 광고 수익으로 큰 성공을 거두기도 했다. 이는 적은 인력, 적은 비용으로 성공한 사례라고 할 수 있다.

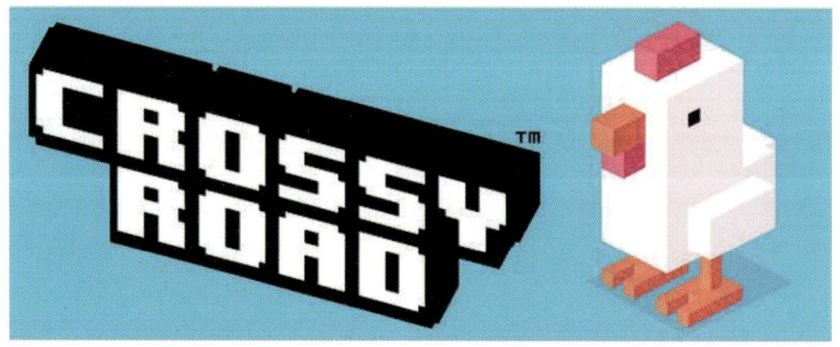

그림 1-3 구글 플레이를 통해 출시된 '길건너 친구들' 게임의 초기 화면

2 엔젤스톤

‘헬로 히어로’로 유명한 ‘핀콘’에서 개발한 게임으로, 언리얼에 버금가는 훌륭한 퀄리티를 자랑한다. 유니티 5 3D 엔진으로도 고퀄리티의 모바일 게임 제작이 가능하다는 것을 보여준 사례라고 할 수 있다.

그림 1-4 유니티 5 3D 엔진으로 만든 고퀄리티 모바일 게임 ‘엔젤스톤’

3 언데드 슬레이어

언데드 슬레이어(Undead Slayer)는 1인 개발자가 만든 액션 게임이다. 유니티 5 3D 엔진을 이용하면 소규모 개발도 가능하다는 것을 보여순 대표적인 사례라고 할 수 있다.

그림 1-5 ‘언데드 슬레이어’ 장면 1

그림 1-6 ‘언데드 슬레이어’ 장면 2

위에서 설명한 게임 외에도 유니티 5 3D 엔진을 이용한 게임이 많이 출시되어 있다. 이 사실을 통해 우리는 유니티 5 3D 엔진이 충분히 검증되었고, 앞으로도 많이 발전하리라는 것을 알 수 있다.

멀티 플랫폼이란, 아이폰으로 개발했지만 안드로이드 웹 기반, PC 기반에서도 한 번에 쉽게 동작할 수 있도록 해주는 작업을 말한다. 저자는 다양한 플랫폼을 작업해본 경험이 있지만, Direct3D, OpenGL 네이티브 기반의 멀티 플랫폼 작업은 결코 쉽지 않다.

유니티 5 3D 엔진은 상당 부분을 코딩 작업 없이 버튼 클릭만으로 변환할 수 있다. 게임의 스케일에 따라 다르겠지만, 유니티 5 3D 엔진의 기본 기능만 이용한다면 별도의 작업 없이도 변환할 수 있다.

유니티 5 3D 5.× 버전의 대표적인 기능은 바로 WebGL 최신 기술을 제공한다는 것이다.

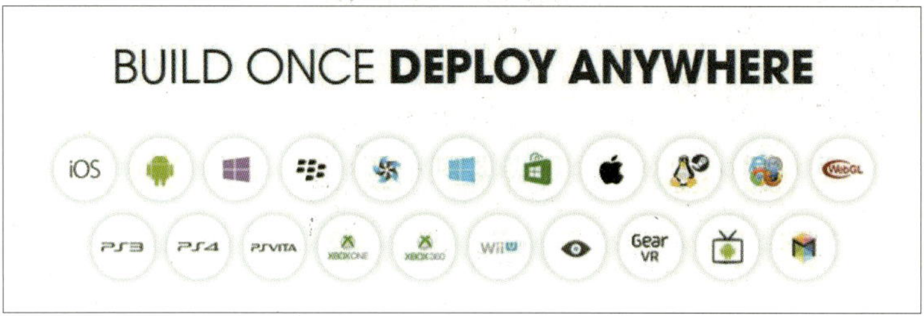

그림 1-7 유니티 5 3D 5.× 버전에서 지원하는 플랫폼

WebGL은 그래픽스 웹 기반의 그래픽 라이브러리를 말한다. 그동안 웹은 플래시, HTML5 등의 다양한 엔진 라이브러리를 기반으로 구동되었다. WebGL은 그래픽스 기반이기 때문에 3D 기반의 게임도 손쉽게 구동할 수 있다. 유니티 5 3D 5.× 기반에서는 모바일로 제작한 게임으로의 플랫폼 이식도 가능하다.

[그림 1–8]은 현재 WebGL[1]을 지원하는 웹 브라우저를 나타낸다. 현재 다양한 플랫폼들이 WebGL 기반의 기능을 제공한다.

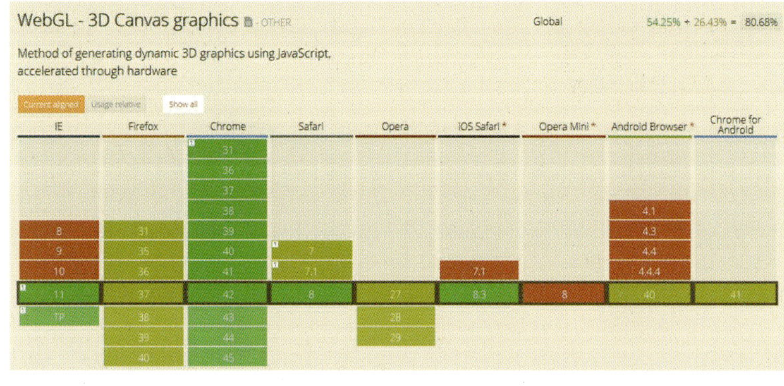

그림 1-8 현재 WebGL을 지원하는 웹 브라우저(출처: http://caniuse.com)

별도의 설치 없이도 WebGL이 가능한 유니티 5 3D 5.× 버전

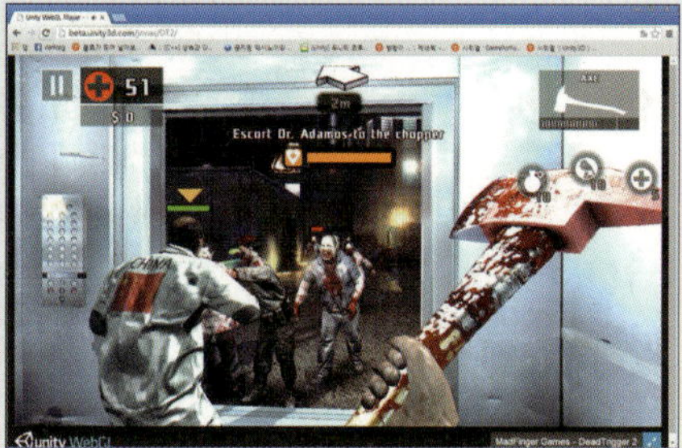

▲ 크롬 웹 브라우저로 WebGL을 구동한 이미지

기존 유니티 5 3D 4.× 버전에서도 웹 버전 플랫폼을 지원했지만 기존 플랫폼의 단점은 별도의 유니티 5 3D 웹 플레이어를 설치해야 한다는 것이었다. 그러나 유니티 5 3D 5.× 버전은 별도의 설치 없이도 WebGL 기반의 게임을 실행할 수 있다. 그 이유는 WebGL이 표준 라이브러리이므로 다양한 웹 브라우저 프로그램을 지원하기 때문이다.

[1] WebGL은 모질라 재단의 WebGL 워킹 그룹이 개발하고 2007년에 출시된 OpenGL Embedded System(ES)2.0을 기반으로 나온 그래픽 API로, 3차원 그래픽을 사용하기 위한 프로그래밍 인터페이스를 제공한다. OpenGL은 MS의 Direct3D와 비슷한 역할을 하는 표준 그래픽 API로, DirectX가 Windows와 콘솔용 3D 개발을 잠식하기 전인 2000년대 초만 해도 많이 사용되었다.

유니티 5 3D 5.x 버전에는 인디 및 스튜디오 버전, 기업 버전, 교육 버전, 산업 솔루션 버전이 있다. 각 버전에 대해 알아보자.

1 인디 및 스튜디오 버전

대부분의 유저들이 일반적으로 사용하는 버전이다. 이 버전은 'PERSONAL'과 'PROFESSIONAL'로 나누어진다. 일반적으로 매출이 1억 원 미만이라면 PERSONAL 버전을, 1억 원 이상이라면 PROFESSIONAL 버전을 사용한다. 유니티 5 3D 4.x 버전은 이펙트, EDITOR의 사용이 일부 제한된다. 최근 유니티 5 3D 5.x 버전이 무료로 공개되었다. PERSONAL 버전과 PROFESSIONAL 버전의 차이점은 Unity Cloud Build Pro(12개월) 무료 사용, Team License 사용 제한 등이 있다.

UNITY 5 포함 내용		PERSONAL EDITION	PROFESSIONAL EDITION
모든 기능을 갖춘 엔진	?	✓	✓
로열티 제로	?	✓	✓
모든 플랫폼(제한 사항 있음)	?	✓	✓
사용자 정의 가능한 시작 화면		✗	✓
Unity Cloud Build Pro(12개월)	?	✗	✓
Unity Analytics Pro	?	✗	✓
Team License	?	✗	✓
버그 우선 처리	?	✗	✓
Game Performance Reporting	?	✗	✓
베타 액세스	?	✗	✓
➕ 그 밖의 다양한 특징			
		무료 다운로드	매월 $75부터
		자세히 보기	자세히 보기

그림 1-8 유니티 5 3D 5.×의 PERSONAL 버전과 PROFESSIONAL 버전의 차이[출처:유니티 코리아 사이트(www.unity.co.kr)]

2 기업 버전

맞춤형 기업 솔루션 버전으로, 대량 구매, 컨설팅 지원 등을 제공받을 수 있다.

3 교육 버전

교육센터에서 사용되는 버전이다. 교육을 하는 사업장이라면 인디 및 스튜디오 버전이 아니라 교육 버전을 사용해야 한다. PERSONAL 버전과 비교했을 때 기능상의 차이점은 없다.

4 산업 솔루션 버전

게임이 아니라 산업에 기반을 둔 버전으로, 홈페이지에서 다운로드할 수 없고 유니티 코리아를 통해서만 구입할 수 있다. 게임 버전과 달리 산업에서 주로 사용하는 산업용 에디터 임포트 기능들을 제공한다.

그림 1-9 유니티 5 3D 산업 솔루션 버전으로 제작된 사례

1.5 > 유니티 5 3D 설치 방법

유니티 5 3D에는 무료 버전, 30일 체험 버전, 프로 버전이 있다. 유니티 5 3D를 버전별로 다운로드하는 방법과 설치 방법에 대해 알아보자. 유니티 5 3D는 공식 유니티 5 3D 홈페이지(http://unity3d.com)를 통해 다운로드할 수 있다.

🔲 유니티 5 3D 설치하기

01 유니티 5 3D 공식 사이트(http://unity3D.com)에서 오른쪽 상단의 [Get Unity] 버튼을 클릭한다.

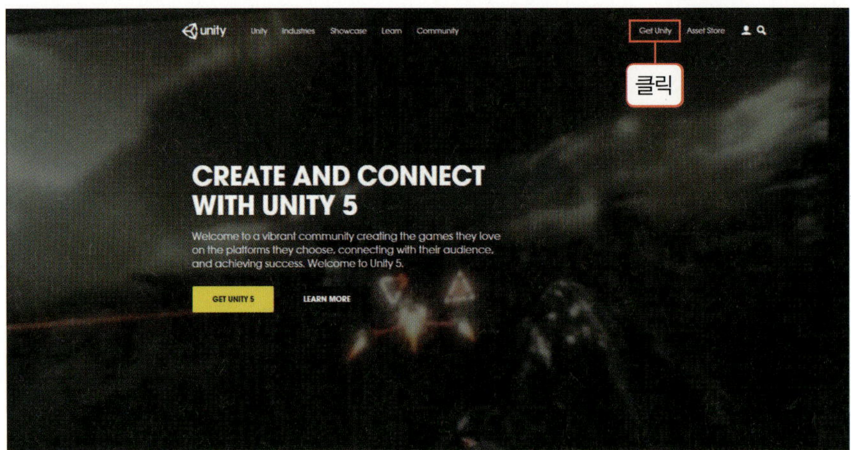

▲ 유니티 설치를 선택하는 모습

02 [FREE DOWNLOAD] 버튼을 클릭하여 최신 버전을 다운로드한다.

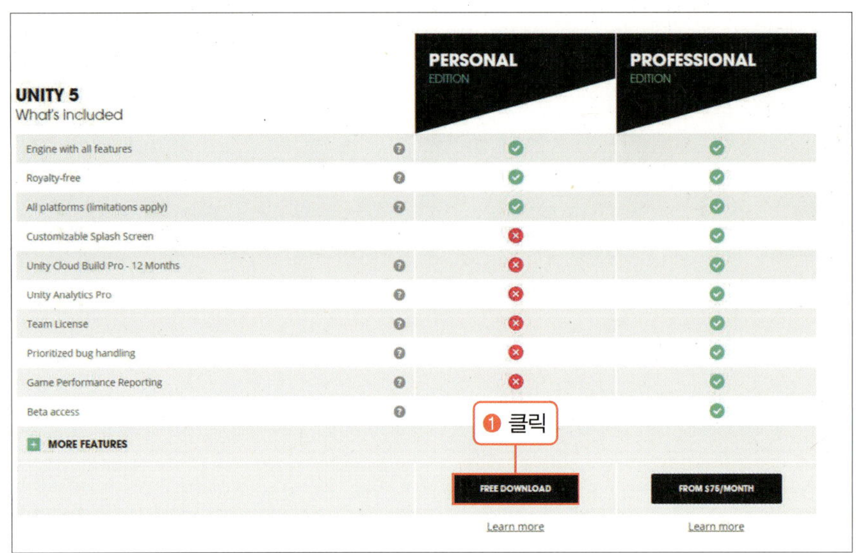

▲ [FREE DOWNLOAD] 버튼을 클릭하여 다운로드를 진행한다.

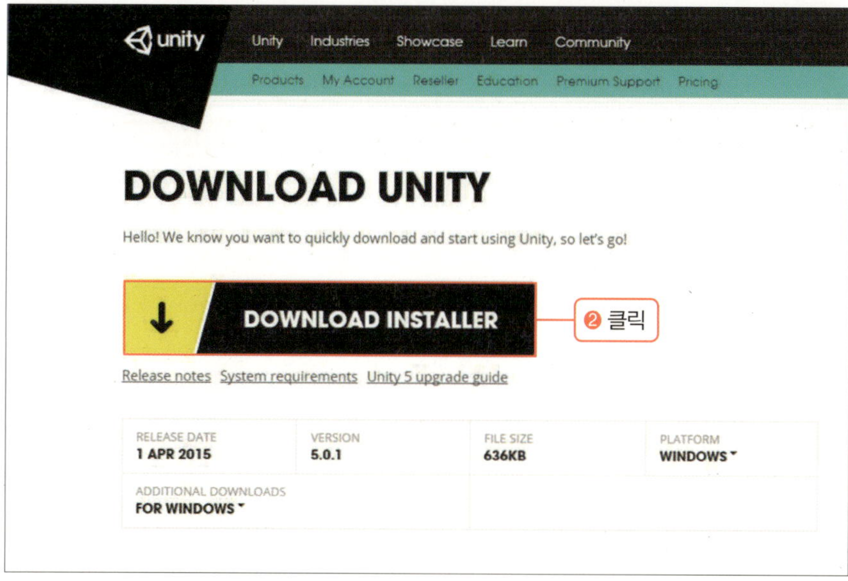

▲ DOWNLOAD INSTALLER 버튼을 클릭한다.

03 'UnityDownloadAssistant.exe' 파일을 더블클릭한다.

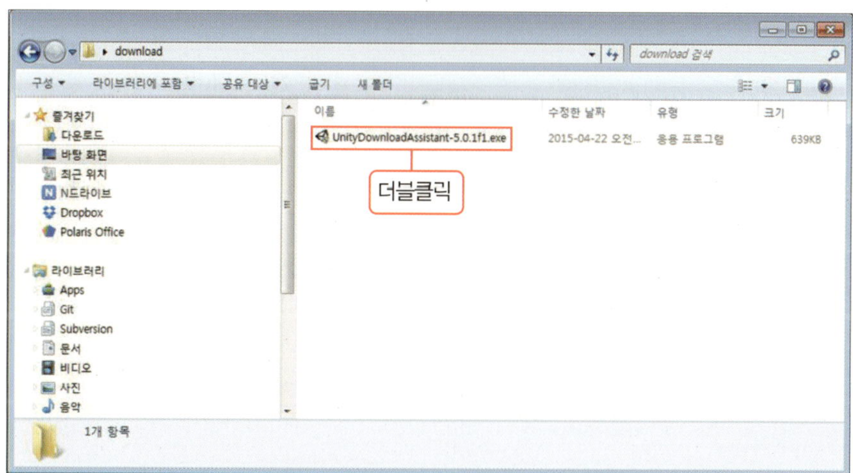

▲ 유니티 5 3D 설치 실행 파일을 더블클릭한다.

04 [Next >] 버튼을 클릭한다.

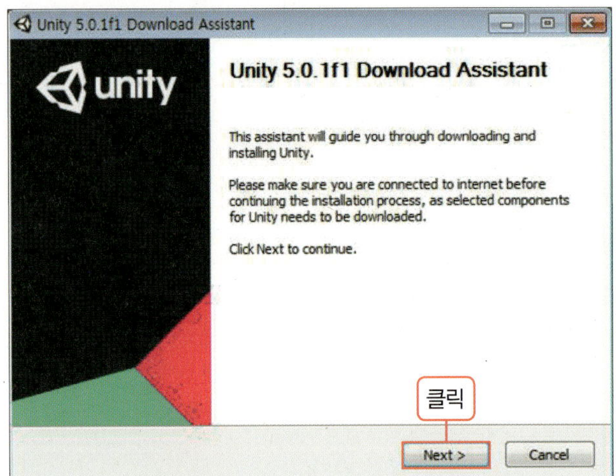

▲ [Unity Download Assistant] 대화상자를 통해 설치하는 모습

Note 윈도우 사용자이고 사용자 계정명이 한글일 경우에는 설치가 불가능할 수 있으므로 사용자 계정을 확인한다.

05 License Agreement(라이선스 동의)를 확인한 후 [I Agree] 버튼을 클릭한다.

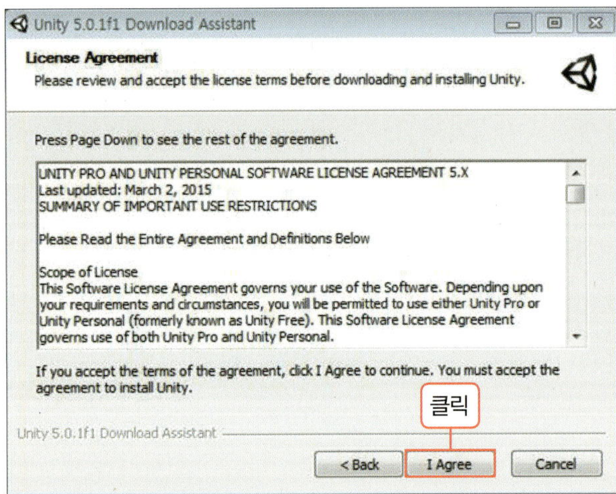

▲ 라이선스 동의 모습

06 설치할 목록을 클릭한 후 Next > 버튼을 클릭한다.

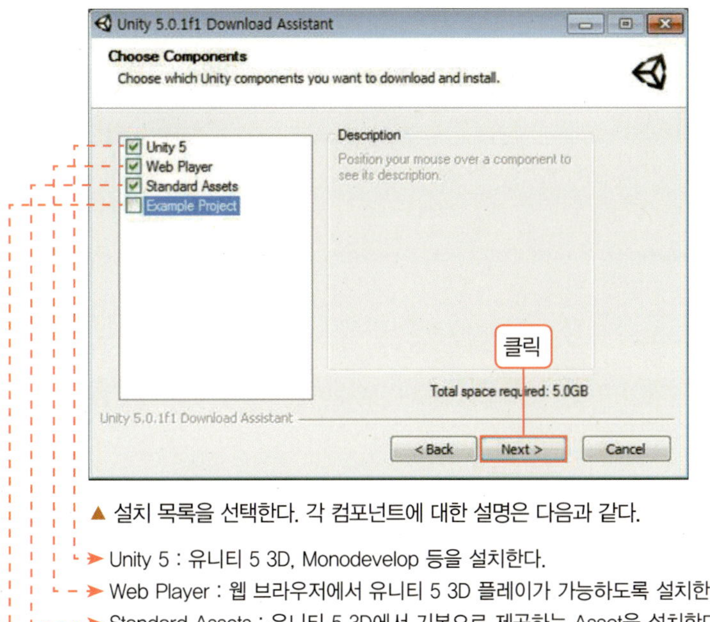

▲ 설치 목록을 선택한다. 각 컴포넌트에 대한 설명은 다음과 같다.

➤ Unity 5 : 유니티 5 3D, Monodevelop 등을 설치한다.
➤ Web Player : 웹 브라우저에서 유니티 5 3D 플레이가 가능하도록 설치한다.
➤ Standard Assets : 유니티 5 3D에서 기본으로 제공하는 Asset을 설치한다.
➤ Example Project : 기본 예제 프로젝트를 설치한다.

07 'Download files to temporary location'을 선택한 후 Install 버튼을 클릭한다.

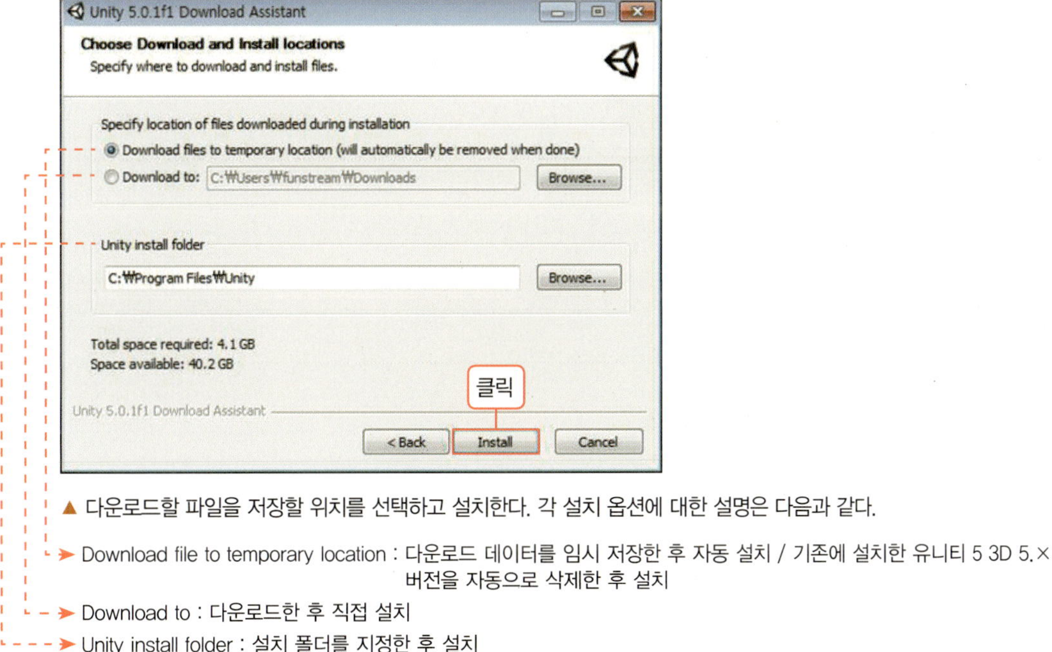

▲ 다운로드할 파일을 저장할 위치를 선택하고 설치한다. 각 설치 옵션에 대한 설명은 다음과 같다.

➤ Download file to temporary location : 다운로드 데이터를 임시 저장한 후 자동 설치 / 기존에 설치한 유니티 5 3D 5.×
　　버전을 자동으로 삭제한 후 설치
➤ Download to : 다운로드한 후 직접 설치
➤ Unity install folder : 설치 폴더를 지정한 후 설치

08 설치가 진행된다.

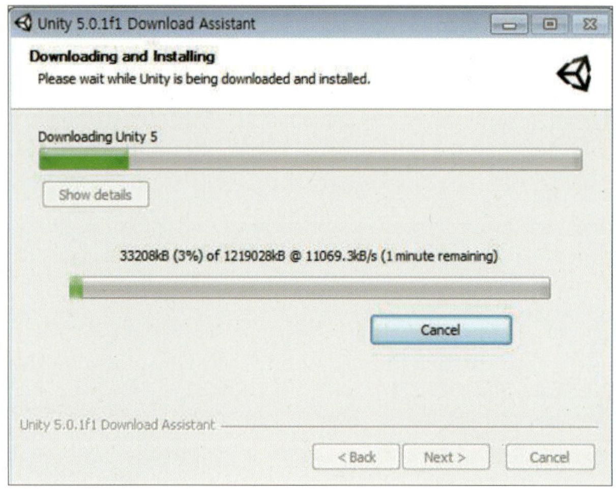

▲ 설치가 진행되는 모습

 **Note** 설치 공간이 부족하면 다운로드를 할 수 없으므로 설치 시 저장 공간을 확인해야 한다. 참고로 한 번 더 강조하지만 공간이 부족하면 다운로드가 실패한다.

09 설치가 완료되면 Finish 버튼을 클릭한다.

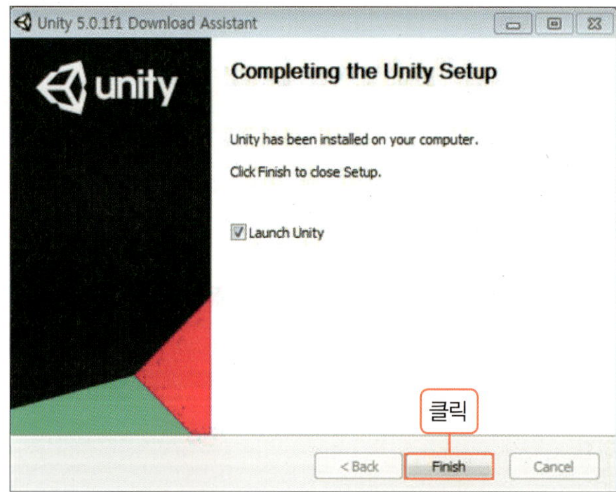

▲ Finish 버튼을 클릭한다.

② 유니티 5 3D 라이선스 활성화하기

유니티 5 3D 라이선스를 활성화해야만 사용할 수 있다.

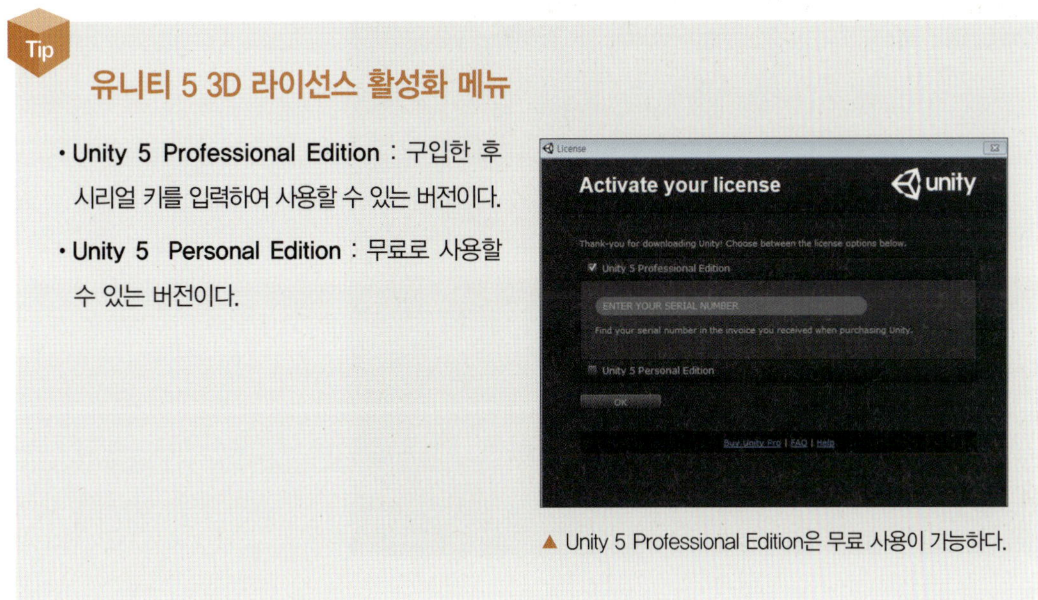

▲ Unity 5 Professional Edition은 무료 사용이 가능하다.

01 로그인을 하기 위해 이메일과 비밀번호를 입력한다. 처음 사용자라면 계정을 만들기 위해 Create Account 버튼을 클릭한다.

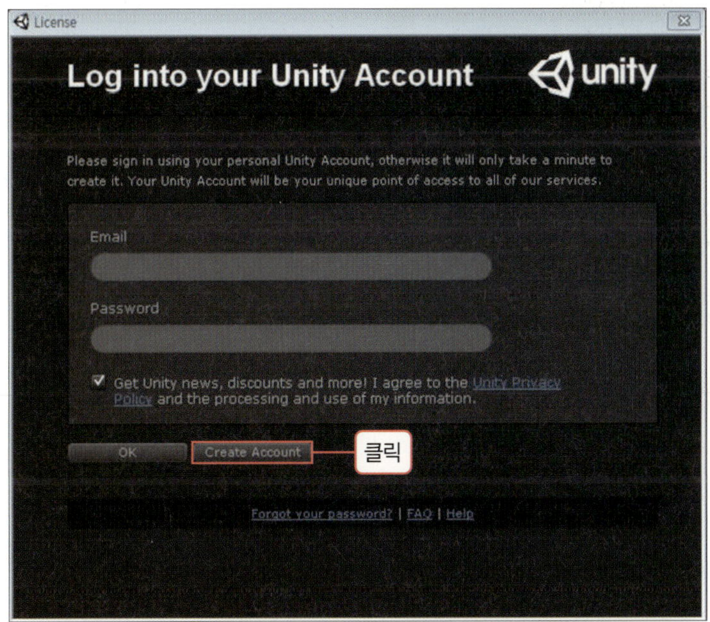

▲ 유니티 5 3D에 로그인하기 위해서는 이메일과 비밀번호가 필요하다.

02 계정을 만들기 위해서는 이메일과 비밀번호를 입력해야 한다. 비밀번호는 영어만 가능하며 대문자, 소문자, 숫자가 포함되어야 한다.

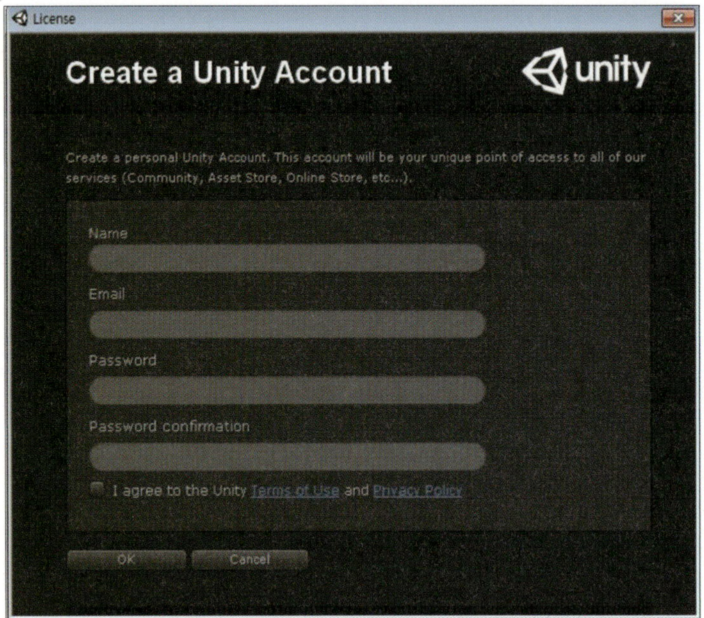

▲ 유니티 5 3D 계정을 만드는 모습

03 설문 조사의 해당 란을 클릭한다.

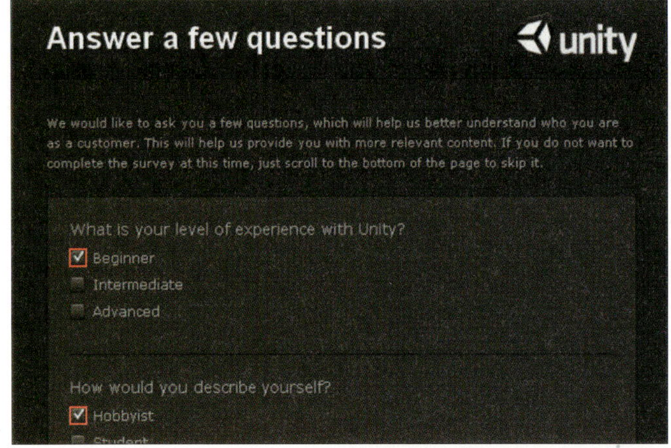

▲ 유니티 5 3D 고객 성향 분석에 필요한 간단한 질문에 응한 후에 넘어가도록 되어 있다.

04 | Start using Unity | 버튼을 클릭하여 유니티 5 3D를 시작한다.

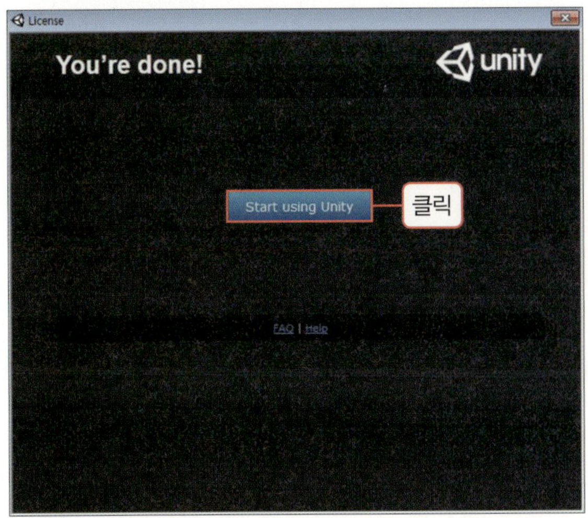

▲ 유니티 5 3D를 시작하기 전 단계 화면

1.6 > 유니티 5 3D 개발 개념

1 유니티 5 3D 개발 전에 알아야 힐 개념

유니티 5 3D로 게임을 개발하기 전에 컴포넌트 개념, 게임 오브젝트 개념, 씬(Scene)과 프로젝트 개념에 대해 알아야 한다. 여러분들은 누구나 한 번쯤 블록을 조립하는 장난감을 가지고 놀아본 경험이 있을 것이다. 이러한 블록 개념이 유니티 5 3D에도 적용된다.

유니티 5 3D에는 블록과 같은 '컴포넌트(Com-ponent)'라는 개념이 존재한다. 컴포넌트를 조립하여 건물, 몬스터, 플레이어 등

그림 1-10 블록 조립 장난감

을 만든다. 유니티 5 3D에서는 이러한 컴포넌트를 하나로 묶어주는 개념을 '게임 오브젝트(Game Object)'라고 한다. 예를 들어 샌드위치를 만든다고 할 때 빵, 베이컨, 계란, 토마토와 같은 재료들을 '컴포넌트'라고 생각하면 된다. 이러한 재료들을 배합하여 만든 결과물을 '샌드위치'라고 할 때 이 샌드위치가 곧 '게임 오브젝트'가 되는 것이다.

그림 1-11 컴포넌트와 게임 오브젝트의 관계

2 씬과 프로젝트 개념

이번에는 하나의 게임을 만든다고 생각해보자. 앞에서 언급한 게임 오브젝트와 컴포넌트 외에도 '씬'과 '프로젝트'라는 개념이 있다. 예를 들어 게임을 만든다고 가정해보자. 우선 주인공과 적 몬스터가 등장할 것이다. 가장 먼저 플레이어 게임 오브젝트와 몬스터 게임 오브젝트를 컴포넌트로 제작한다. 제작이 완료된 후에는 게임 오브젝트를 배치한다. 유니티 5 3D에서의 게임 오브젝트 배치 작업을 '씬(Scene) 작업'이라고 한다.

그림 1-12 게임 오브젝트를 배치하는 씬 작업

[그림 1-13]처럼 여러 개의 오브젝트 배치 작업(씬 작업)들이 모여 다음과 같이 하나의 프로젝트 가 완성된다. 결국 프로젝트는 '하나의 게임'을 말한다.

그림 1-13 여러 개의 오브젝트 배치 작업이 모여 한 프로젝트가 된다.

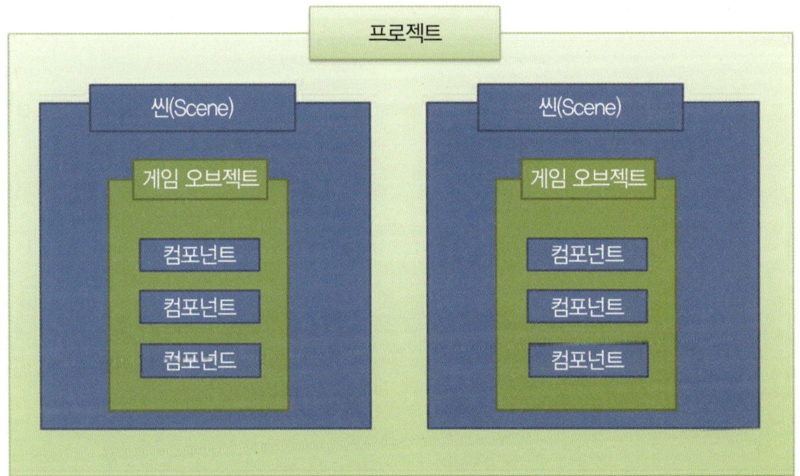

그림 1-14 프로젝트 구성도

③ 유니티의 장터, 에셋스토어

유니티는 컴포넌트 형태의 개발 방식을 지원하기 때문에 게임을 개발하기가 쉽다. 컴포넌트 작업은 만들어진 드래그 앤 드롭(drag & drop)만으로도 가능하다. 유니티 5 3D에 없는 작업은 C# 스크립트 작업을 이용하여 개발해야 하지만, 많은 작업들이 이미 컴포넌트로 제공하고 있을 뿐만 아니라 에셋스토어를 통해서도 다양한 컴포넌트를 구할 수 있다.

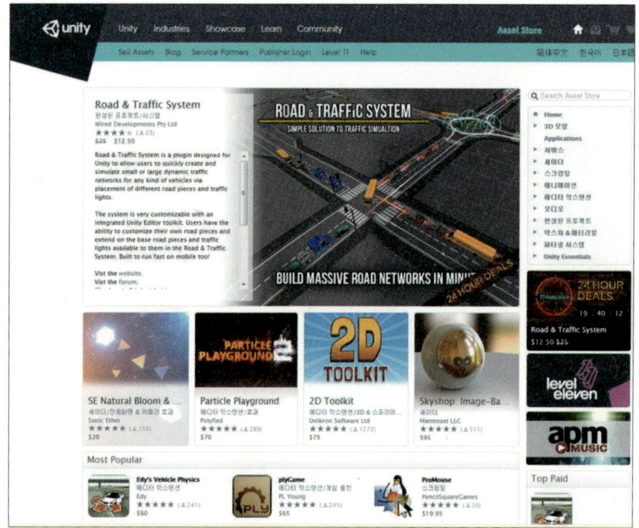

그림 1-15 에셋스토어

유니티 5 3D는 이러한 개발 방식을 통해 프로토타입을 쉽고 빠르게 제작할 수 있다. 그뿐만 아니라 디버깅 기능을 이용하면 개발 시 오류가 발생했을 때에 원인을 찾기 쉽다.

그림 1-16 프로파일러 기능

그림 1-17 콘솔 뷰

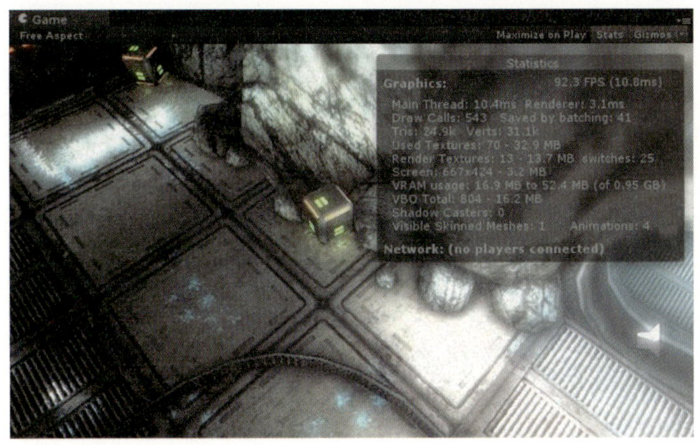

그림 1-19 Statistics

유니티 5 3D 엔진은 그래픽 엔진, 물리 엔진, 사운드 엔진, 이펙트 엔진 등 검증받은 많은 미들웨어들이 통합되어 있다. 이러한 개발 철학 덕분에 엔진에 관련된 빠른 업데이트가 가능하다.

에셋스토어는 개발자, 아티스트 기획자 등 유니티 5 3D를 사용하는 유저라면 누구나 사용이 가능하다. 요즘은 게임 제작에만 그치지 않고 에셋스토어를 통해 자신이 만든 게임을 판매할 수도 있다. 즉, 이미지 데이터, 미들웨어, 완성된 게임 등을 판매할 수 있기 때문에 부가 수입원이 될 가능성도 커졌다. 에셋스토어는 유니티 5 3D의 민주화 정책에 따라 사용자들이 많아졌으며, 콘텐츠도 풍부해지고 있다.

그림 1-19 유니티 5 3D에서 사용되는 미들웨어

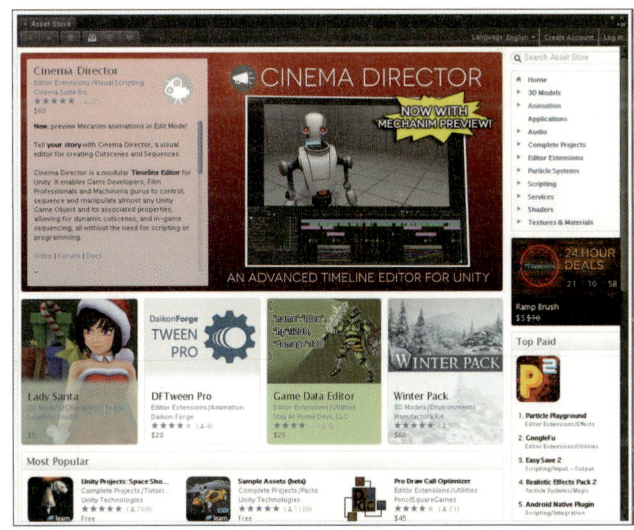

그림 1-20 유니티 5 3D를 사용하는 유저들이 자료를 공유하거나 사고팔 수 있는 아이템 장터인 에셋스토어

유니티 5 3D 게임 개발 기초

유니티 5 3D를 처음 사용하는 유저나 3D 기반의 작업을 접해보지 못한 유저라면 이번 장을 꼭 보고 넘어가기 바란다. 이번 장에서는 우리가 앞으로 유니티 5 3D를 사용할 때 반드시 필요한 기본적인 내용을 다루고 있다. 이번 장에서는 유니티 5 3D 인터페이스, C# 스크립트 세팅 방법에 대해 알아 보고 3D 그래픽스에 대한 부분을 간단한 컴포넌트를 활용한 게임으로 개발해보고자 한다.

유니티 5 3D로 게임을 개발하려면 가장 먼저 프로젝트를 만들어야 한다.

▮ 프로젝트 위저드로 프로젝트 만들기

01 유니티 5 3D 프로젝트 위저드를 열어본다(각 메뉴의 기능은 아래 Note를 참조한다).

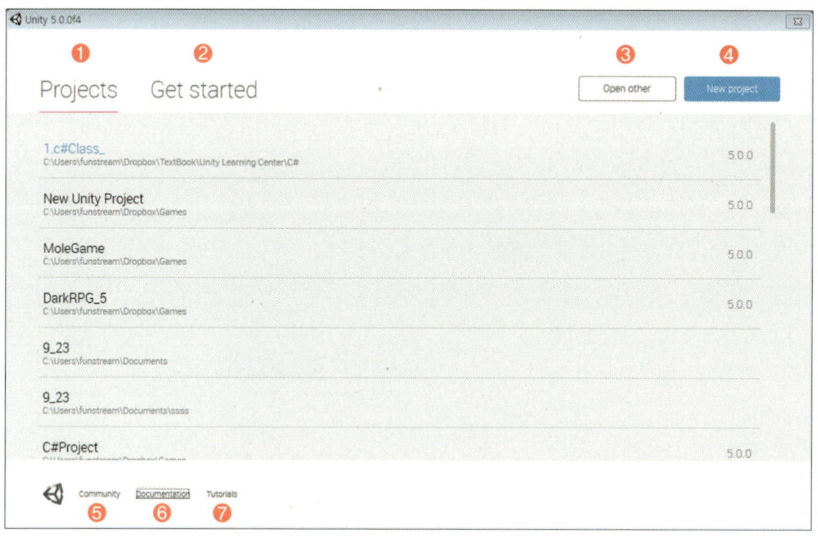

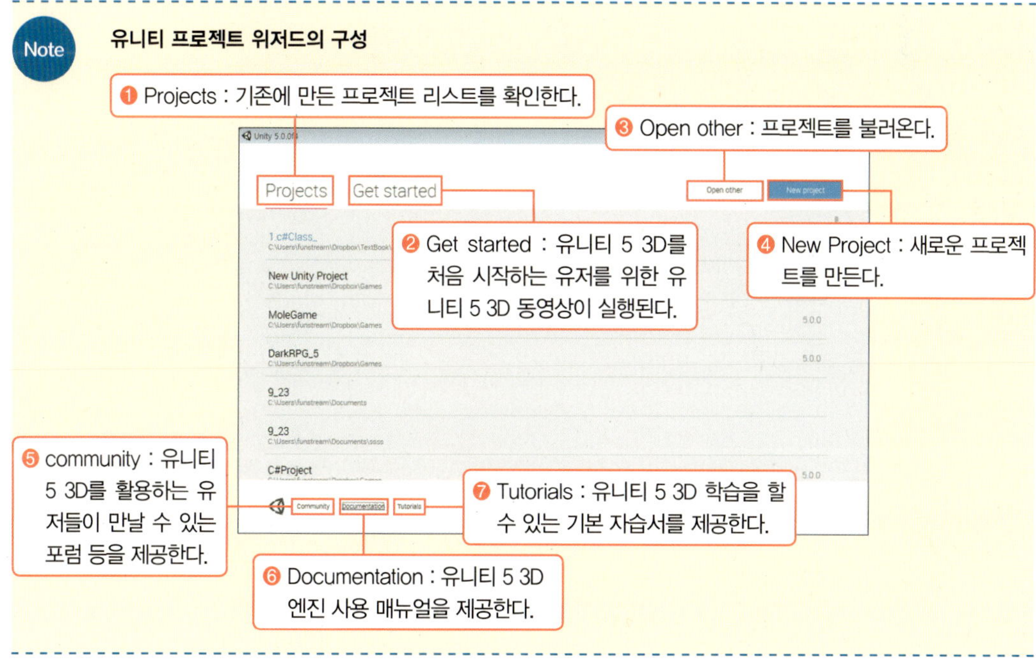

Note **유니티 프로젝트 위저드의 구성**

❶ Projects : 기존에 만든 프로젝트 리스트를 확인한다.

❸ Open other : 프로젝트를 불러온다.

❷ Get started : 유니티 5 3D를 처음 시작하는 유저를 위한 유니티 5 3D 동영상이 실행된다.

❹ New Project : 새로운 프로젝트를 만든다.

❺ community : 유니티 5 3D를 활용하는 유저들이 만날 수 있는 포럼 등을 제공한다.

❼ Tutorials : 유니티 5 3D 학습을 할 수 있는 기본 자습서를 제공한다.

❻ Documentation : 유니티 5 3D 엔진 사용 매뉴얼을 제공한다.

02 유니티 5 3D를 처음 실행시키면 팝업 창이 나타난다. 만약, 나타나지 않으면 `File` – `New Project...` 를 클릭
한다.

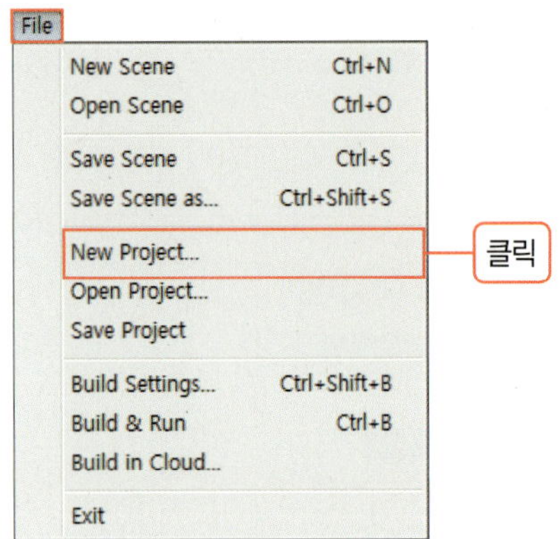

03 [유니티 5 3D 프로젝트 워저드] 창에서 `New project` 버튼을 클릭한다.

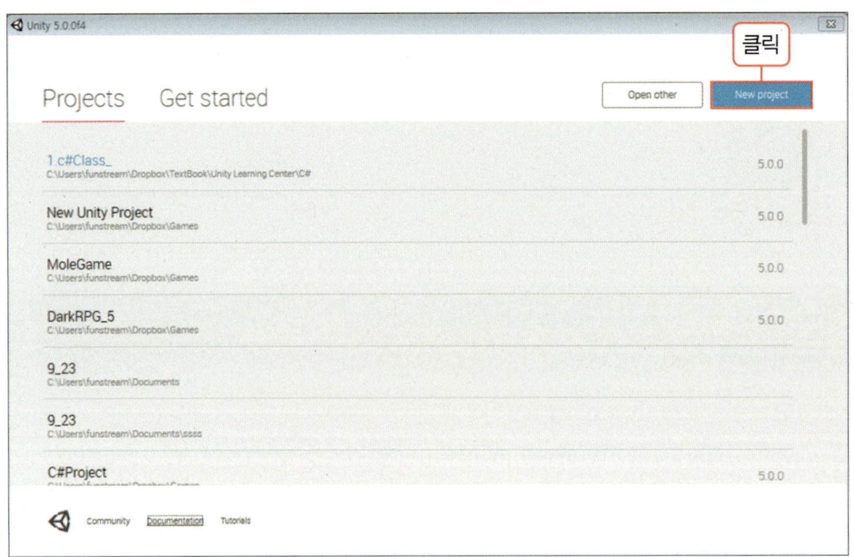

04 Project name* 에 프로젝트명을 입력한 후 Location* 에 프로젝트 폴더를 만들고자 하는 위치를 지정한다. 필자는 Project Name을 'Social Game'으로 정했다.

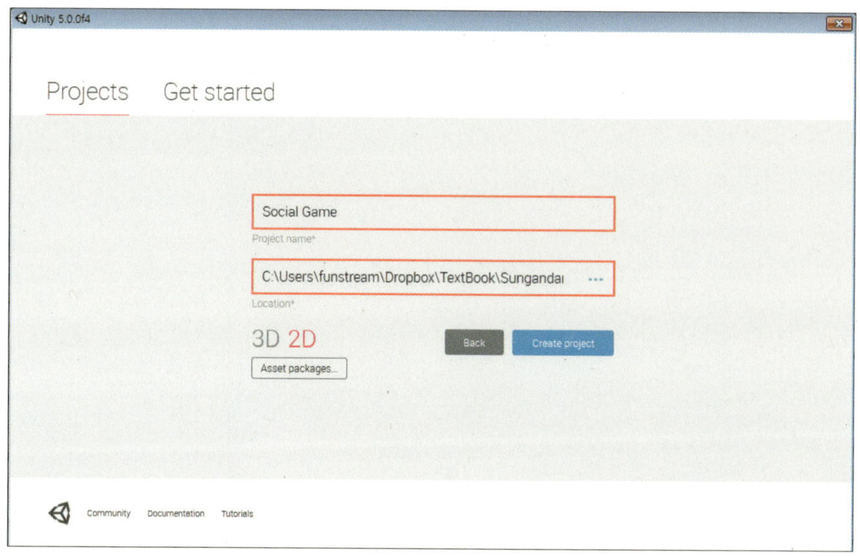

 **작업 폴더를 지정할 때 주의할 점 : 폴더 명과 프로젝트 이름은 반드시 영어로!**

작업 폴더를 지정할 때 폴더명이 한글인 경우에는 프로젝트가 만들어지지 않는다. Project Name 또한 한글로 만들면 안 된다.

05 유니티 5 3D 프로젝트를 만들 때 3D, 2D를 설정할 수 있다. 사실 어떤 것을 선택하더라도 유니티 5 3D 기능에 익숙하다면 상관은 없다. 하지만 유니티 5 3D를 처음 사용하는 독자라면 2D를 선택하기 바란다. 2D 개발 환경에 맞게 프로젝트가 설정될 것이다.

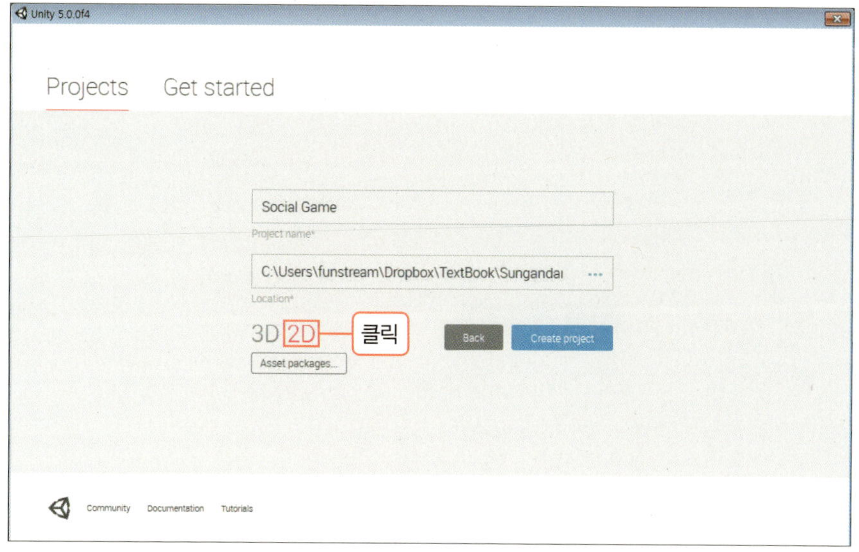

06 `Asset packages` 는 유니티 5 3D에 기본적으로 설치되어 있거나 에셋스토어를 통해 설치된 Package를 설치하는 메뉴이다. 아마 유니티 5 3D를 처음으로 설치한 독자라면 기본 Package만 설치되어 있을 것이다. 따라서 이 책의 프로젝트에는 추가로 Package 파일을 설치하지 않을 것이다. `Done` 버튼을 클릭하여 창을 닫는다.

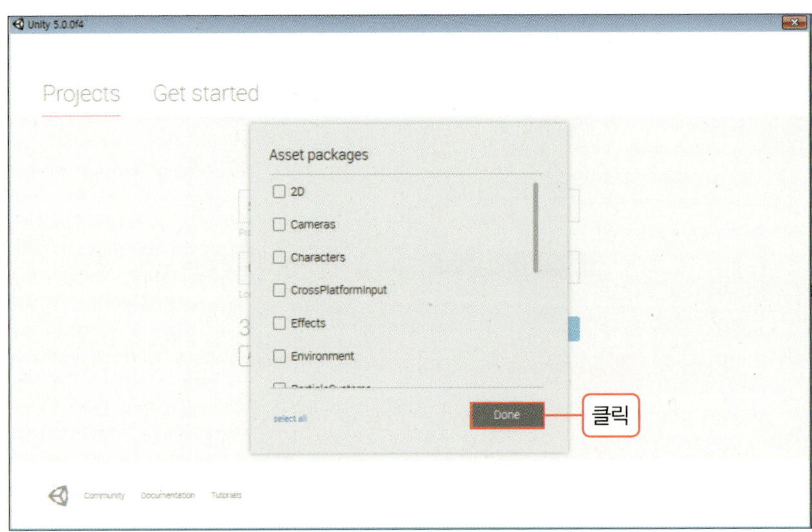

07 `Create project` 버튼을 클릭하면 프로젝트가 만들어진다.

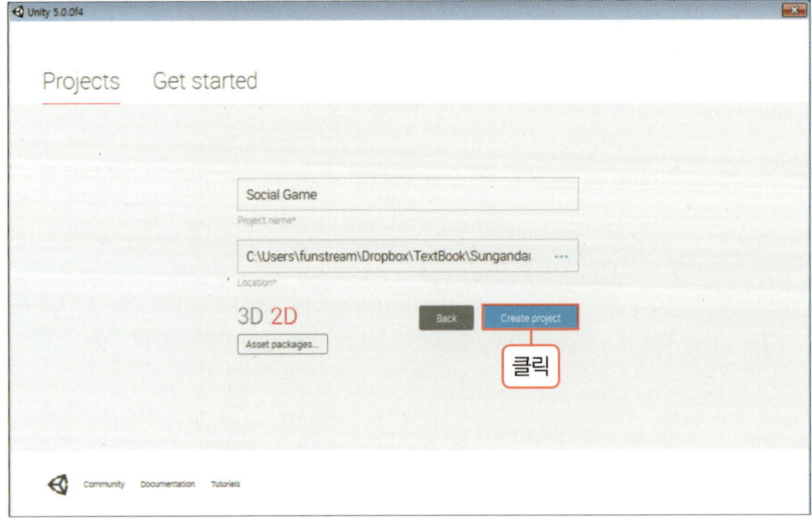

08 지정한 작업 폴더로 이동해보면 새로운 폴더가 생성된 것을 확인할 수 있다.

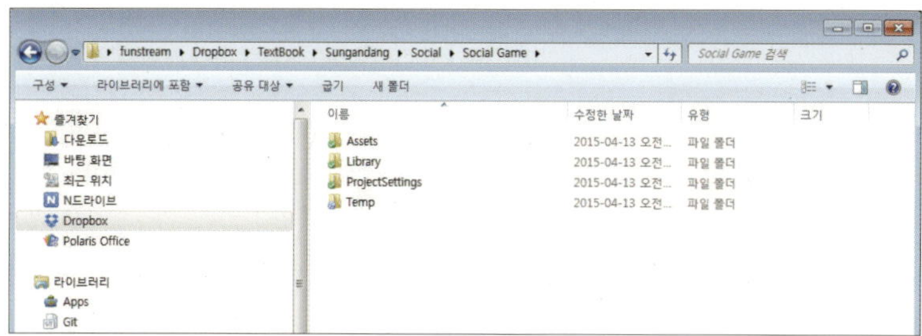

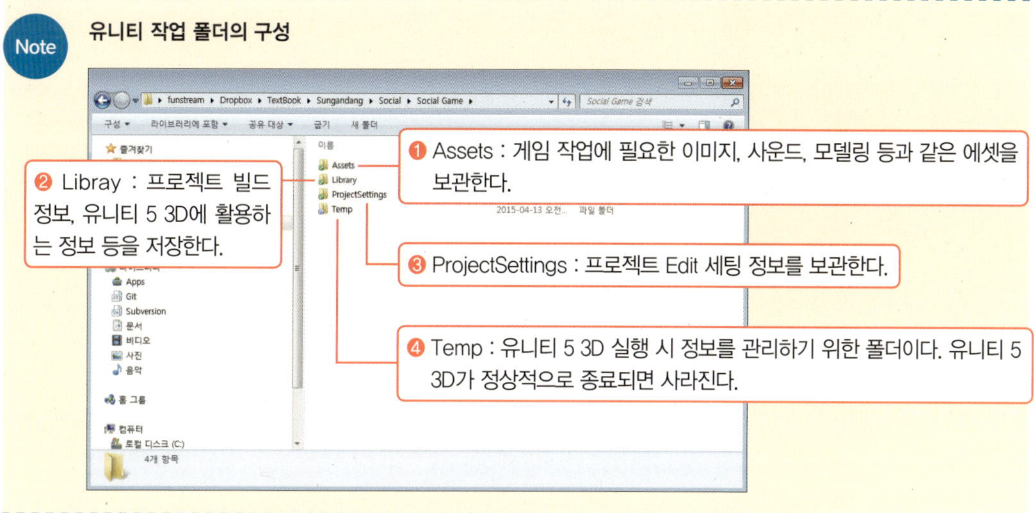

09 유니티 5 3D 프로젝트의 인터페이스가 나타난다.

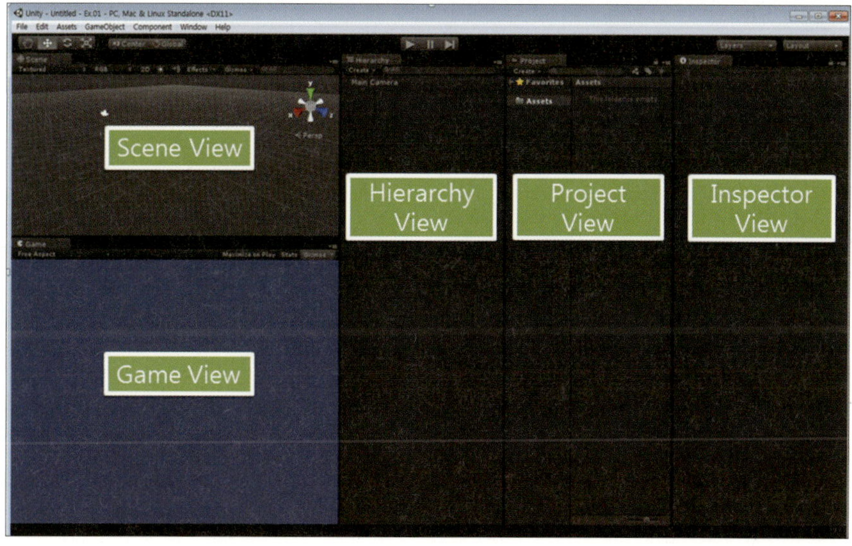

프로젝트를 시작하면 씬 뷰(Scene View), 게임 뷰(Game View), 계층 뷰(Hierarchy View), 프로젝트 뷰(Project View), 인스펙터 뷰(Inspector View) 뷰가 기본적으로 배치된다. 위치 등을 설정할 때에는 Layout 기능을 이용하면 된다. 메뉴를 변경했을 때 뷰의 위치가 변경되는 것을 확인해보자. 뷰의 위치를 설정할 필요가 없는 독자라면 그냥 넘어간다.

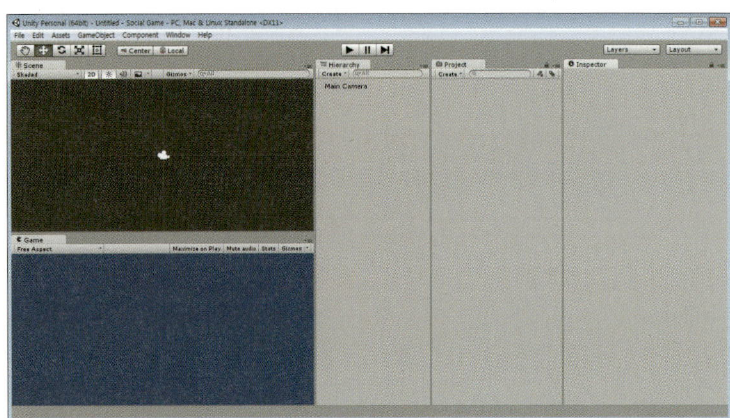
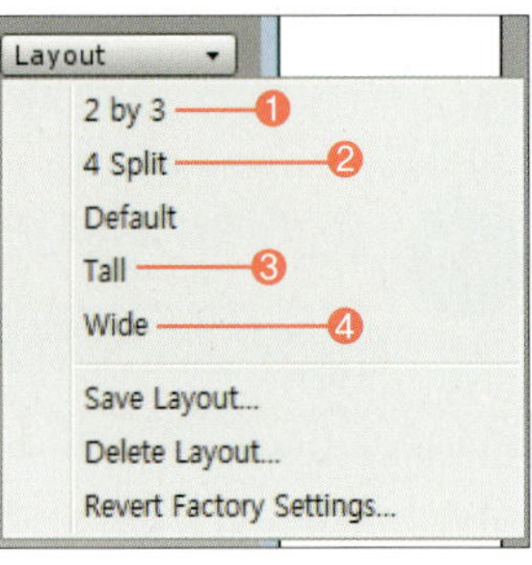

그림 2-1 유니티 프로젝트의 다양한 뷰를 설정할 수 있는 Layer 기능

Note 유니티 레이아웃(Layout) 설정에 따른 뷰의 위치 변경 모습

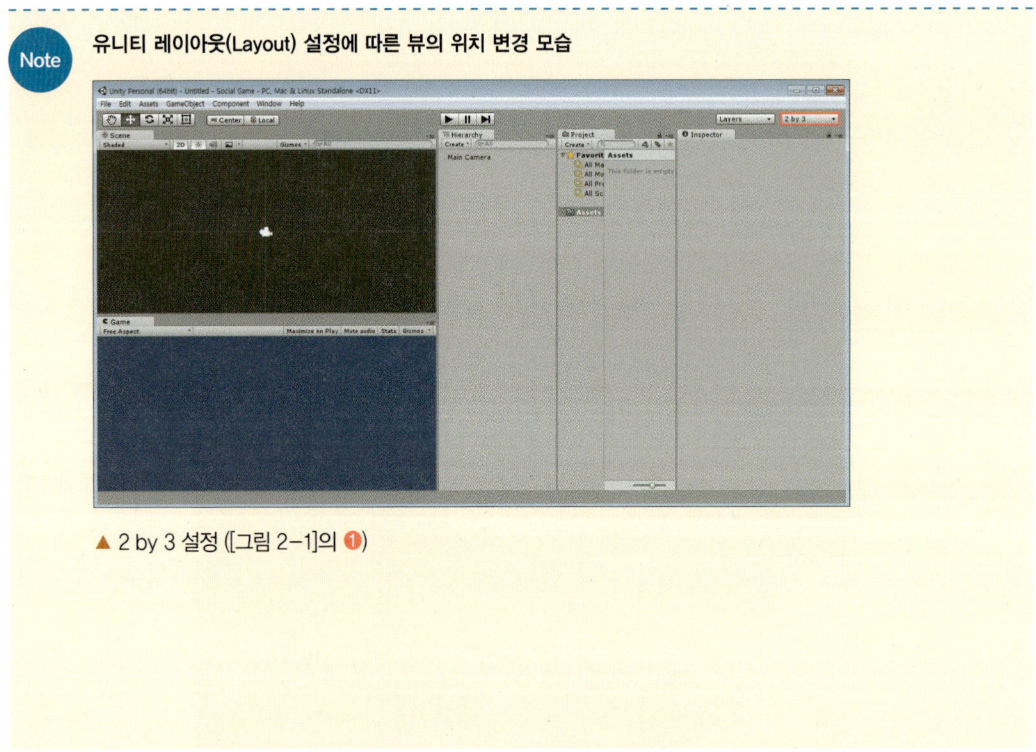

▲ 2 by 3 설정 ([그림 2-1]의 ❶)

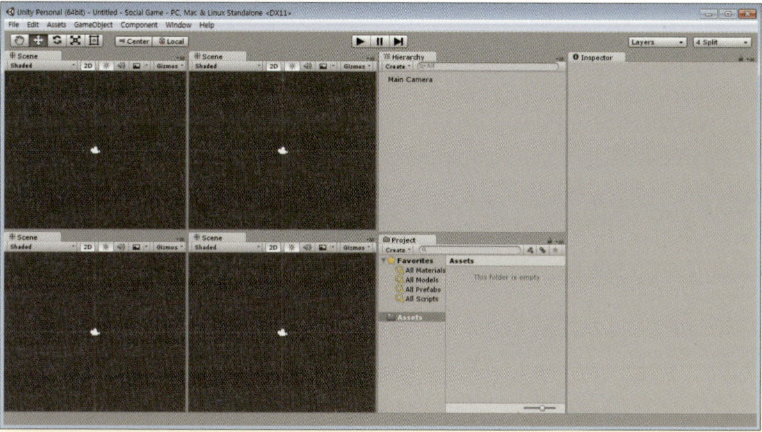

▲ 4 Split 설정([그림 2-1]의 ❷)

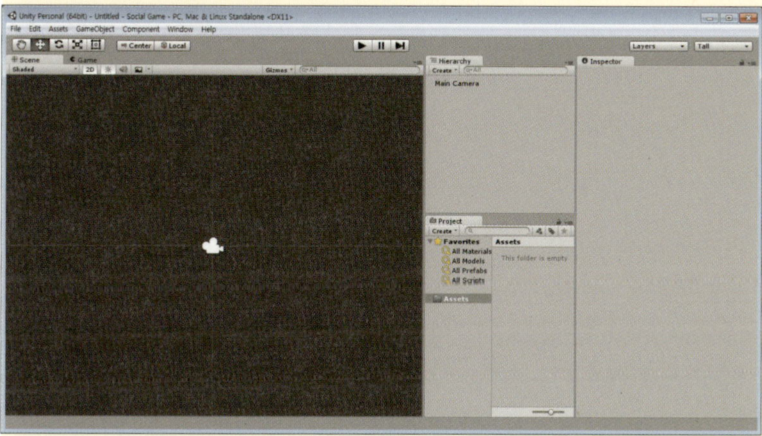

▲ Tall 설정([그림 2-1]의 ❸)

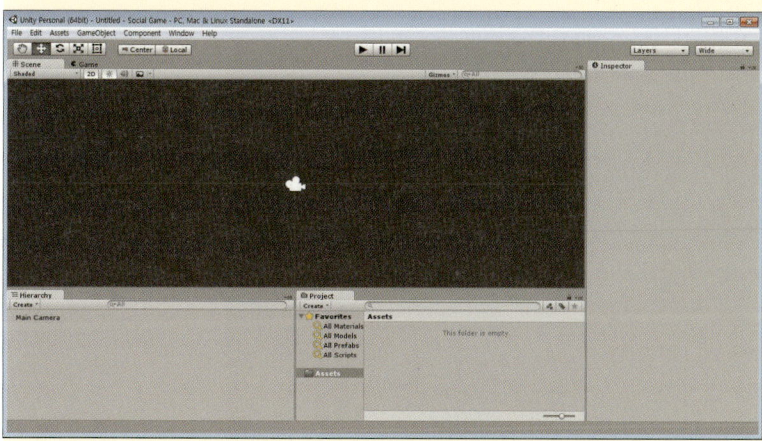

▲ Wide 설정([그림 2-1]의 ❹)

01 UI의 위치를 저장할 때는 `Save Layout...` 을 클릭한다.

02 `Delete Layout...` 를 클릭하면 `Delete Window Layout` 팝업 창이 나타나는데, 이때 해당 이름을 클릭하면 삭제된다.

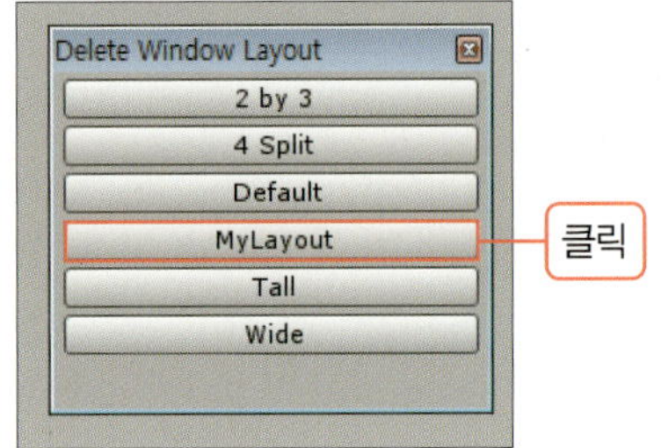

3 씬 뷰(Scene View)

씬 뷰는 편집을 하기 위한 목적으로 사용된다. 만약 도시를 건설한다면 도로, 건물, 나무, 자동차 등과 같은 다양한 객체들을 배치, 크기, 회전 등을 이용하여 배치해야 하는데, 이러한 작업들을 실제로 할 수 있도록 편집하는 역할을 한다. 박스를 하나 만든 후 편집 등을 하면서 확인해보자.

그림 2-2 편집을 하기 위한 목적을 가진 씬 뷰

01 박스를 제작한다. 유니티 5 3D 엔진에서 사용되는 GameObject 객체는 해당 메뉴를 통해서도 만들 수 있다. 여기서는 다음 화면과 같이 Cube 를 선택한다.

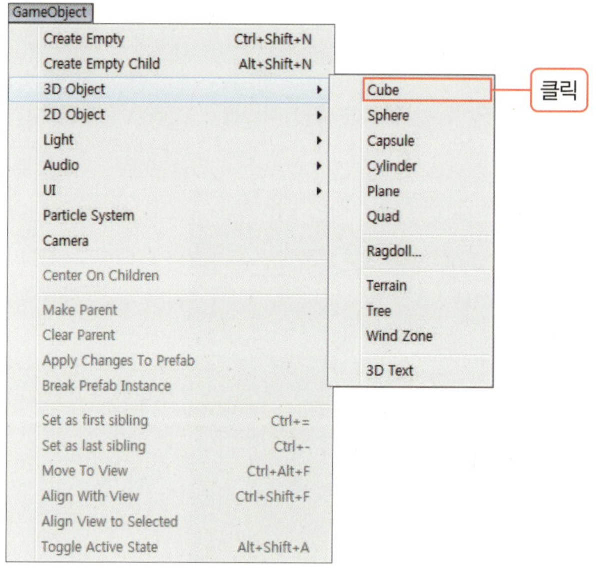

Note GameObject란?

앞 장에서도 나온 개념이지만, 중요하기 때문에 한 번 더 언급한디. GameObject란, 유니티 5 3D 엔진에서 만들어진 모든 객체를 말한다. 지금과 같은 예제는 하나의 박스가 GameObject가 될 수 있다.

02 큐브를 확인한다. 현재 씬 뷰는 2D 형태로 그려지고 있다.

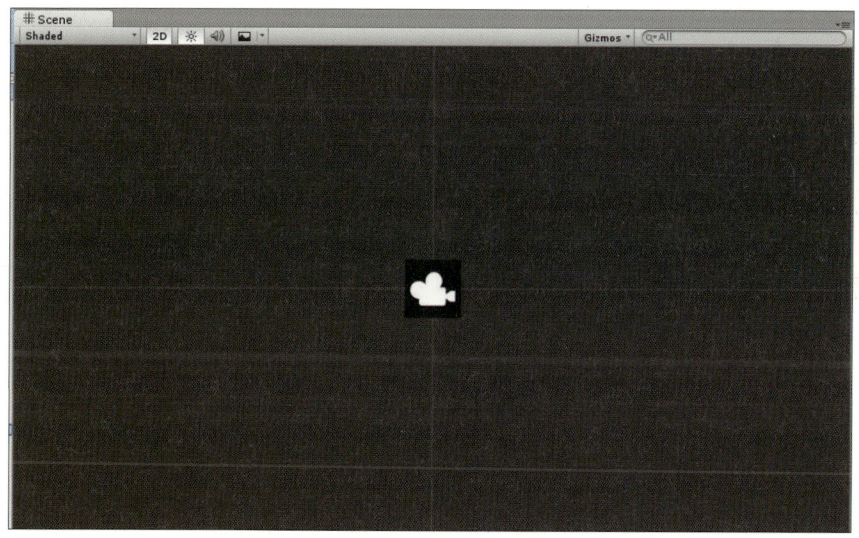

2D란?

하나의 점을 이차원으로 표현할 수 있는 형태를 말한다. 실세계와 달리 원근감이 존재하지 않는 뷰 형태이다.

03 `2D` 버튼을 클릭하면 3D 뷰 형태로도 볼 수 있다. 편집하는 형태에 따라 자유롭게 2D/3D 형태로 변경하면서 확인할 수 있다.

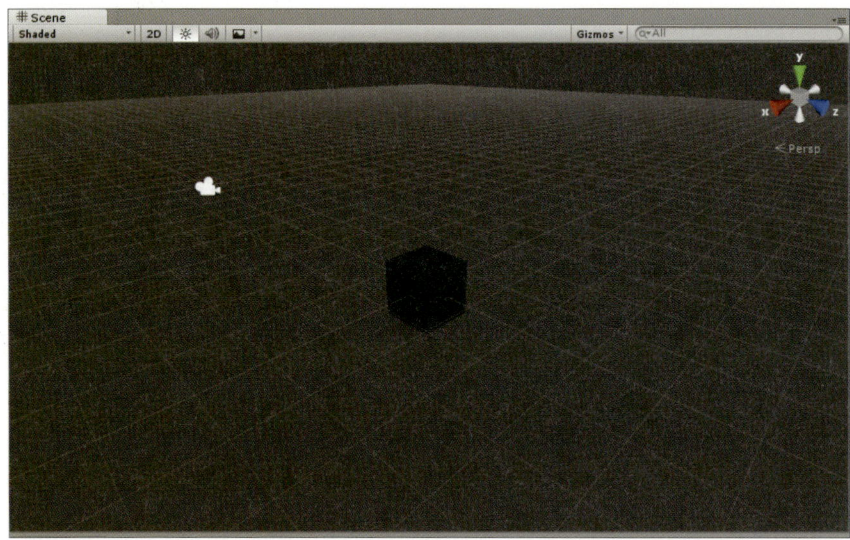

04 씬 뷰를 한 번 클릭한 후(포커스 이동) 마우스 가운데 버튼을 앞뒤로 돌리면 씬 카메라가 앞뒤로 이동하는 것을 확인할 수 있다.

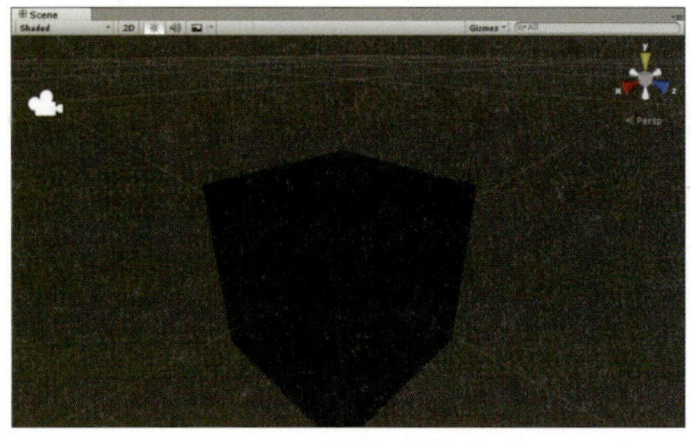

▲ 앞으로 이동　　　　　　　　　　　　　　　　▲ 뒤로 이동

05 마우스 가운데 버튼을 누른 상태에서 이동해보면 카메라가 상하좌우로 이동하는 것을 확인할 수 있다.

06 물체를 다시 화면의 중심에 위치시키고 싶을 때는 계층 뷰에 있는 Cube를 더블클릭한다. 계층 뷰는 51쪽 [**6 계층 뷰(Hierarchy View)**]에서 배울 내용인데 GameObject 리스트를 관리하는 역할을 한다. 이는 현재 화면에 그려져 있는 Cube의 이름이다.

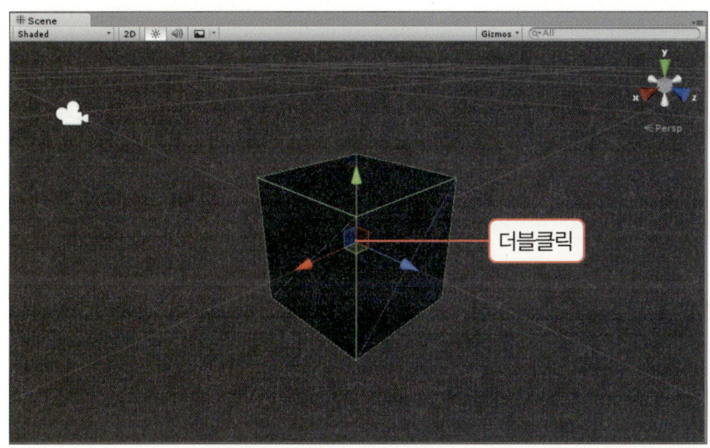

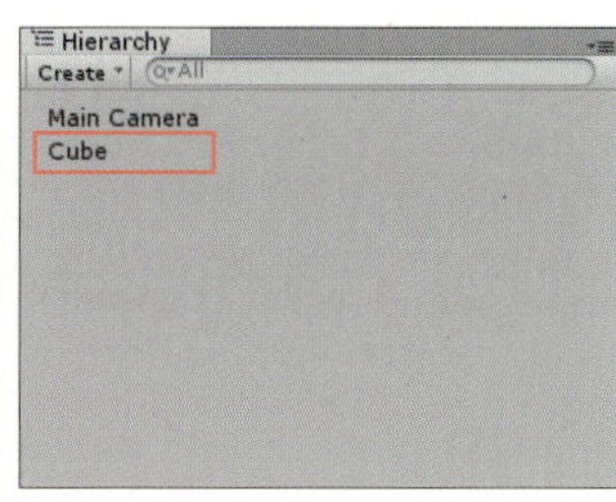

4 Scene 물체 이동하기

앞에서 큐브를 배치하는 방법과 카메라를 사용하는 방법을 배웠다. 이번에는 카메라가 움직이는 것이 아니라 실제로 물체를 이동, 회전하거나 크기를 조절하는 방법 등을 알아보자.

01 버튼을 클릭한 후 각 축을 클릭, 드래그하면 물체를 이동할 수 있다.

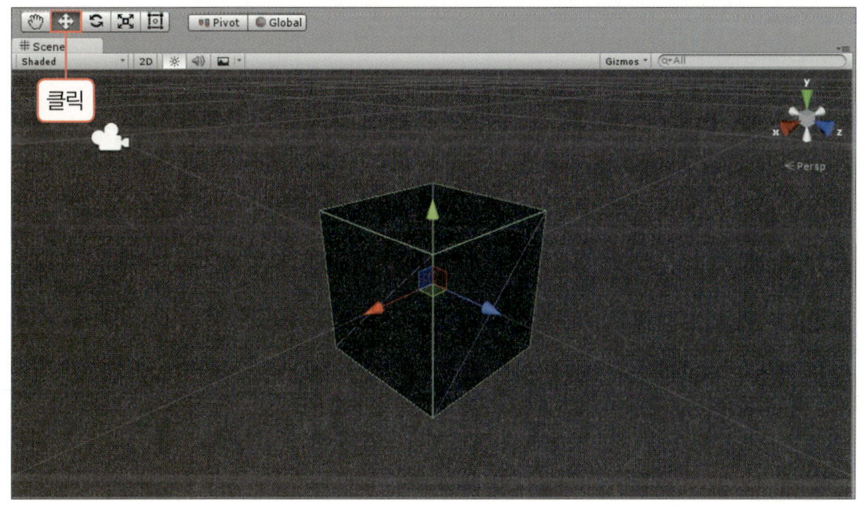

인스펙터 뷰의 Transform 컴포넌트 Position값이 변하는 것을 확인할 수 있다. Transform 값을 변경해도 이동할 수 있다.

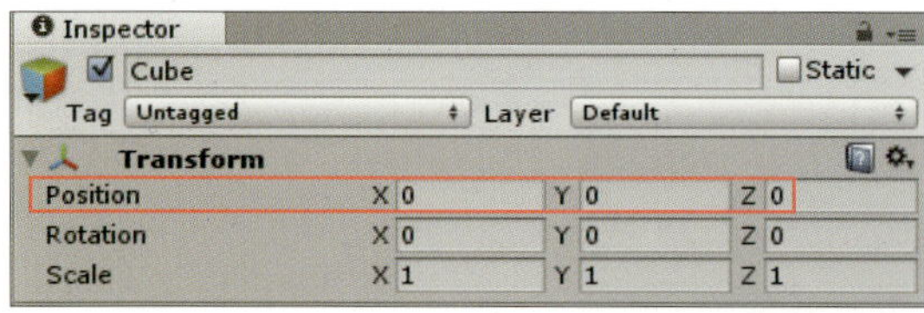

02 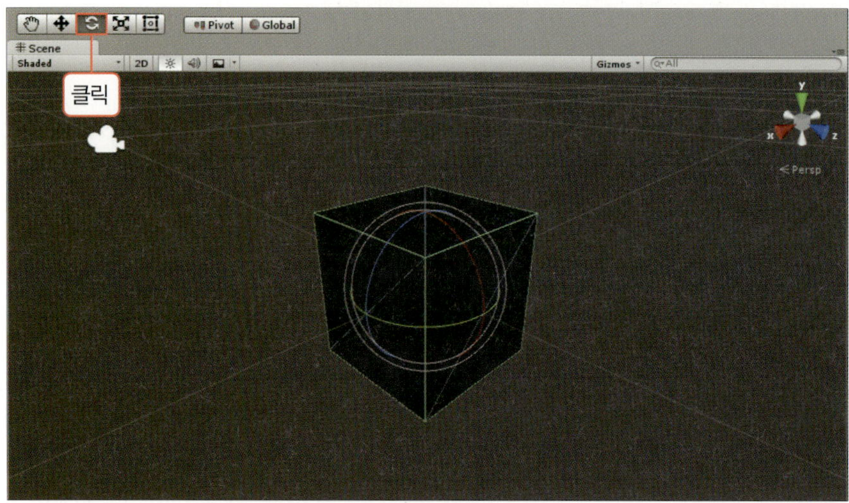 버튼을 클릭한 후 드래그하면 물체를 회전할 수 있다.

인스펙터 뷰의 Rotation 값을 변경해도 회전할 수 있다. Degree(도) 값을 변경해도 회전할 수 있다.

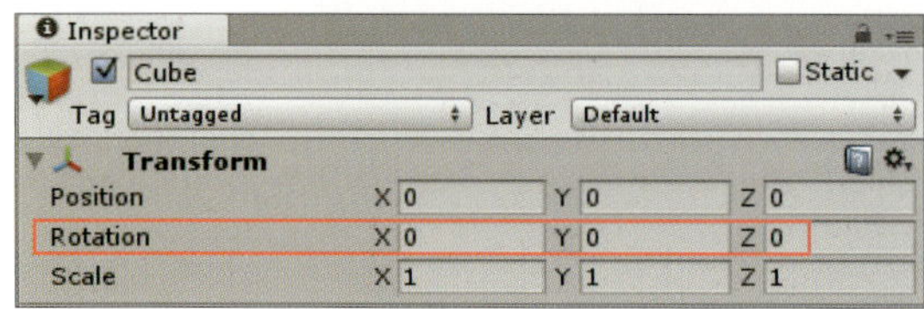

03 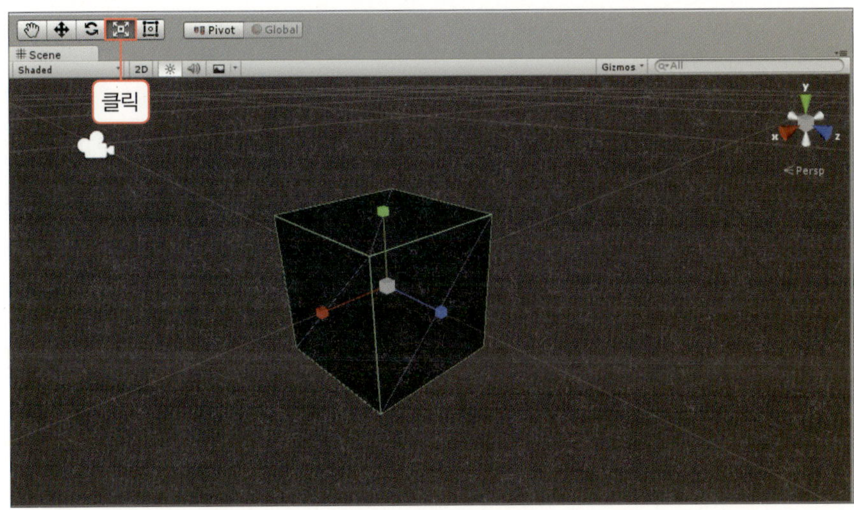 버튼을 클릭한 후 드래그하면 물체의 크기(Scale)를 변경할 수 있다.

인스펙터 뷰에서 Scale 값을 변경해도 크기를 변경할 수 있다. 여기서 1은 100% 크기를 말하는 수치다. 만약 X, Y, Z 값이 '2'라면 물체 크기의 2배, '0.5'라면 물체 크기의 1/2을 의미한다.

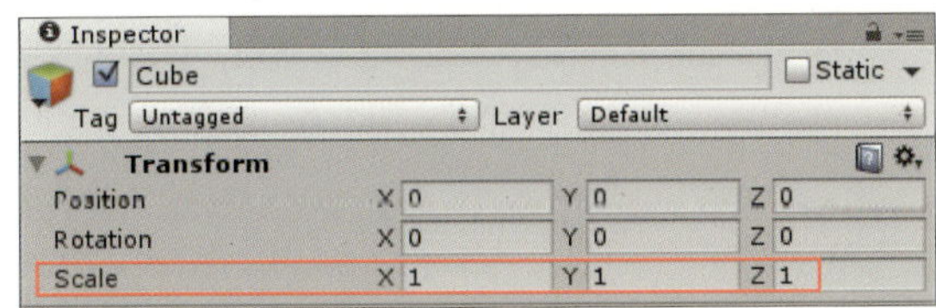

04 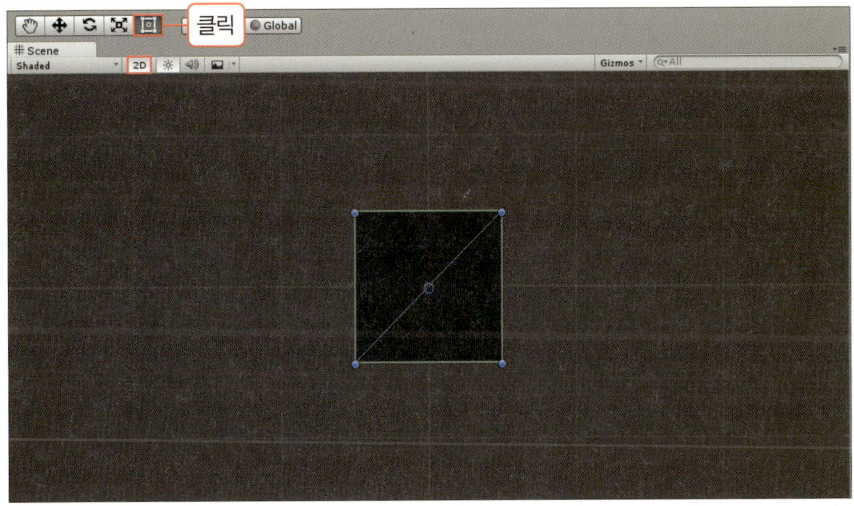 버튼을 클릭하면 동시에 물체의 이동, 회전, 크기 조절을 할 수 있다. 이 버튼은 주로 2D 물체를 편집할 때 사용한다. 2D 버튼을 클릭하면 뷰 모드가 2D로 변경된 상태에서 확인할 수 있다.

05 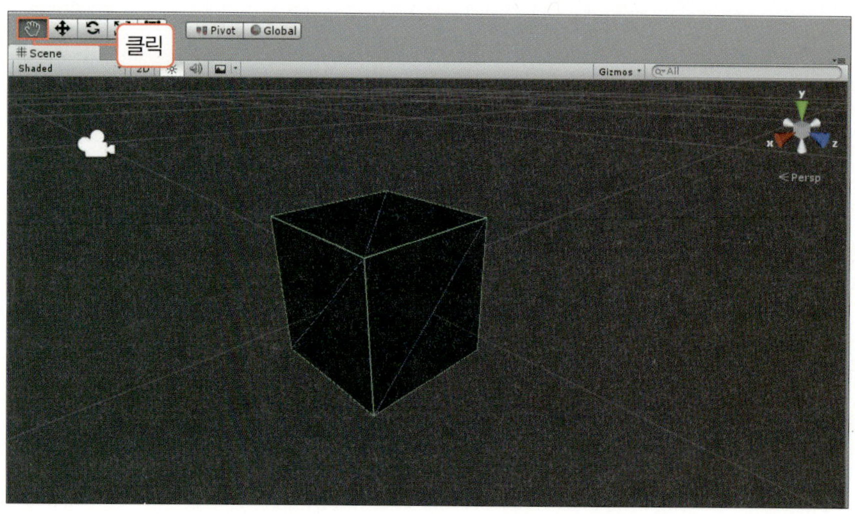 버튼을 클릭한 후 마우스 가운데 버튼을 클릭하면 카메라를 이동할 수 있다.

5 게임 뷰

게임 뷰는 실제 게임 화면을 그리는 역할을 한다. 씬 뷰는 편집 기능을 제공하지만, 게임 뷰는 해상도 설정 게임을 테스트할 수 있다. 먼저 게임 뷰의 작동 원리에 대해 알아보자.

01 계층 뷰의 Main Camera 게임 오브젝트를 클릭한다.

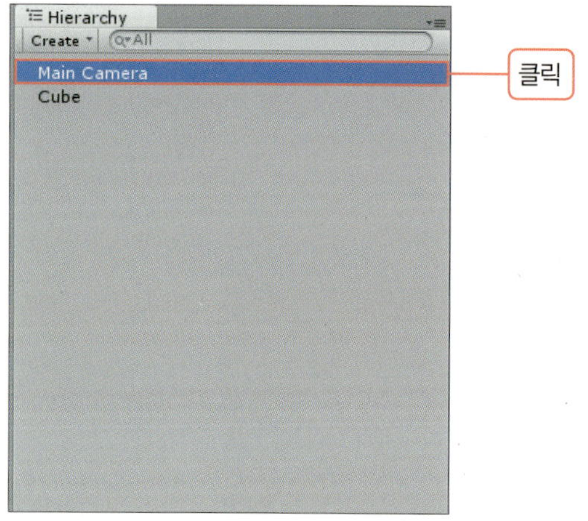

02 **❶ Inspector** 창을 확인한 후 Camera 컴포넌트의 체크 박스를 클릭한다.

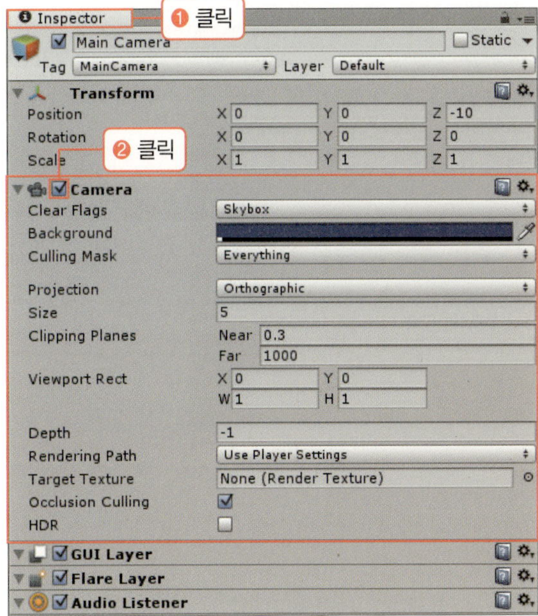

03 Camera 컴포넌트의 체크 박스를 해제한다.

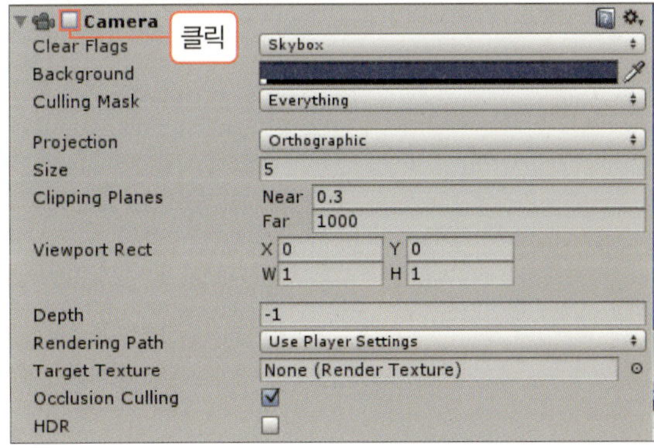

　게임 뷰 화면은 Main Camera 게임 오브젝트 의해 그려지는 것을 확인할 수 있다. 씬 뷰에 존재하는 카메라는 편집을 위한 것이고, 게임 뷰를 그려주는 Main Camera는 실제로 존재하는 카메라라고 생각하면 된다. 여기서 '실제로 존재하는 카메라'라는 말은 어떤 의미일까? 만약 여러분이 카메라를 통해 영상을 담을 수 있다고 하더라도 카메라가 꺼져 있다면 영상을 담을 수 없을 것이다. 게임 뷰에 화면을 나타나게 하는 것은 결국 Main Camera 게임 오브젝트의 역할이다. 이때 Main Camera가 카메라 역할을 할 것이다. 이번에는 Main Camera 게임 오브젝트를 이용하여 카메라를 이동해보자.

01 먼저 카메라가 다시 보이도록 설정한다.

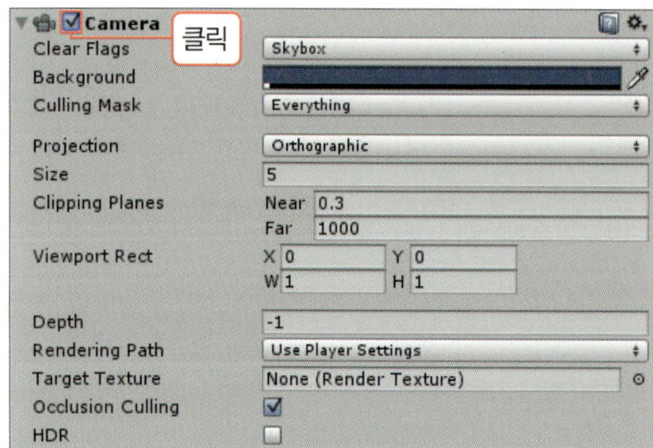

02 계층 뷰의 Main Camera 게임 오브젝트를 더블클릭한 후 카메라 이동이 가능하도록 [이동] 버튼 을 클릭한다.

03 씬 뷰에서의 이동이 가능해진다. 현재 씬 뷰 화면의 프로젝트는 최초 2D로 만들었기 때문에 2D 카메라 모드이다. X, Y축을 이동해본다.

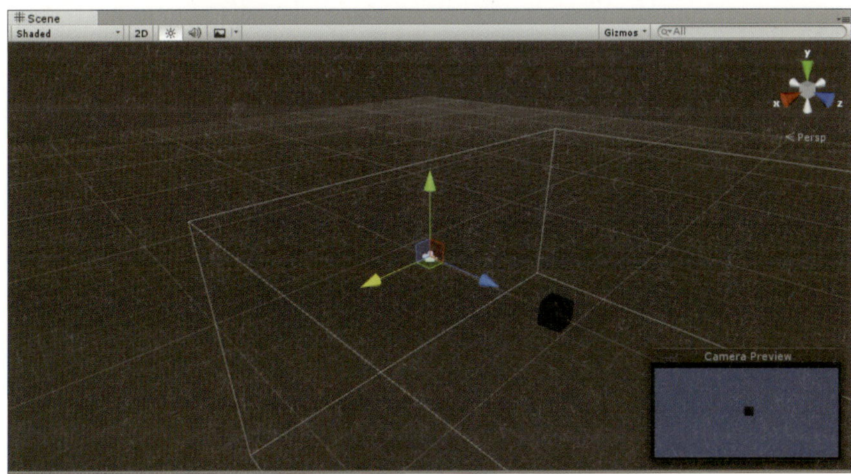

04 게임 뷰의 화면이 이동하는 것을 확인할 수 있다.

게임 뷰의 또 다른 기능은 해상도 테스트를 해볼 수 있다는 것이다. 만약, 여러분이 제작하고자 하는 게임의 해상도가 480×800이라면 이에 알맞게 설정한다.

01 ✓ Free Aspect 를 클릭한 후 ⊕ 버튼을 클릭한다.

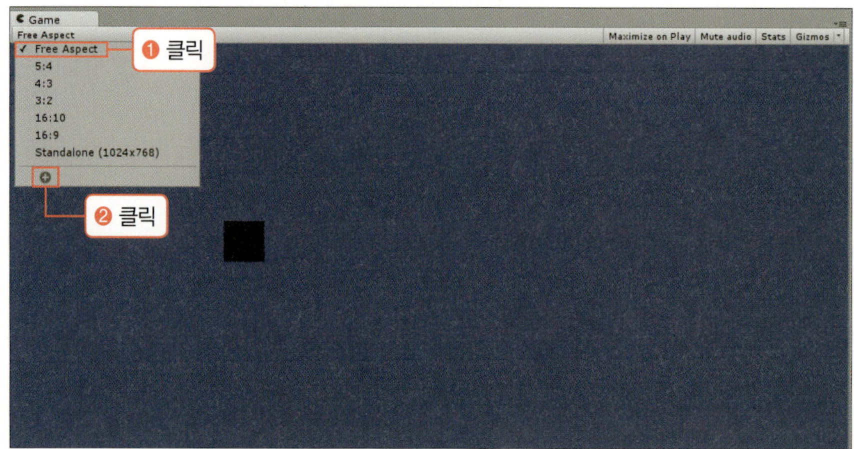

02 Label명을 정한 후 Width & Height 값을 입력하고 OK 버튼을 클릭한다.

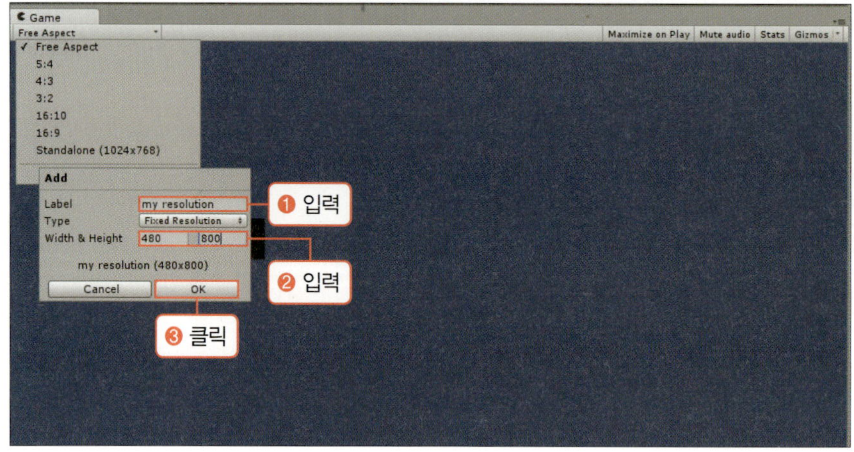

03 화면에 해상도가 설정되어 있는 것을 확인할 수 있다.

Note 게임 뷰의 해상도 설정

게임 뷰의 해상도를 설정하더라도 추가로 Main Camera 설정을 해주어야 한다. 이는 카메라 설정에 대한 내용을 다룰 때 설명한다.

04 게임 뷰 화면을 확인한다.

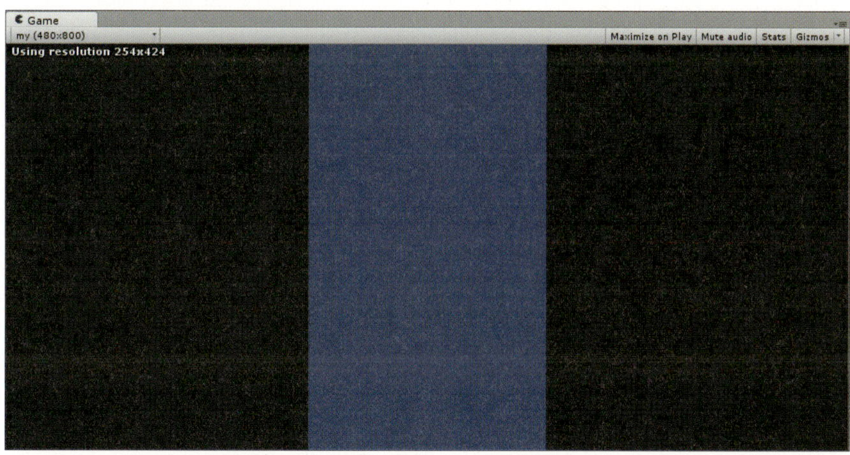

6 계층 뷰(Hierarchy View)

게임 오브젝트를 관리해주는 역할을 한다. 앞에서 해당 게임 오브젝트의 이름을 더블클릭하면 씬 뷰에서 물체의 중심으로 카메라가 이동한다. 예를 들어, Cube라는 이름을 MyCube로 변경하는 방법에 대해 알아보자.

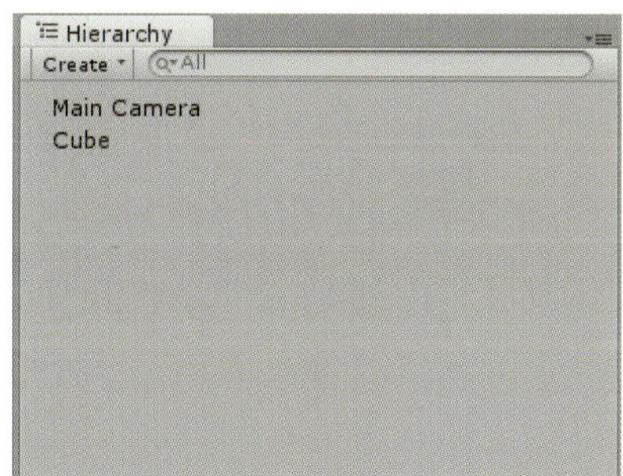

그림 2-3 계층 뷰

01 Cube 를 클릭한다.

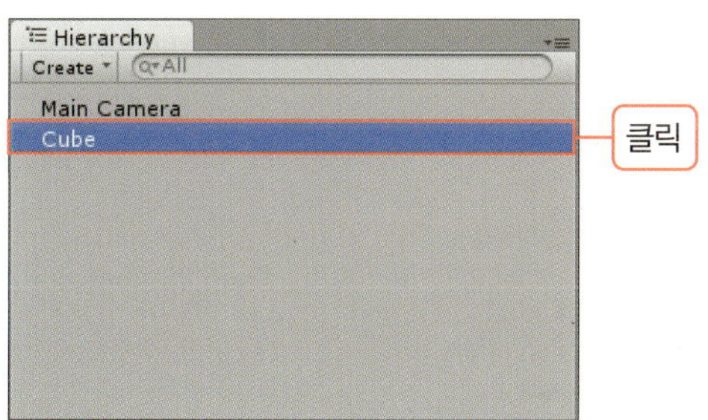

02 F2 를 눌러 Rename 상태가 되면 이름을 변경한다.

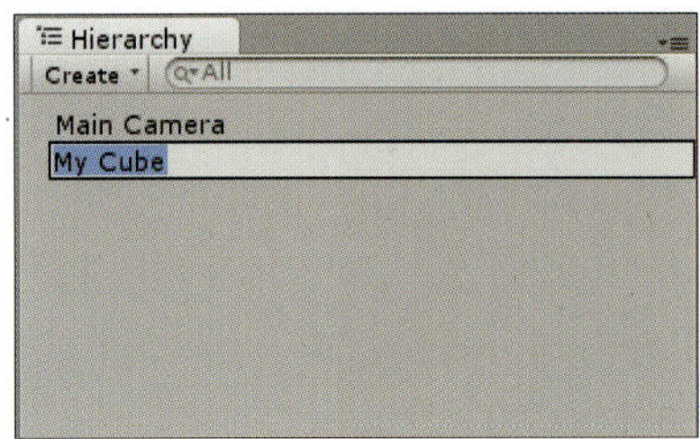

03 Create ▾ 버튼을 클릭하면 게임 오브젝트 메뉴가 나타난다. 이 메뉴에 있는 기능들은 GameObject 메뉴와 동일하다.

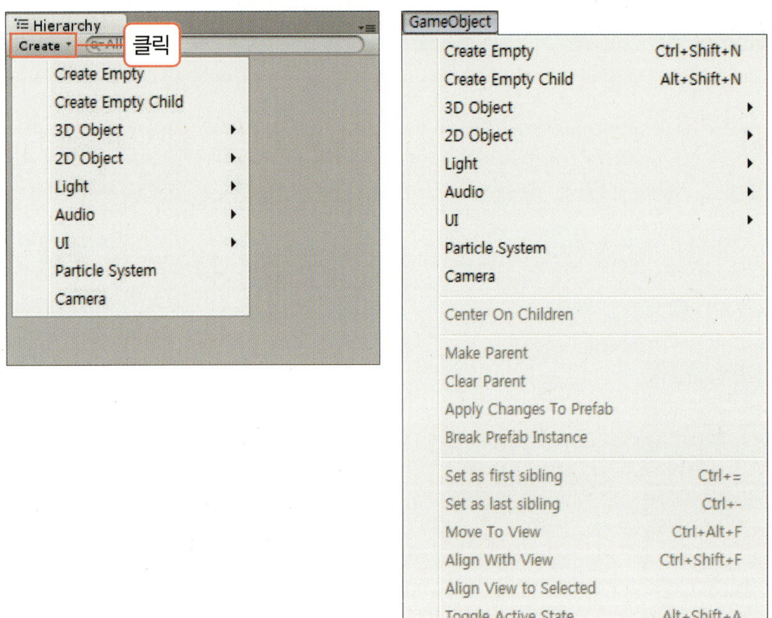

04 검색 기능을 이용하여 검색해본다. 검색이 끝나면 ⊗ 버튼을 클릭하여 종료한다.

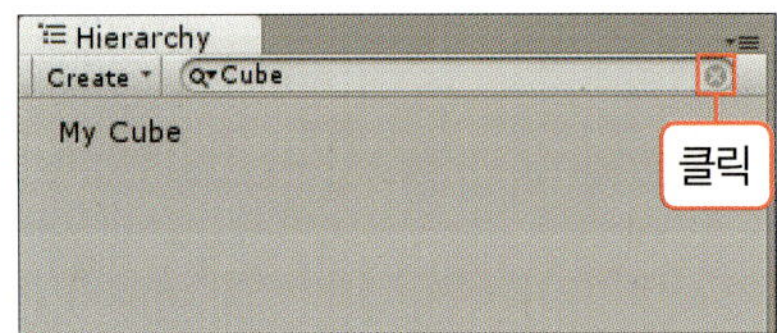

7 프로젝트 뷰(Project View)

게임을 제작하기 위해서는 리소스가 필요하다. 프로젝트 뷰는 프로젝트 이미지, 사운드 데이터, 애니메이션 데이터 등과 같이 외부 툴 또는 내부에서 제작한 리소스를 관리하는 역할을 한다.

해당 버튼을 클릭한 후 One Column Layout 메뉴와 Two Column Layout 메뉴를 클릭하면 뷰 모양이 변경된다. 기능상의 차이는 없으며, 단순히 Column을 1개로 보고 편집할 것인지, 2개로 보고 편집할 것인지를 정한다.

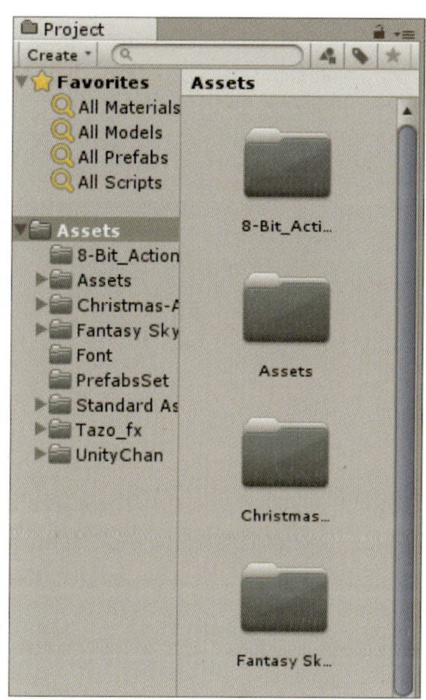

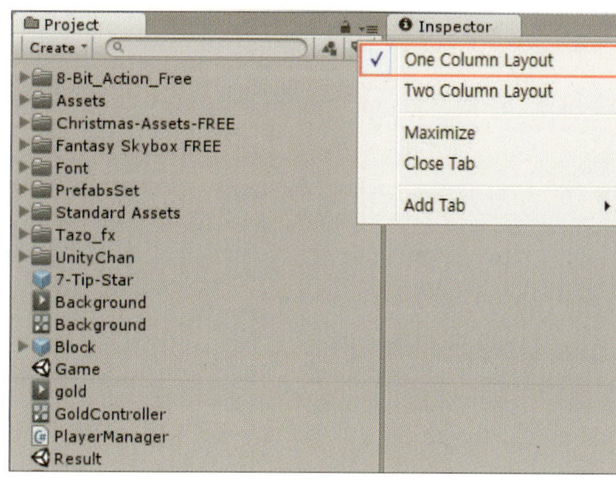

▲ One Column Layout

▲ Two Column Layout

8 인스펙터 뷰(Inspecter View)

인스펙터 뷰는 파일에 속성 정보의 출력을 설정하거나 게임 오브젝트 컴포넌트 정보들을 출력할 때 사용된다. 윈도우 운영체제의 기능 중 [속성 정보 보기-설정] 메뉴라고 생각할 수 있다.

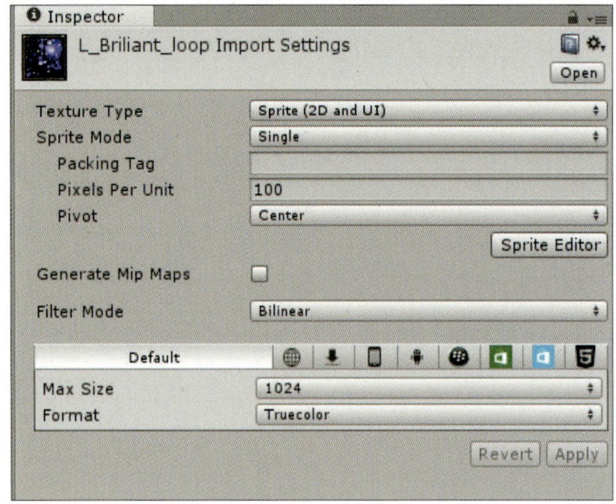

그림 2-4 이미지 파일 속성 확인

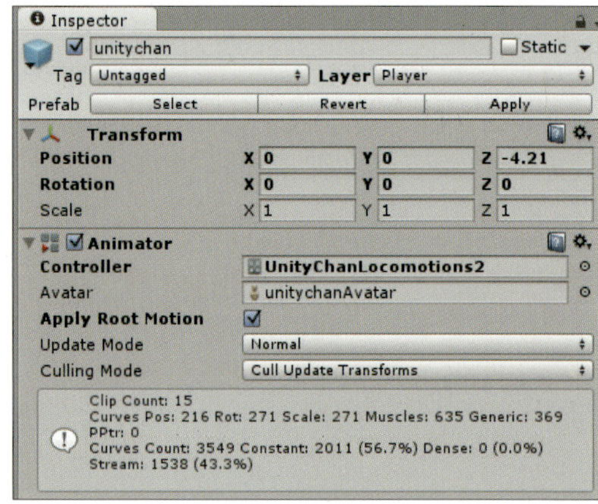

그림 2-5 게임 오브젝트 속성 확인

2.2 > 스크립트 작업 세팅

유니티 5 3D는 게임을 제작하는 엔진이다. 스크립트 작업 없이는 엔진을 100% 활용할 수 없다. 유니티 5 3D는 쉬운 스크립트 작업 환경을 제공한다. 네이티브(Native) 개발 방식을 지원하는 엔진은 저자의 경우에도 프로젝트 세팅을 하는 데만 하루 이상이 걸릴 때가 있다. 그러나 유니티 5 3D를 이용하면 빠른 시간 안에 "Hello World"를 출력해볼 수 있다(보통 개발자들이 처음으로 작동 여부를 확인할 때 어떤 룰처럼 화면에 "Hello World"부터 출력하는 경향이 있다). 그럼 지금부터 유니티 5 3D의 개발 환경 메뉴가 어디에 위치하고 있는지 알아보자.

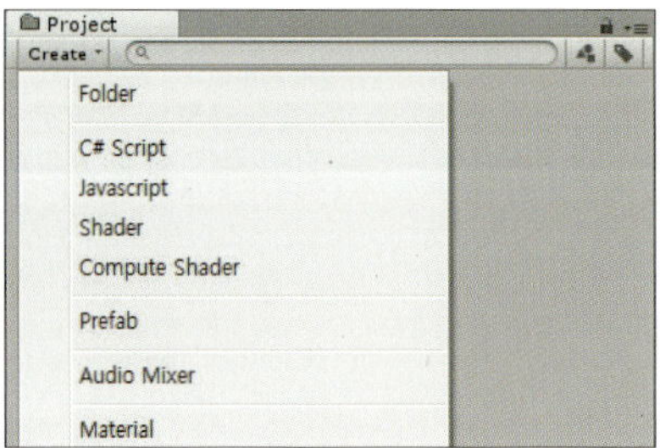

그림 2-6 유니티 개발 환경 메뉴

프로젝트 뷰는 유니티 5 3D에서 게임에 필요한 에셋(Assert)을 관리하는 역할을 한다. 스크립트는 유니티 5 3D 엔진에서 직접 만들 수 있다. 스크립트의 종류는 [표 2-1]과 같다.

표 2-1 스크립트의 종류

스크립트	설명
Java Script	주로 웹 기반에 사용되는 스크립트 언어이다. 썬마이크로시스템즈 사에서 개발한 Java와는 연관성이 없다.
C# Script	마이크로소프트 사에서 개발한 스크립트 언어로, 윈도우 프로그래밍에 사용된다.
Shader	Shader 그래픽스 프로그래밍에 사용되는 언어로, 그래픽카드 GPU 내에서 프로그래밍을 지원한다.
Compute Shader	GPGPU(General-Purpose computin on Graphics Processing Units, GPU상의 범용 컴퓨팅)를 위해 만들어진 언어. 기존 프로세서(CPU)에서 처리되는 연산을 GPU에 연결하여 빠른 처리를 지원한다.

유니티 5 3D는 다양한 스크립트를 지원한다. Java Script, C# Script는 게임 로직 개발에 사용되는 스크립트로, 주인공 캐릭터를 제작하거나, 몬스터 적을 만들거나, 로직에 사용된다. 여기서는 현재 많이 사용되고 있는 C# Script를 이용하여 개발한다. 즉, Shader, Compute Shader GPU를 이용한 프로그래밍이다. 이 언어는 그래픽스 전문 언어에 주로 사용된다. 간단한 예제와 사용 방법은 부록을 참조하기 바란다.

1 C# 스크립트 제작 준비

프로젝트 뷰(Project)의 위치를 확인한다.

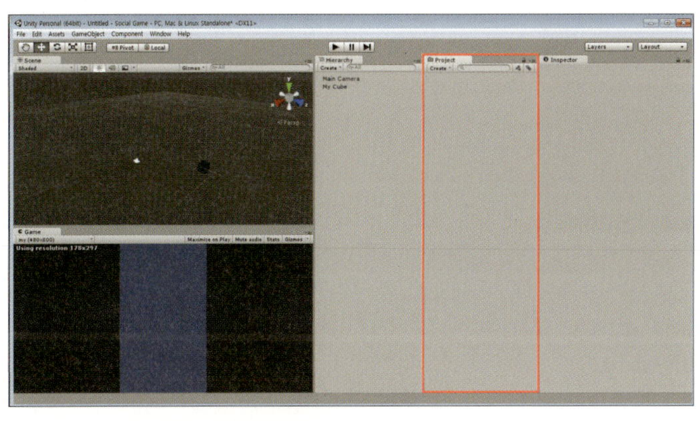

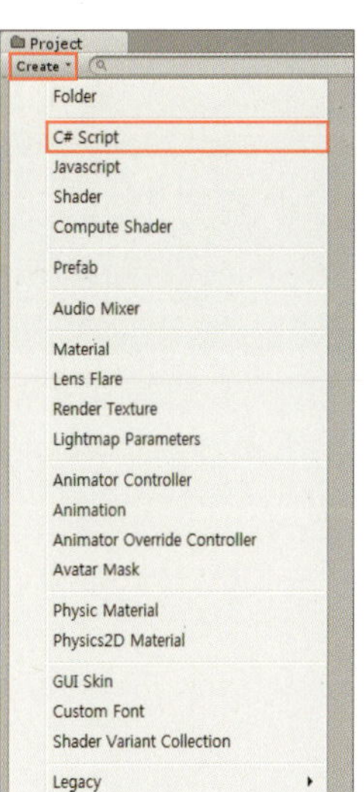

그림 2-7 프로젝트 뷰에서 C# 스크립트를 선택한다.

01 프로젝트 뷰에서 Create 버튼을 클릭한 후 C# Script 를 클릭하면 NewBehaviourScript 파일이 생성된다. 여기서는 파일명을 'Test'라고 정한다. 프로젝트 뷰를 마우스 오른쪽 버튼으로 클릭한 후 Create 메뉴에서 C# Script 파일을 만들 수도 있다.

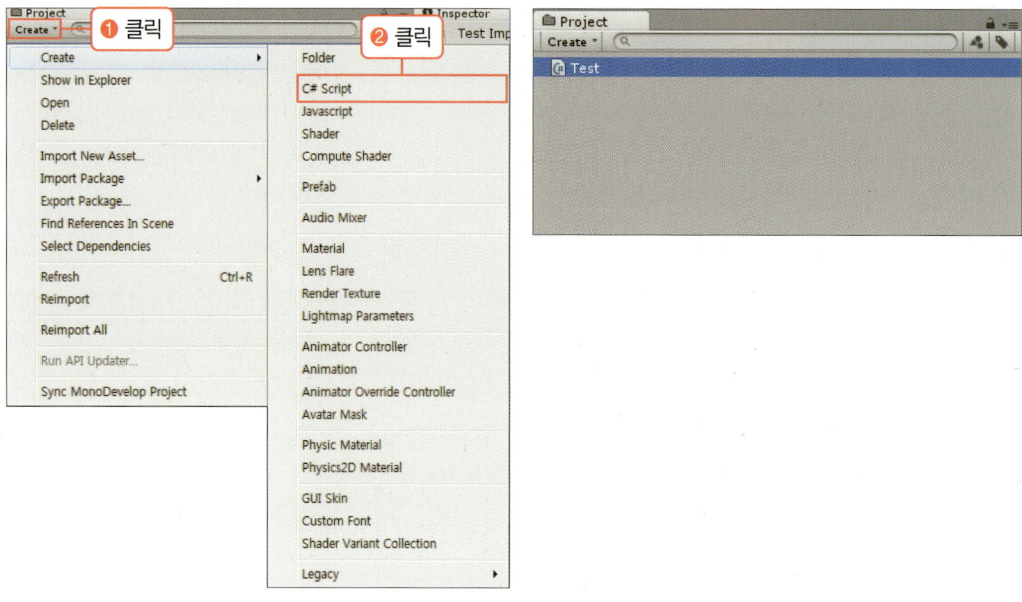

02 이름을 잘못 입력하여 수정해야 할 경우, 파일을 클릭한 후 F2 를 누르면 Rename 상태가 된다. Test 이름을 수정하는 작업이 완료되면 Test 파일을 더블클릭한다. 그러면 다음과 같이 모노디벨롭(MonoDevelop)이 실행된다.

03 스크립트 작업은 메모장만 작성해도 프로그램이 실행된다. 그러나 메모장은 편집 기능이 부족하기 때문에 유니티 5 3D에서는 별도의 모노디벨롭 프로그램을 지원한다. 모노디벨롭은 유니티 5 3D에서 제작하는 프로그램이 아니라 GNOME 통합 개발 환경(IDE: Integrated Development Environment)의 일종으로, 유니티 5 3D만 설치하면 자동으로 설치된다. 유니티 기본 스크립트 툴이다.

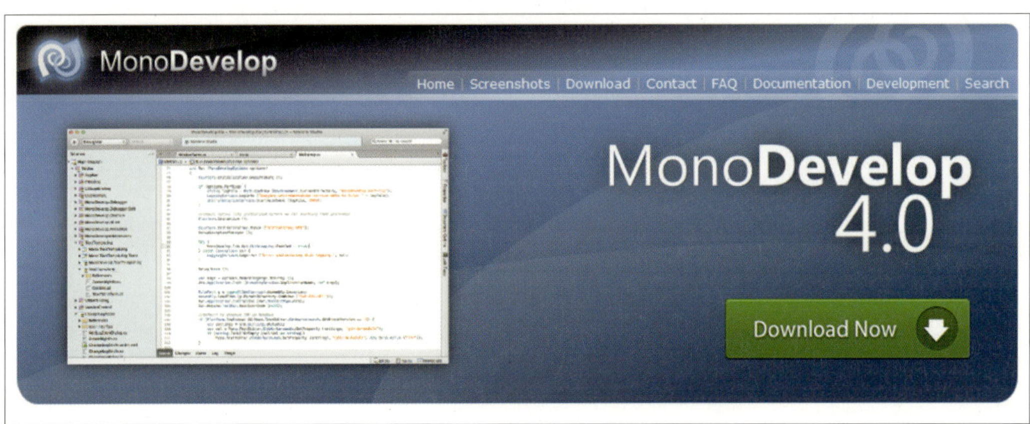

모노디벨롭 실행 시 주의할 점

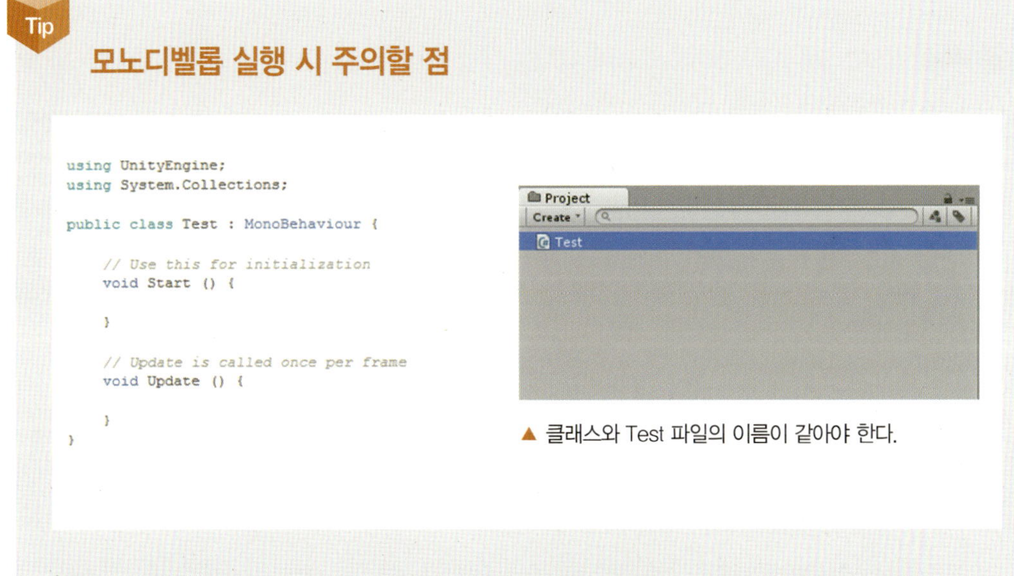

```
using UnityEngine;
using System.Collections;

public class Test : MonoBehaviour {

    // Use this for initialization
    void Start () {

    }

    // Update is called once per frame
    void Update () {

    }
}
```


▲ 클래스와 Test 파일의 이름이 같아야 한다.

위의 그림처럼 클래스와 Test 파일의 이름이 서로 같아야 실행할 수 있다. 서로 다르면 작동되지 않는다. 그리고 소스 코드 작업 시 주의할 점은 대소 문자를 구분해야 한다는 것이다. 예를 들어 대문자 A와 소문자 a는 다른 문자로 취급한다.

스크립트 작업의 세팅이 끝났으므로 "Hello World"를 출력해보자. 먼저 문자를 출력할 곳이 필요하다. 콘솔 뷰를 띄워보자.

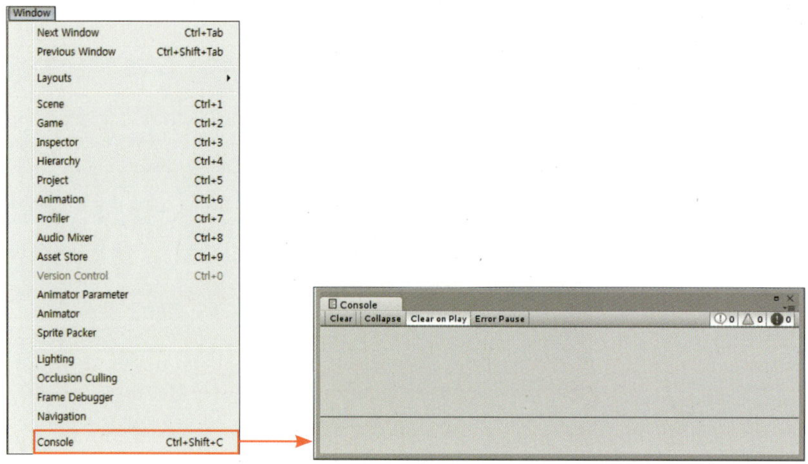

그림 2-8 콘솔 뷰를 띄우는 모습

Window 메뉴는 유니티 5 3D의 뷰를 관리하는 역할을 한다. 여기서는 콘솔 뷰를 띄우도록 한다. 콘솔 뷰는 유니티3D 실행 중에 스크립트 경고, 오류 등을 표시해주는 역할을 한다. 그럼 콘솔 창에 메시지를 띄워보자.

소스 2-1 "Hello World"를 출력하는 소스

```
using UnityEngine;
using System.Collections;

public class Test : MonoBehaviour {

    // Use this for initialization
    void Start () {
        print ("Hello World");
    }

    // Update is called once per frame
    void Update () {

    }
}
```

[소스 2-1]의 print("Hello World"); 구문에서는 대소 문자를 구분하므로 이와 똑같이 작성하기 바란다. 이번 장은 스크립트를 테스트하기 위한 작업이고, 다음 장에서 스크립트의 디테일한 작성 방법을 배운다. 작성이 완료되면 내용을 저장한다. '모노디벨롭'은 유니티 5 3D와는 다른 프로그램 이다. 따라서 별도로 저장해야 한다.

04 File – Save (단축키 Ctrl + S)를 클릭한다.

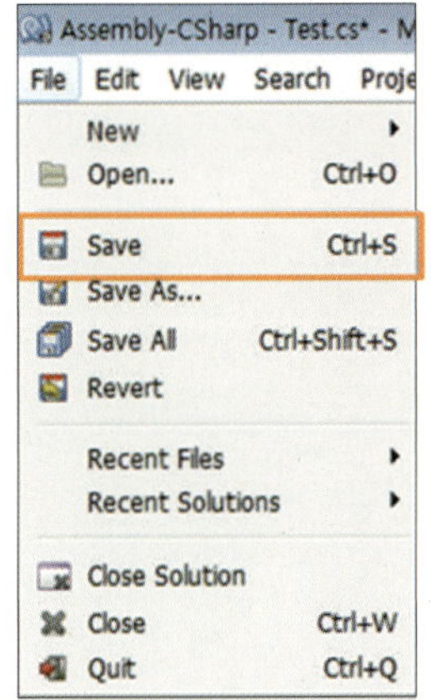
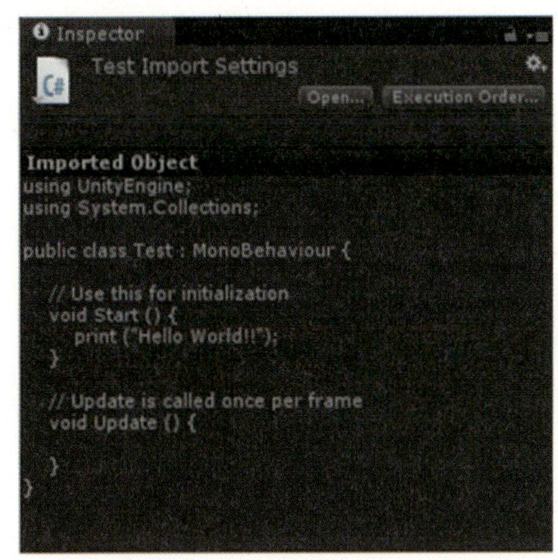

그림 2-9 모노디벨롭 저장 메뉴(왼쪽) 및 인스펙터 뷰에서 저장된 이미지를 보여주는 메뉴(오른쪽)

[그림 2-9]의 왼쪽은 모노디벨롭 저장, 오른쪽은 유니티 5 3D에서 인스펙터 뷰로 저장된 이미지 를 보여주는 메뉴이다. 유니티 5 3D의 프로젝트 뷰에 있는 Test 파일을 클릭하면 인스펙터 창이 나 타난다. 그러면 스크립트 작업이 완료된 것이다.

2 게임 오브젝트 만들기

앞에서 컴포넌트의 개념에 대해 설명했다. 유니티 5 3D에서 기본적으로 제공하는 컴포넌트가 있기는 하지만, 여러분은 스스로 컴포넌트를 제작했다. 결국 스크립트 작업을 하는 이유는 여러분 이 직접 컴포넌트를 만들기 위해서이다. 유니티 5 3D가 모든 것을 만들어줄 수는 없다. 지금처럼 필요하다면 여러분이 직접 스크립트를 이용하여 컴포넌트를 만들어야 한다. 우리가 C# 스크립트를 배우는 이유는 바로 이 때문이다. 이번에는 게임 오브젝트를 만들어 보자. 컴포넌트는 게임 오브젝 트가 관리한다. 결국 게임 오브젝트도 직접 만들어야 한다.

01 GameObject – Create Empty 는 말 그대로 비어 있는 게임 오브젝트를 만들 때 사용하는 메뉴이다.

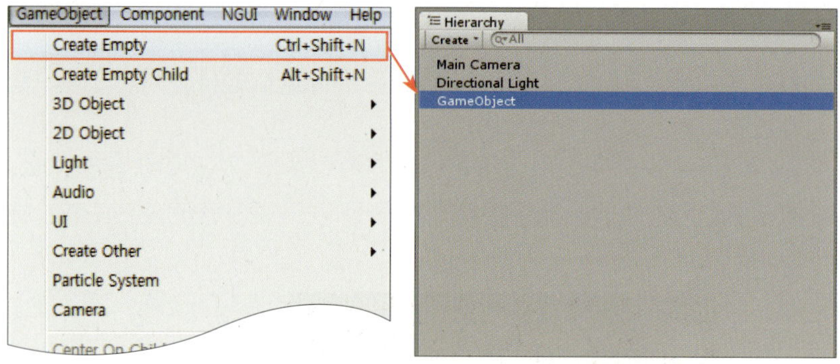

02 만들고 나면 계층 뷰에 비어 있는 GameObject가 생성된다. 여기에 우리가 만든 Test 컴포넌트를 붙이도록 한다. 먼저 붙이는 방법에 대해 알아보자. 프로젝트 뷰의 Test 파일을 선택한 후 인스펙터 뷰로 드래그한다.

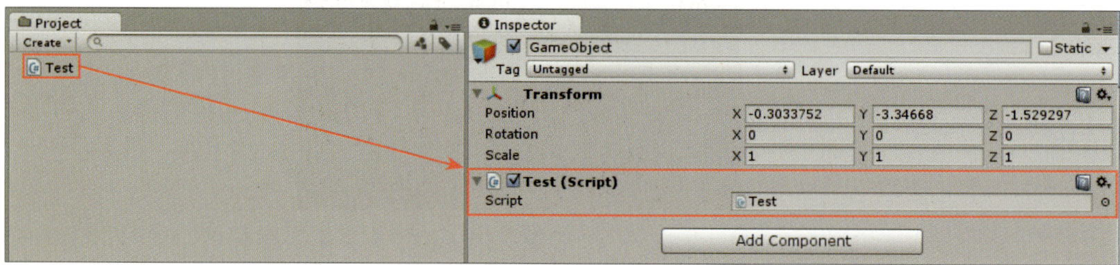

03 다음 화면처럼 인스펙터 뷰의 Add Component 버튼을 클릭한 후 Test 컴포넌트를 찾아 붙여도 된다.

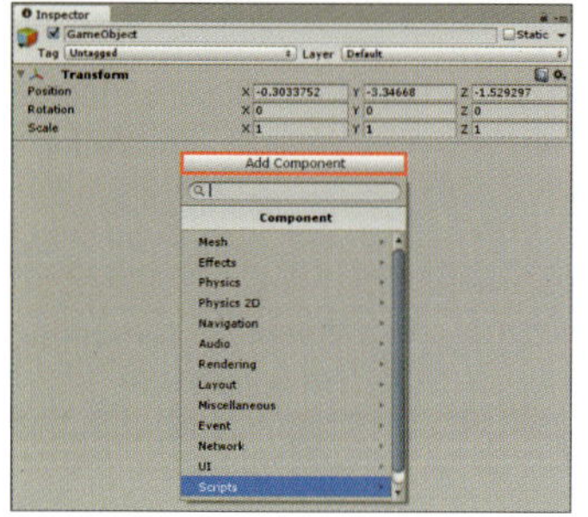
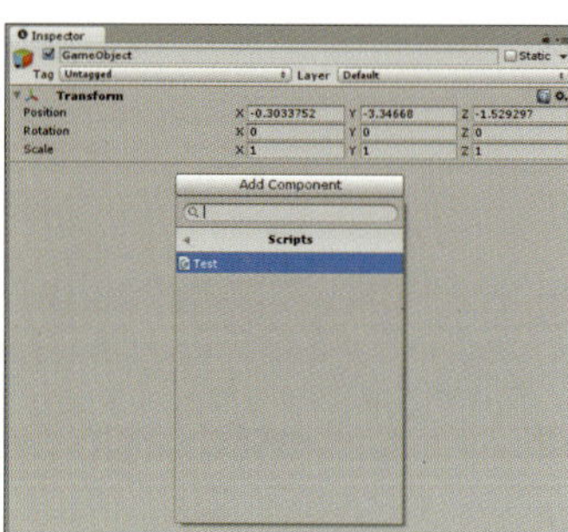
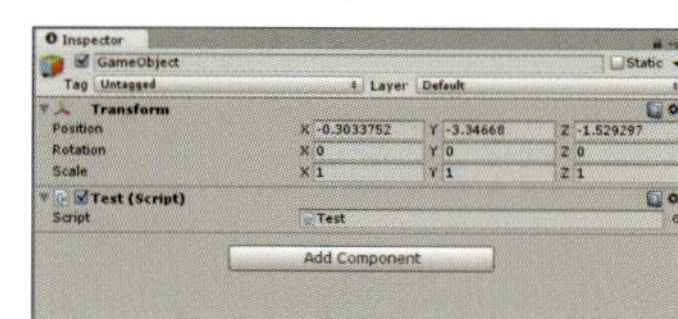

04 이 책과 같이 작업해도 컴포넌트가 추가되지 않을 수 있다. 그 이유는 스크립트 작업의 오류 때문이다. 클래스명과 파일명이 다른 경우 또는 다음 화면처럼 콘솔 창을 확인했을 때 빨간색 아이콘 에러 메시지가 나타났을때 이를 해결하지 않으면 컴포넌트를 붙이는 작업뿐만 아니라 다음 작업으로 넘어갈 수 없다. 이처럼 스크립트 작업을 할 때 오류 메시지가 나타나는지 꼭 확인해야 한다.

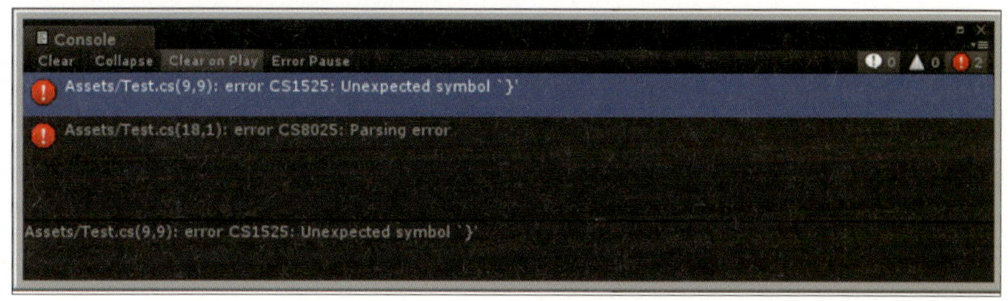

05 모든 작업이 완료되면 유니티 5 3D 플레이 버튼 ▶(단축키 : Ctrl + P)을 클릭한다.

2.3 > 컴포넌트 사용 방법

앞에서 간단하게 스크립트 작성 준비를 해보고, Test 컴포넌트를 제작하여 "Hello World" 메시지를 출력했다. 유니티 5 3D 엔진은 개발에 필요한 컴포넌트들을 준비하고 있다. 유니티 5 3D가 생산성이 좋은 이유는 많은 작업을 하지 않더라도 이미 준비된 컴포넌트를 제공하기 때문이다. 컴포넌트는 어떻게 구성되어 있고, 어떻게 작업하는지 알아보자.

1 컴포넌트 메뉴 이용하기

컴포넌트 메뉴는 [그림 2-10]과 같다. 컴포넌트 메뉴를 보면 많은 컴포넌트들이 카테고리별로 구분되어 관리되고 있다는 것을 알 수 있다. 유니티 5 3D가 강력한 이유는 에셋스토어의 활성화 덕분이다. 다른 개발자가 만든 컴포넌트들도 설치하여 사용할 수 있다는 점이 유니티 5 3D 개발에 날개를 달아준다.

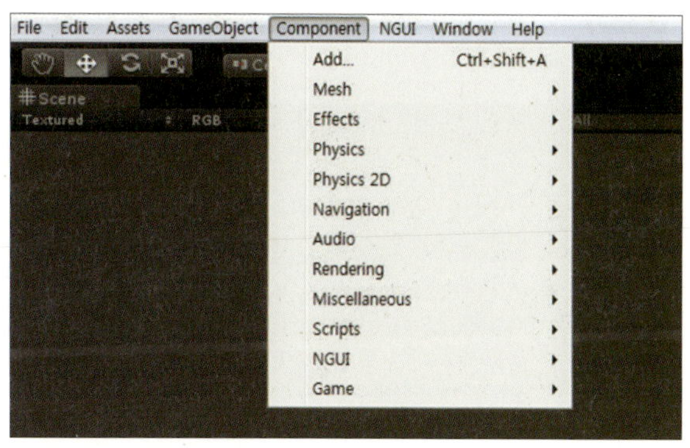

그림 2-10 유니티 5 3D의 컴포넌트 메뉴

01 컴포넌트를 사용하려면 일단 컴포넌트를 붙일 게임 오브젝트가 필요하다. 먼저 게임 오브젝트를 만들어 보자.

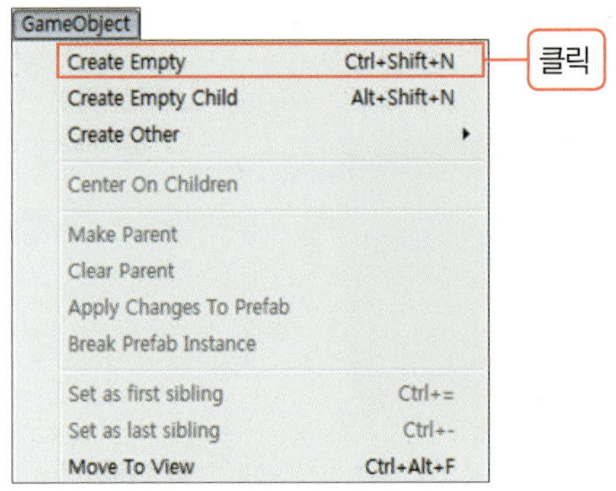

02 `GameObject` – `GameObject` 를 선택하여 게임 오브젝트를 만든다. `GameObject` 는 말 그대로 비어 있는 게임 오브젝트이다. 예를 들어 문서 작업을 할 때 특별한 서식을 가지고 시작하는(템플릿 작업) 것이 아니라 처음에 아무것도 없는 페이지에서 작업을 하는 것과 같다고 생각하면 된다. 그런데 만들고 보면 Transform 컴포넌트가 존재한다. 그 이유는 유니티 5 3D 엔진에서 무조건 위치, 회전, 크기 정보를 가지고 있는 컴포넌트는 모든 게임 오브젝트가 같도록 설정되어 있기 때문이다. 사람 눈에 보이지 않는 입자가 존재하기 때문에 분명히 위치, 회전, 크기를 가지고 있을 것이다.

03 유니티 5 3D에서 제공하는 파티클 시스템을 붙여보자. 컴포넌트에 계층 뷰를 붙이려면 생성한 게임 오브젝트를 선택해야 한다. 계층 뷰에는 여러 개의 게임 오브젝트가 있기 때문에 어디에 붙여야 할지 정해야 한다. 인스펙터 뷰의 `Add Component` 버튼을 클릭하면 다음 화면과 같은 메뉴가 나타난다. 둘 중에 어떤 것을 사용해도 동일하게 작동한다.

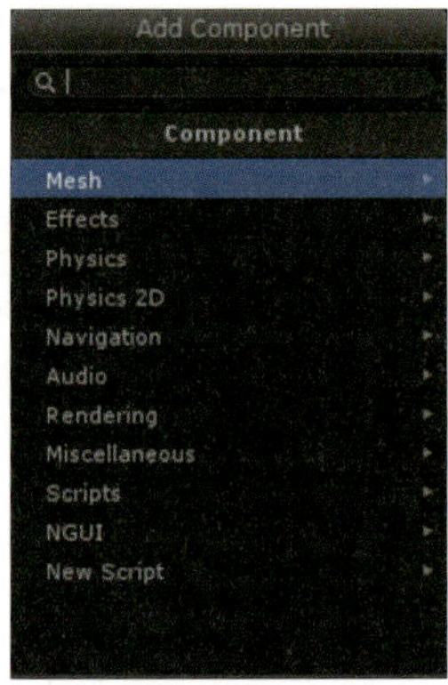

04 이제 `Add Component` 메뉴를 이용하여 추가해보자. `Effects` – `Particle System` 을 클릭하여
컴포넌트를 추가한다.

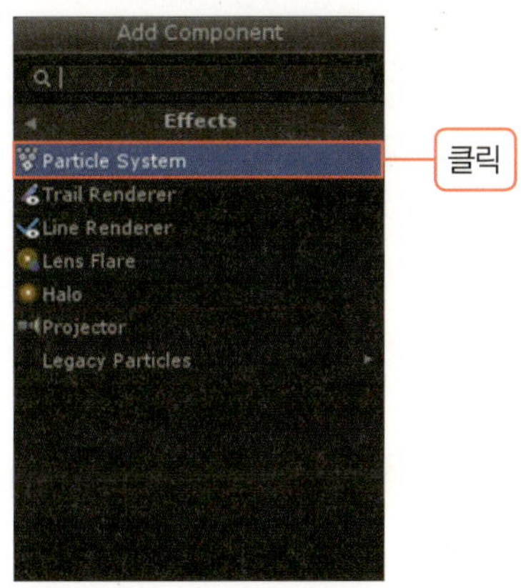

05 컴포넌트를 추가한 후 씬 뷰를 보면 파티클 시스템이 작동되는 것을 확인할 수 있다. 별다른 스크립트 작업
없이 준비된 컴포넌트를 이용하면 특정 기능들을 붙일 수 있다.

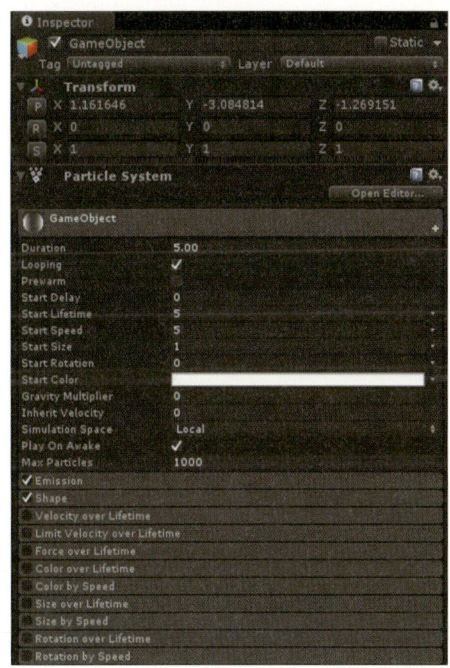

그럼 다음 절에서 중력에 의해 Cube를 떨어뜨리는 작업을 하나 더 연습해보자.

유니티 5 3D 엔진의 기본은 '3D 베이스 엔진'이다. 유니티 5 3D 엔진을 제대로 활용하기 위해서는 그래픽스 기초가 기본이 되어야 한다. 용어만 잘 이해해도 유니티 5 3D 엔진을 이해하는 데 많은 도움이 된다.

1 좌표계

흰 종이 위에 점을 표시한다고 가정해보자. 우선 그 점의 위치가 어디인지를 표현하려면 좌표계를 이용해야 한다. 2차원이라면 X:2, Y:3, 3차원이라면 X:2, Y:3, Z:2와 같은 형태로 표현할 수 있다. 게임 개발에 좌표계의 개념이 필요한 이유는 주인공 캐릭터, 몬스터, 지형물 등을 어딘가에 위치시켜야 하기 때문이다.

[그림 2-11]과 같이 유니티 5 3D는 기본적으로 왼손 좌표계를 사용한다. '왼손 좌표계가 있다면 오른손 좌표계도 있나?'라는 생각이 들 수도 있다. 물론 오른손 좌표계도 존재한다. 군이 좌표계를 왼손, 오른손으로 표현하는 이유는 축의 방향을 손가락으로 표현할 수 있기 때문이다. 좌표계가 여러 개인 이유는 3D 그래픽 툴과 엔진마다 표현하는 좌표계가 서로 다르기 때문이다. 결국 오른손 좌표계를 기준으로 만들어진 모델링을 왼손 좌표계로 가지고 올 경우에는 축 좌표계 변환 작업을 해야 한다. 이는 통일해야 할 필요성이 있지만, 각 시스템이 그렇게 만들어져 있기 때문에 여기서는 유니티 5 3D가 왼손 좌표계라는 것만 이해하자.

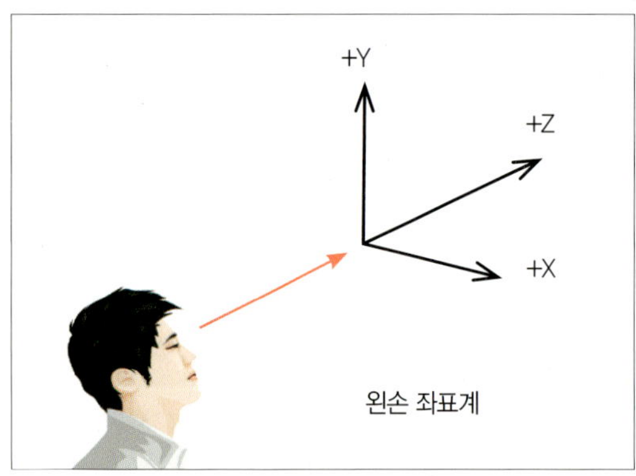

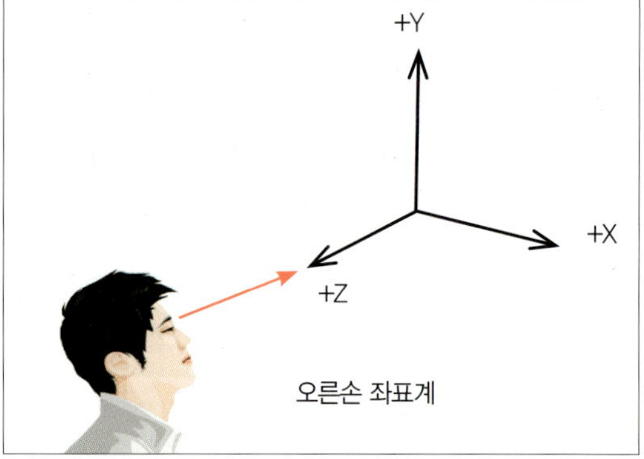

그림 2-11 좌표계

좌표계를 이해하기 위해 유니티 5 3D를 활용해보자. [그림 2-12]처럼 게임 오브젝트 박스를 배치한 후 기즈모 좌표계를 조정하여 왼손 좌표계 방향으로 맞춰보자. 먼저 `GameObject` – `Create Other` – `Cube` 메뉴를 순서대로 선택하여 배치한 후 기즈모 좌표계를 [그림 2-12]와 같이 맞춘다.

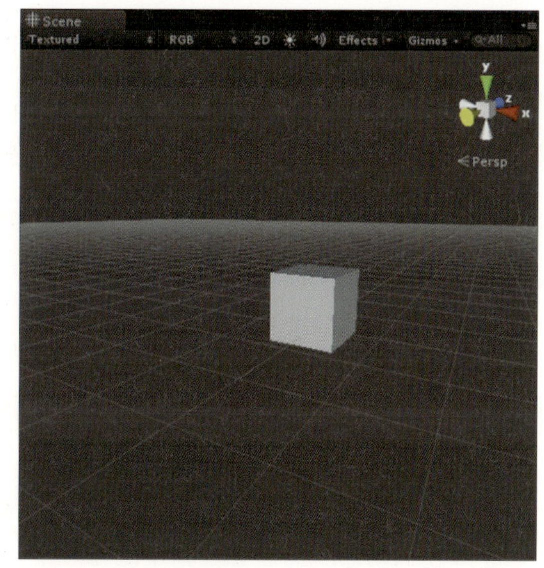

그림 2-12 기즈모 좌표계

일단 3차원 좌표계에 박스를 배치한 후 이동, 회전을 해보자. 이동이라면 양 또는 음의 방향, 회전이라면 회전 방향 등을 체크해보자. 3D 게임을 만들고자 한다면 부호에 따른 이동, 회전 등을 익혀야 한다. 원활한 테스트를 위해 박스의 위치를 [그림 2-14]의 인스펙터 뷰와 같이 맞추도록 하지.

위치(P)(X:0, Y:0, Z:0), 회전(R)(X:0, Y:0, Z:0), 스케일(S)(X:1, Y:1, Z:1)은 그대로 유지한다. 여기서 스케일이 ‘1’이라는 것은 자신의 크기가 100%라는 의미이다.

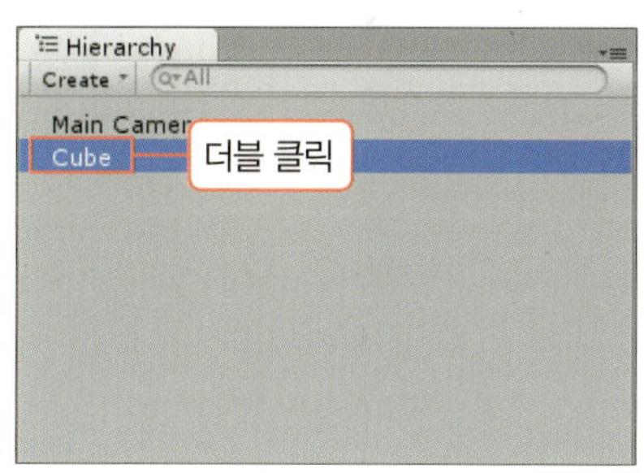

그림 2-13 큐브(Cube)를 더블클릭한다.

그림 2-14 인스펙터 뷰의 위치, 회전, 스케일을 확인한다.

위치를 수정한 후 박스가 시야에서 사라진 이유는 박스의 위치가 변경되었기 때문이다. 이 경우, 계층 뷰에 있는 큐브(Cube)를 더블클릭하면 씬 뷰 카메라가 박스의 위치로 이동한다. 위치한 박스를 이동시켜보자.

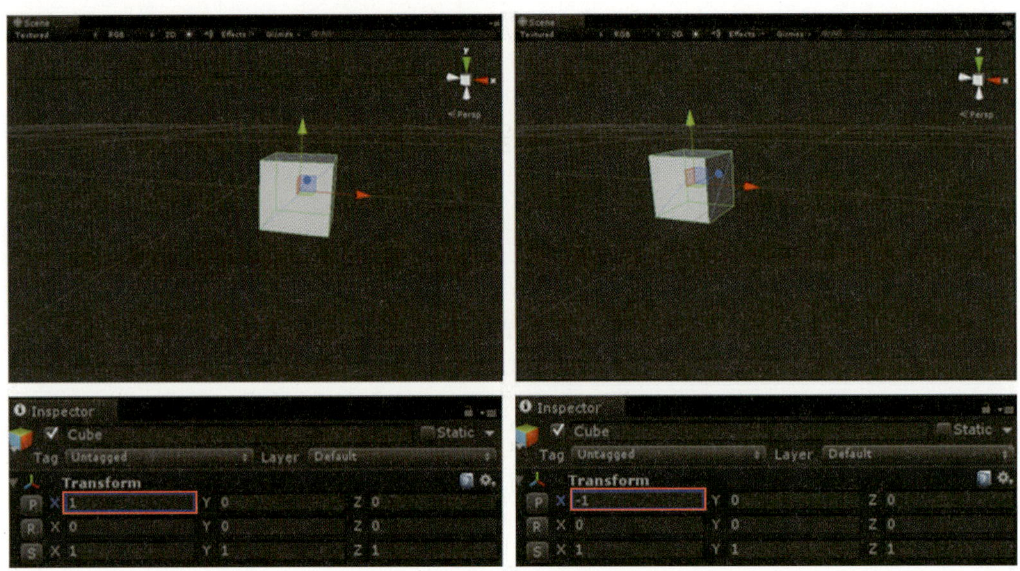

그림 2-15 X값이 '1'인 경우   그림 2-16 X값이 '-1'인 경우

[그림 2-15]와 [그림 2-16]을 통해 알 수 있는 바와 같이 X값이 '1'이면 오른쪽으로 이동하고, '-1'이면 왼쪽으로 이동하는 것을 볼 수 있다. 만약, 좌표계 축 부호의 방향이 기억나지 않는다면 [그림 2-17]처럼 손으로 모양을 만들어 확인할 수 있다. 왼손 좌표계라는 이름은 왼손으로 축과 방향을 표현할 수 있기 때문에 붙여진 이름이다. 손가락이 향하는 방향이 '양의 방향'이다.

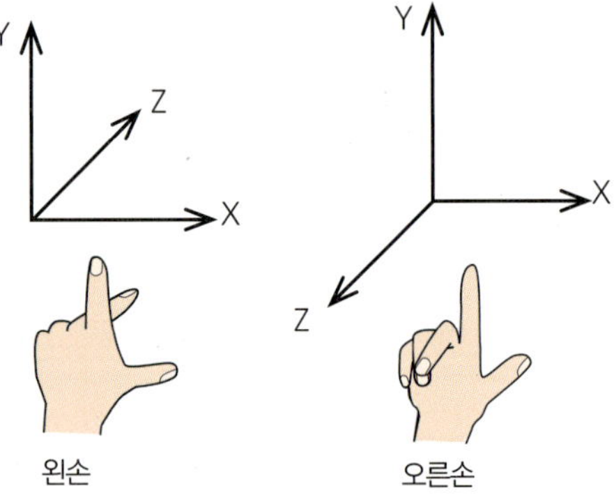

그림 2-17 왼손 좌표계와 오른손 좌표계의 방향

축의 회전은 이동과 다르게 축을 잡고 돌린다고 생각하면 된다. 여기서는 Y축을 회전시켜보자.

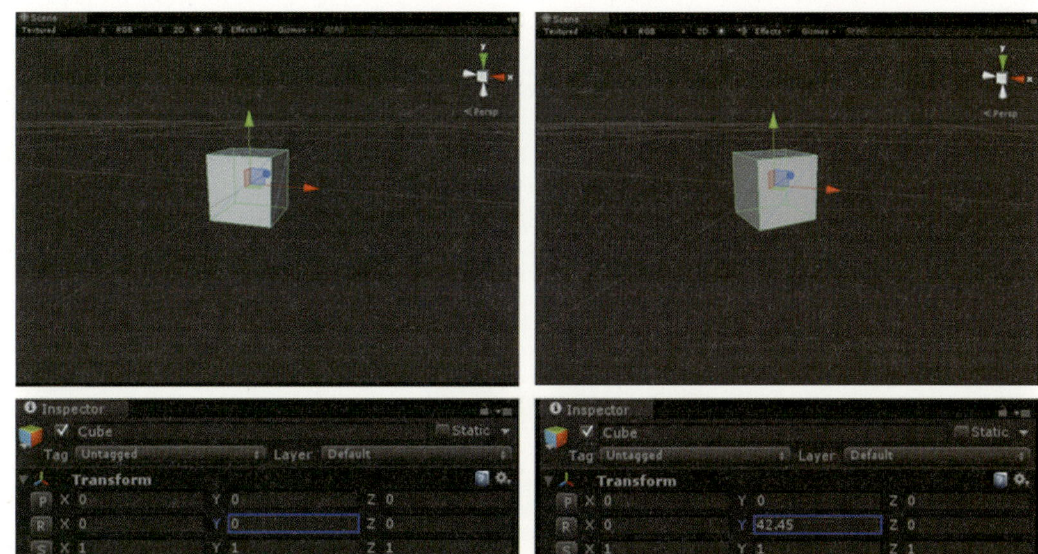

그림 2-18 집게손가락을 잡고 돌리면 Y축 회전   그림 2-19 Y축 회전

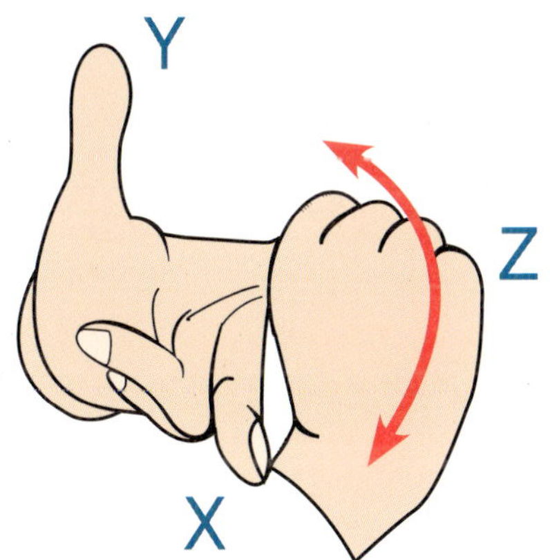

그림 2-20 축 회전

[그림 2-18], [그림 2-19]처럼 집게손가락을 잡고 돌리면 Y축 회전이다. 축 회전은 각 축을 잡고 돌린다고 생각하면 된다. 안쪽으로 돌리면 양의 방향 회전, 바깥쪽으로 돌리면 음의 방향 회전이다. 위의 예제와 같이 실제 박스를 설치하고 축 이동, 회전 등을 하면서 감을 익히는 것이 앞으로 작업을 할 때 많은 도움을 된다.

‘벡터(Vector)’라는 단어를 들으면 ‘혹시 수학에 나오는 벡터인가?’ 하는 생각이 들 것이다. 불행(?)하게도 그 벡터가 맞다. 씬 뷰에 배치된 큐브가 어디론가 일정한 속도로 이동하라는 명령을 내리면 결국 그 값을 입력해야 한다. 결국 그 값은 벡터로 표현된다. 어떤 위치에 있는 물체를 표현할 때도 벡터를 이용하여 위치를 표시해야 한다. 유니티 5 3D는 엔진을 이용하기 때문에 계산기에 값을 입력하면 결과가 나온다고 생각하면 된다.

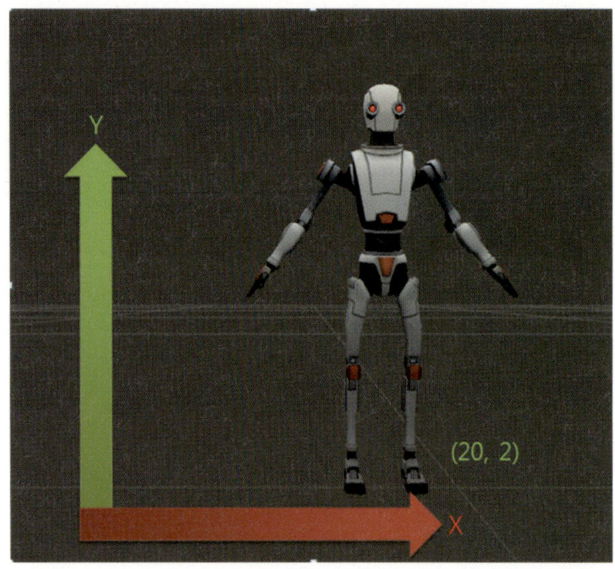

그림 2-21 로봇 모델의 위치값을 벡터로 표현한다. 로봇은 X는 ‘20’만큼, Y는 ‘2’만큼 표현할 때 사용한다.

그리고 벡터는 이동 방향을 표현할 때도 사용한다. 예를 들어 2차원 좌표계가 X, Y일 때 왼쪽은 (−1, 0), 오른쪽은 (1, 0)으로 표현할 수 있다.

그림 2-22 2차원 좌표계에서 방향을 표현한 예제

유니티 5 3D C# 기초

유니티 5 3D(Unity3D)는 다양한 스크립트 개발 방식을 지원한다. 즉, 로직을 개발하는 Javascript, C#, Boo 언어 등을 지원한다. 또한 그래픽스 개발 언어로는 Shader, Computer Shader를 지원한다. 이번 장에서는 유니티 5 3D에서 가장 많이 사용하는 C# 언어에 대해 알아본다. 유니티 5 3D를 공부하고자 하는 사람들은 처음에는 C#의 벽에 부딪혀 포기하고 만다. 하지만 C#도 영어 공부처럼 패턴을 이해하면 쉽게 접근할 수 있다. 유니티 5 3D C#은 기존 닷넷(.NET) C#과는 차이가 있다. 이번 기회에 유니티 5 3D C#을 가뿐하게 정복해 보자.

C#을 작성하는 것을 일반적으로 '스크립트(Script) 작업'이라 부른다. 스크립트 작업은 메모장만 작성해도 프로그램이 실행된다. 하지만 메모장은 편집 기능이 너무 약하기 때문에 유니티 5 3D에서는 별도로 '모노디벨롭(monodevelop)' 프로그램을 지원한다. 모노디벨롭은 유니티 사에서 제작한 프로그램이 아니라 MonoDevelop Project가 저작권을 가진 무료 통합 개발 환경(IDE: Integrated Development Environment)의 일종으로, 유니티 기본 스크립트 툴이다. 앞 장에서 이미 설명한 바와 같이 유니티 5 3D만 설치하면 자동으로 설치된다.

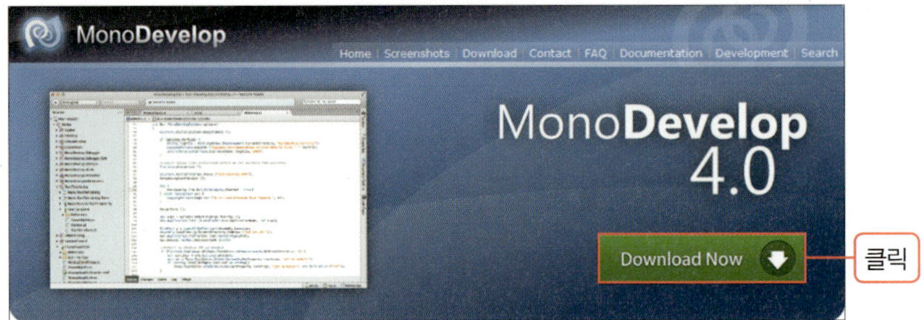

그림 3-1 모노디벨롭 사이트에서 다운로드하는 모습(http://www.monodevelop.com)

1 모노디벨롭에서 C# 스크립트 실행하기

모노디벨롭을 실행하기 위해서는 가장 먼저 작업하고자 하는 C#(.cs) 파일을 생성해야 한다. 다음과 같이 `C# Script` 를 클릭하여 파일을 생성한다.

01 유니티 5 3D 엔진으로 이동하여 스크립트를 만든다. `Create ▼` 버튼을 클릭한 후 `C# Script` 를 클릭한다.

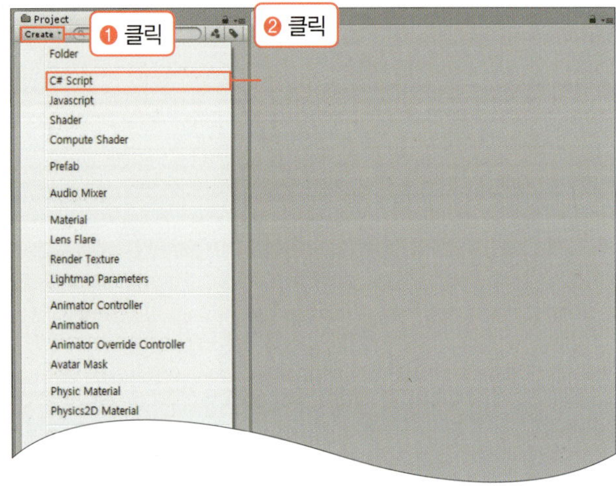

02 다음과 같이 Test.cs 스크립트를 작성한다. 혹시 스크립트명을 잘못 작성했다면 F2 를 눌러 이름을 수정할 수 있다. 만들어진 스크립트를 더블클릭하면 자동으로 모노디벨롭(monodevelop) 프로그램이 실행된다.

03 [소스 3-1]의 스크립트는 모노디벨롭을 처음 실행했을 때 자동으로 작성되어 있는 코드이다. 여기에서 작성된 내용을 수정하여 스크립트 연습을 해보자.

소스 3-1 모노디벨롭에 자동으로 작성되어 있는 기본 코드

```
using UnityEngine;
using System.Collections;

public class Test : MonoBehaviour {

    // Use this for initialization
    void Start ( )  {

    }

    // Update is called once per frame
    void Update ( )  {

    }
}
```

Note **대소 문자를 반드시 구분하자**

[소스 3-1]의 코드를 작성하기 전에 주의할 점이 있다.

```
public class Test : MonoBehaviour
```

클래스명과 파일명이 다르면 스크립트가 작동하지 않는다. 또한 쉽게 실수하는 부분이 대소 문자의 구분이다. 실제 대문자 A와 소문자 a는 스크립트에서 다르게 구분한다. 스크립트를 작성할 때에는 이 부분에 주의해야 한다.

프로그래밍 언어 책에 가장 먼저 등장하는 것이 '변수(variable)'이다. 변수를 왜 먼저 사용해야 하는지부터 알아보자.

변수는 쉽게 말하면 '데이터를 메모리에 보관하는 작업'이라고 생각하면 된다. 가정이나 회사에서 사용하는 컴퓨터나 여러분들이 사용하는 스마트폰과 같은 대부분의 기기들이 유사한 하드웨어 구조를 가진다. 이 두 가지의 공통점은 메모리를 가진다는 것이다. 한 번쯤 메모리라는 단어를 들어보았을 것이다. 여기서 메모리(memory)란, '데이터를 저장하는 공간'을 말한다.

우리가 사용하는 변수는 반영구적으로 사용되는 메모리에 데이터를 보관한다고 생각하면 된다. 여기서 반영구적이란, 시스템이 종료되면 사라져버린다는 의미이다. 예를 들어 여러분들이 문서 작업을 하면 화면에 글자가 찍히게 된다. 아직 저장하지는 않았지만 입력하는 데이터가 화면에 찍히고 있다. 만약, 문서를 작성하다가 프로그램을 종료하면 어떻게 될까? 데이터는 사라지지만 반영구적 메모리에는 저장된다.

그러나 우리가 직접 프로그램을 만들어 하드웨어를 직접 핸들링하면 작업이 어려워진다. 이럴 때 C# 변수만 이해한다면 여러분은 하드웨어적인 지식이 없더라도 쉽게 작업할 수 있다. 어떻게 보면 변수는 우리가 게임을 쉽게 개발하기 위한 용도라고 생각해도 된다.

1 변수의 성격과 대입하는 방법

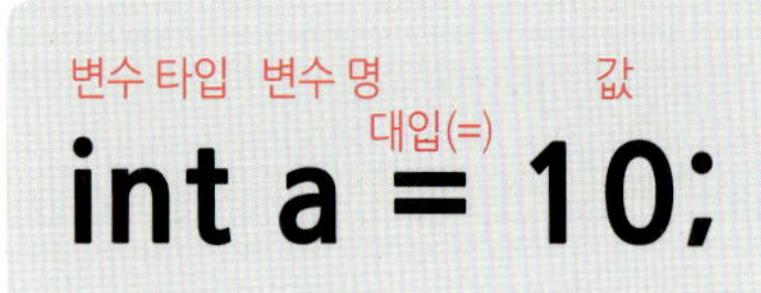

그림 3-2 변수 타입과 변수명, 대입, 값의 관계

[그림 3-2]의 int는 '변수 타입'이라고 한다. 변수 타입은 어떤 데이터를 담느냐에 따라 달라진다. 일반적으로 사용되는 변수는 [그림 3-3]과 같다.

int	정수	-10, 0, 7, 100 정수에 사용
float	실수	0.1f, 10.0f, -10.6 실수에 사용
bool	참/거짓	형광등 스위치 On/Off
string	문자	대한민국 문자 출력
GameObject	주소	메모리 어딘가에 보관된 GameObject 주소값

※ 타입(int, float, bool, string)에 따라 변수들이 담을 수 있는 데이터가 다르다.

그림 3-3 변수 타입과 담는 의미

예를 들어 0.1, 0.001과 같은 실수를 보관하려면 float a = 0.1f;와 같이 입력해야 한다. 이번에는 다음과 같이 스크립트 작업을 한다.

소스 3-2 변수를 만드는 예제

```csharp
using UnityEngine;
using System.Collections;

public class Test : MonoBehaviour
{
    int a = 10;
    float b = 0.1f;
    bool c = true;
    string d = "kim";

// Use this for initialization
    void Start ( )
    {

    }


// Update is called once per frame
    void Update ( )
    {

    }
}
```

[소스 3-2]와 같이 스크립트를 입력하면 기본적인 변수 선언이 된다. a는 정수 10, b는 실수 0.1, c는 bool형 변수인데, true 또는 false 값을 가진다. 다시 말해 일반 형광등 스위치라고 생각하면 된다(true는 전원 On 상태, false는 전원 Off 상태). 마지막에 string 문자열을 담을 때 사용한다. 여기서 주의할 점은 모든 변수 선언 후에 ;(세미콜론)를 붙여야 한다는 것이다. 이 세미콜론은 변수 선언의 끝을 의미한다.

② 스크립트를 작동시켜 사용하는 방법

스크립트를 작동시켜 사용하는 방법에 대해 알아보자.

우리가 지금까지 만든 Test는 하나의 컴포넌트이다. 앞에서 설명한 바와 같이 게임 오브젝트에 컴포넌트를 붙이고 게임 오브젝트가 모여 하나의 씬을 구성하며, 씬이 모여 하나의 프로젝트를 만든다. Test.cs는 게임 오브젝트에 붙여야 작동한다.

01 유니티 5 3D 에디터의 계층 뷰에 있는 Create 버튼을 클릭한 후 Create Empty 를 클릭하여 빈 게임 오브젝트를 만든다.

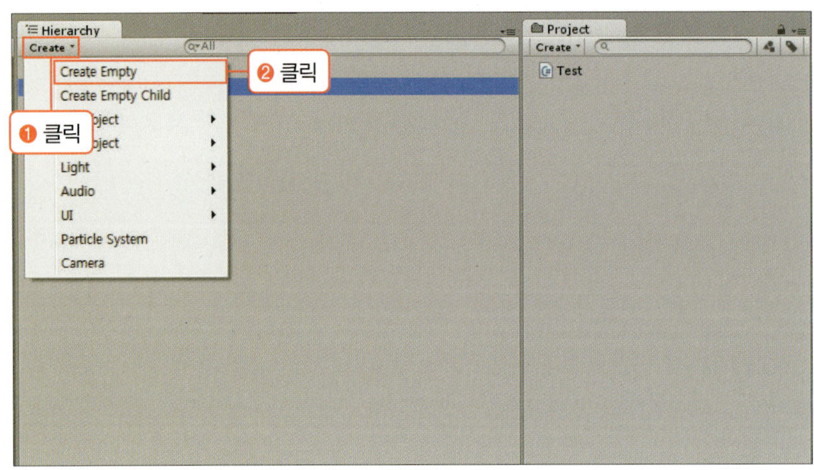

▲ 빈 게임 오브젝트를 만든 모습

02 Test.cs 파일을 인스펙터 뷰로 드래그한다. Test.cs 파일이 게임 오브젝트에 하나의 컴포넌트로 등록되면 완료된다.

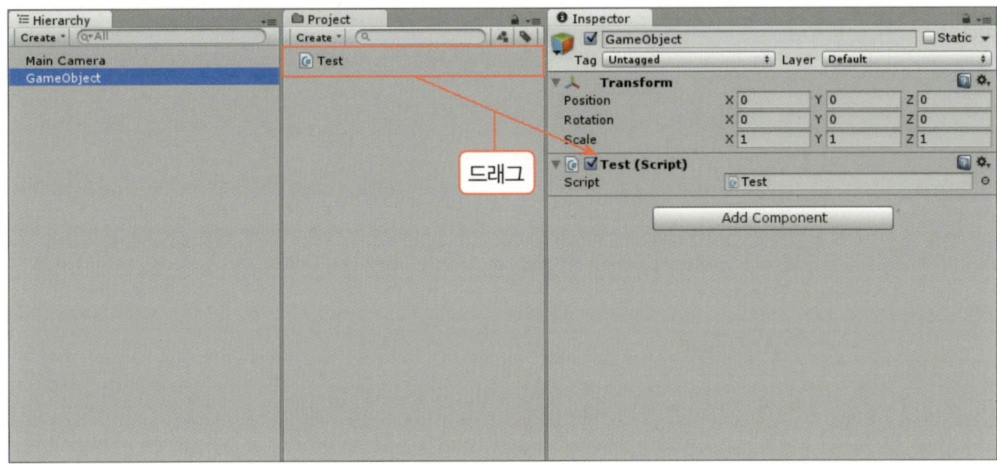

[소스 3-2]의 스크립트는 스트립트만 작성했을 뿐 특별한 결과가 없다. 앞에서 유니티 5 3D의 C#은 일반 닷넷 C#과는 다른 점이 있다고 언급했다. 다른 점을 한번 살펴보자. 일단 모든 변수 앞에 public을 붙여보자.

소스 3-3 모든 변수 앞에 public을 붙여본다.

```csharp
using UnityEngine;
using System.Collections;

public class Test : MonoBehaviour
{
    public int a = 10;
    public float b = 0.1f;
    public bool c = true;
    public string d = "kim";

// Use this for initialization
    void Start ( )
    {

    }

// Update is called once per frame
    void Update ( )
    {

    }
}
```

인스펙터 뷰에 메뉴가 등록되는 것을 확인할 수 있다. 유니티 5 3D C# 안에 구동되기 때문에 메뉴를 쉽게 구성할 수 있다. 앞에 'public'을 붙이는 것은 해당 변수를 외부에 공개하겠다는 의미이다. 간단한 스크립트 작업으로 메뉴까지 작성할 수 있다.

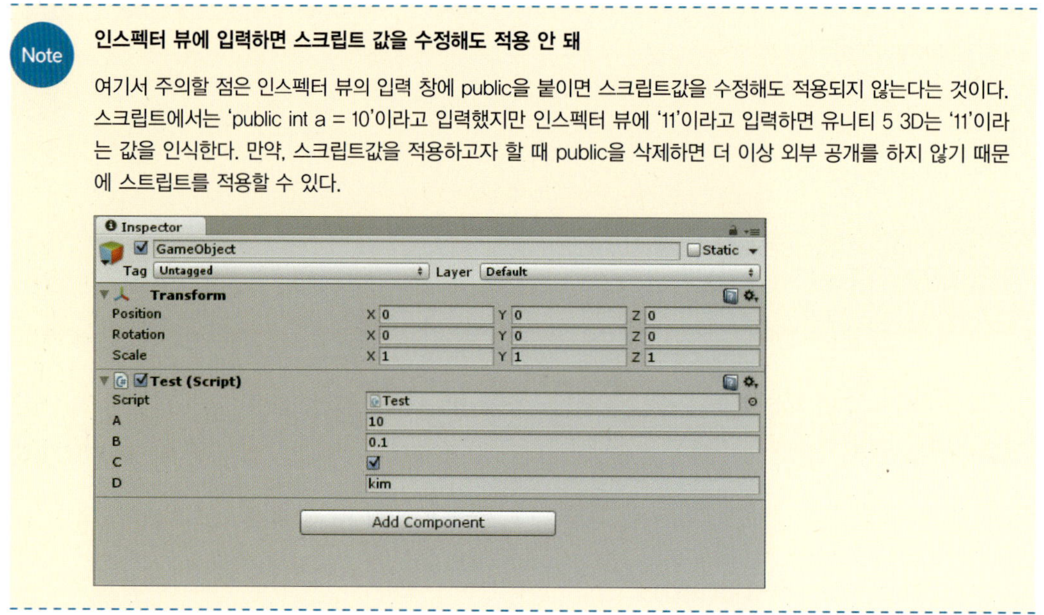

Note **인스펙터 뷰에 입력하면 스크립트 값을 수정해도 적용 안 돼**

여기서 주의할 점은 인스펙터 뷰의 입력 창에 public을 붙이면 스크립트값을 수정해도 적용되지 않는다는 것이다. 스크립트에서는 'public int a = 10'이라고 입력했지만 인스펙터 뷰에 '11'이라고 입력하면 유니티 5 3D는 '11'이라는 값을 인식한다. 만약, 스크립트값을 적용하고자 할 때 public을 삭제하면 더 이상 외부 공개를 하지 않기 때문에 스트립트를 적용할 수 있다.

3.3 > 함수(function)

변수가 데이터를 기억하는 역할이라면, 함수(function)는 무언가를 실행하는 역할이라고 생각하면 된다. 예를 들어 라면을 끓일 때의 재료인 계란, 스프, 라면, 물, 파 등을 '변수'라고 보면 되고, 재료들을 이용하여 라면을 끓이는 행위를 '함수'라고 보면 된다.

1 함수의 선언

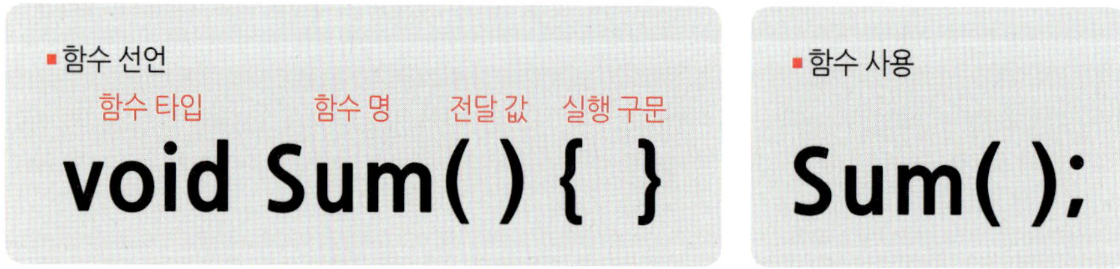

그림 3-4 함수 선언과 함수 사용

함수는 '선언 부분'과 '호출 부분'으로 나뉜다. 선언은 하나의 기능을 미리 선언해둔 것이라고 생각 하면 되고, 함수 사용은 미리 선언된 함수를 사용하는 것이라고 생각하면 된다.

함수 선언 시의 **void**는 타입이다. **int, float, string**과 같이 **void**도 하나의 타입이다. 단, 아무것도 아닌 타입이라고 생각하면 된다. 다음 **Sum**은 함수명 () 인자값을 받는 부분이고, 마지막 {} 함수의 선언 부분이라 생각하면 된다.

다음 소스 코드는 더하기 기능의 함수를 선언한 것이다. 결과는 '20'이 나온다.

```csharp
void Sum ( )
{
    int result = 10 + 10;
    print(result);
}
```

위의 코드를 작성해보자.

<u>소스 3-4</u> 더하기 기능의 함수 선언

```csharp
using UnityEngine;
using System.Collections;

public class Test : MonoBehaviour
{
    public int a = 10;
    public float b = 0.1f;
    public bool c = true;
    public string d = "kim";

    // Use this for initialization
    void Start ( )
    {
    }

// Update is called once per frame
    void Update ( )
    {
    }

    void Sum( )
    {
```

```csharp
        int result = 10 + 10;
        print(result);
    }
}
```

② 함수의 호출

다음은 함수 호출을 구현해보자.

01 void Start( ) 함수 선언 부분에 다음과 같이 소스 코드를 입력한다. Sum( ) 선언 부분을 호출한다.

```csharp
//Use this For initialization
void Start( )
{
    Sum( );
}
```

02 콘솔 창을 통해 결과를 확인한다.

콘솔 창을 확인할 때 반드시 주의할 점

콘솔 창을 확인할 때 주의할 점이 있다. 다음의 그림을 보면 '로고 1'이라고 나와 있지만 화면에는 아무 것도 안 나온다. 그 이유는 로고 부분의 버튼이 체크 해제되어 있기 때문이다. 어떻게 보면 쉬운 실수 중 하나이지만, 처음이라면 이 부분은 확실히 체크해야 한다.

❸ Start( ) 함수의 원리

앞에서 우리는 함수를 선언한 후 실행을 통해 '20'이라는 결과를 출력했다. 여기서 갑자기 등장하는 Start( ) 함수는 어떤 원리에서 작동하는지 알아보자.

■ 유니티 5 3D 함수의 유형들

[그림 3-5]는 유니티 5 3D에서 사용되는 함수의 유형이다.

이벤트 함수(시점 함수)	일반 함수	기본 제공 함수
특정 시점 호출	작업자가 직접 작성한 함수	유니티 5 3D에서 제공하는 함수

그림 3-5 유니티 5 3D에 사용되는 함수의 유형

일반 함수는 우리가 방금 제작한 함수와 같이 직접 선언하거나 호출하는 함수이다. 이벤트 함수는 우리가 앞에서 사용한 void Start()의 선언부라고 보면 된다.

평소 카드를 사용한다면 결제를 할 때 문자로 알려주는 서비스를 이용해 보았을 것이다. Start() 함수를 '이벤트 함수' 또는 '시점 함수'라고 표현한 이유는 특정 시점에 호출되기 때문이다.

■ 함수 호출의 구조

void Start()는 게임 오브젝트가 실행되면서 처음에 한 번만 호출되는 함수이다. [그림 3-6]은 선언 호출 구조를 나타낸 것이다.

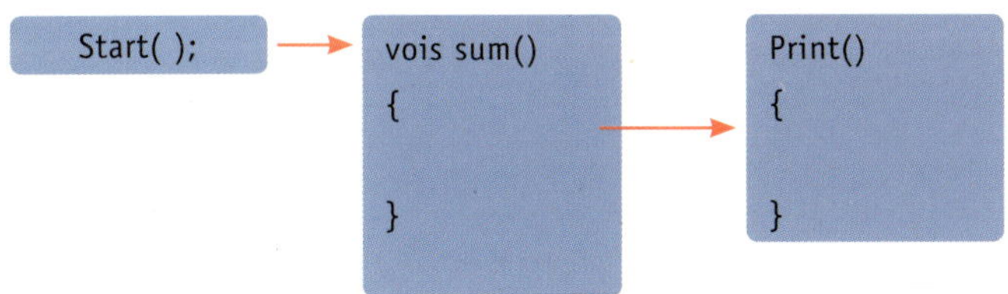

그림 3-6 선언 호출 구조

[그림 3-6]에서는 유니티 5 3D가 Start() 함수를 호출한다. Start Sum()을 호출한 후 Sum() 안에 Print() 함수를 호출하여 출력하는 것을 알 수 있다.

여기서 Print() 함수가 기본 제공 함수라면, Start() 함수는 이미 유니티 5 3D에 선언부가 만들어져 있고 사용자가 만들어져 있는 함수 호출로 작동시키는 함수라고 할 수 있다.

■ 리턴값을 갖는다

그 밖의 함수 특징으로는 리턴(return) 값을 가진다는 점을 들 수 있다. 여기서 리턴(return)이란, 함수에서 계산한 결과를 넘기는 것이라고 생각하면 된다. [그림 3-7]처럼 자판기의 콜라 버튼을 누르면 콜라가 나온다. 즉, 콜라를 리턴(return)받을 수 있는 것이다.

Sum()이라는 함수 부분을 위의 소스 코드처럼 수정해보자.

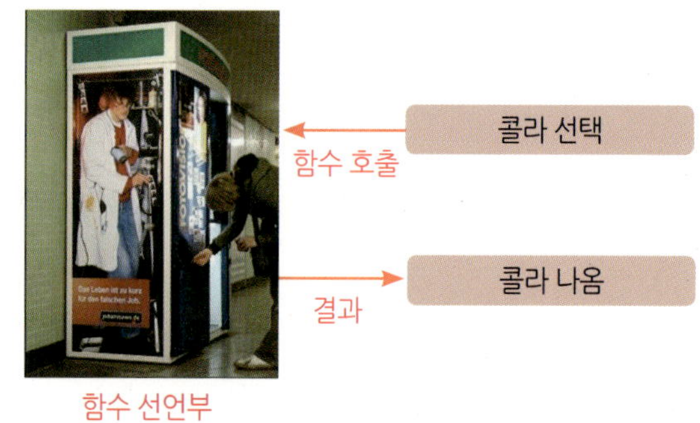

그림 3-7 함수 리턴값의 의미

01 소스를 다음과 같이 수정한다.

```
int Sun( )
{
    int result = 10 + 10;
    return result;
}
```

void Sum( )이었던 부분이 int Sum( )로 변경되었다. result값은 int 정의된 타입이기 때문에 void에서 int로 변경했다. 결국 함수를 선언할 때의 타입은 리턴(return)하는 것이라고 보면 된다.

02 위의 코드처럼 Start( ) 함수 선언부에서 호출해주면 동일한 결과를 얻게 된다.

```
void Start ( )
{
    int result = Sum( );
}

int Sum( )
{
    int resulr = 10 + 10;
    return result;
}
```

4 start( ) 함수의 원리

이번에는 좀 더 확장하여 전달값의 사용 방법에 대해 알아보자.

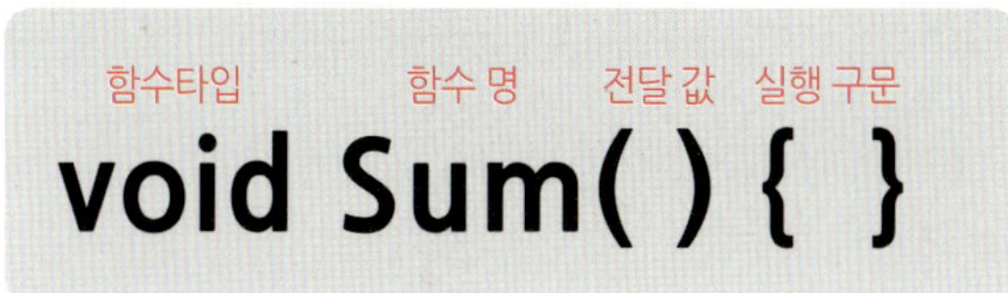

그림 3-8 전달값의 함수 선언

소스 3-5 전달값 사용 방법

```csharp
// Use this for initialization
void Start ()
{
    int result = Sum(30, 30);
    print(result);
}



int Sum(int a, int b)
{
    int result = 10 + 10;
    return result;
}
```

지금까지의 결과값은 항상 '20'이었다. 이번에 우리는 전달값을 새롭게 수정했다. 기존의 Sum() 함수는 항상 고정된 값을 출력하지만, 이번의 Sum(int a, int b) 함수는 우리가 전달값으로 넘기는 값에 따라 결과가 달라지도록 설정했다. [소스 3-5]처럼 작업했다면 결과는 '60'일 것이다. 결국 인 자값에 따라 결과를 달라지게 만들 수 있다.

그림 3-9 [소스 3-5]의 작업 결과는 60이다.

클래스라는 개념은 C#뿐만 아니라 C++, Java, Object-C 등과 같은 다양한 언어에 존재한다. 약간의 차이는 있지만 개념 자체는 다르지 않다.

1 클래스의 개념

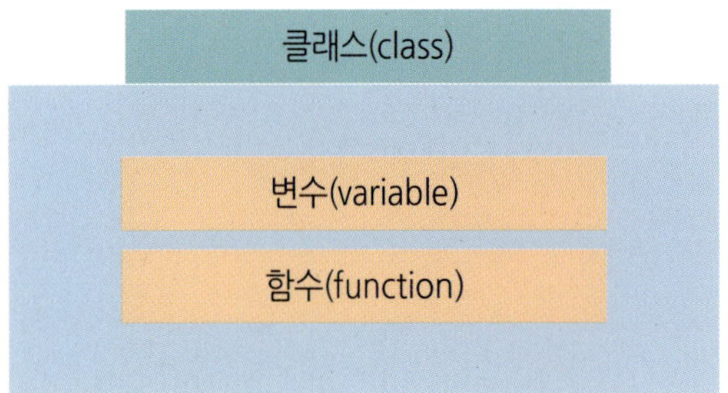

그림 3-10 클래스의 구조

클래스(class)란, 변수 또는 함수를 갖고 있는 하나의 구조라고 보면 된다. 게임 오브젝트와 비슷한 개념이라고 생각할 수도 있을 것이다. 결국 클래스도 하나의 객체(object)를 만드는 것이라고 보면 된다. 그리고 실제 클래스를 통해 만들어진 무언가를 '객체'라고 부르기도 한다.

2 클래스의 형식 맞추기

다음 [소스 3-6]을 [그림 3-9]와 비교해보자.

소스 3-6 클래스 영역에 함수를 선언할 때는 중괄호를 이용한다.

```csharp
using UnityEngine;
using System.Collections;

public class Test : MonoBehaviour
{
    public int a = 10;
    public float b = 0.1f;
    public bool c = true;
    public string d = "kim";
```

```csharp
// Use this for initialization
void Start ()
{
    int result = Sum(30, 30);
    print(result);
}


// Update is called once per frame
void Update ()
{

}


int Sum(int a, int b)
{
    int result = 10 + 10;
    return result;
}
}
```

[소스 3-6]은 우리가 작성한 코드이다. 이 코드에서는 어디에서부터 어디까지가 클래스 영역일까? 중간에 중괄호({ })가 보일 것이다. 중괄호는 선언부 영역을 지정해준다고 보면 된다.

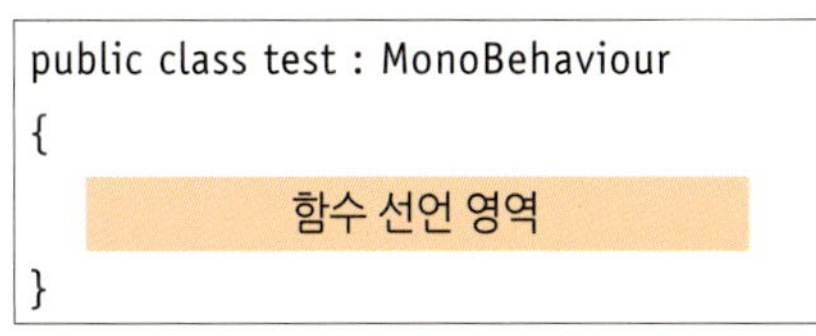

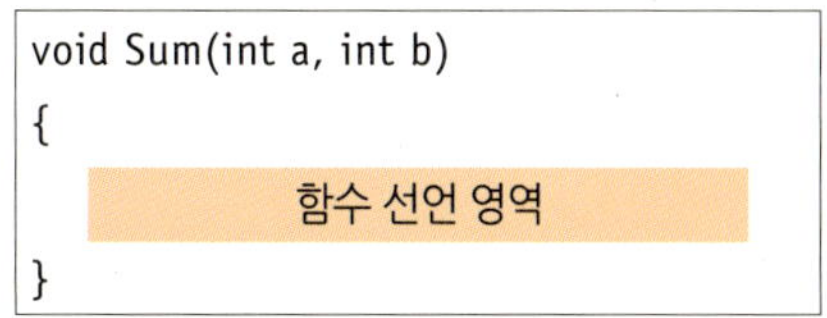

그림 3-11 함수 선언 영역

[그림 3-11]처럼 특정 영역의 범위는 중괄호({ })를 이용하여 구분한다. [소스 3-6]의 클래스는 함수를 포함하고 있다. 다음 [소스 3-7]을 살펴보자.

__소스__ 3-7 함수를 포함한 클래스 선언 예 1

```
public class test : MonoBehaviour
{
    void Sum(int a, int b)
    {


    }
}
```

[소스 3-7]의 코드를 보면 괄호 안에 함수가 들어가 다시 중괄호를 이룬다고 생각하면 된다.

__소스__ 3-8 함수를 포함한 클래스 선언 예 2

```
public class test : MonoBehaviour
{
void Sum(int a, int b)
{

}
}
```

[소스 3-8]의 소스 코드도 동일하게 작동된다. 결국 중괄호 2개를 열면({{) 하나는 클래스 시작, 하나는 함수의 시작을 말하는 것이고, 반대로 중괄호 2개를 닫으면(}}) 작동된다.

스크립트 작업을 할 때 많이 실수하는 부분이 괄호 개수를 맞추지 못하는 것이다. [소스 3-7]이 [소스 3-8]보다 보기 좋게 느껴지는 것은 바로 이 때문이다.

들여 쓰기와 내어 쓰기의 단축키

void Sum( ) 함수가 안쪽으로 들어와 있는 것을 '들여 쓰기'라고 한다. 스크립트 작업을 할 때 들여 쓰는 부분을 Spacebar 로 한 칸씩 밀어 넣는데 문단의 앞쪽에 Tab 을 이용하여 입력하면 자동으로 4칸이 이동된다. 이와 반대로 왼쪽으로 들여 쓰기할 때는 Shift + Tab 을 누르면 된다. 단순한 단축키 사용 방법 이지만 스크립트 작업에서 코드 정리가 잘되어 있다면 컴파일러 오류 확률이 줄어들 것이다.

3 상속

클래스는 변수, 함수를 같은 하나의 객체라고 보면 된다. 이번에는 MonoBehaviour에 대해 알아보자.

```
pubilc class test : MonoBehaviour
```

Test 클래스 뒤에 'MonoBehaviour'라는 단어가 적혀 있는 것을 확인할 수 있다. 이를 문법 용어로 '상속'이라고 한다. 예를 들어 Test는 '자식', MonoBehaviour는 '부모'라고 보면 된다. 부모로부터 유전자를 상속받았기 때문에 우리는 부모와 비슷한 외모 또는 비슷한 행동을 하게 되는 것이다. 결국 클래스를 구현할 때도 잘 만들어진 클래스 기능이 있다면, 이를 또 다시 만들지 않고 다른 클래스가 이 기능을 상속받아 사용할 수 있다. MonoBehaviour 클래스는 우리가 무심코 Test.cs GameObject 컴포넌트로 등록하여 사용했다. 이 작업은 그냥 만든 클래스라고 해서 작동되는 것이 아니라 MonoBehaviour 기능을 상속받았기 때문에 Test 클래스가 컴포넌트 기능을 할 수 있었다.

그럼 MonoBehaviour를 상속받지 않는 일반 클래스를 만들어 보자. Test.cs 위에 Child 클래스를 만들도록 한다. Child는 단순히 "Child Class" 메시시를 출력하는 역할을 한다.

소스 3-9 Monobehaviour를 상속받지 않는 일반 클래스

```
using UnityEngine;
using System.Collections;

public class Child
{
    string name = "Child Class";

    public void Call()
    {
        Debug.Log(name);
    }
}



public class Test : MonoBehaviour
{
```

```csharp
    public int a = 10;
    public float b = 0.1f;
    public bool c = true;
    public string d = "kim";

    // Use this for initialization
    void Start ()
    {
        int result = Sum(30, 30);
        print(result);
    }

    // Update is called once per frame
    void Update ()
    {

    }

    int Sum(int a, int b)
    {
        int result = 10 + 10;
        return result;
    }
}
```

4 클래스 생성하기

이번에는 클래스를 생성하는 개념에 대해 배워보자. MonoBehaviour를 상속받은 Test 클래스는
GameObject 컴포넌트로 붙이면서 자동으로 생성된다. 그럼 생성의 의미가 무엇인지 [그림 3-12]
를 살펴보자.

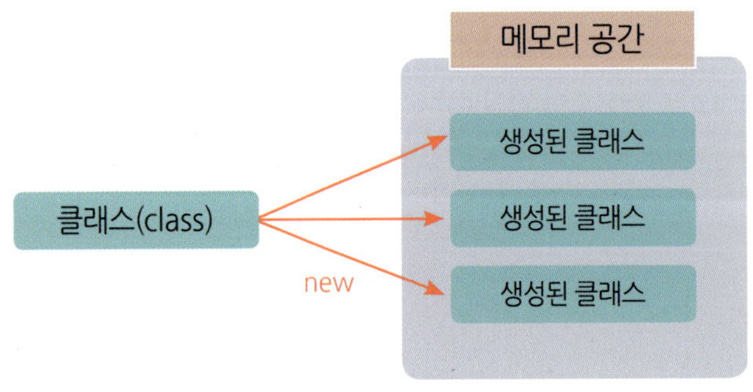

그림 3-12 클래스를 생성하는 개념

[그림 3-11]처럼 코드 작업을 하려면 다음과 같이 입력하면 된다.

```
void Start ()
{
    Chlid child = new Child( );
}
```

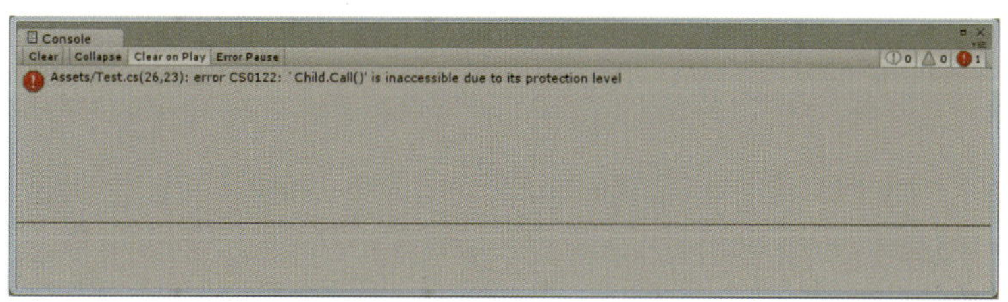

위의 소스 코드는 Start() 함수가 호출될 때 Child() 함수를 생성하고 있다. 여기서 '생성한다'는 'new를 통해 메모리에 생성한다'라는 의미이다. 공장을 예로 든다면, 클래스는 하나의 '도장'이라고 보면 되고, 생성된 객체는 '도장으로 찍어낸 결과물'이라고 보면 된다. 클래스는 '도장'이고 흰색 종이(메모리)에 도장을 찍으면 찍힌 도장 이미지가 서로 상호작용을 하면서 프레임마다 화면에 그려진다고 생각하면 된다.

```
void Start ()
{
    Chlid child = new Child( );
    child.Call( );
}
```

위의 소스는 Call() 함수를 호출하는 기능이다. 하지만 위의 코드는 작동하지 않는다. 콘솔 창을 확인해보자. 다음의 오류 코드는 Call()이라는 함수가 보호되어 있기 때문에 액세스가 불가능하다. 그 이유는 Call() 함수를 외부에서 호출할 수 없도록 되어 있기 때문이다.

그림 3-13 Call() 함수가 작동되는지 콘솔 창으로 확인한다.

이번에는 오류 메시지가 사라지도록 수정해보자. 유니티 5 3D를 처음 만들어 보는 개발자라면 항상 콘솔 창의 오류 메시지에 집중해야 한다. 오류가 발생하면 다음 작업을 진행할 수 없기 때문이다.

앞에서 설명한 public을 해당 함수 앞에 붙여주면 Call()이라는 함수도 외부에 공개하겠다는 의미이다. 다음과 같이 입력하면 오류가 해결될 것이다.

```
public class Child
{
    string name = "Child Class";

    public void Call()
    {
        Debug.Log(name);
    }
}
```

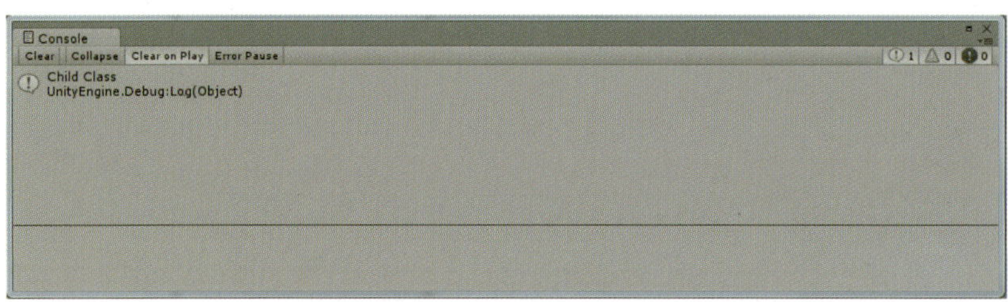

그림 3-14 Child class의 오류를 해결하려면 public을 사용해야 한다.

혹시 Debug.Log() 함수로 출력하는 것이 보이는가? 앞에서는 print()를 호출했는데, 이번에는 Debug.Log()를 호출하고 있다. print() 함수는 MonoBehaviour을 상속받아야 사용할 수 있는데, Child 클래스는 상속을 받지 않아서 Debug.Log() 함수를 호출했기 때문이다.

child.Call( )

이번에는 child.Call() 문법을 분석해보자. 앞의 child는 우리가 선언한 변수이다. child 안에 보관된 값은 정수, 실수, 문자열이 아닌 메모리에 만들어진 Child의 주소값을 참조하고 있다. 우리가 일상생활에서 사용하는 건물, 지역 주소는 똑같은 개념이라고 보면 된다.

child 다음에 오는 '.'는 child 번지에서 안의 내용을 가리킬 때 사용한다. 결국 위 문법의 의미는

child 안에 있는 **Call()** 함수이다. 주소 참조에 관해서는 '참조는 무엇인가?'에서 좀 더 깊이 있게 다루도록 하겠다.

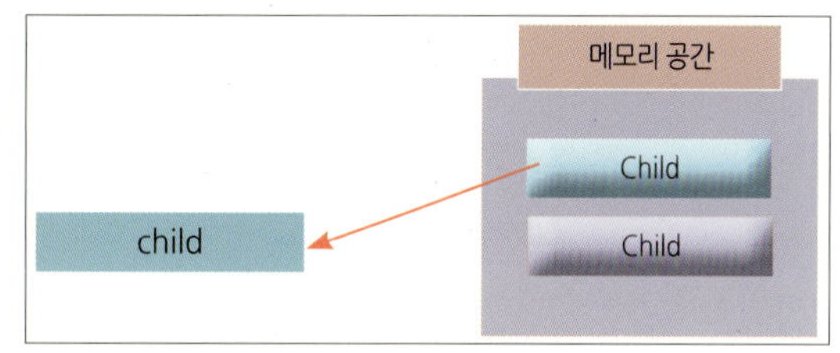

그림 3-15 Child.Call()의 문법 구조

5 생성자 함수

마지막으로 생성자 함수에 대해 알아보자. 앞의 소스 코드에서 'Child child=new Child();' 코드를 보았을 것이다. new 다음에 오는 **Child()**를 '생성자 함수'라고 한다.

생성자 함수는 클래스 생성과 동시에 호출된다. 이는 클래스가 가지고 있는 변수 등을 초기화할 때 사용하는 함수이다. 평소에는 만들지 않아도 그냥 사용할 수 있다.

이번에는 직접 **Child** 클래스로 간단하게 **Call** 메시지를 변경하여 출력하는 것을 만들어 보자.

소스 3-10 Child 클래스를 이용하여 Call 메시지 변경을 출력하는 소스

```
public class Child
{
    public Child(string name)
    {
        this.name = name;
    }

    string name = "Child Class";

    public void Call()
    {
        Debug.Log(name);
    }
}
```

앞의 코드에서 등장한 **Start()** 함수 부분에 기존 생성자 함수의 **Child child = new Child()** 작업을 다음과 같이 수정한다.

```csharp
void Start ()
{
    Child child = new Child("Unity Kim");
    child.Call();
}
```

[그림 3-16]과 같이 콘솔 뷰에 출력되는 것을 확인할 수 있다.

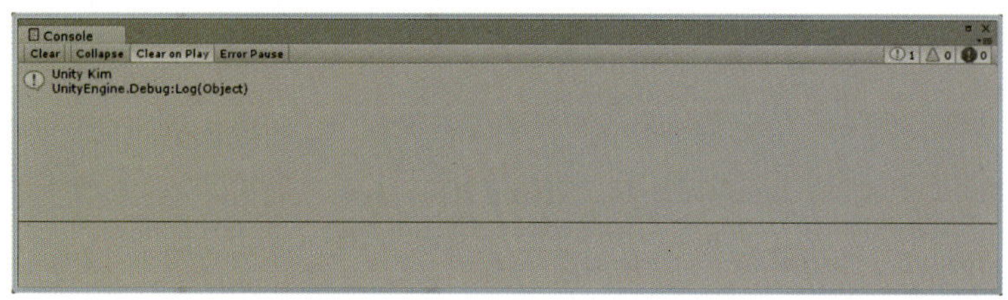

그림 3-16 수정된 소스 결과 화면

생성자 함수는 평소 만들지 않아도 "클래스명()"의 형태로 작동되지만, 변수 값들을 초기화하거나 시작과 동시에 호출할 함수가 있는 경우에는 생성자 함수를 통해 실행한다.

생성자 함수란?

클래스가 생성되면서 자동으로 호출되는 함수이다. 보통은 생략되어 있지만 필요에 따라 함수를 변경할 수 있다. 예를 들어 Test 클래스를 만든다면 다음과 같이 입력한다.

```csharp
public class Test
{
    Test()
    {

    }
}
```

클래스를 실제로 사용하려면 Test test = new Test()라고 실행할 것이다. 이때 new 뒤에 Test()를 생성함과 동시에 호출하는 함수를 '생성자 함수'라고 한다.

MEMO

PART
2

유니티 소셜 게임
환경 준비하기

유니티 2D Sprite

유니티 2D(Unity 2D)는 유니티 4.2 버전부터 지원되는 기능이다. 유니티는 3D 기반의 엔진이었지만, 많은 2D 게임이 필요에 의해 만들어졌다. 과연 2D 게임은 어떻게 만들고 사용할 수 있을까? 이번 장에서는 유니티 2D의 간단한 사용 방법과 유니티 사용 방법을 좀더 익숙해지기 위해 배워본다.

4.1 > 유니티 2D 시작하기

유니티 2D의 기능에 대해 알아보기 위해 프로젝트를 만들어 보자.

1 유니티 2D용 프로젝트 만들기

01 유니티 프로젝트 위저드에서 [File – New Project]를 선택한 후 Setup delaults for 2D 모드로 설정한다.

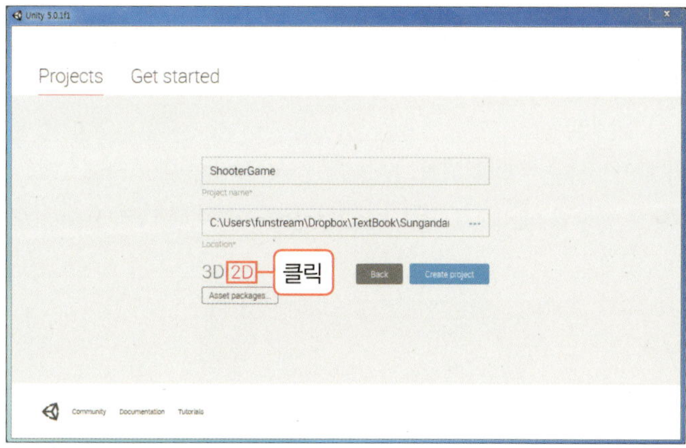

02 유니티 2D 프로젝트를 만든다. 유니티 2D 프로젝트를 만들었지만 유니티 5 3D 프로젝트와 큰 차이가 없는 것을 알 수 있다. 유니티 2D 프로젝트를 만든다는 것은 2D 작업을 편리하게 하기 위한 것이라고 생각하면 된다.

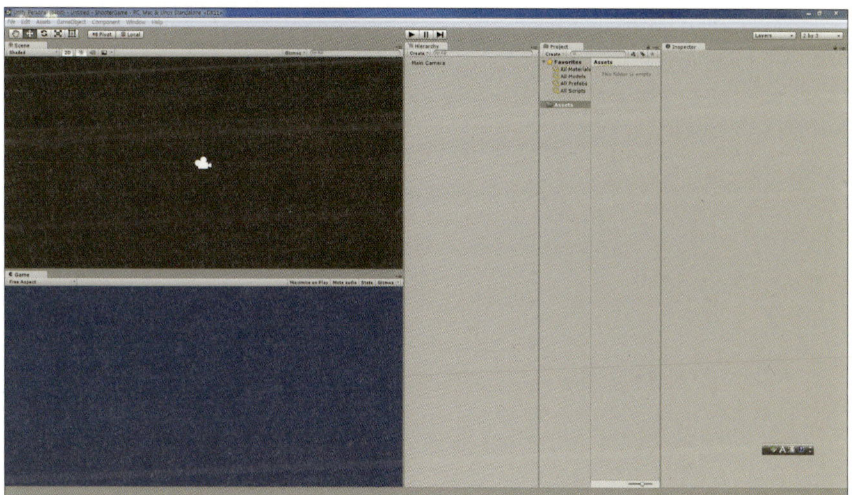

03 Images 폴더를 만든 후 이미지를 추가한다.

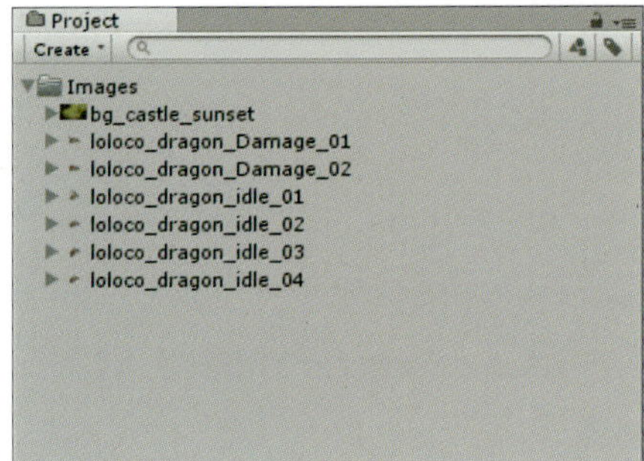

04 먼저 이미지를 확인한다. 이미지와 인스펙터 뷰를 확인하면 Texture Type 값이 Sprite인 것을 알 수 있다. 유니티 5 3D 엔진은 같은 이미지라 하더라도 사용 목적에 따라 'Texture Type'을 설정해야 한다. 이때에는 2D Sprite가 기본값이다. 만약, 프로젝트를 생성할 때 Setup Defaults for 값을 '3D'로 했다면 Texture가 기본값이다.

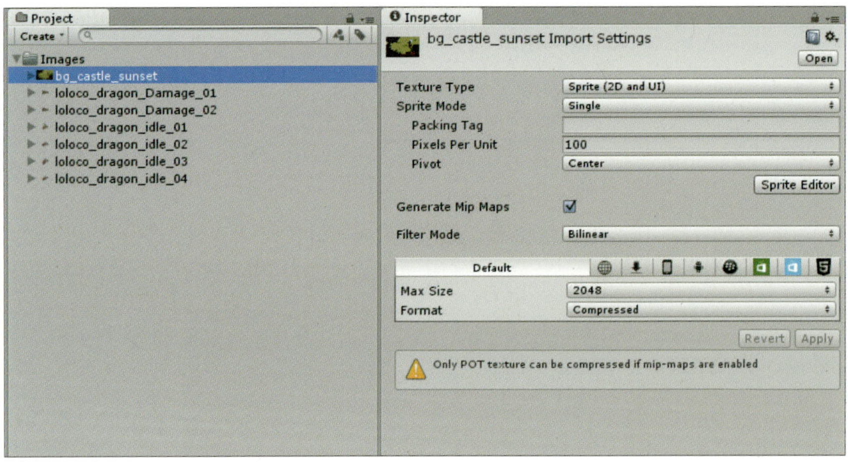

05 준비가 됐다면 이번에는 씬 뷰를 보도록 하자. 2D 프로젝트로 시작했다면 기본적으로 2D 뷰 형태로 제공된다. 만약, 3D로 전환하고 싶다면 2D 버튼의 클릭을 해제하면 된다.

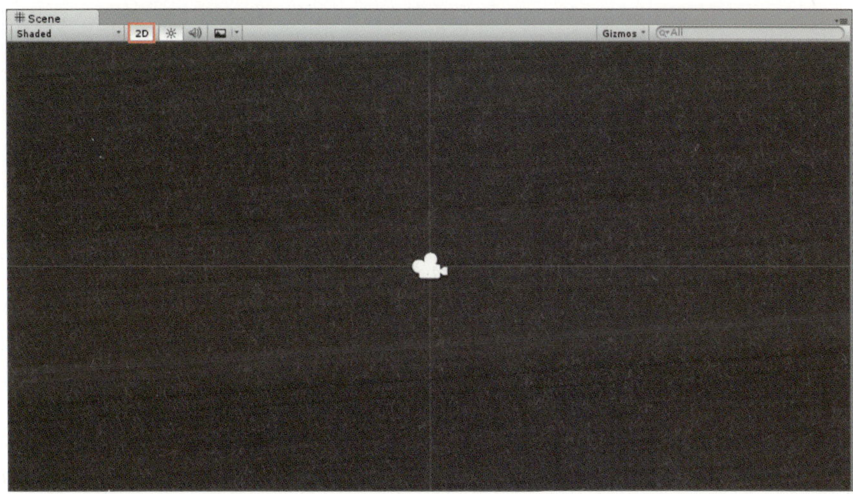

06 씬 뷰에 이미지를 추가하기 위해 프로젝트 뷰에 있는 이미지를 씬 뷰로 드래그한다. 여기서 주의할 점은 씬 뷰가 3D 모드로 되어 있으면 이미지를 추가할 수 없다는 것이다.

07 이미지가 추가되면 다음과 같이 게임 오브젝트가 만들어지는 것을 확인할 수 있다. 이미지가 기본적으로 Sprite 모드이면 자동으로 게임 오브젝트로 만들어준다. 그럼 인스펙터 뷰에는 어떤 컴포넌트가 있는지 확인해보자.

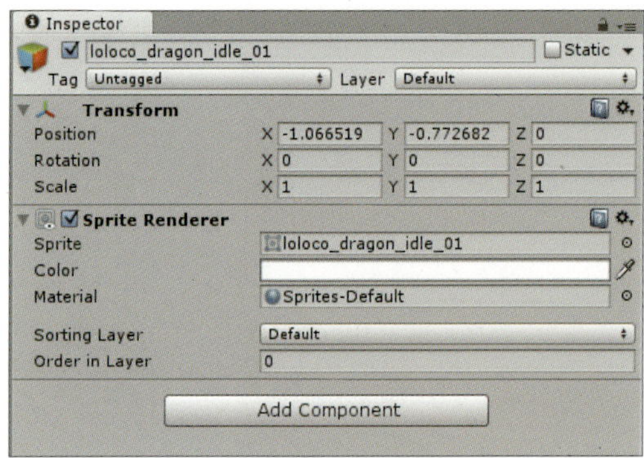

08 위 화면을 보면 Sprite Renderer 컴포넌트와 Transform 컴포넌트가 추가된 것을 확인할 수 있다. 위 2개의 컴포넌트 덕분에 화면에 쉽게 이미지를 추가할 수 있는 것이다.

4.2 > Sprite Renderer 컴포넌트

이번에는 2D 작업에 도움을 주는 Sprite Renderer 컴포넌트에 대해 알아보자.

1 Sprite 기능 확인

01 방금 만든 게임 오브젝트에서 Sprite Renderer 컴포넌트를 확인한다. Sprite 기능을 확인해보자.

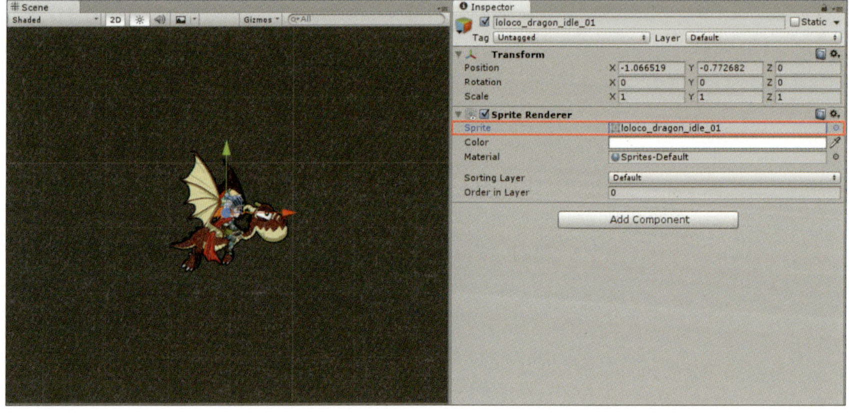

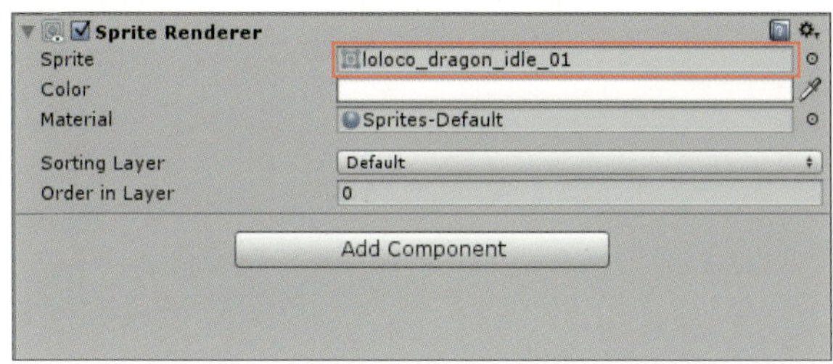

03 이미지가 변경되는 것을 확인할 수 있다. 해당 게임 오브젝트의 이미지를 변경할 때 사용한다.

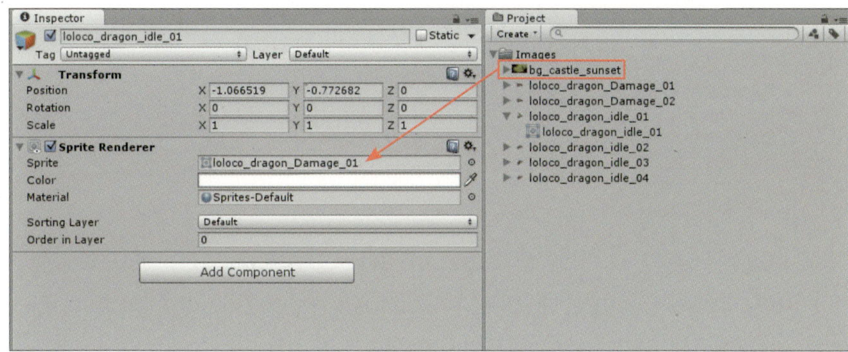

그림 변경을 하면 다음과 같이 그림이 변경되는 것을 확인할 수 있다.

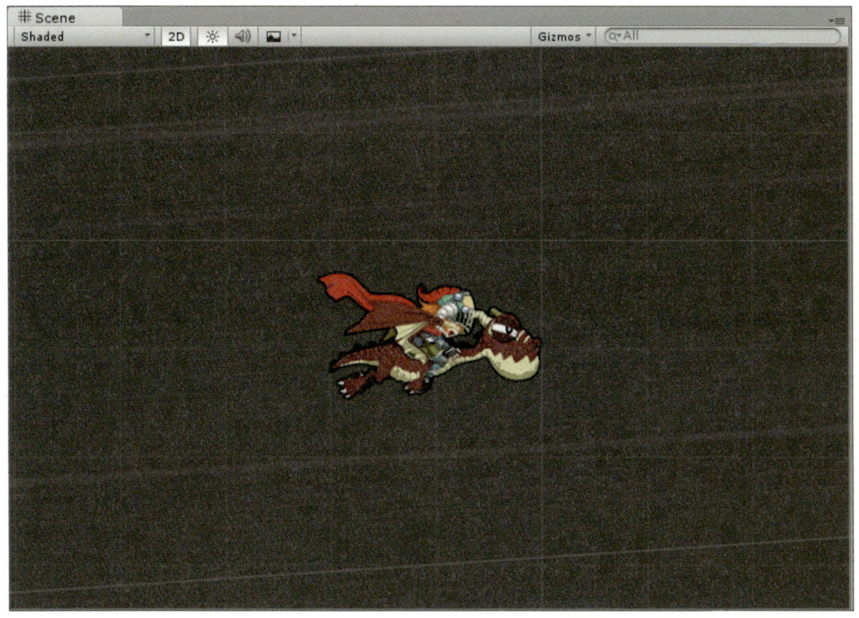

❷ Color 기능

이번에는 Color 기능에 대해 알아보자. Sprite Renderer의 Color 부분을 누르면 R(레드), G(그린), B(블루), A(알파) 값을 변경할 수 있는 메뉴가 나타난다.

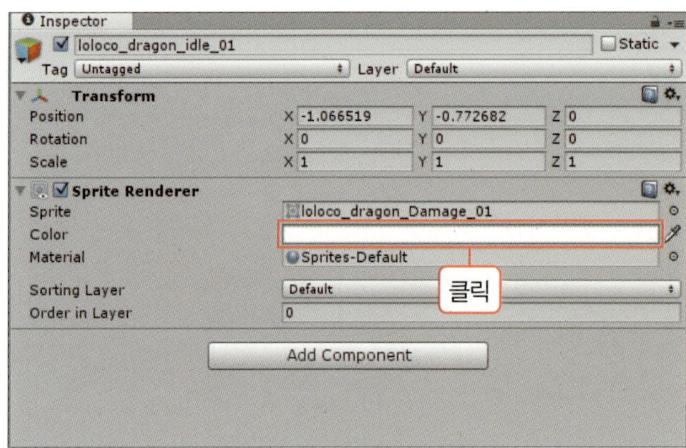

01 다음의 왼쪽 그림은 RGB색에 혼합으로 이미지를 표현할 수 있다. A값은 알파값으로 이미지의 투명도를 설정할 때 사용한다. 오른쪽 그림은 HSVA값을 변경하는 메뉴이다. 버튼을 클릭하면 H(색상), S(명도), V(채도), A(알파) 값을 변경하는 메뉴가 나타난다. 명도 , 채도 등을 변경할 때 사용한다.

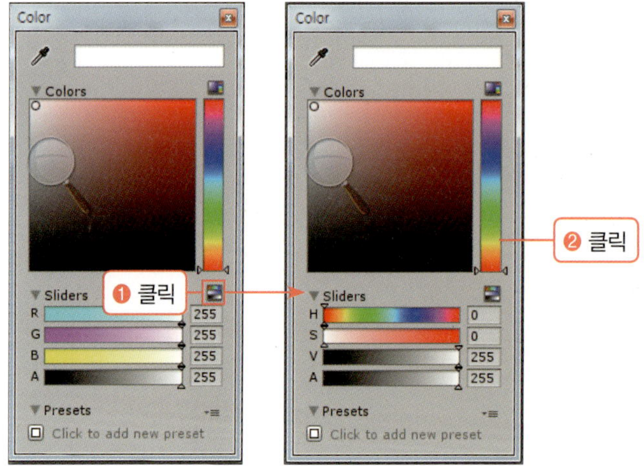

▲ RGB 색에 혼합 이미지 표현   ▲ HSVA 값을 변경하는 메뉴

02 머티리얼(Meterial) 메뉴에는 2D 이미지를 출력하기 위한 기본 머티리얼이 연결되어 있다. 2D 사용자는 3D Texture 작업처럼 머티리얼을 만들어 사용하지 않고 출력할 수 있도록 기본으로 설정되어 있다.

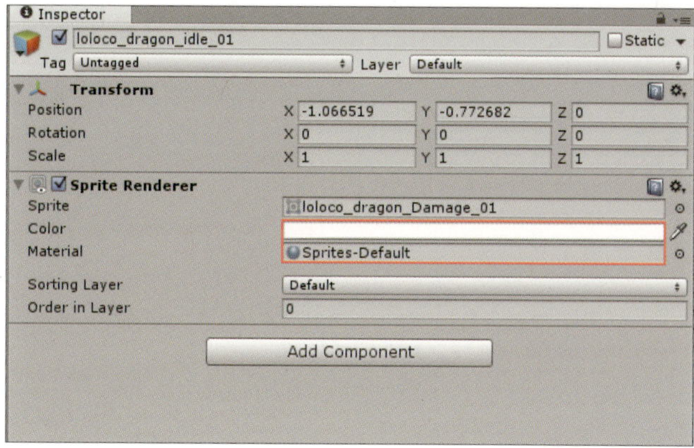

❸ 정렬 레이어

이번에는 정렬 레이어(Sorting Layer)에 대해 알아보자. 이 기능은 이미지의 출력 순서를 정해주는 역할을 한다.

01 인스펙터 뷰에 있는 이미지를 씬 뷰로 이동한다.

02 이미지를 추가하면 앞에 출력했던 캐릭터의 이미지가 사라진다. 그 이유는 앞에서 배경 이미지가 그려졌기 때문이다. 그럼 정렬 레이어를 이용하여 순서를 정해보자.

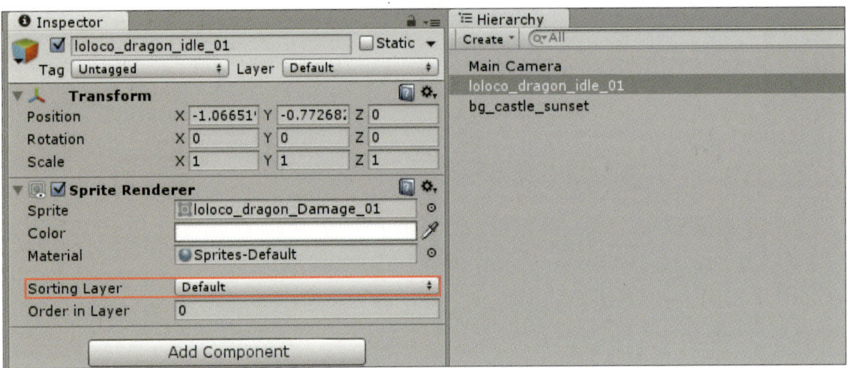

03 Order in Layer 설정이 'Default'로 되어 있다. 2D용 게임 오브젝트를 만들면 Order in Layer 값이 'Default'로 설정된다. 따라서 나중에 그린 그림이 항상 위로 올라온다. 주인공 이미지가 배경보다 위로 올라오도록 이미지 그리는 순서를 변경해보자.

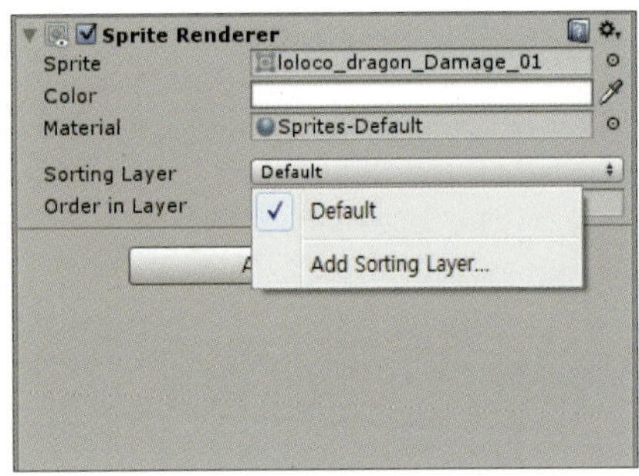

04 위 화면에서 [Add Sorting Layer...] 를 클릭하면 다음 화면이 나타난다.

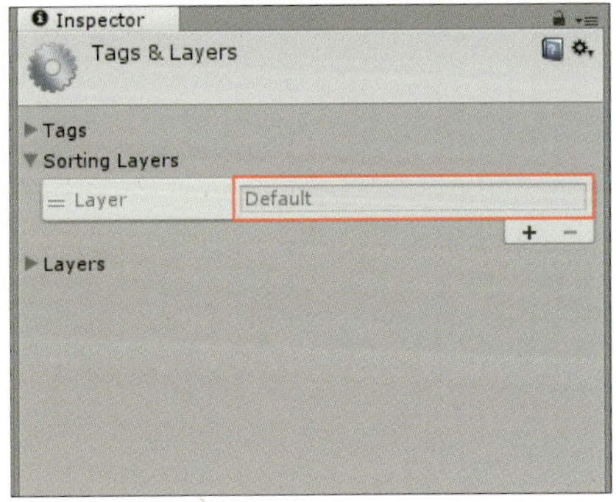

05 인스펙터 뷰에 있는 `Sorting Layers` 의 ➕ 버튼을 클릭한다. 그리고 Layer 1에는 'Background', Layer 2
에는 'Player'를 추가한다.

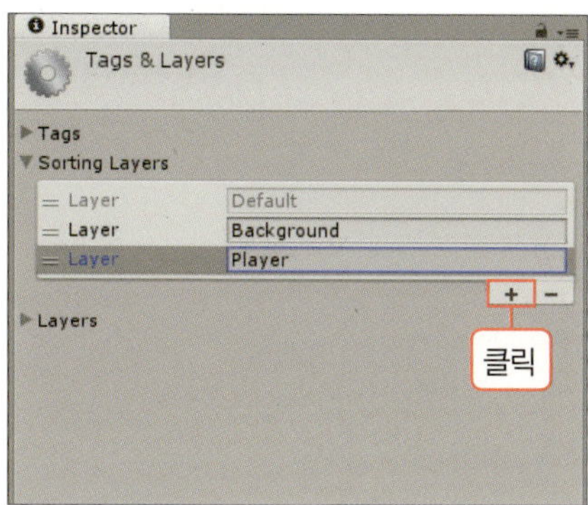

06 'Player'를 지정한다.

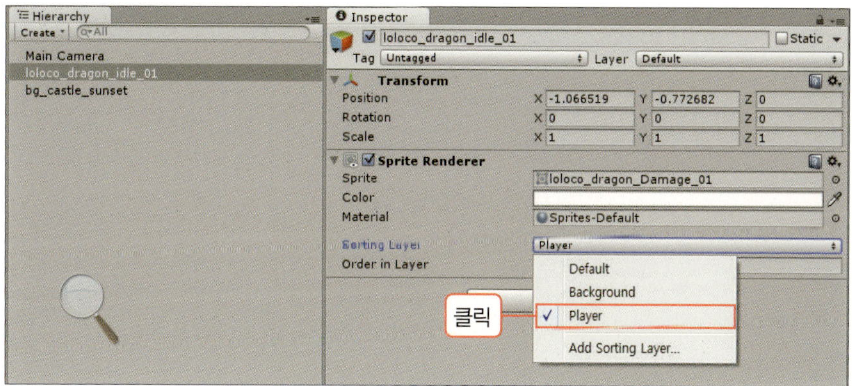

07 'Background'를 지정한다. 이 작업이 완료되면 다음 화면처럼 이미지 출력 순서가 정해지는 것을 알 수
있다.

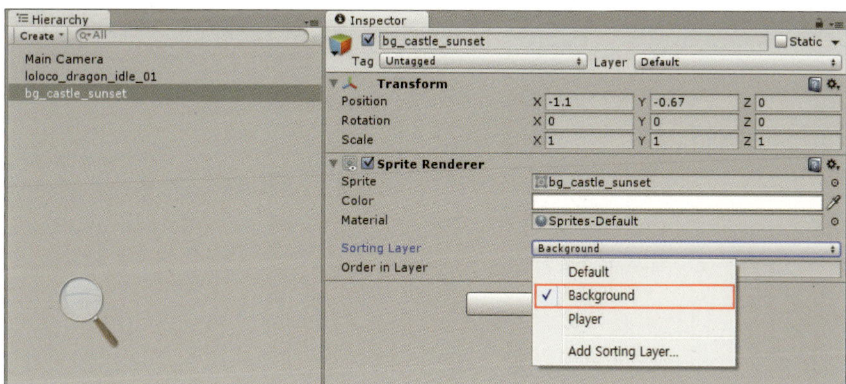

Order in Layer 메뉴를 살펴보자. 그리는 순서를 정하기 위해 무조건 Sorting Layer 만든다면 매우 번거러울 것이다. Order in Layer 는 같은 Sorting Layer끼리 순서를 정할 때 사용한다. 숫자가 높을수록 위로 올라온다.

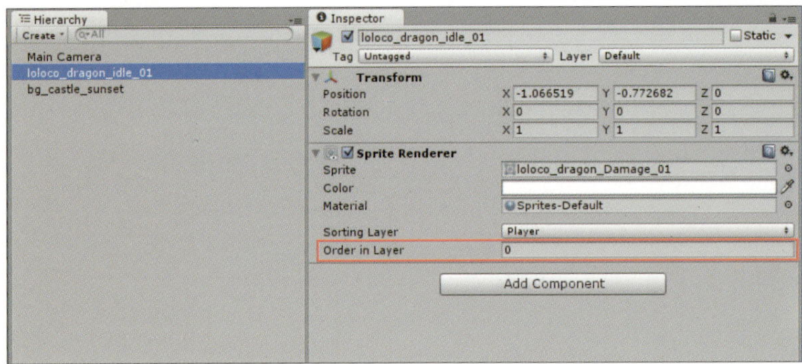

08 이미지를 하나 더 추가해보자. 계층 뷰에 있는 주인공을 하나 더 복사한다. 그리고 새로 만든 이미지를 살짝 겹치도록 배치한다. 그러면 나중에 복사된 이미지가 위로 올라온다. 그리는 순서를 변경해보자.

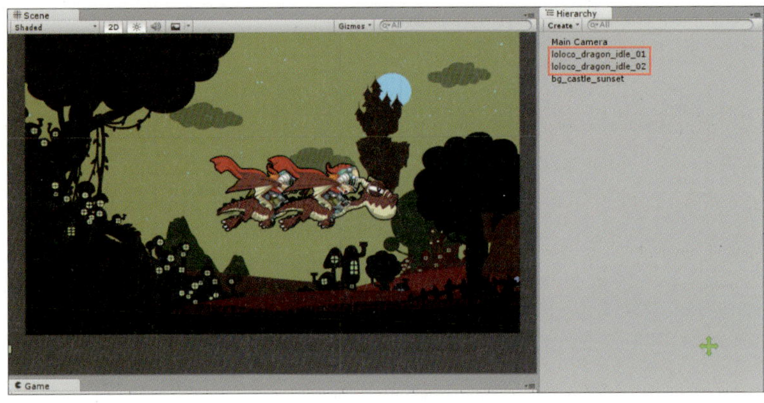

09 계층 뷰에 있는 주인공을 하나 더 복사하자. 그리고 새로 만든 이미지를 살짝 겹치도록 배치한다. 확인해 보면 나중에 복사된 이미지가 위로 올라오는 것을 알 수 있다. 그리는 순서를 변경해보자.

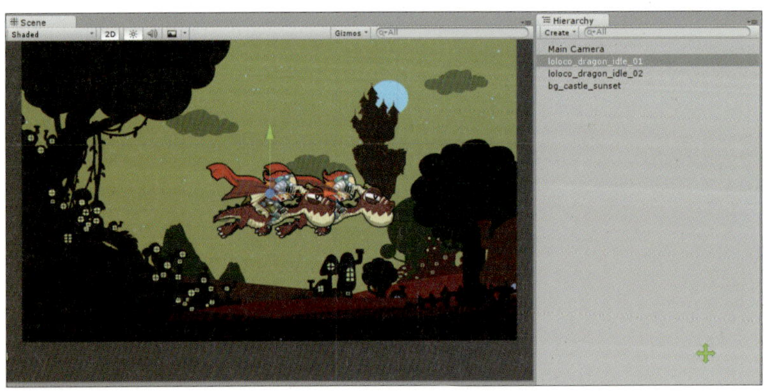

'Order in Layer 1'로 변경하면 앞에 있는 그림이 위로 올라오는 것을 확인할 수 있다.

4.3 > 해상도 설정

이번에는 해상도를 설정하는 방법에 대해 알아보자. 해상도를 설정하는 이유는 서비스되는 기기마다 해상도가 다르기 때문이다. 만약 한 가지 기기만 테스트한다면 상관없겠지만, 최대한 다양한 단말기에 사용할 수 있도록 만들 필요가 있다. 여기서는 프로젝트를 안드로이드 기반으로 만들어 볼 것이다.

■ 안드로이드 기반 프로젝트 만들기

01 플랫폼을 변경하기 위해 [File - Build Settings] 메뉴를 실행한다.

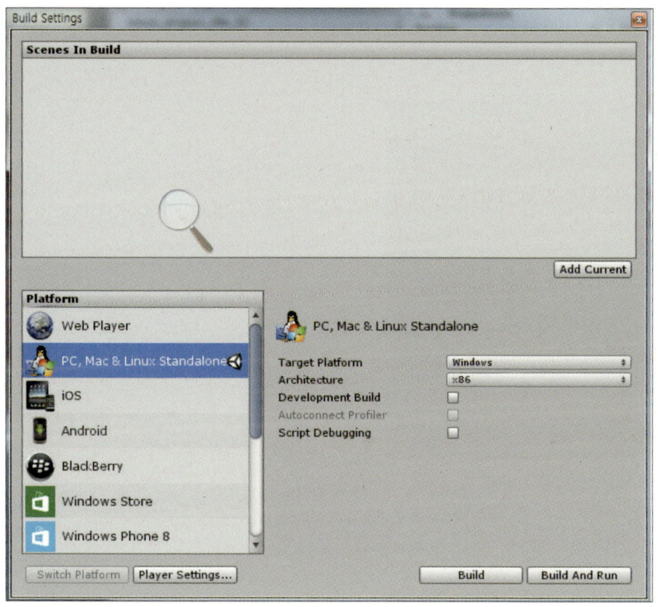

02 `Switch Platform` 버튼을 클릭하여 플랫폼(Platform)을 안드로이드로 변경한다.

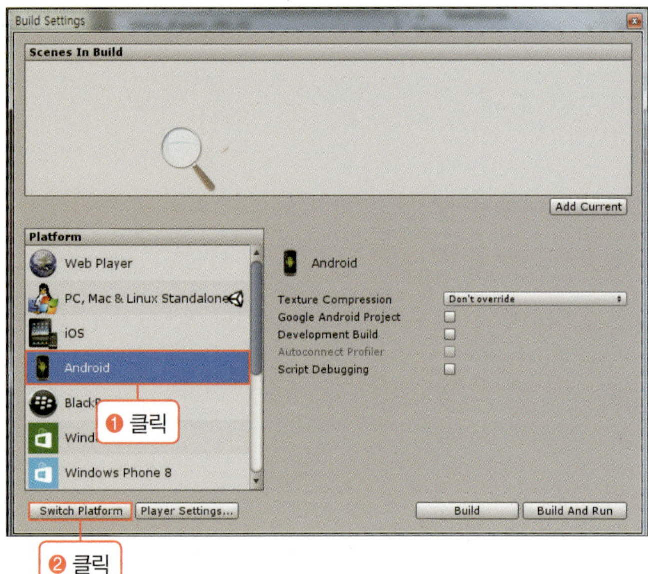

03 변환이 완료되면 게임 뷰의 해상도를 '800×480'으로 설정한다.

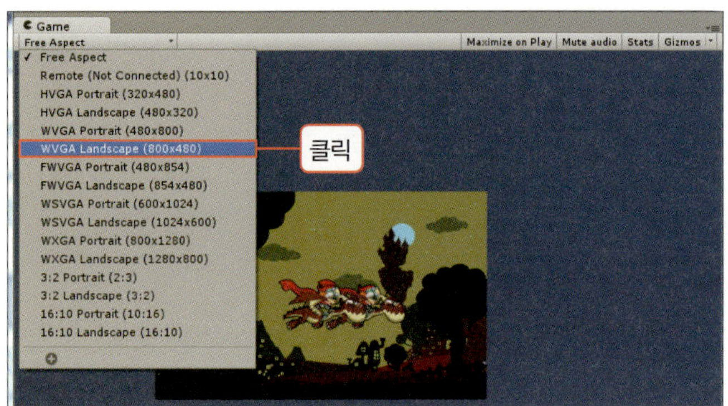

04 변환하면 다음 화면과 같이 이미지가 나타나는 것을 확인할 수 있다.

처음 게임을 개발할 때는 기본으로 해상도를 정해 놓고 사용해야 한다. 만약, 여러분이 서비스를 할 때 가장 많이 사용될 만한 타깃폰이 있다면 이를 기반으로 작업해야 한다. 저자는 800×480 기반으로 해상도 작업을 했다. 아직까지는 해상도 작업이 완료되지 않았다. 유니티 5 3D의 몇 가지 기능을 더 알아야만 설정할 수 있다.

4.4 > Pixels Per Unit

이번에는 유니티 5 3D의 2D 기능 중 Pixel Per Unit 기능에 대해 알아보자. 앞 장에서 우리는 Transform 컴포넌트를 통해 이미지를 움직일 수 있다는 사실을 확인한 바 있다. 만약 X축으로 1만큼 이동했다면 얼마만큼 이동한 것일까? 1cm 만큼일까, 1m 만큼일까, 1픽셀 만큼일까? 유니티는 100픽셀을 이동한다. 보통 2D 게임에서는 픽셀 단위로 이동을 처리한다.

1 픽셀 확인하기

01 처음에 가져온 프로젝트 뷰에 있는 png 이미지 파일을 클릭한다. 100픽셀이 설정되어 있는 메뉴를 확인해보자. 모든 이미지를 클릭해보면 Pixels Per Unit 값이 '100'이라는 것을 확인할 수 있다

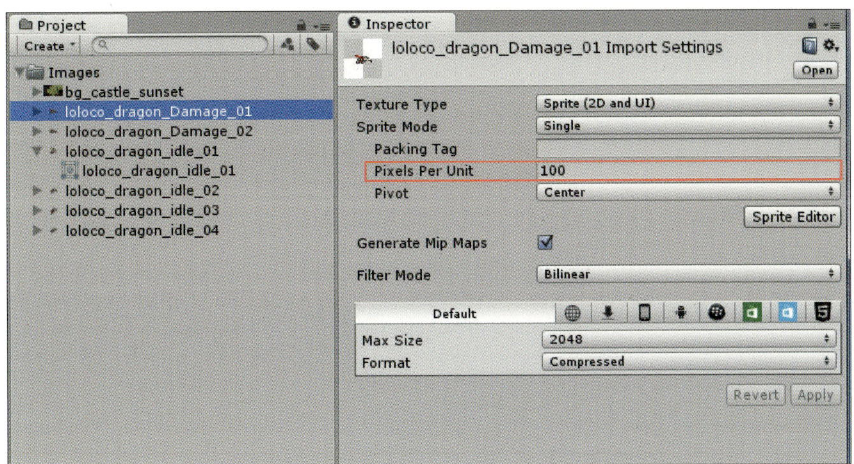

02 현재 화면에 배치된 이미지 파일들을 '100'에서 '1'로 변경한다. 여러분이 Transform 컴포넌트의 포지션 값을 '1' 이동했을 때 1픽셀 이동하기 위해 모든 Pixels Per Unit 값을 '1'로 변경하는 것이다.

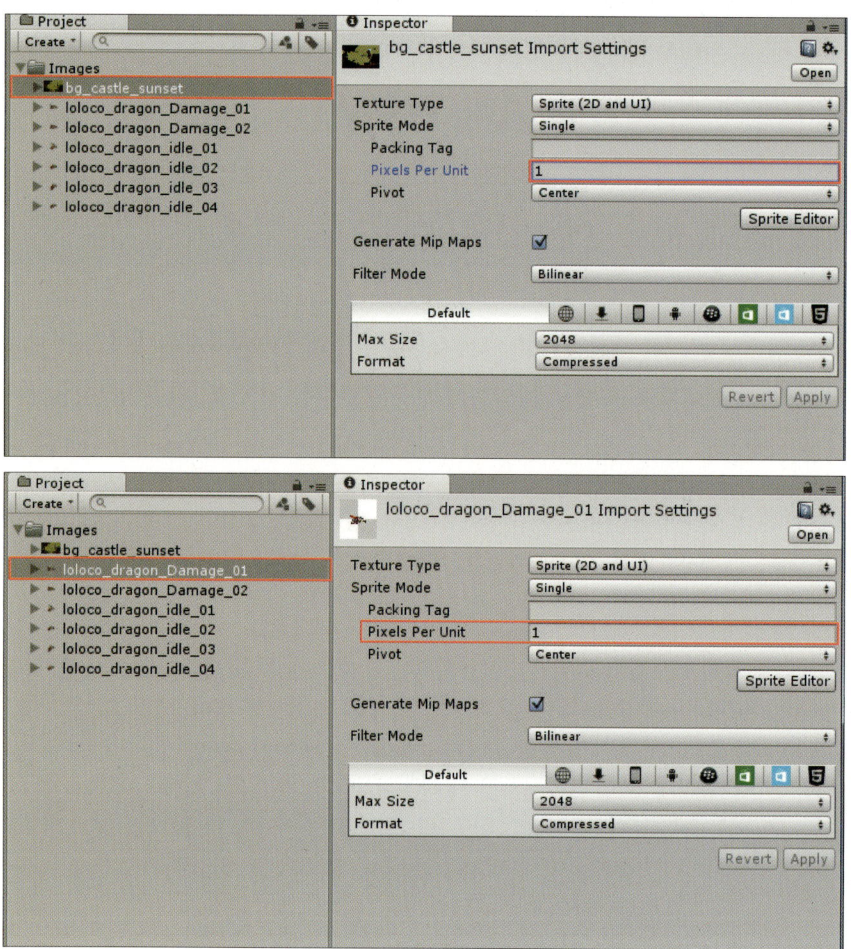

픽셀이란?

이미지 뷰어를 이용하여 이미지를 볼 때 확대를 하면 네모난 박스가 모여 이미지가 이루어진 것을 확인할 수 있는데, 그 단위를 '픽셀'이라고 한다. 예를 들어 800×480 해상도는 가로 800개, 세로 480개라고 할 수 있다.

게임 뷰를 보면 이미지가 아직 완벽하게 출력되지 않은 것을 확인할 수 있다. 마지막으로 카메라 해상도를 설정해야 한다. 그럼 왜 카메라가 해상도와 연관되어 있는지 알아보자.

앞에서 씬 뷰는 게임 오브젝트 위치 정보, 조명, 사운드 위치 표시처럼 보이지 않는 객체들을 사용자 편의를 위해 표시해주는 역할을 한다고 설명한 바 있다. 그리고 게임 뷰는 씬 뷰에 배치된 게임 오브젝트를 카메라 시야에 들어오는 게임 오브젝트로 그려주는 역할을 한다.

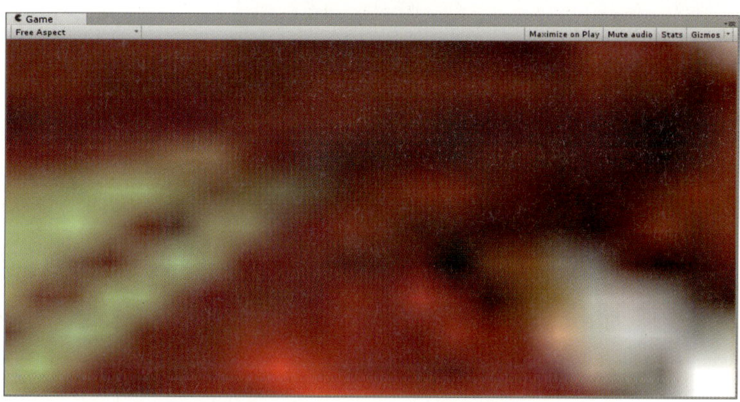

그림 4-1 이미지가 깨져 나온다.

1 카메라 해상도 설정하기

01 'Main Camera' 게임 오브젝트를 클릭하면 인스펙터 창에 Camera 컴포넌트가 나타날 것이다. Size 값에 '240'을 입력한다.

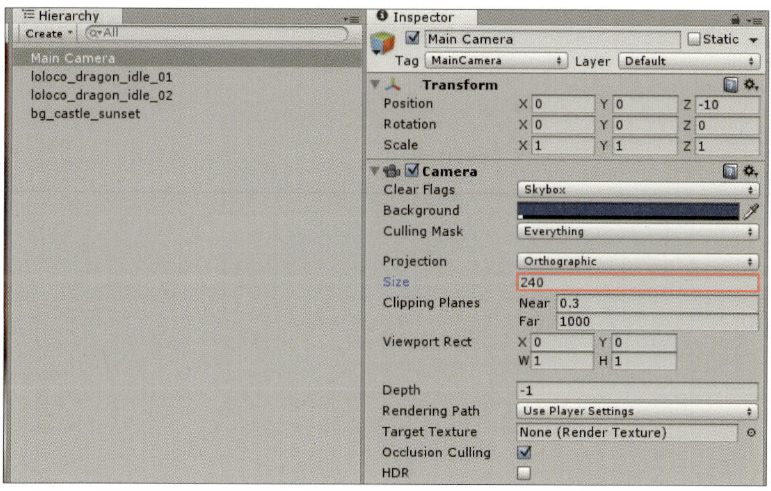

02 다음 화면과 같이 씬에 카메라 시야에 들어오는 이미지가 게임 뷰에 1:1 비율로 그려지는 화면을 확인할 수 있다. Size 부분에 '240'이라는 값을 입력했는데, 여기서 '240'이란 '800×480', 480은 해상도의 높이이다. 높이를 그대로 입력하는 것이 아니라 높이의 절반 값을 입력하면 자동으로 게임 뷰의 해상도에 맞게 들어간다.

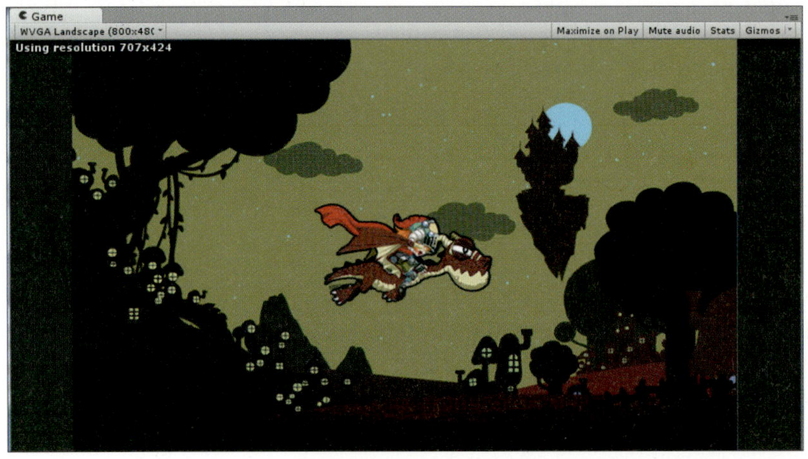

4.6 > 애니메이션 시스템

이번에는 스프라이트 애니메이션 작업을 해보자. 주인공 애니메이션 파일은 Idle(대기) 동작과 Damage 동작이 준비되어 있다. 여기서는 메카님 방식의 애니메이션을 테스트하려고 한다. 유니티 5 3D에는 예전 3.x 방식의 레거시 방식과 4.x부터 만들어진 메카님 방식이 있는데, 여기서 메카님 방식으로 스프라이트 애니메이션 작업을 하는 이유는 레거시에서만 지원되기 때문이다.

1 애니메이션 추가하기

01 우리가 만든 게임 오브젝트를 살펴보자. 애니메이션 컴포넌트를 추가할 게임 오브젝트를 선택한다.

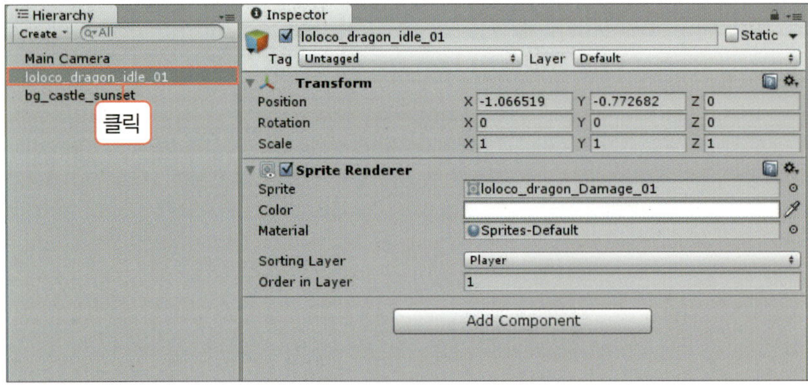

02 Add Component 를 클릭한 후 Miscellaneous − Animator 를 클릭하여 Animator 컴포넌트를 붙인다.

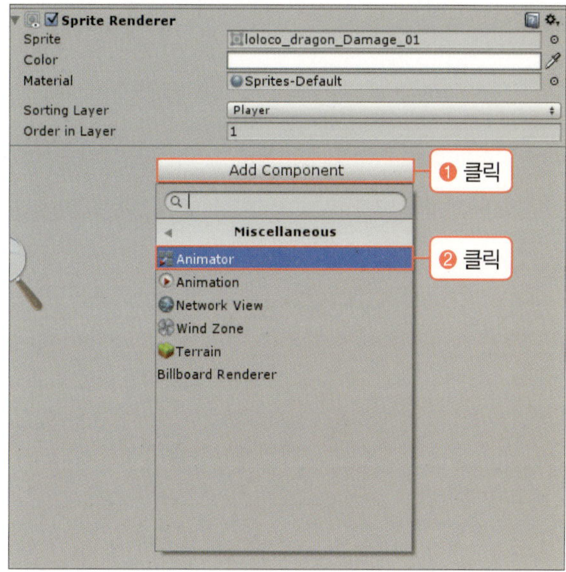

03 Animator 컴포넌트가 추가된다. Animator 컴포넌트는 3D 애니메이션, 2D 애니메이션 모두 똑같이 사용된다.

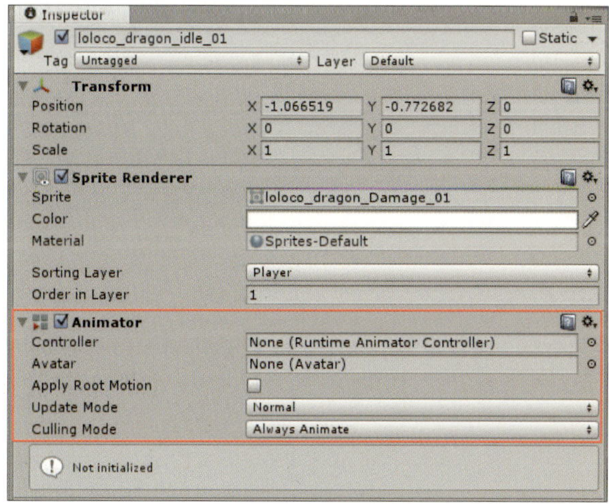

Controller 기능은 애니메이션 작업 리스트를 관리하는 역할을 한다. 만약, 컴포넌트가 음악을 플레이하는 기능이라면 Controller는 음악 리스트를 관리하는 기능이다.

01 프로젝트 뷰에 있는 Create 버튼을 클릭하여 Controller 기능을 작업해보자. 이를 위해서는 먼저 Controller 파일을 만들어야 한다. Animator Controller 를 클릭하여 파일을 생성한다.

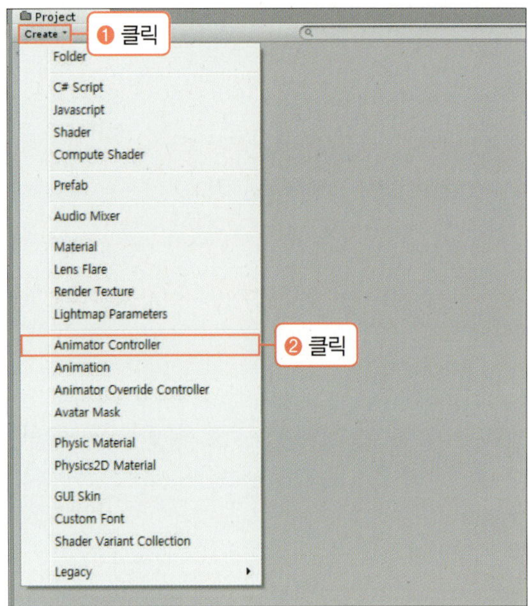

02 Animations 폴더를 만들어 그 안에 넣는다. 폴더를 만드는 이유는 앞으로 생성해야 할 애니메이션 파일이 많기 때문이다.

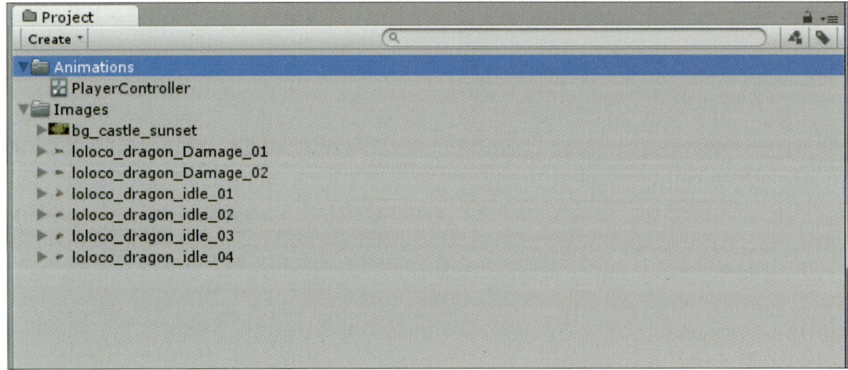

 이름을 'PlayerController'로 변경한다. 작업이 완료되면 파일을 컴포넌트에 연결한다.

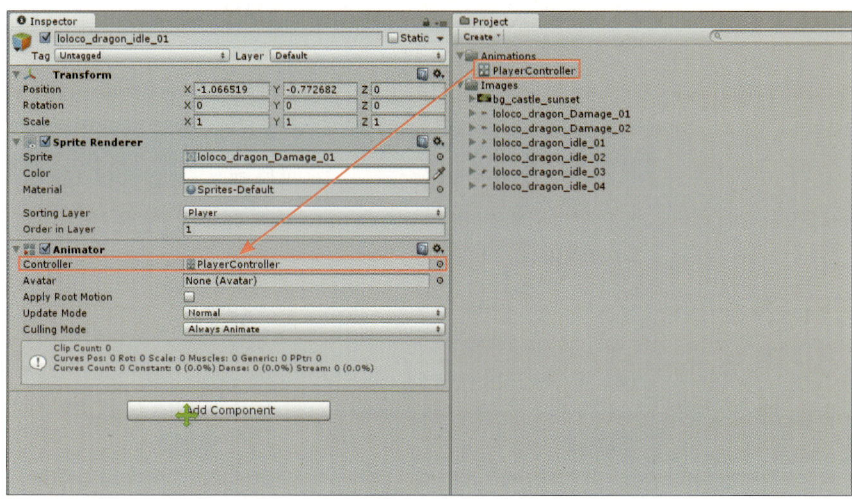

⑤ 애니메이션 뷰 띄우기

이번에는 애니메이션 뷰를 띄우도록 한다.

01 애니메이션 뷰는 애니메이션을 편집하거나, 애니메이션 데이터를 확인하거나, 3D, 2D 애니메이션 데이터를 확인할 때 사용한다.

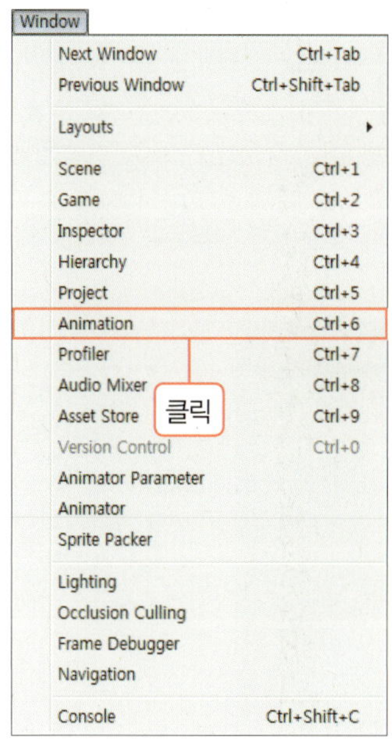

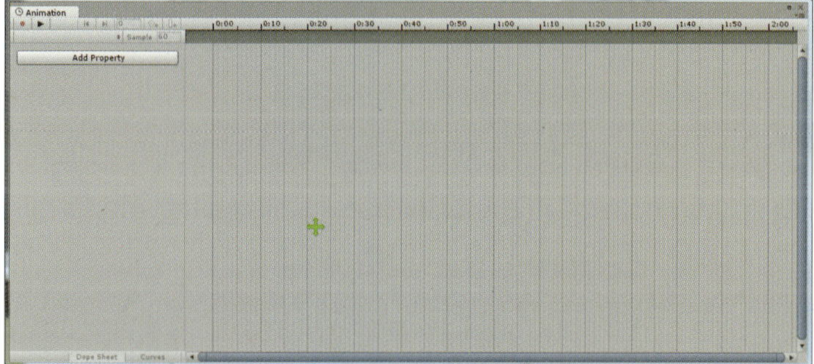

2D 게임은 애니메이션 편집 용도로도 사용

2D 게임은 애니메이션을 편집하는 용도로도 사용할 수 있다. 만약, 영상 데이터를 저장한다면 AVI, MP4 데이터로 편집해야 한다. 유니티 5 3D는 *.anim이라는 확장자를 가진 파일을 만들어야 한다. 실제 3ds Max나 Maya로 만든 3D 애니메이션 데이터도 최종적으로 *.anim 파일 형태로 변환하여 사용한다.

02 애니메이션 창을 클릭한다. 클릭하는 순간 팝업 창이 나타난다.

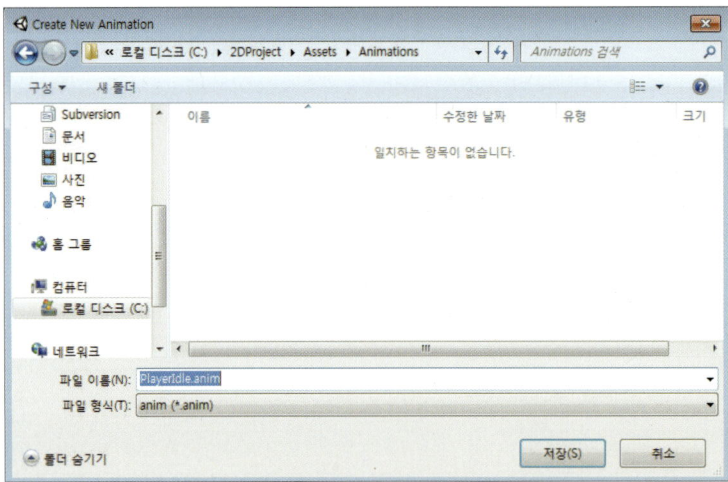

03 'PlayerIdle.anim'이라는 파일명으로 Animations 폴더에 저장한다. 저장을 완료하면 다음 화면처럼 편집 상태가 된다.

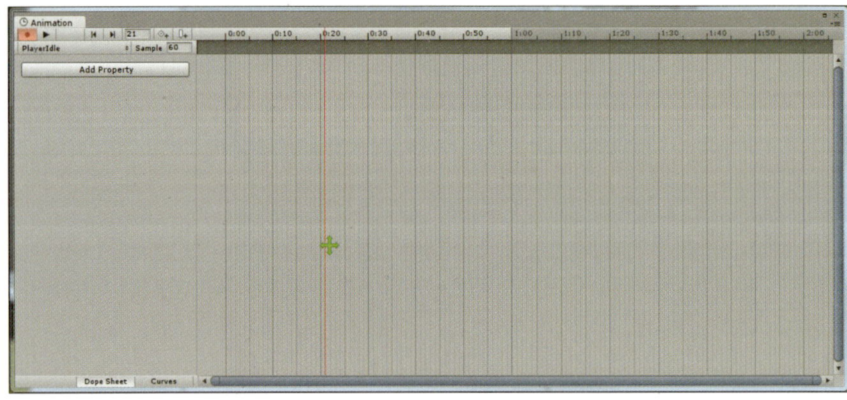

4 애니메이션 이미지 추가하기

01 이미지를 드래그하여 연결하면 된다. 이미지는 타입은 Texture가 아닌 Sprite 타입이어야만 작업할 수 있다. 우리는 2D 프로젝트로 시작했기 때문에 문제 없이 작동할 것이다.

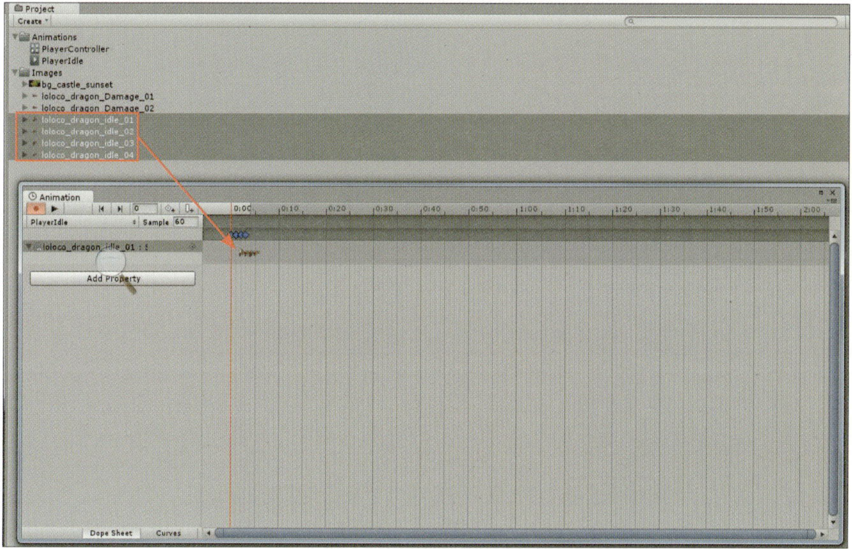

02 애니메이션에 있는 플레이 버튼 ▶ 을 누르면 애니메이션이 매우 빠른 속도로 동작하는 것을 볼 수 있다. 그 이유는 애니메이션 시간이 너무 짧기 때문이다.

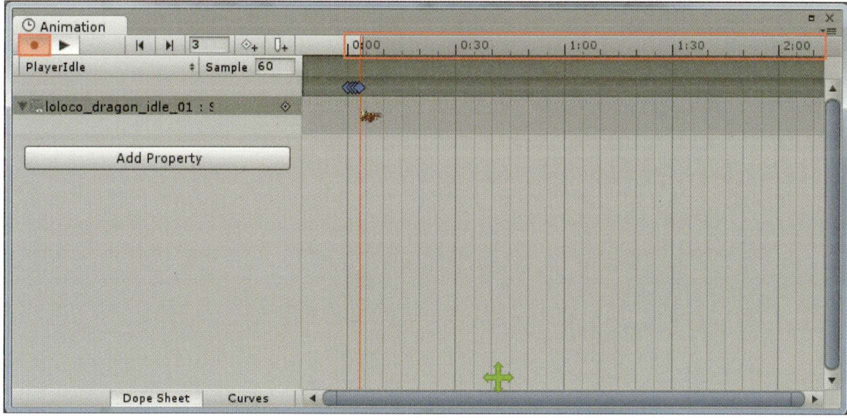

03 애니메이션 뷰를 확인해보면 0.01초 간격으로 배치되어 있다는 것을 알 수 있다. 이때에는 마우스 휠 버튼을 앞뒤로 이동하여 줌인·아웃 기능을 활용할 수 있다.

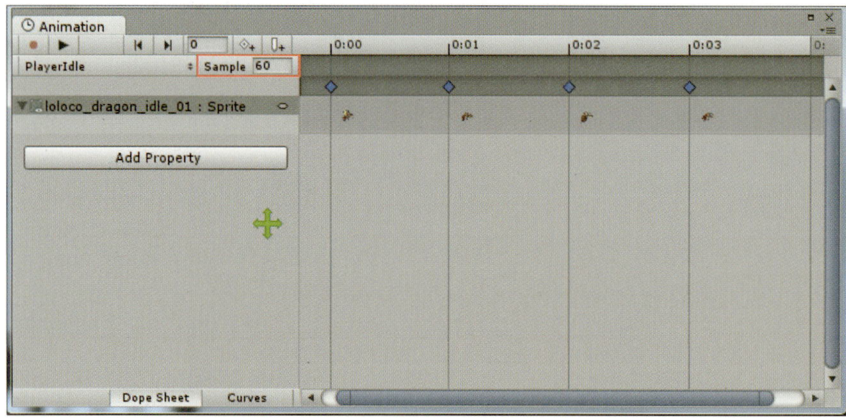

04 간격을 조절한다. 현재 Sprite 애니메이션은 60프레임으로 설정되어 있다.

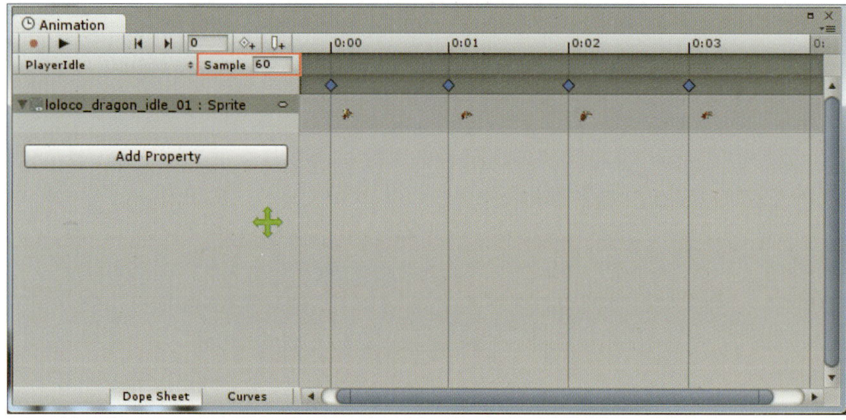

05 60프레임은 1/60을 말한다. 결국 0.01초 간격으로 출력되는 것을 의미하는데, 여기서는 0.1초 간격으로 변경해보자. 1/10로 설정한다면 0.1초 간격이다. 따라서 샘플 값에는 '10'이라고 입력한다. 그 결과, 속도가 느려지는 것을 확인할 수 있다.

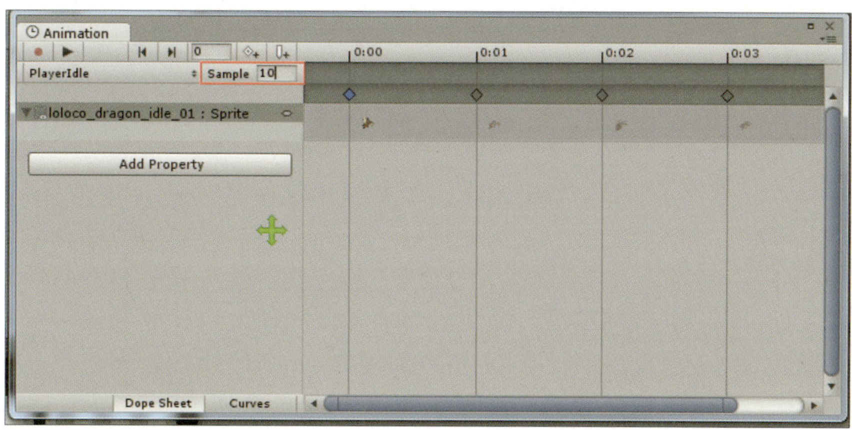

애니메이션 뷰 플레이 버튼 vs. 유니티 플레이 버튼

애니메이션 뷰 플레이 버튼과 유니티 플레이 버튼은 기능적으로 다르다. 애니메이션 툴에 있는 플레이 버튼은 애니메이션 기능을 프리뷰 형태로 보는 기능이라고 생각하면 된다. 결국 유니티 플레이 버튼으로 클릭한 후 애니메이션이 작동되어야 실제 게임에도 적용된다.

06 플레이 버튼  을 눌러 확인한다.

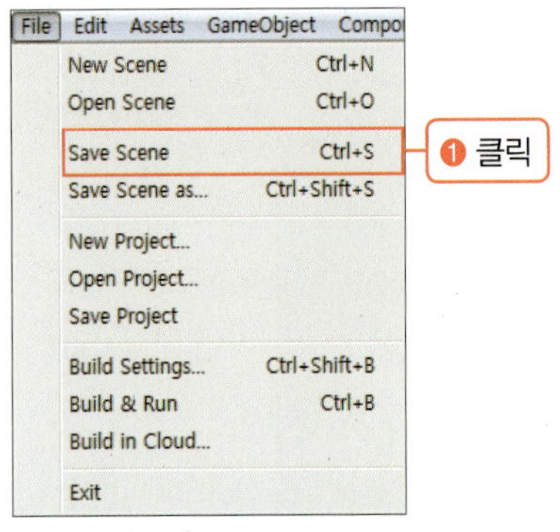

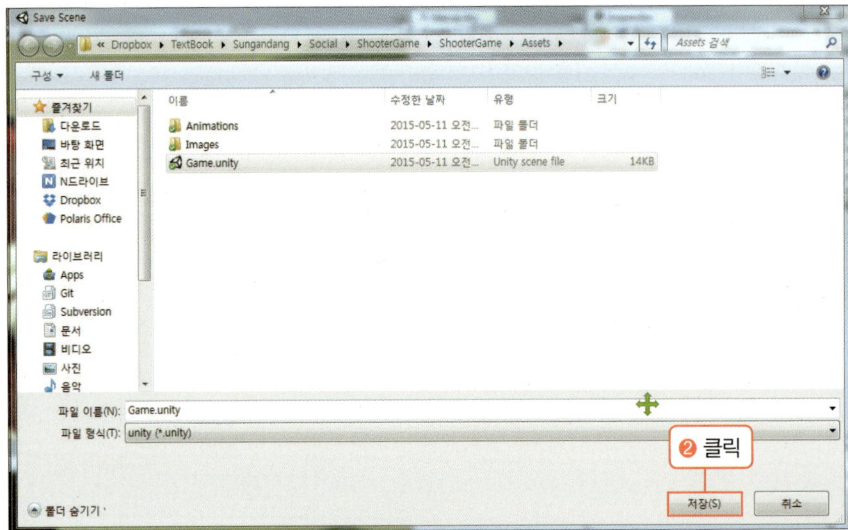

'Game'이라는 이름으로 저장한다.

이번 장에서는 간단하게 유니티 2D의 사용 방법에 대해 알아보았다. 다음 장에서는 소셜 기능에 대해 알아볼 것이다. 소셜 작업이 어느 정도 완료되면 현재 이미지를 이용하여 간단한 슈팅 게임을 만들 것이다.

페이스북 연동

앞 장에서 우리는 유니티 5 3D의 사용 방법에 대해 알아보았다. 이번 장에서는 본격적으로 소셜 게임 제작 방법에 대해 알아본다. 또한 소셜 게임 제작에 필요한 메신저와의 연동 작업에 대해서도 알아본다.

이 책에서 다루는 유니티 5 3D로 만드는 '소셜 게임(Social Game)', 좀 더 정확하게 말하면 '소셜 네트워크 게임'(Social Network Game, 약자로는 'SNG'라고 표기하지만, 이 책에서는 편의상 소셜 게임으로 표기한다)은 우리가 스마트폰을 통해 사용하는 소셜 네트워크 서비스(SNS)인 페이스북 (Facebook), 트위터(Twitter), 카카오톡(Kakao Talk), 라인(Line) 등을 통해 형성된 인맥을 적극적으로 사용하는 게임을 말한다. 게임 용어 사전 등에 따르면 소셜 게임의 목적은 게임 그 자체보다 온라인 환경에서 자신의 인맥을 형성하는 데 중점을 둔다. 이러한 특징으로 인해 소셜 게임을 '사회 관계망 게임'이라고도 부른다. 따라서 한 명 이상의 다른 친구가 있어야 소셜 게임이라고 할 수 있다. 일반적으로 회원 가입을 통해 유저를 확보하기는 쉽지 않다. 그래서 우리는 메신저 시스템에는 연동하여 사용자를 확보하려고 한다. 메신저 시스템은 카카오톡, 라인, 왓츠앱 등이 있지만 많은 사람이 사용하고, 접근하기도 쉬운 페이스북으로 연동한다.

1 페이스북 연동하기

01 페이스북 관련 애플리케이션 개발자를 지원하는 개발자 지원 사이트인 'https://developers.facebook.com'에 접속한다. 기존 사용자라면 사용하던 계정을 사용해도 된다. 만약 페이스북을 사용하지 않고 있다면 회원 가입을 해야 한다.

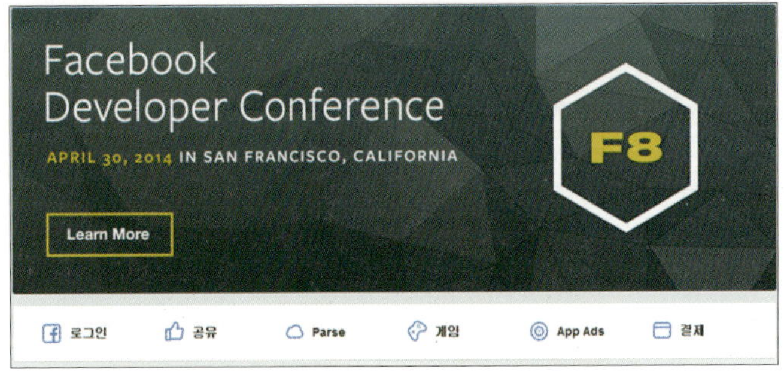

02 다음은 회원 가입 메뉴이다. 저자가 페이스북으로 소셜 게임을 연동하는 이유는 독자들이 가입한 페이스북 계정으로도 쉽게 연동할 수 있기 때문이다. 회원 가입이 완료되면 로그인을 한 후 다시 페이스북 개발자 페이지(https://developers.facebook.com)로 들어간다.

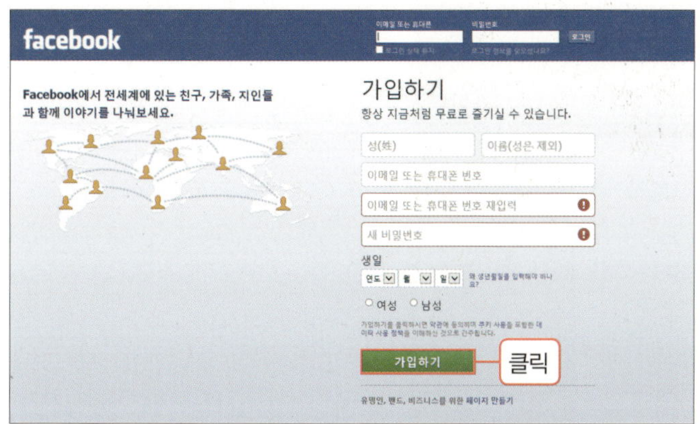

03 이번에는 앱을 등록한다. 이는 페이스북을 통해 나의 게임에 사용될 앱을 등록하는 것이다. 하나의 계정에 여러 개의 앱을 등록할 수 있다. 먼저 다음 화면처럼 '개발자로서 등록(Register as a Developer)'을 선택한다. 기존에 한 번이라도 등록해본 경험이 있는 유저는 다음으로 넘어간다. 처음이라면 다음과 같은 메뉴가 나타날 것이다.

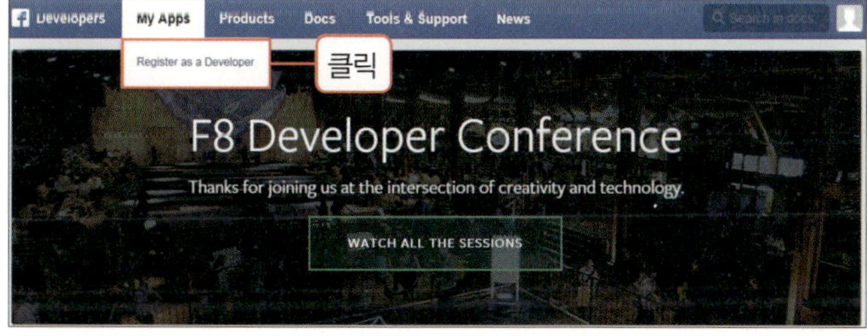

04 'Register as a Facebook Developer'의 개인 정보 취급 방침에서 ☐ 버튼을 클릭하면 예 버튼이 등장한다. 이 창에서 다음 버튼을 클릭한다.

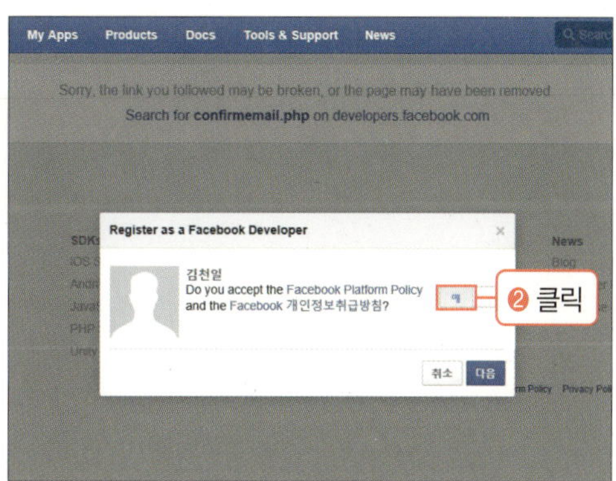

05 다음과 같은 화면이 나타나면 휴대 전화로 본인 인증을 받는다. 혹시 인증이 정상적으로 처리되지 않으면
웹 브라우저를 변경한다. 가끔 해당 웹 브라우저의 스크립트 오류로 작동이 안 될 때가 있다.

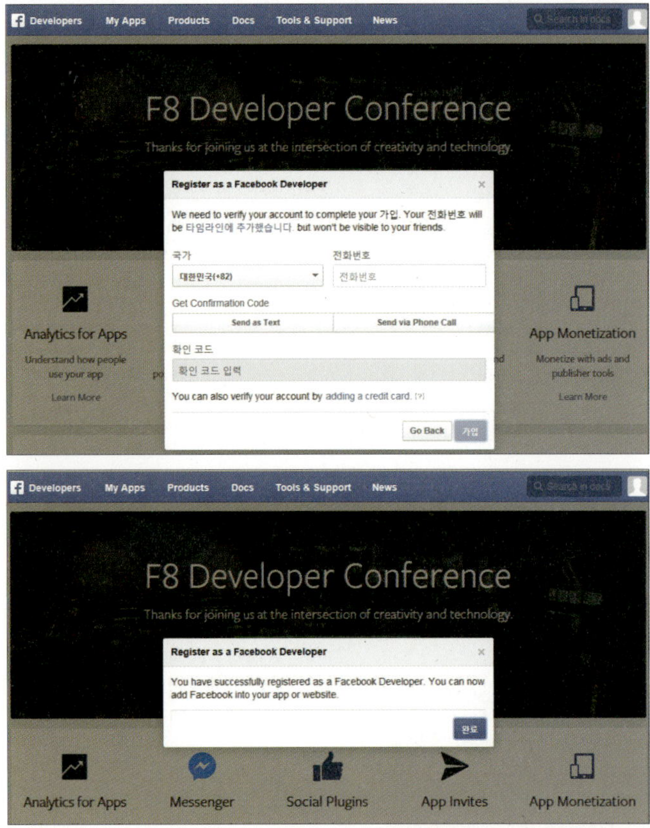

06 가입이 끝나면 앱을 만들어야 한다. Add a New App 을 클릭한다.

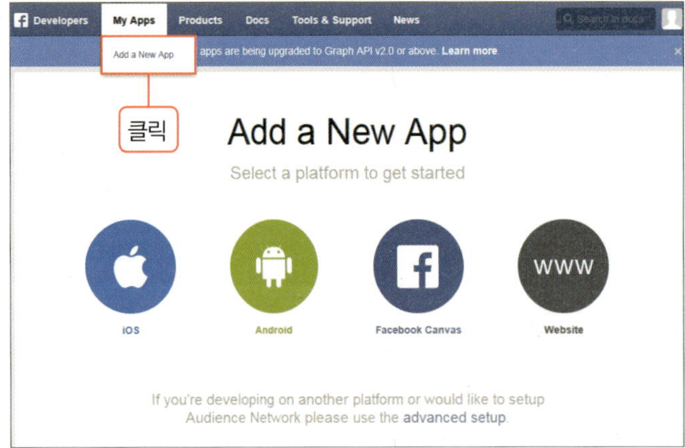

07 iOS, Android, Facebook Canvas, Website 버튼 아래의 advanced setup 을 클릭한다.

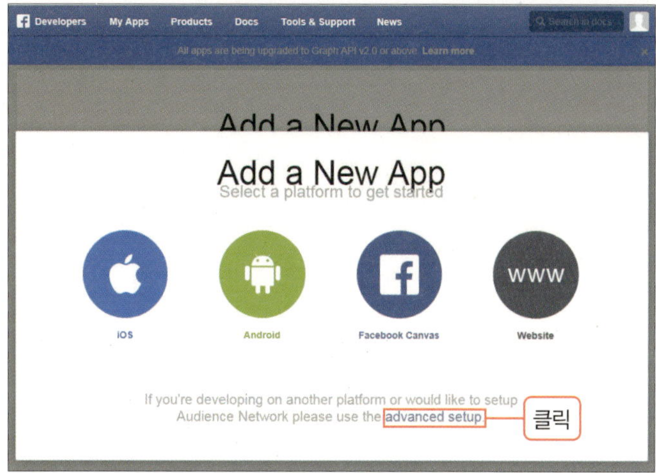

08 'Display Name'은 계정 하나에 여러 개의 앱을 만들 수 있다. 계정은 앱을 구분하기 위한 이름으로 사용한다. 이는 '네임스페이스(Namespace)'라는 앱을 구분하기 위한 이름이다. '페이스북 캔버스(Facebook Canverse, 페이스북용 웹 페이지)'는 앱을 구분하는 이름으로 사용한다. 단, 앱을 만들 때 대문자, 숫자, 언더바(_), 특수 기호를 제외한 나머지는 사용할 수 없다. 그리고 20자 이하이어야 하며, 중복된 이름이 있으면 안 된다. 저자는 'unity5_shootgame'라는 이름으로 만들었다. 완료되면 게임 하위 카테고리를 각 게임 장르에 맞게 실정한다. 만약, '게임'으로 분류하지 않으면 게임에 사용되는 일부 기능을 사용할 수 없다.

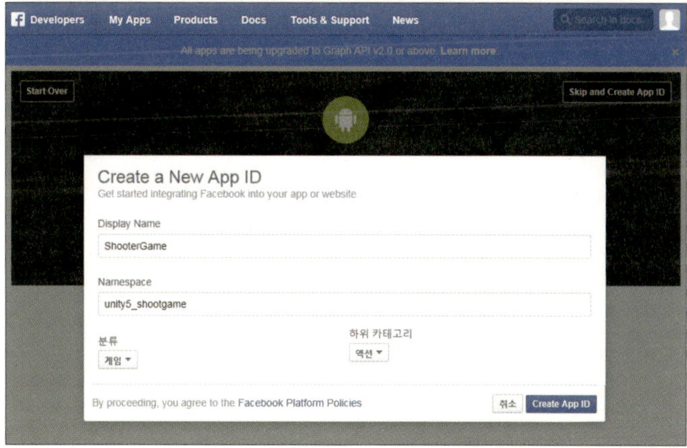

09 생성이 완료되면 다음 화면과 같은 메뉴가 나타날 것이다.

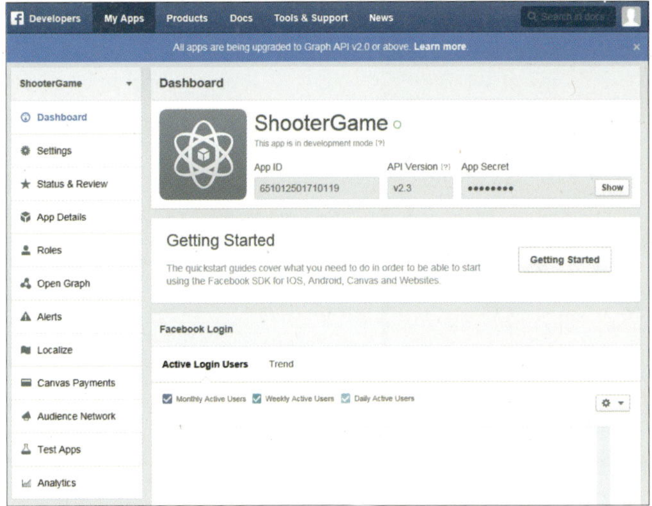

　　위 화면은 여러분이 만든 앱 설정 페이지이다. 앱을 등록했다고 하더라도 바로 작동되는 것은 아니다. 지금부터 우리는 안드로이드용 앱에 접속할 수 있도록 만들 것이다.

5.2 > 클라이언트 프로젝트 만들기

1 준비 운동

01 앞 장에서 만든 프로젝트를 연다.

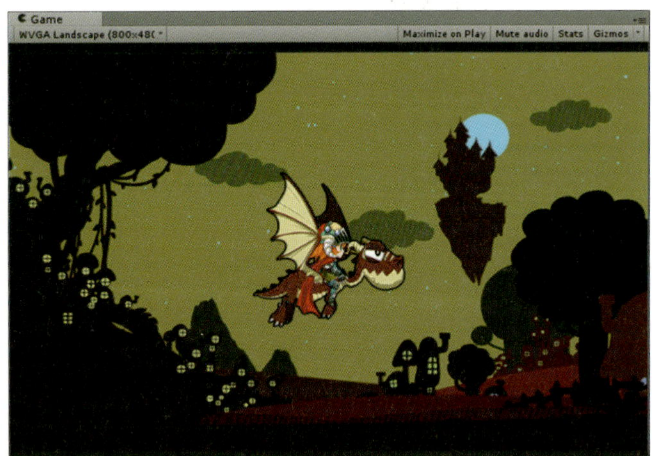

02 프로젝트를 만들었다면 페이스북에 접속하기 위해 'Prime31' 프로그램을 설치한다.

국내에서 많이 사용하는 prime[31]

prime[31]은 국내에서 가장 많이 사용되고 있는 프로그램이다. 페이스북에서도 유니티 5 3D용 페이스북을 접속 프로그램으로 제공한다. 여기서는 이용 빈도가 높은 prime[31] 프로그램을 사용한다. prime[31]을 이용하는 이유는 유니티 5 3D 엔진이 기본적으로 페이스북 접속 기능을 제공하지 않기 때문이다. 지원하지 않는다는 말은 여러분이 안드로이드로 개발할 때 Java 기반에서 작업을 해야 한다는 뜻이다. 하지만 걱정하지 않아도 된다. prime[31] 프로그램을 이용하면 쉽게 해결할 수 있다. prime[31]은 소셜 기능뿐만 아니라 결제 광고 등과 같은 많은 기능을 제공한다. 다만, 유료라는 것이 단점이다.

② 페이스북 접속 기능을 지원하는 prime[31] 설치

01 prime[31] 사이트(https://prime31.com)에 접속한다.

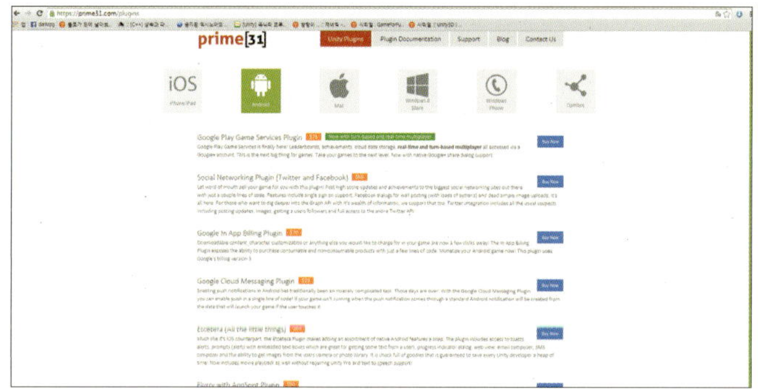

02 접속해보면 다음과 같이 많은 서비스를 지원하고 있는 것을 알 수 있다. 우리가 페이스북 연동으로 사용할 플러그인은 'Social Networking Plugin[Twitter and Facebook]'이므로 [Buy Now] 버튼을 클릭하여 결제 메뉴로 이동하면 된다.

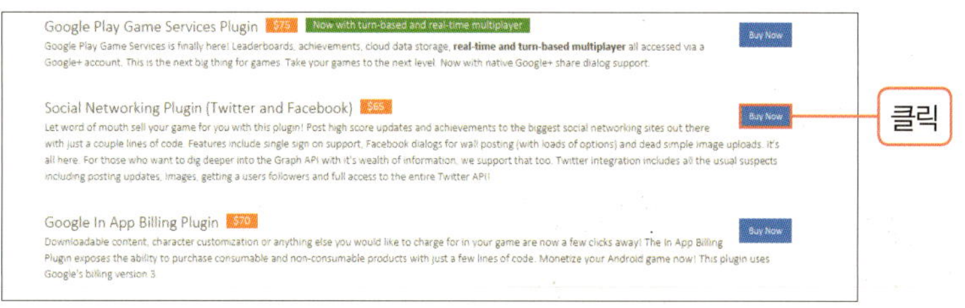

03 iOS, Android 동시 출시 계획이 있는 경우, 콤보 제품을 이용하면 좀 더 저렴한 가격으로 구입할 수 있다.

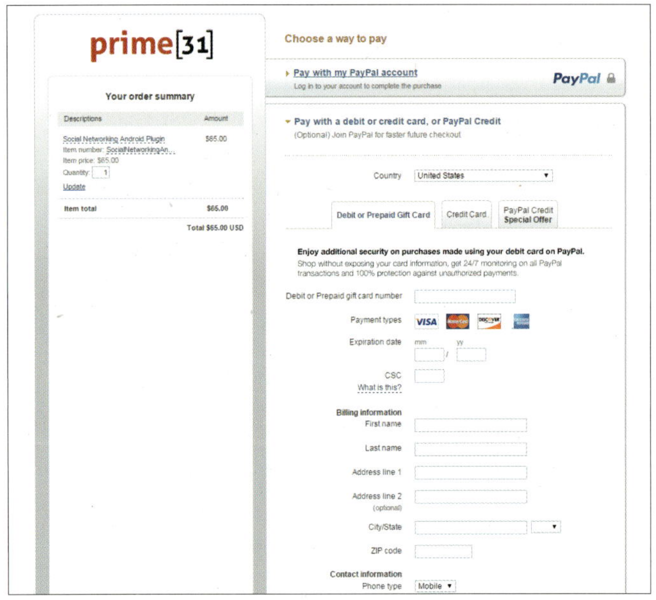

04 페이팔(PayPal) 결제를 통해 유니티 5 3D 패키지 파일을 이메일로 다운로드하거나 'Window/Asset Store'를 통해 다운로드할 수 있다. 버전 차이는 없으므로 공식 홈페이지 또는 유니티 5 3D 에셋스토어를 통해 다운로드하면 된다. 다운로드가 완료되면 패키지 파일을 설치한다. 에셋스토어를 통해 다운로드했다면 자동으로 설치될 것이고, 페이팔(Paypal)로 구입했다면 이메일을 통해 유니티 5 3D 패키지 파일을 받을 수 있을 것이다. 패키지 파일을 받은 경우, 프로젝트에 끌어다 놓으면 설치된다. 패키지 파일을 설치할 때 주의할 점은 파일이 한글 폴더 안에 있거나 유니티 5 3D가 실행되고 있으면 설치가 불가능하다는 것이다.

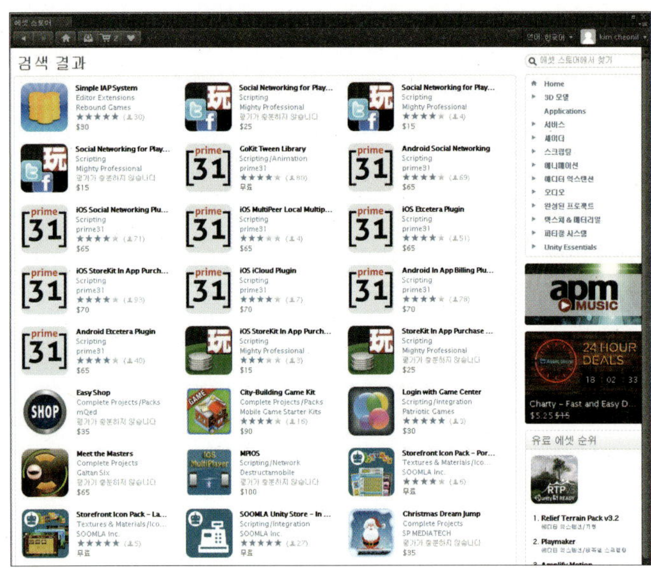

05 설치가 완료되면 폴더가 생성된다. 그러면 샘플 코드를 돌려보자.

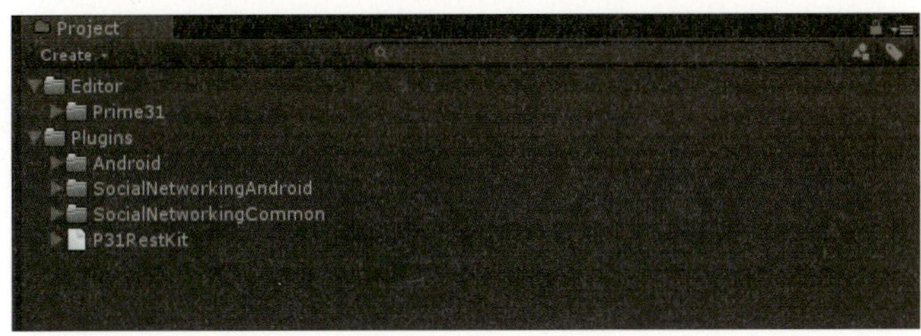

06 폴더 안의 샘플 씬 파일을 실행한다. 실행하면 샘플 씬이 열린다. 플레이 버튼 ▶ 을 누르면 다음과 같은 작업이 이루어진다.

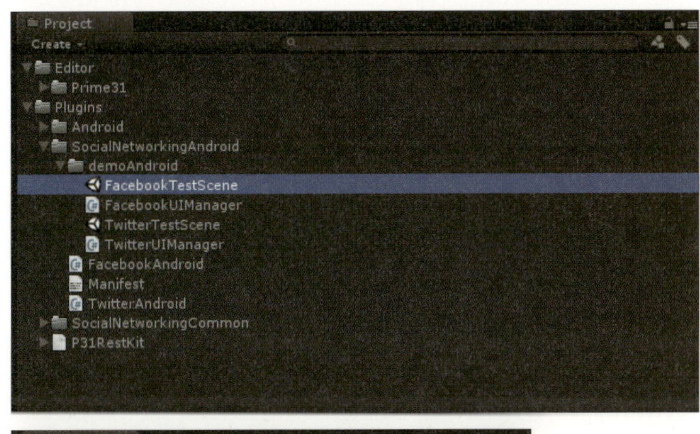

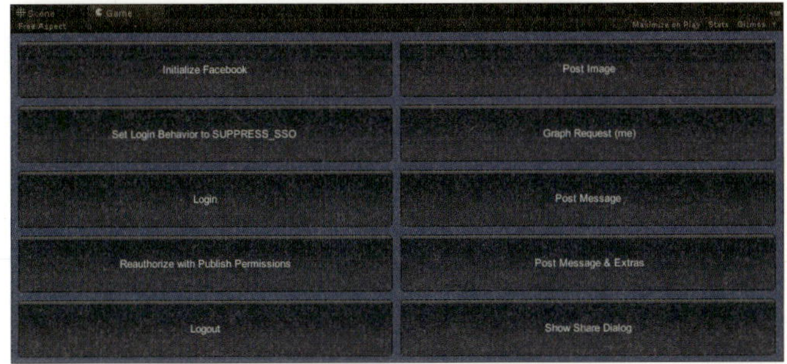

07 그런데 버튼을 눌러도 아무런 작동을 하지 않는다. 이번에는 연동이 가능하도록 작업해보자.

페이스북용 플러그인은 Java로 만들어진 Jar 라이브러리 파일로 작동되고 있다. 이러한 이유 때문에 유니티 5 3D 안에서는 실행이 불가능하다. 다만 실제 휴대 전화 단말기를 통해서는 테스트가 가능하다. 하지만 독자 가운데 아이폰을 갖고 있는 유저가 있다면 테스트가 불가능할 것이다. 그러나 '블루스택'이라는 안드로이드 테스트가 가능한 프로그램이 있으므로 크게 걱정할 필요가 없다.

01 블루스택 웹 사이트(http://www.bluestacks.com)에 접속하여 블루스택을 다운로드한다.

02 다운로드가 완료되면 블루스택을 설치한 후 페이스북과 연동작업을 해 볼 것이다.

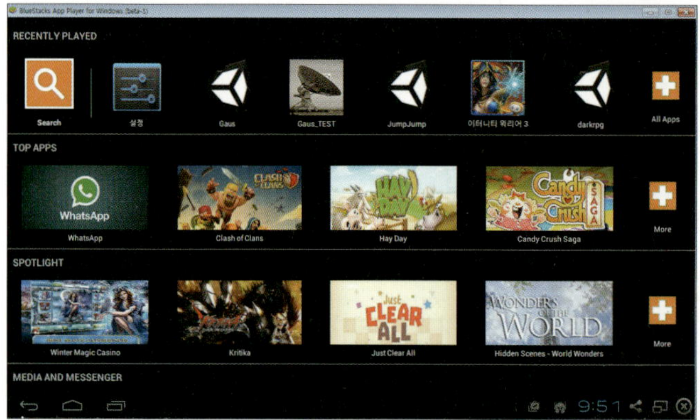

01 세팅(setting) 메뉴에 있는 기본 정보 세팅으로 연동 작업을 진행한다. `+ Add Platform` 버튼을 클릭한다.

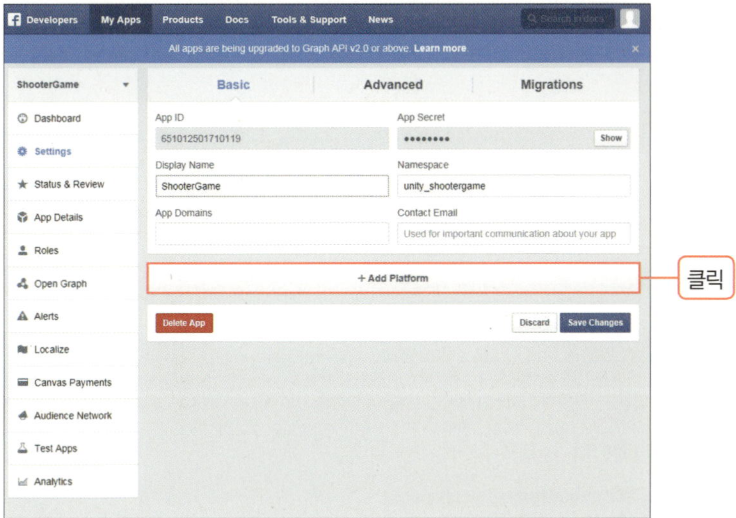

02 안드로이드 프로젝트로 연동할 것이므로 버튼을 클릭한다.

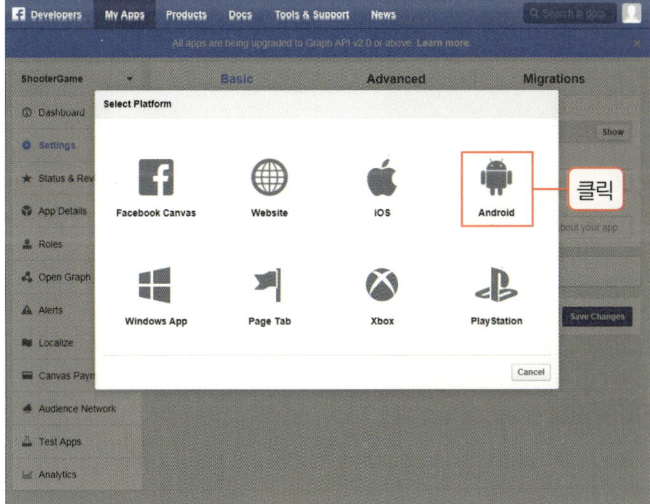

03 추가되면 다음 화면과 같이 메뉴에 정보 등을 채워 넣는다. 정보를 채워 넣는 이유는 우리가 만든 페이스북
앱 계정에 접속하여 정보를 얻어와야 하기 때문이다.

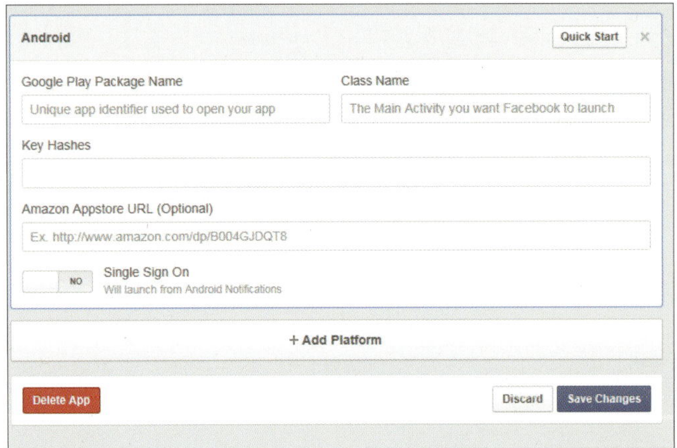

04 Edit – Project Settings – Player 를 클릭한다.

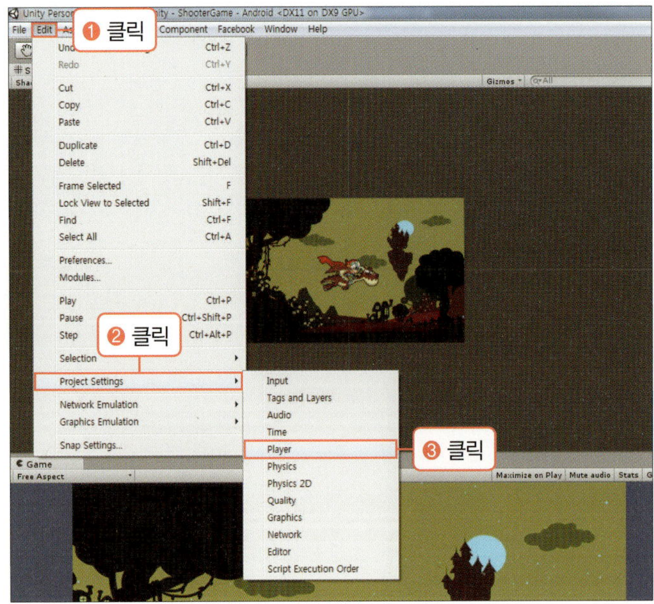

05 안드로이드 세팅으로 이동한다.

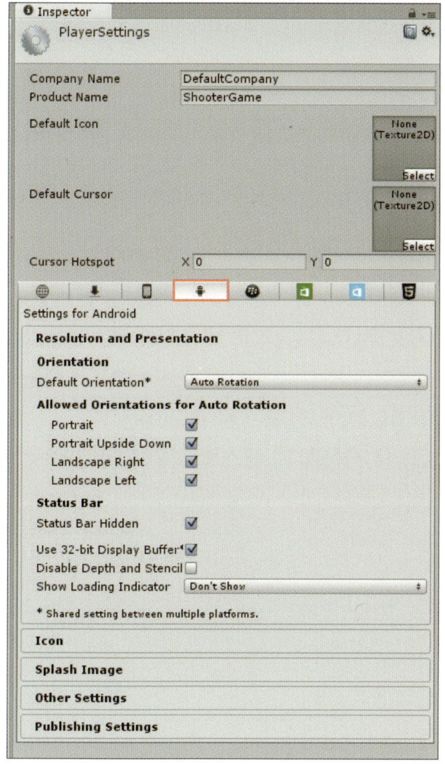

06 `Other Settings` 메뉴로 들어가서 앱을 구분할수 있는 `Bundle Identifier` 에 'com.funstream.shootergame'을 입력한다. 'com'은 배포 목적, 'funstream'은 회사명, 'shootergame'은 게임명이다. 여기서 주의할 점은 절대 저자와 전체 이름이 똑같으면 안 된다는 것이다. 예를 들어 'com.korea.shootergame'은 괜찮다. 중간에 들어간 회사명이 다르기 때문이다. 'com.1234korea.shootergame'처럼 영어보다 숫자가 먼저 나오거나 '_'를 제외한 특수 기호 등이 들어가면 빌드 시 작동이 안 될 수 있다.

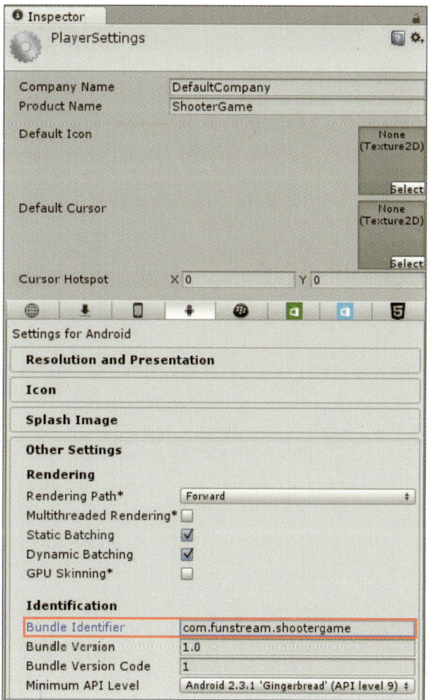

07 페이스북으로 이동한 후 [Google Play Package Name]에 금방 작성한 값(com.funstream.shootergame)을
등록한다.

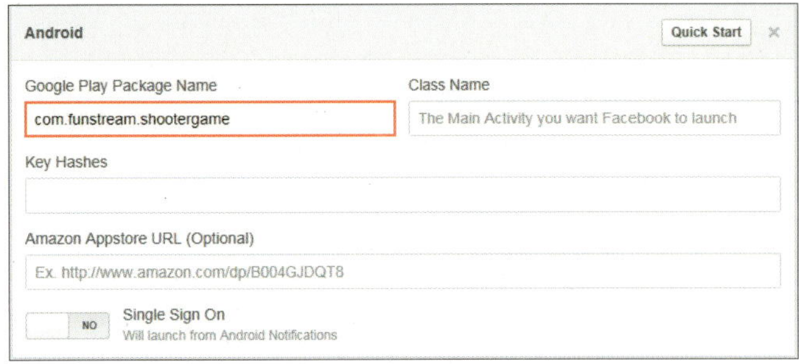

08 Class Name 에 클라이언트에서 Faccbook 접속 역할을 담당하는 'Activity'를 입력한다(이는 Facebook
에셋의 Class Name이다). 'com.prime31.UnityPlayerProxyActivity'를 작성할 때 대소 문자를 잘못 입력하면
안 된다.

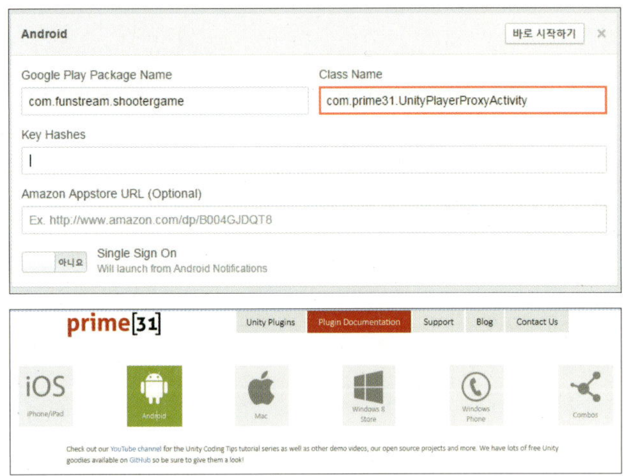

09 페이지의 아래쪽에 플러그인을 선택할 수 있는 메뉴가 나타나는데, 이 메뉴 중에서 Social Networking Plugin 을
클릭하면 해당 플러그인의 설명을 볼 수 있다.

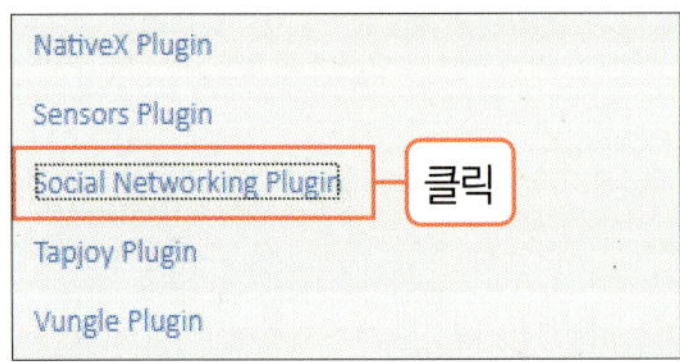

10 'Class Name' 아이디가 적혀 있는지 확인한다. 여기에 보이는 값을 드래그하여 입력한다.

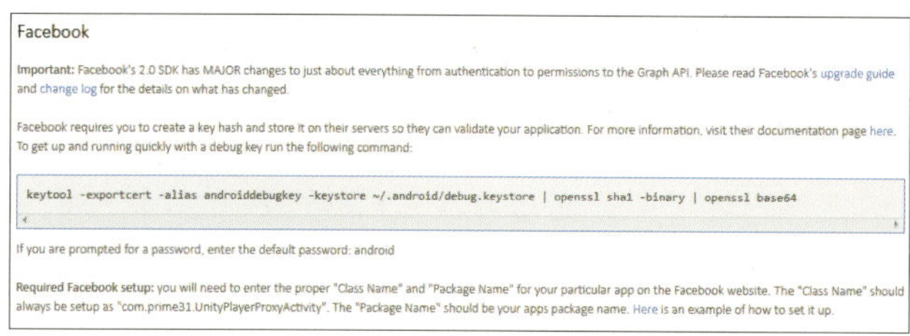

11 이번에는 'Key Hashes'를 입력한다. 해시 값의 사용 용도는 비밀번호라고 생각하면 된다. 만약, 여러분이 게임 제작을 완료한 후 apk 파일을 배포하면, 이를 실행하는 모든 유저들이 자동으로 페이스북에 내가 만든 앱을 통해 소셜이 작동된다. 혹시 다른 클라이언트 앱이 여러분이 만든 페이스북 앱 계정에 접속하면 안 될 것이다. 그래서 페이스북과 클라이언트는 동일한 해시 값을 가지고 있으면서 인증 처리를 한다. 해시 키를 추출하려면 먼저 키스토어(Keystore)를 만들어야 한다.

해시 키(hash key)는 클라이언트에서 추출한 결과물을 페이스북에 등록하는 역할을 한다. 해시 키는 키스토어에서 추출할 수 있다. 키스토어는 여러분이 구글 플레이나 T스토어 등에 출시할 때 앱의 신분증 역할을 한다. 키스토어를 생성하려면 Java SDK가 설치되어 있어야 한다. 만약 설치되어 있지 않다면 오라클 사이트(http://www.oracle.com/technetwork/java/javase/downloads/index.html)를 통해 다운로드해야 한다.

1 Java SDK 설치

01 구글에서 'java sdk 1.7'로 검색하면 'Java SE Development Kit 7'을 쉽게 찾을 수 있다.

02 다음 화면을 통해 Windows x86 버전을 다운로드한다. 여기서 'x86'은 32비트를 의미한다. 여러분의 PC 운영체제가 64비트라 하더라도 32비트를 설치하면 된다. 우리가 다운로드하는 것은 SDK 실행 파일이다. 여기서 32비트란 여러분이 만들 앱의 비트 버전을 의미한다.

Product / File Description	File Size	Download
Linux x86	119.43 MB	⬇ jdk-7u75-linux-i586.rpm
Linux x86	136.77 MB	⬇ jdk-7u75-linux-i586.tar.gz
Linux x64	120.83 MB	⬇ jdk-7u75-linux-x64.rpm
Linux x64	135.66 MB	⬇ jdk-7u75-linux-x64.tar.gz
Mac OS X x64	185.86 MB	⬇ jdk-7u75-macosx-x64.dmg
Solaris x86 (SVR4 package)	139.55 MB	⬇ jdk-7u75-solaris-i586.tar.Z
Solaris x86	95.87 MB	⬇ jdk-7u75-solaris-i586.tar.gz
Solaris x64 (SVR4 package)	24.66 MB	⬇ jdk-7u75-solaris-x64.tar.Z
Solaris x64	16.38 MB	⬇ jdk-7u75-solaris-x64.tar.gz
Solaris SPARC (SVR4 package)	138.66 MB	⬇ jdk-7u75-solaris-sparc.tar.Z
Solaris SPARC	98.56 MB	⬇ jdk-7u75-solaris-sparc.tar.gz
Solaris SPARC 64-bit (SVR4 package)	23.94 MB	⬇ jdk-7u75-solaris-sparcv9.tar.Z
Solaris SPARC 64-bit	18.37 MB	⬇ jdk-7u75-solaris-sparcv9.tar.gz
Windows x86	127.8 MB	⬇ jdk-7u75-windows-i586.exe
Windows x64	129.52 MB	⬇ jdk-7u75-windows-x64.exe

03 Java SE 설치 화면에서 Next > 버튼을 누르면 큰 문제 없이 설치할 수 있다.

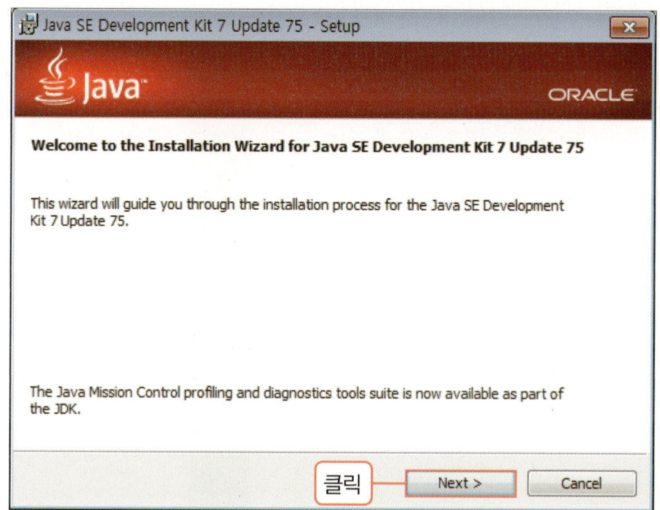

04 설치가 완료되면 키스토어를 만들어야 한다. [EDIT – ProjectSetting – Player]로 들어가면 'Bundle Identider'를 입력했던 메뉴가 나타난다. 가장 아래쪽 화면에서 Publishing Settings 메뉴를 확인할 수 있다. 먼저 Create New Keystore 에 체크 표시를 한 후 Browse Keystore 버튼을 클릭한다.

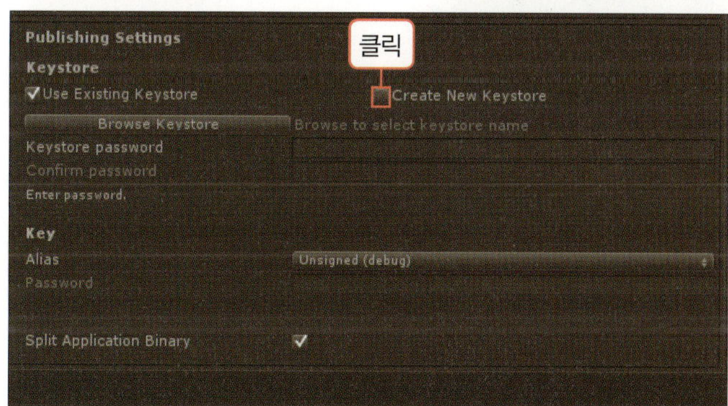

05 user.keystore 파일을 저장한다.

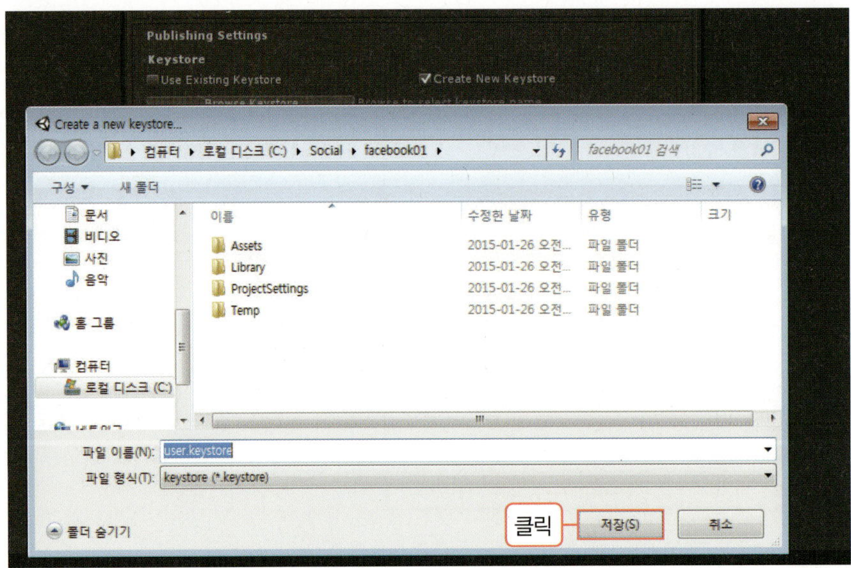

06 다음으로 비밀번호를 입력해야 하는데, 여기서는 'android'라고 입력했다.

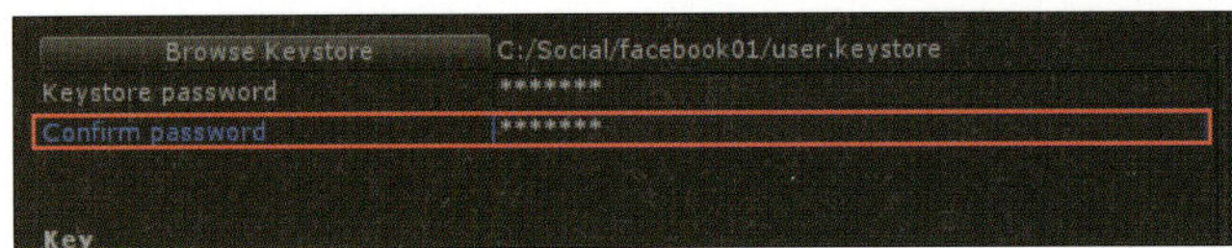

07 마지막으로 앱 정보를 등록해야 한다. 여러분의 신분증에도 주소가 있듯이 여러분의 앱에도 주소를 입력해준다고 생각하면 된다. Create a new key 를 클릭한다.

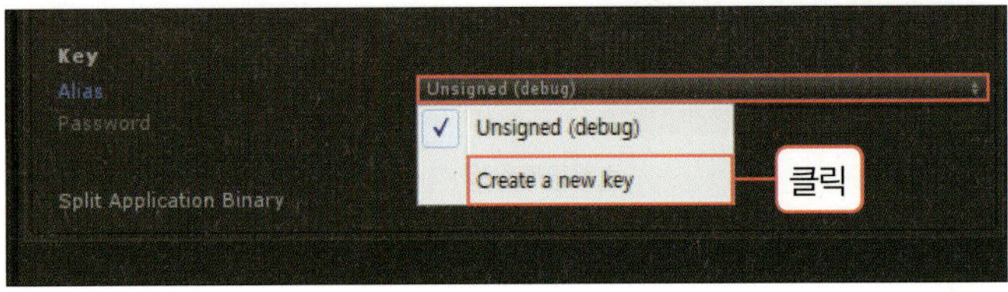

08 Alias의 별칭에 'testapp'을 입력한다. 이번에도 Password(비밀번호)를 'android'라고 입력한다. 'validity(years)'는 앱의 유효 기간이다. 나머지 부분은 굳이 입력하지 않아도 된다. alias의 별칭은 여러 개 만들 수 있다. 결국 처음 입력한 비밀번호는 user.keystore의 비밀번호이고, 지금 입력한 비밀번호는 testapp에 대한 비밀번호이다. 이처럼 하나의 키로 여러 개의 앱에서 사용할 수 있다.

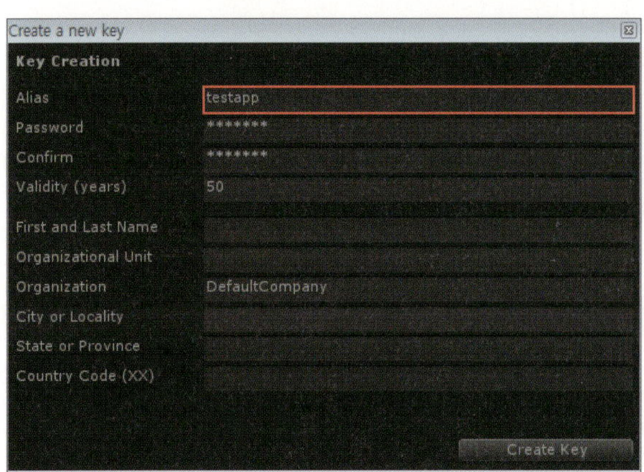

09 Alias에서는 여러분이 만든 'testapp'을 선택하고, Password(비밀번호)는 여러분이 입력한 'android'를 입력한다. 앞으로 항상 빌드를 할 때 다음 화면처럼 입력해야 한다. 키스토어 비밀번호를 입력하지 않으면 오류가 발생하고, 키스토어 없이 빌드하면 구글 플레이에 업로드할 수 없다. 그리고 해시 키는 키스토어를 통해 추출하기 때문에 해시 키가 없으면 페이스북 인증도 불가능하다. 유니티 5 3D를 종료하고 다시 시작하면 'Publishing Settings' 정보가 리셋되므로 다시 입력해야 한다.

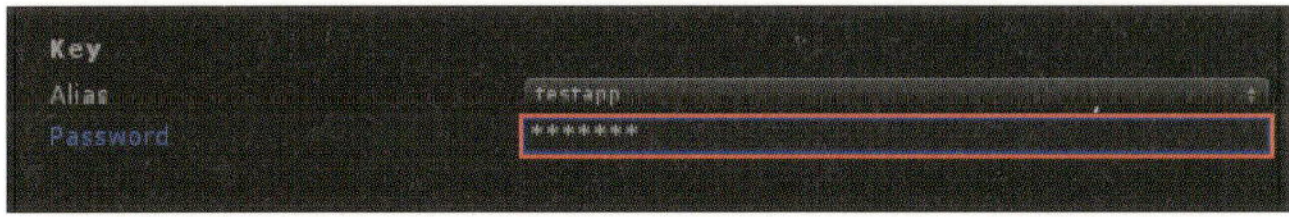

5.5 > 해시 키 추출

마지막으로 해시 키를 생성한 후 페이스북에 등록하고 클라이언트를 빌드한 후 실행하면 페이스북으로부터 정보를 얻어올 수 있다. 해시 키를 추출하는 이유는 해당 키스토어에 고유 코드를 페이스북에 등록하고 해당 키스토어가 빌드에 포함되면 앱의 페이스북 인증이 가능하기 때문이다.

추출하기 전에 'OpenSSL'이라는 프로그램이 하나 더 필요하다. SSL은 주로 웹 통신에 사용되는 프로토콜로, SSL의 오픈 소스 구현판이라 할 수 있다. C 언어로 만들어져 있으며, 안에는 다양한 암호화 기능 및 여러 가지 유틸리티가 존재한다. 해시 키는 암호화된 코드이기 때문에 OpenSSL을 이용하여 작업해야 한다.

1 윈도우용 OpenSSL 설치하기

다음 화면은 URL 주소이다. 'http://gnuwin32.sourceforge.net/packages/openssl.htm'로 검색하기가 힘들면 구글 사이트에서 'openssl sourceforge'라고 검색하면 좀 더 쉽게 찾을 수 있다.

01 윈도우용 OpenSSL을 설치하려면 해당 사이트에서 완전 패키지(Complete package)를 다운로드해야 한다.

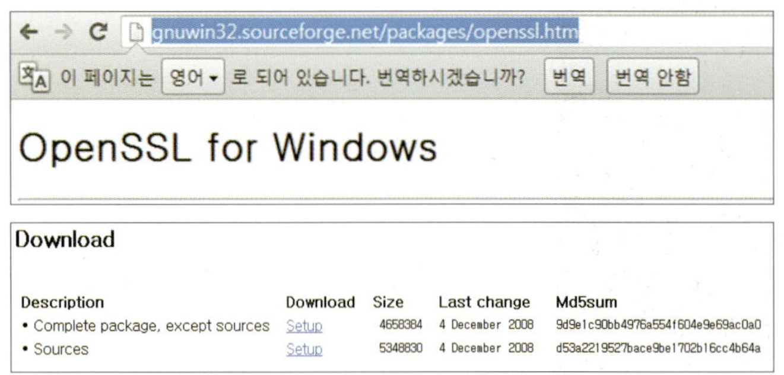

02 다음은 윈도우용 OpenSSL 설치 화면이다. Next > 버튼을 클릭하여 설치한다. 설치가 완료된 후 확인해보면 'C:\Program Files(x86)\GnuWin32'에 설치된 것을 확인할 수 있다.

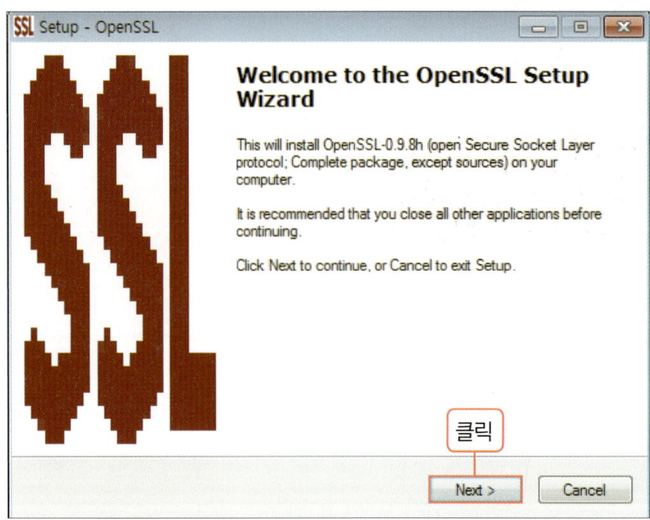

② 설정 작업

01 이번에는 설정 작업을 해야 한다. 윈도우 사용자라면 이미지로 이루어진 아이콘을 다루는 데 익숙해져 있을 것이다. 하지만 개발 환경은 단순히 실행만 되는 콘솔 프로그램으로 배포되는 경우가 많다. 그리고 이미지로 만들어진 프로그램이라고 하더라도 뒷단에는 콘솔용 프로그램을 이용하여 만든 프로그램이 많이 있다. 다음과 같이 윈도우 키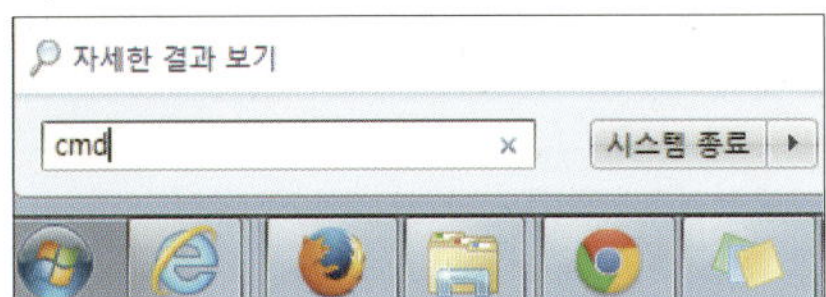를 누른 후 'cmd'를 입력하고 Enter를 누르면 콘솔 창이 나타난다.

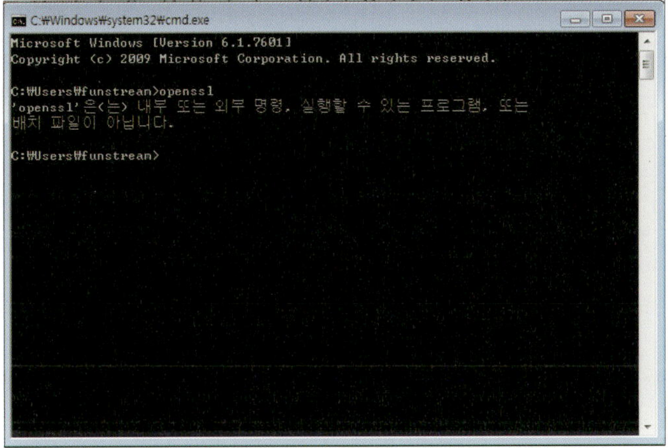

02 'openssl'을 입력한다. 이는 우리가 방금 설치한 openssl.exe 프로그램을 실행하는 것인데, 따로 설정하지 않았다면 작동되지 않을 것이다. 다음 화면을 보면 OpenSSL 프로그램이 'C:\Program Files(x86)\GnuWin32\bin'에 설치되어 있는 것을 알 수 있다. 당연히 cmd 실행 시의 기본 경로가 아니기 때문에 작동되지 않는 것이다.

03 콘솔 상태에서 이동하고 싶다면 경로가 어디이든 실행되도록 만들어 보자. 환경 변수라는 윈도우 기능을 이용하면 환경 변수는 Windows 환경에서 [제어판 – 시스템 보안 – 시스템 – 고급 시스템 설정 – 환경 변수 – 시스템 변수]를 통해 실행할 수 있다. 세미콜론(;)을 추가한 후 OpenSSL 경로가 있는 Path를 지정한다.

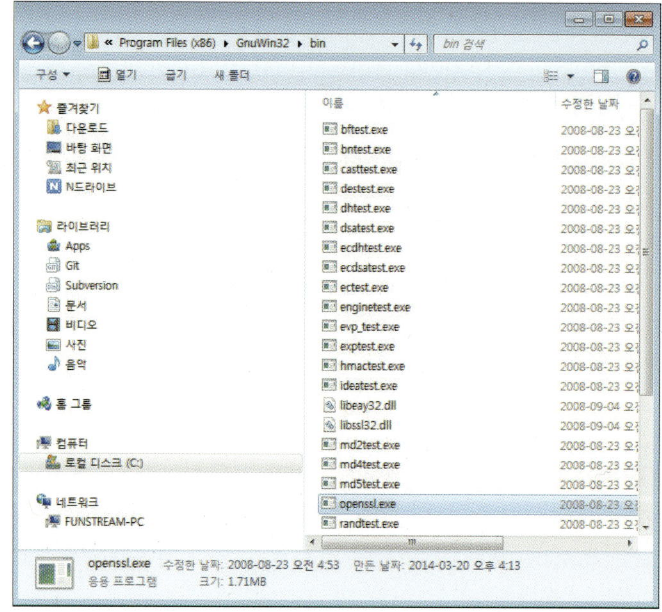

04 완료가 되었다면 기존의 모든 콘솔 창을 닫고 새롭게 실행 창에 'cmd'를 입력하여 창을 열어서 다시 'openssl'을 입력하도록 한다. 그러면 콘솔 모드에서 어디서든 OpenSSL 작동이 되는 것을 볼 수 있을 것이다. 작동한 모습을 확인했다면 exit 입력으로 종료할 수 있다.

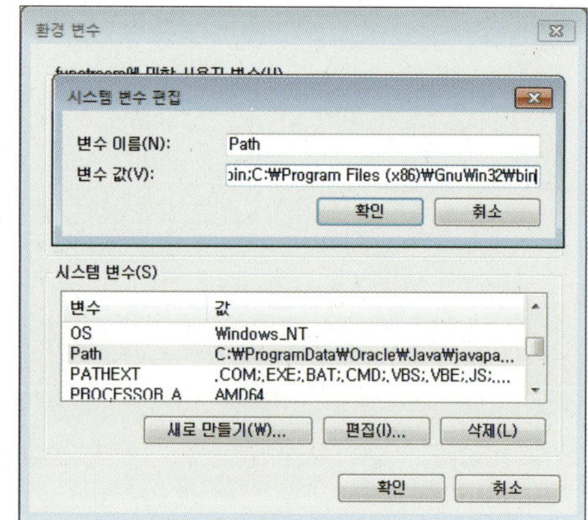

05 완료되면 기존의 모든 콘솔 창을 닫은 후 실행 창에 'cmd'를 입력하고 창을 연 다음, 다시 'openssl'을 입력한다. 그러면 콘솔 모드에서 어디서든 OpenSSL이 작동되는 것을 알 수 있을 것이다. 작동한 모습을 확인했다면 'exit'를 입력하여 종료한다.

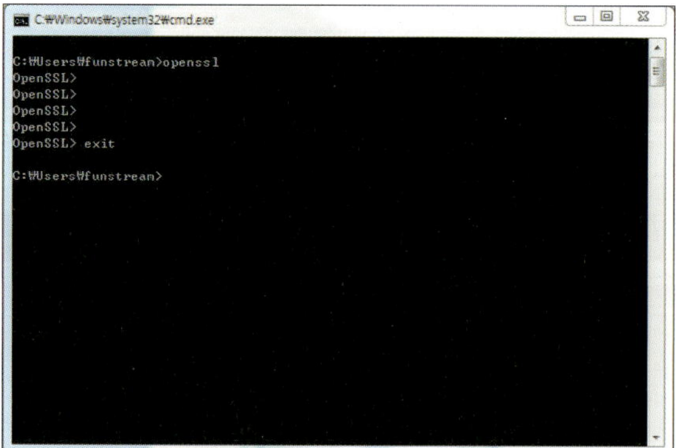

3 해시 키 발급

01 모든 준비가 끝났으므로 해시 키를 발급해보자. 이번에는 콘솔 창에서 입력할 명령어를 배치 파일로 만들 것이다. 배치 파일이란 콘솔 창에서 사용하는 명령어들을 일괄적으로 처리를 해주는 파일을 말한다. 메모장을 열고 다음과 같이 입력한다.

```
keytool -exportcert -alias androiddebugkey -keystore ~/.android/debug.keystore ¦
openssl sha1 -binary ¦ openssl base64
```

02 마지막에 pause 명령어를 입력한다. 이는 창이 닫히지 않도록 하는 배치 파일 스트립트이다.

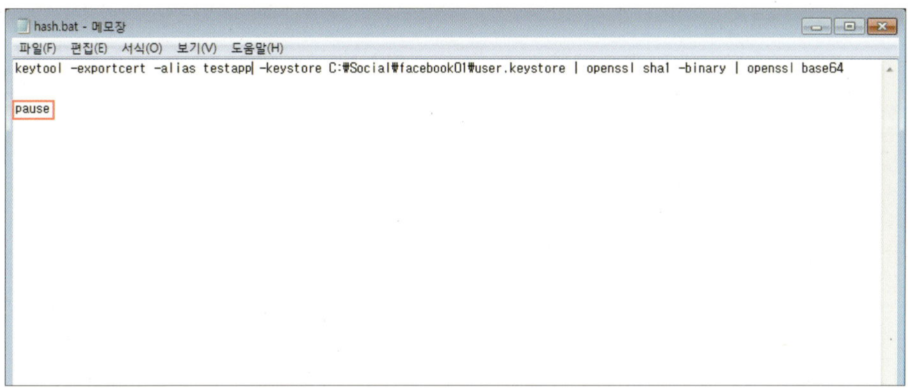

03 지금 입력한 내용은 디폴트 값이므로 수정을 해야 한다. 다음은 androiddebugkey 키스토어의 별칭 부분이다. 이 부분을 'testapp'으로 변경한다.

```
keytool -exportcert -alias testapp -keystore ~/.android/debug.keystore ¦ openssl
sha1 -binary ¦ openssl base64
```

04 이번에는 우리가 제작한 키스토어가 있는 경로를 지정해주어야 한다. 저자의 'user.Keystore' 파일은 'C:\Social\facebook01' 폴더에 있다.

```
keytool -exportcert -alias testapp -keystore C:\Social\facebook01\user.keystore ¦
openssl sha1 -binary ¦ openssl base64
```

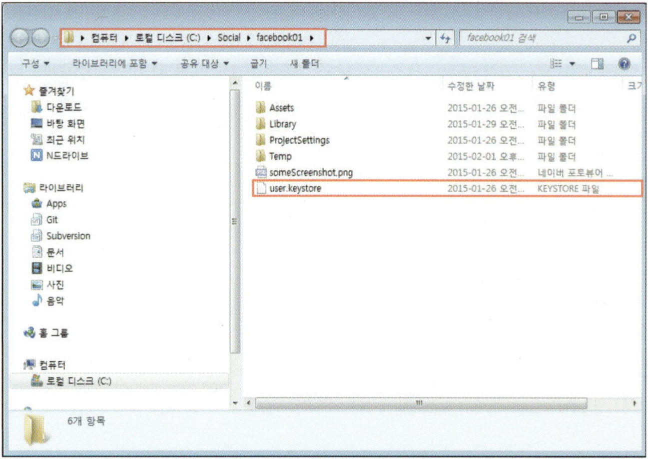

05 'hash.bat'라는 확장자 명으로 저장한다.

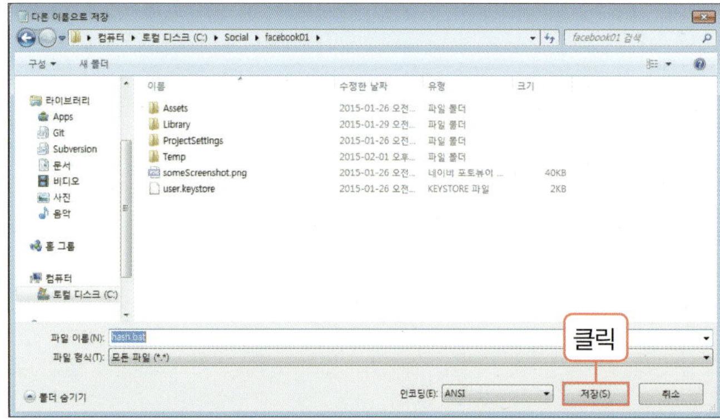

06 완료되었다면 배치 파일을 실행해보자. 다음 화면처럼 콘솔 창이 나타날 것이다.

```
C:\Social\facebook01>keytool -exportcert -alias testgame -keystore C:\Social\facebook01\user.keystore  | openssl sha1 -binary  | openssl base64
keystore 암호를 입력하십시오:
```

07 다음 화면처럼 '암호를 입력하십시오'라는 메시지가 나타나야 한다. 만약, 나타나지 않는다면 키스토어의 별칭 또는 경로 지정이 잘못된 것이다. 암호에는 우리가 키스토어에 지정한 암호 'android'를 입력한다.

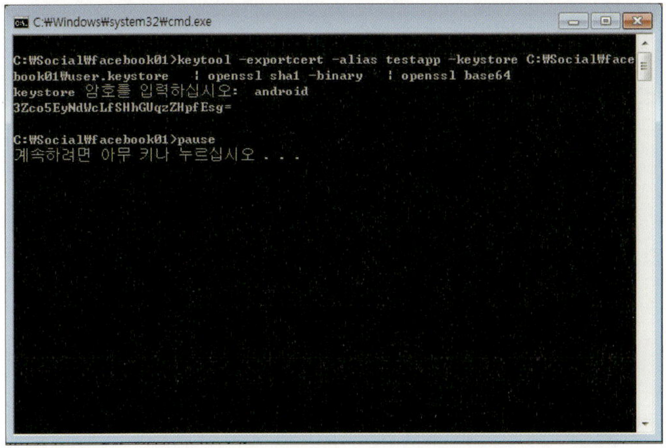

08 다음 화면처럼 암호를 입력하면 키가 나타난다. 이제 우리는 해시 키를 페이스북에 등록해야 한다.

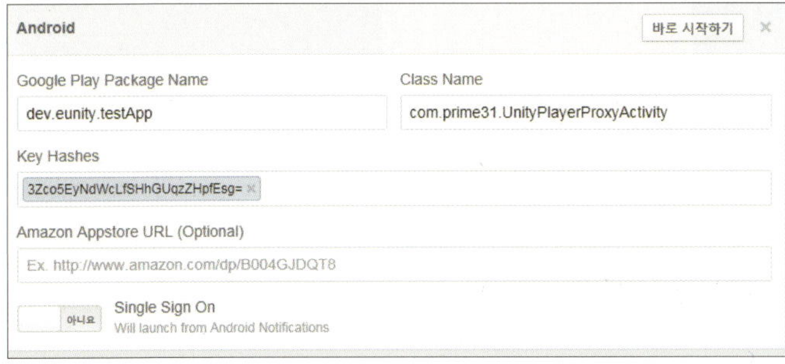

09 완료되었다면 저장한다. 마지막으로 해시 키가 비밀번호라면 이번에는 ID를 입력한다. 여러분이 페이스 북 계정을 만들었다면 위의 화면처럼 페이스북 앱 아이디를 확인할 수 있을 것이다.

5.6 > AndroidManifest 설정하기

이번에는 AndroidManifest에 페이스북 접속 시 필요한 ID를 입력할 것이다.

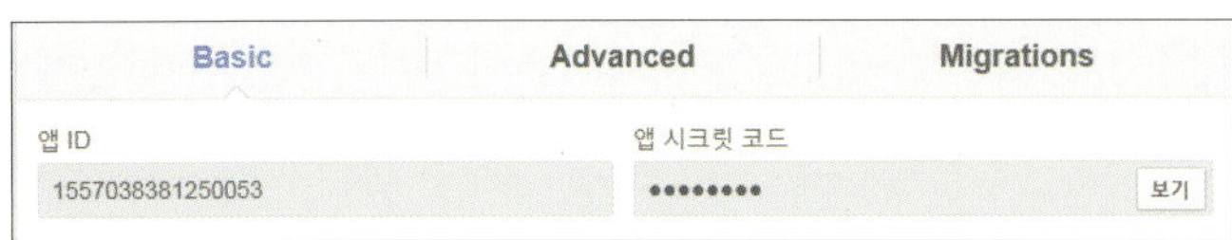

1557038381250053번을 AndroidManifest.xml 파일에 입력한다. AndroidManifest 파일은 안드로이드 어플이라면 무조건 작업해주어야 한다. 유니티 5 3D의 기본 기능으로 게임을 제작할 때는 사용자가 몰라도 개발이 가능했지만 여러분은 소셜 게임을 만들 것이므로 직접 사용해야 한다. 그러나 다행스럽게도 prime[31] 제품군들은 자동으로 AndroidManifest 파일을 만들어준다.

1 AndroidManifest 파일 만들기

소셜에 관련된 제품군을 사용한다면 특별히 AndroidManifest를 건드리지 않아도 된다. 좀 더 자세히 공부하려면 안드로이드 관련 서적을 참조하기 바란다.

01 프로젝트 뷰에 설치되어 있는 prime[31] 설치 피일을 확인한 후 Manifest 파일을 찾는다.

02 파일을 열고 다음 화면과 같이 앱 아이디를 입력한다. 이때 주의할 점은 앞쪽에 공백 하나를 넣어야 한다는 것이다.

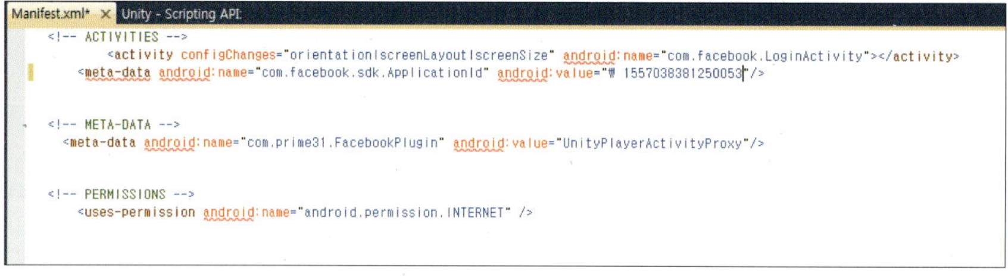

03 prime[31] 메뉴에서 Generate AndroidManifest.xml File... 을 클릭한다.

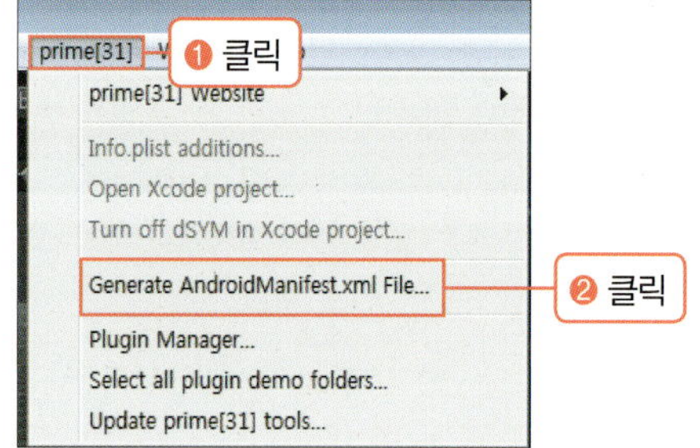

04 다음과 같이 AndroidManifest.xml 파일이 생성될 것이다.

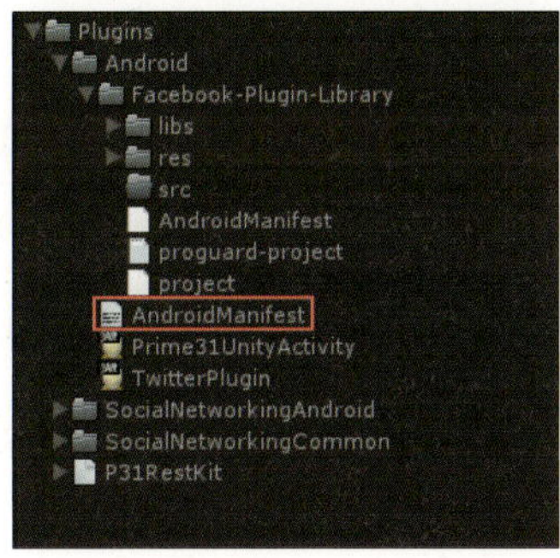

05 파일을 열어 보면 입력한 값이 AndroidManifest.xml 파일에 준비된 것을 확인할 수 있다.

```xml
<?xml version="1.0" encoding="utf-8"?>
<manifest
    xmlns:android="http://schemas.android.com/apk/res/android"
    package="com.unity3d.player"
 android:installLocation="preferExternal"
 android:theme="@android:style/Theme.NoTitleBar"
    android:versionCode="1"
    android:versionName="1.0">
    <supports-screens
        android:smallScreens="true"
        android:normalScreens="true"
        android:largeScreens="true"
        android:xlargeScreens="true"
        android:anyDensity="true"/>

    <application
    android:icon="@drawable/app_icon"
        android:label="@string/app_name"
        android:debuggable="true">
        <activity android:name="com.prime31.UnityPlayerNativeActivity" android:screenOrientation="portrait"
                android:label="@string/app_name">
            <intent-filter>
                <action android:name="android.intent.action.MAIN" />
                <category android:name="android.intent.category.LAUNCHER" />
                <category android:name="android.intent.category.LEANBACK_LAUNCHER" />
            </intent-filter>
            <meta-data android:name="unityplayer.UnityActivity" android:value="true" />
            <meta-data android:name="unityplayer.ForwardNativeEventsToDalvik" android:value="true" />
        </activity>

        <activity configChanges="orientation|screenLayout|screenSize" android:name="com.facebook.LoginActivity"></activity>
    <meta-data android:name="com.facebook.sdk.ApplicationId" android:value="\ 1557038381250053"/>

    <meta-data android:name="com.prime31.FacebookPlugin" android:value="UnityPlayerActivityProxy"/>
</application>

        <uses-permission android:name="android.permission.INTERNET"/>


</manifest>
```

우리가 이번에 테스트하고자 하는 것은 '접근 권한 설정'이다. 페이스북에서 나의 정보, 친구 정보를 얻으려면 권한 설정을 해야 한다.

1 페이스북에서 권한 설정하기

01 페이스북 개발자 지원 사이트(developers.facebook.com)에 접속하여 Graph API Explorer ▾ 메뉴를 선택한다.

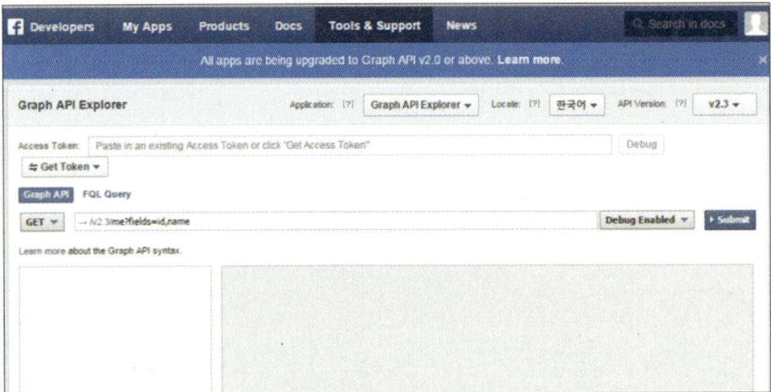

02 다음은 Graph API Exoplorer 페이지이다. Access Token 값에 "Paste in an existiong Access Token or click 'Get Access Token'"이라는 메시지가 나타날 것이다. 그 이유는 아직 Token(권한)이 없기 때문이다.

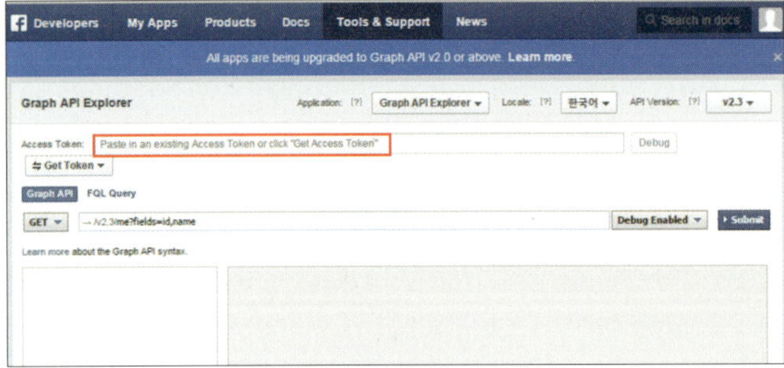

Tip

토큰(Token)이란?

예전에는 버스를 탈 때 토큰이라는 것이 필요했다. '토큰(Token)'은 여러 방면에서 통용되는 용어인데, 보통 IT 용어로는 '권한'이라고 생각하면 이해하기가 쉽다. 예를 들어 친구 정보를 얻어올 수 있는 권한 또는 친구의 출신 학교 정보를 얻어올 수 있는 권한 정도로 생각하면 된다.

03 다음 화면과 같이 앱을 지정해보도록 하자. 먼저 Application 팝업 리스트 메뉴에서 독자들이 만든 ShooterGame을 선택한다. 그 이유는 여러분이 만든 ShooterGame에 권한을 설정하기 위해서이다.

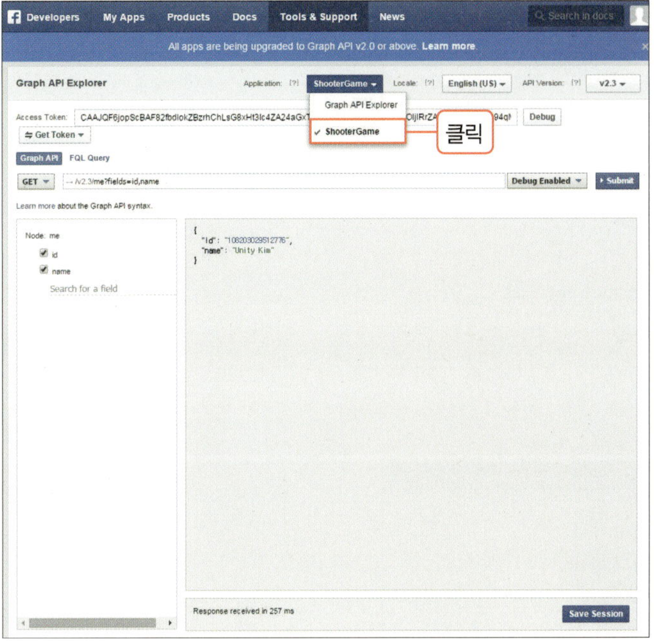

페이스북에서 우리는 다양한 정보를 얻어올 수 있다. 그러나 무조건 얻어올 수 있는 것은 아니다. 다음 작업을 통해 우리는 정보를 얻어올 수 있는 권한을 체크해야 하는데, 친구 정보 이메일 정보를 얻어올 수 있도록 하자.

04 Get Access Token 버튼을 클릭하면 다음과 같은 팝업 창이 나타난다.

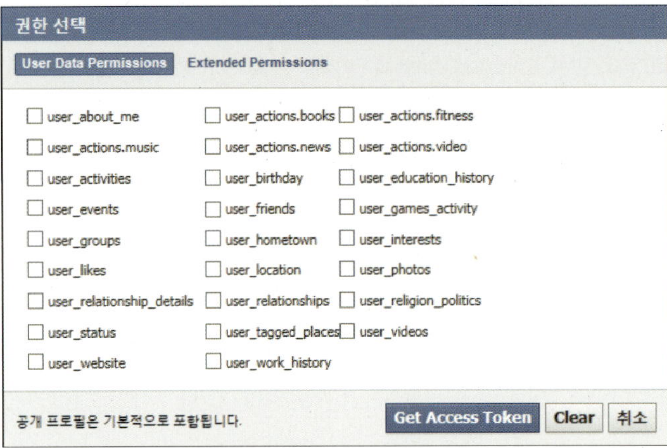

05 [user_friends]를 클릭한다.

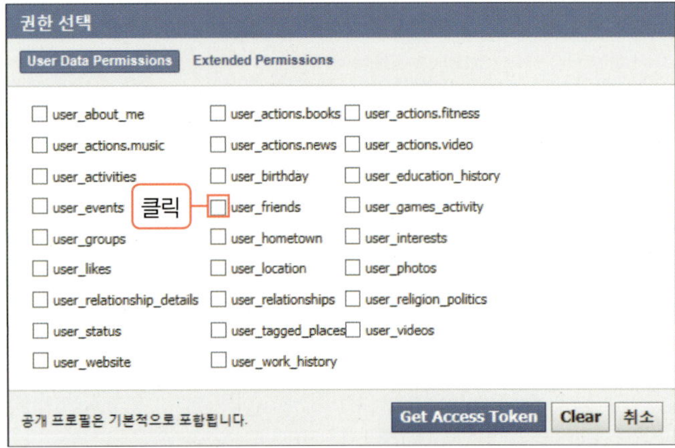

06 Extended Permissions 버튼을 클릭한 후 [email]을 클릭한다.

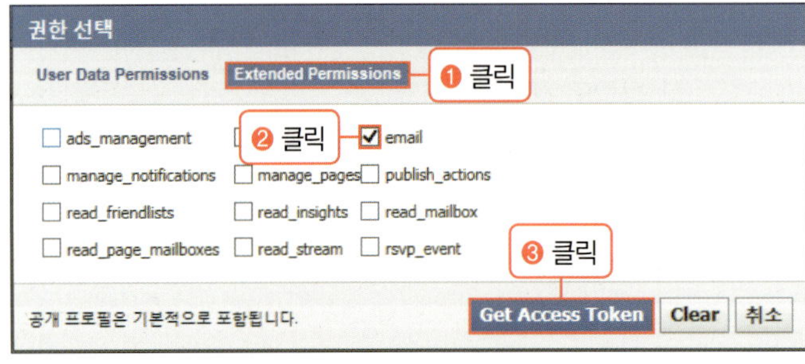

07 앞에서 **Get Access Token** 버튼을 클릭하면 다음 화면과 같은 팝업 창이 나타난다. **지금 시작** 버튼을 클릭한다.

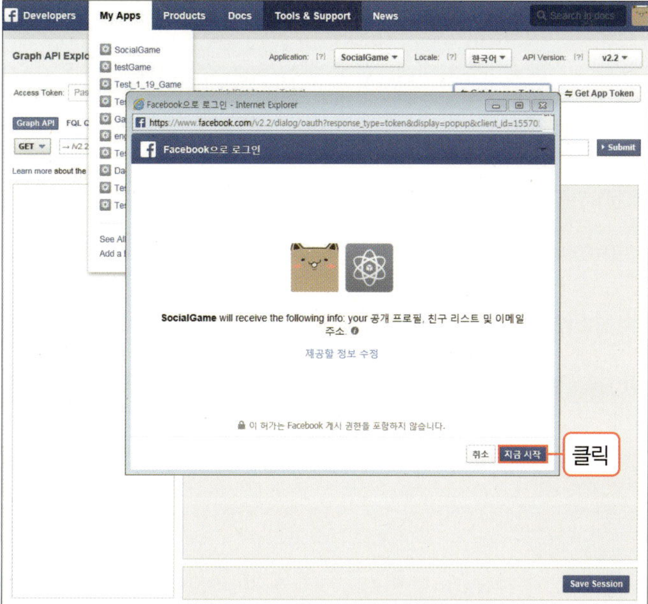

08 완료되면 Token 값이 설정된 것을 확인할 수 있다.

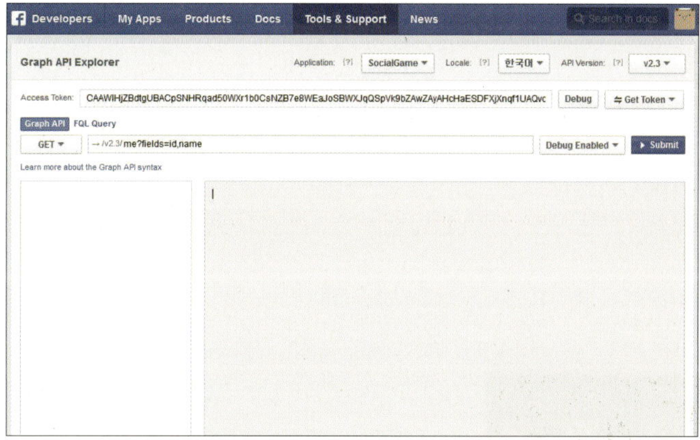

2 페이스북 소셜 기능용 프로토콜 기능, Open Graph API

이번에는 Open Graph API에 대해 알아보자. Open Graph API는 페이스북 소셜 기능에 필요한 프로토콜 기능을 한다. 우리가 사용하게 되는 기능은 나의 정보, 친구 리스트, 사진, 초대하기 등이다.

01 Open Graph API 테스트를 위해 'me'를 입력한다.

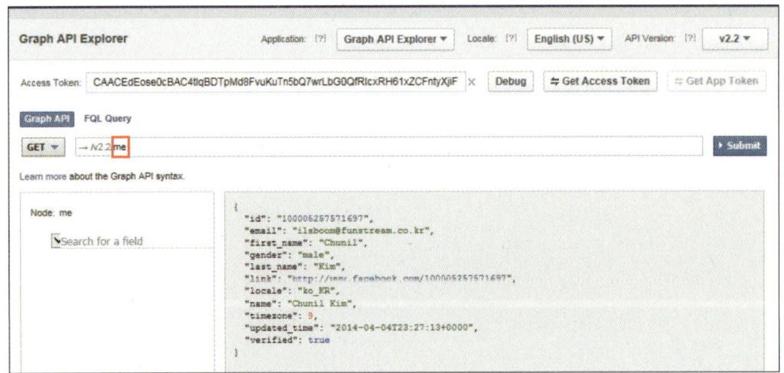

02 나의 정보가 출력되는 것을 확인할 수 있다. 다음 장에서는 출력되는 정보를 클라이언트에서 확인한다.

5.8 > 빌드 테스트

빌드 테스트를 하기 위해 블루스택을 실행한다. 일단 우리는 페이스북을 테스트하기 위해 페이스북 앱을 다운로드한다.

1 페이스북 앱 클라이언트 준비

01 🔍 버튼을 클릭한다.

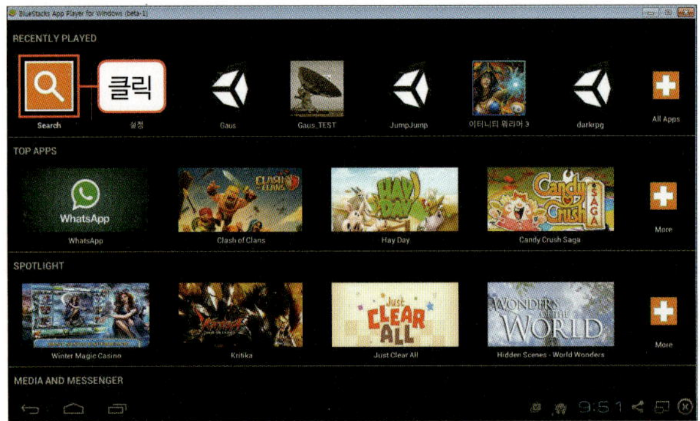

02 페이스북을 검색한다. 페이스북 모바일 프로그램을 설치하는 이유는 페이스북 모바일 프로그램이 있어야 정상적인 로그인이 가능하고, 요즘 페이스북을 모바일로 사용하는 일반 유저들이 사용하는 프로그램이기 때문이다. 검색이 완료되면 Facebook 아이콘 **f** 을 클릭하여 설치한다.

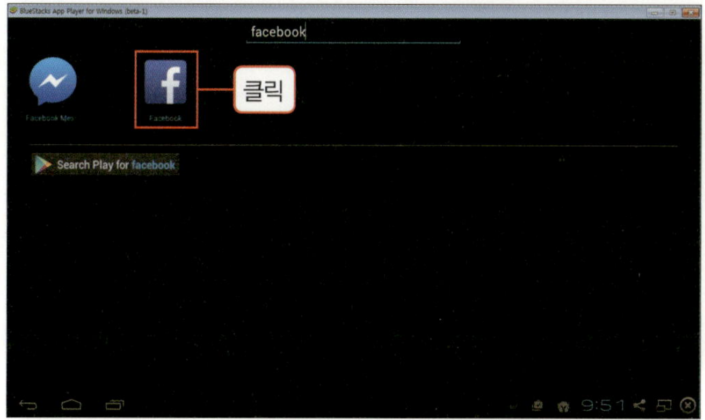

03 페이스북을 설치한다.

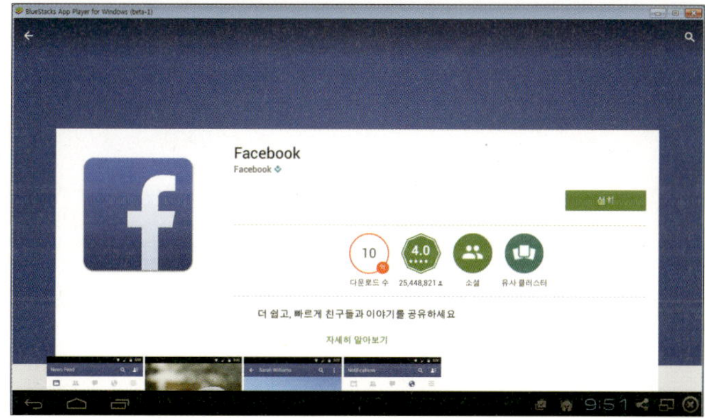

04 페이스북 앱을 설치하면 페이스북에 관련된 모든 앱의 로그인 정보를 해당 앱이 관리해준다. 우리가 앞으로 사용자 계정을 변경하거나 할 때 유용하기 때문에 설치하도록 한다.

01 페이스북 앱 클라이언트 준비 작업이 모두 끝났다. 이번에는 테스트를 해보자. 빌드를 할 때는 다음 화면과 같은 입력 작업이 필요하다.

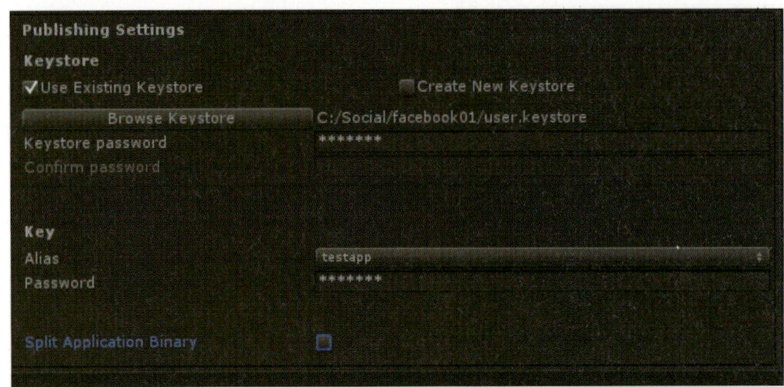

Tip

빌드(build)란?

'build'는 영어로 '짓다', '만들어내다', '커지다'라는 뜻이 있는데, 프로그램에서는 여러분이 만든 소스 코드를 일반 사용자(여러분이 만든 게임을 하는 유저)들에게 배포할 목적으로 만드는 작업이다. 안드로이드 운영체제는 apk, 아이폰은 ipa, 윈도우 실행 파일은 exe라는 확장자 명으로 저장된다.

02 완료되었다면 블루스택을 실행한 후 Build & Run 을 실행해보자. 이는 빌드와 동시에 단말기에서 실행하는 메뉴이다.

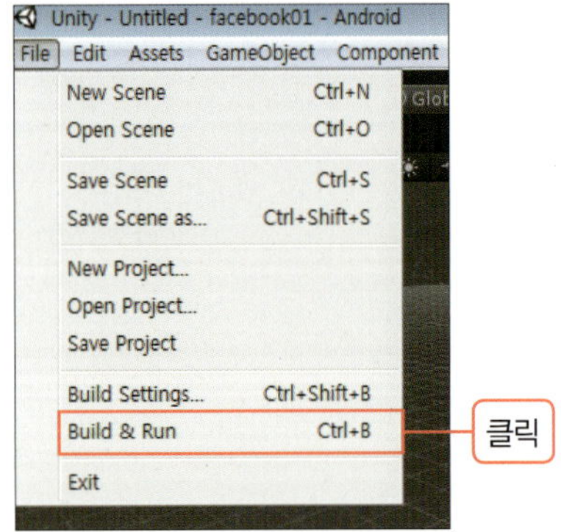

03 'test.apk'로 저장한다.

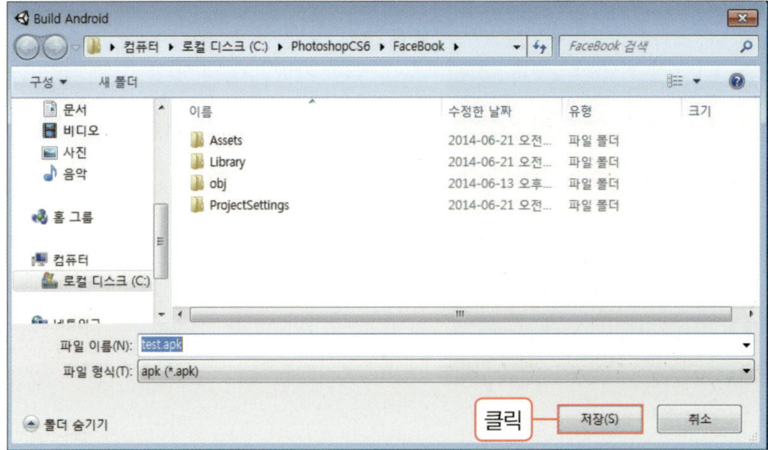

04 Build & Run 을 클릭하면 빌드를 완료해 'test.apk'로 저장한다. 그리고 블루스택에 여러분이 만든 프로그램이 실행된다.

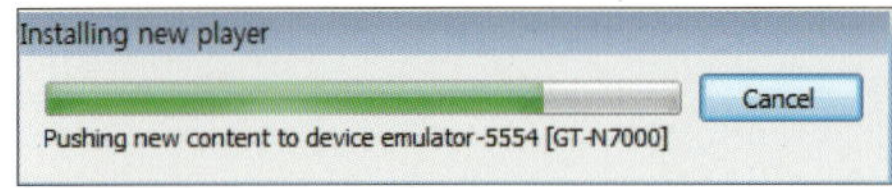

05 Login 버튼을 클릭한다.

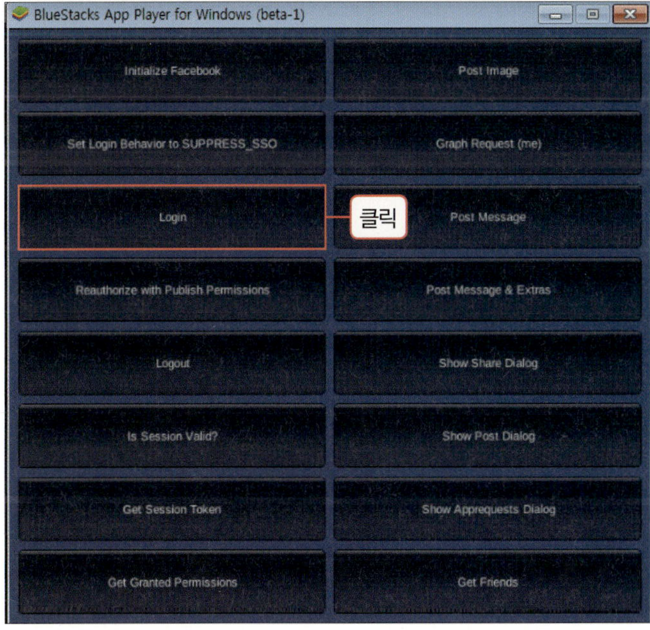

06 로그인한 적이 없다면 다음 화면이 나타난다. 계정을 만들었던 페이스북 계정을 입력한다. 만약, 다른 계정으로 로그인되었다면 로그아웃을 한 후에 다시 입력해야 한다. 로그아웃은 페이스북 앱에서 해야 한다.

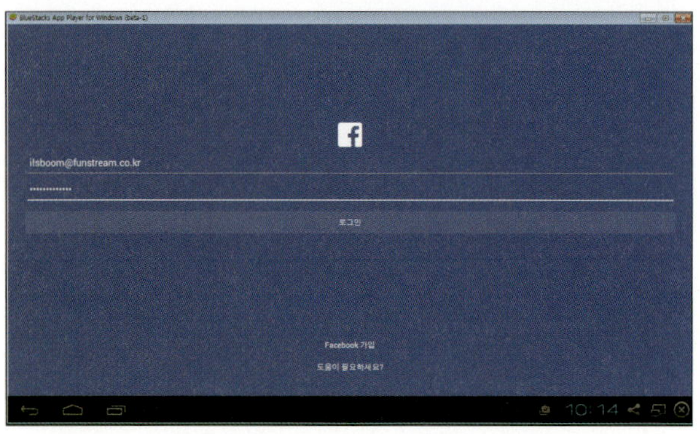

07 확인 버튼을 클릭한다.

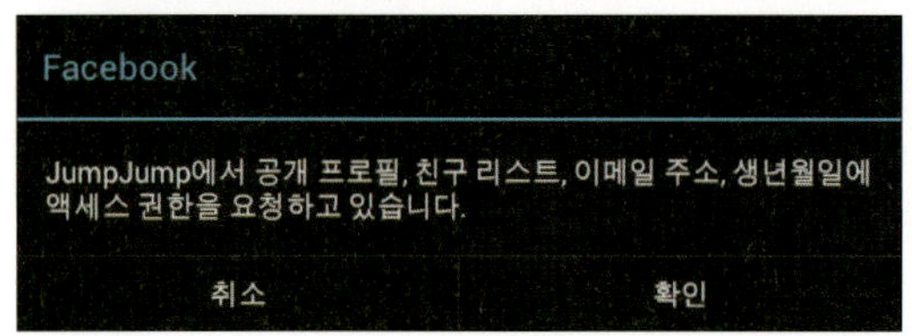

08 로그인에 성공했다면 나의 정보를 확인해본다. 먼저 저자가 출력해본 화면을 미리 살펴보도록 하자. 저자의 기본 정보가 출력되는 것을 확인할 수 있다. 중괄호 ({, }) 안에 사용자 정보가 포함되어 있다. 다음 화면과 같은 포맷을 'JSON[2]' 포맷이라고 한다.

```
C:\Windows\system32\cmd.exe - adb  logcat -s Unity
ager.cs:21)
I/Unity   ( 2680): Prime31.P31RestKit:processResponse(WWW, Action'2)
I/Unity   ( 2680): Prime31.<send>c__Iterator0:MoveNext()
I/Unity   ( 2680):
I/Unity   ( 2680): (Filename: C Line: 0)
I/Unity   ( 2680):
I/Unity   ( 2680): {
I/Unity   ( 2680):     "id": "365520990299817",
I/Unity   ( 2680):     "birthday": "12/16/1979",
I/Unity   ( 2680):     "email": "ilsboom@funstream.co.kr",
I/Unity   ( 2680):     "first_name": "Chunil",
I/Unity   ( 2680):     "gender": "male",
I/Unity   ( 2680):     "last_name": "Kim",
I/Unity   ( 2680):     "link": "https://www.facebook.com/app_scoped_user_id/365
520990299817/",
I/Unity   ( 2680):     "locale": "ko_KR",
I/Unity   ( 2680):     "name": "Chunil Kim",
I/Unity   ( 2680):     "timezone": 9,
I/Unity   ( 2680):     "updated_time": "2014-04-04T23:27:13+0000",
I/Unity   ( 2680):     "verified": true
I/Unity   ( 2680): }
I/Unity   ( 2680): UnityEngine.Debug:Internal_Log(Int32, String, Object)
I/Unity   ( 2680): UnityEngine.Debug:Log(Object)
I/Unity   ( 2680): Prime31.Utils:prettyPrintJson(String)
I/Unity   ( 2680): Prime31.Utils:logObject(Object)
```

[2] JSON은 'JavaScript Obejct Notation'의 약자로, 인터넷에서 자료를 주고받을 때 그 자료를 표현하는 방법이다. 자료의 종류에는 큰 제한이 없으며 특히 컴퓨터 프로그램의 변수값을 표현하는 데 적합하다. 그 형식은 자바 스크립트의 구문 형식을 따르지만, 프로그래밍 언어나 플랫폼에 독립적이므로 C, C++, C#, 자바스크립트, 펄, 파이썬 등 많은 언어에서 이용할 수 있다.

기존 유니티 5 3D 개발자라면 **Debug.Log( )**, **print( )** 함수와 유니티 5 3D 콘솔 창에서 debug.
log를 실행시켜 디버깅하는 유저들이 많을 것이다. 하지만 빌드를 하면 더 이상 확인할 수 없다.
빌드가 되어버렸기 때문이다. 이때 사용하는 프로그램이 adb.exe 실행 파일이다.

🟧 adb.exe 실행하기

01 adb.exe 실행 파일은 윈도우 콘솔 창을 통해 사용할 수 있다. 이미 프로그램은 설치되어 있다. 여러분은
다운로드한 Android SDK 경로를 유니티 5 3D에 세팅했을 것이다.

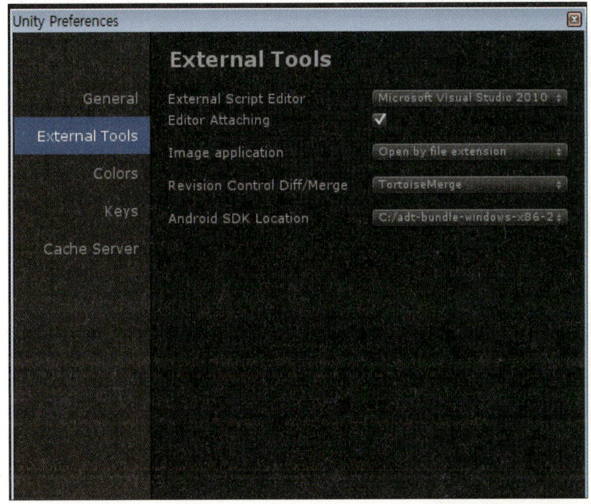

02 저자의 Android SDK 경로는 'C:\adt-bundle-windows-x86-20131030\sdk'이다. 폴더 안을 확인한 후
'C:\adt - bundle - windows - x86 - 20131030\sdk\platform-tools'로 들어가도록 하겠다. 여러분은 '설치
경로\platform - tools'일 것이다.

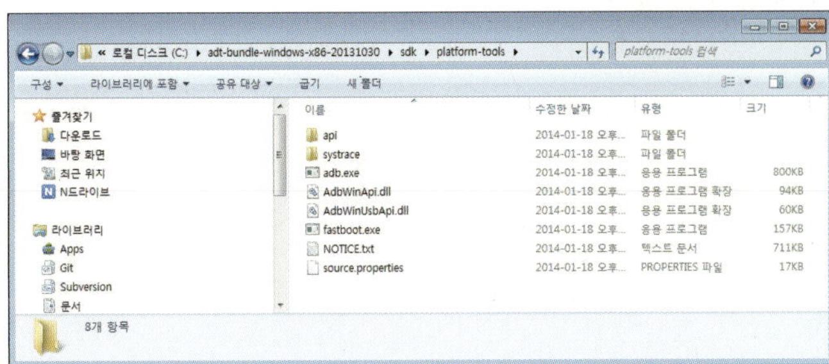

03 경로가 확인되었다면, 다음 화면처럼 adb가 어디에서든지 실행되도록 하기 위해 OpenSSL 환경 변수 세팅처럼 경로를 지정한다(앞에서 환경 변수 세팅을 했기 때문에 설명은 생략한다).

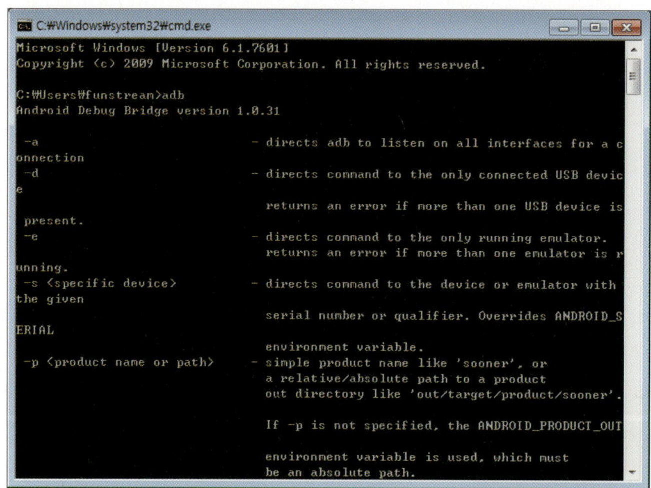

04 윈도우 콘솔 창에 'adb logcat −s Unity'라고 입력하면 다음 화면과 같이 현재 단말기가 실행되면서 출력하는 메시지를 확인할 수 있을 것이다. 우리는 이 창을 유니티 5 3D 콘솔 창처럼 이용하면서 디버깅한다.

05 logcat 명령어도 자주 사용되기 때문에 메모장을 이용하여 배치 파일을 만들도록 하자. 저자는 log.bat 파일로 제작했다.

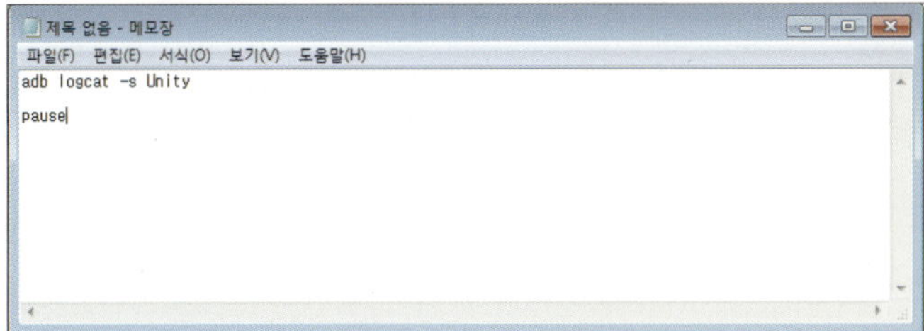

2 개인 정보 출력하기

01 이제 여러분의 정보를 출력해보자. 윈도우용 블루스택 앱에서 Graph Request (me) 버튼을 클릭한다.

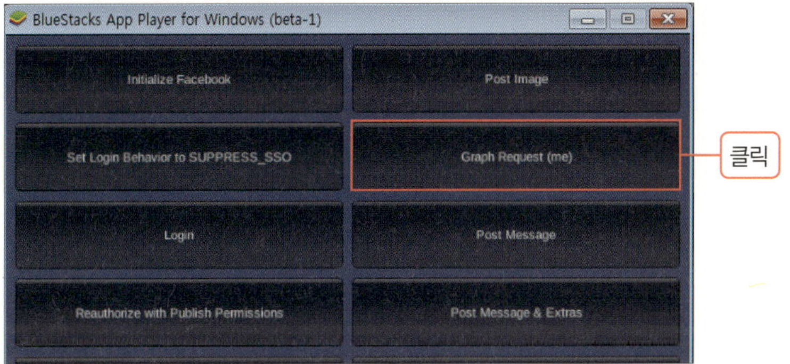

02 콘솔 창을 확인한다.

```
C:\Windows\system32\cmd.exe - adb  logcat -s Unity
ager.cs:21)
I/Unity   ( 2680): Prime31.P31RestKit:processResponse(WWW, Action`2)
I/Unity   ( 2680): Prime31.<send>c__Iterator0:MoveNext()
I/Unity   ( 2680):
I/Unity   ( 2680): (Filename: C Line: 0)
I/Unity   ( 2680):
I/Unity   ( 2680): {
I/Unity   ( 2680):     "id": "365520990299817",
I/Unity   ( 2680):     "birthday": "12/16/1979",
I/Unity   ( 2680):     "email": "ilsboom@funstream.co.kr",
I/Unity   ( 2680):     "first_name": "Chunil",
I/Unity   ( 2680):     "gender": "male",
I/Unity   ( 2680):     "last_name": "Kim",
I/Unity   ( 2680):     "link": "https://www.facebook.com/app_scoped_user_id/365
520990299817/",
I/Unity   ( 2680):     "locale": "ko_KR",
I/Unity   ( 2680):     "name": "Chunil Kim",
I/Unity   ( 2680):     "timezone": 9,
I/Unity   ( 2680):     "updated_time": "2014-04-04T23:27:13+0000",
I/Unity   ( 2680):     "verified": true
I/Unity   ( 2680): }
I/Unity   ( 2680): UnityEngine.Debug:Internal_Log(Int32, String, Object)
I/Unity   ( 2680): UnityEngine.Debug:Log(Object)
I/Unity   ( 2680): Prime31.Utils:prettyPrintJson(String)
I/Unity   ( 2680): Prime31.Utils:logObject(Object)
```

이제 여러분의 정보뿐만 아니라 친구 정보까지 페이스북으로 요청하여 작업을 진행할 것이다.

로딩 제작

앞 장에서 우리는 페이스북 연동에 대해 알아보고 실제 나의 정보도 출력해보았다. 이번 장에서는 친구 정보를 얻어오는 방법과 이 정보를 실제 게임에 사용할 수 있는 로딩 기능에 대해 알아본다.

이번 장에서는 NGUI 에셋(Asset)을 이용하여 유저 인터페이스(UI)를 구성해본다. 이미지 자료는 성안당 자료실(www.cyber.co.kr) 또는 저자가 운영하는 게임사 펀스트림 홈페이지(http://funstream.co.kr)의 books에 있는 ui.zip을 다운로드하면 된다. 그리고 NGUI는 에셋스토어를 통해 다운로드할 수 있다. 실제 기존 유니티 5 3D는 OnGUI를 이용하여 UI 기능을 제공했다. 속도와 기능적인 면 때문에 실제 많은 프로젝트가 NGUI를 이용하여 작업을 진행한다. 무료 버전은 타샤렌 엔터테인먼트(Tasharen Entertainment) 공식 홈페이지(http://www.tasharen.com)를 통해 다운로드할 수 있다. 무료 버전으로는 2.7.0 버전을 제공한다.

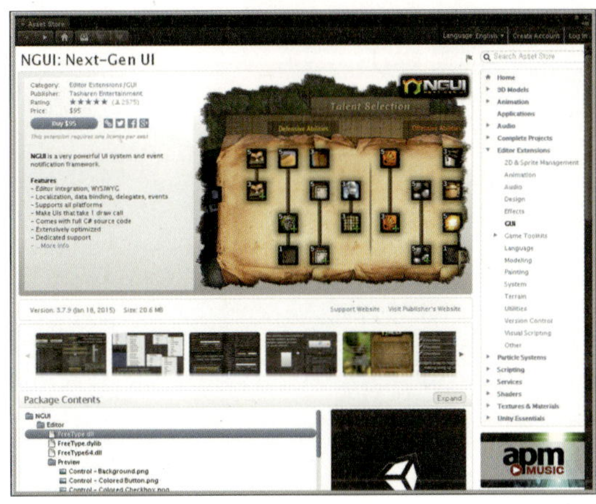

1 아틀라스 작업 화면 만들기

01 에셋스토어를 통해 설치를 완료하면 프로젝트에 NGUI 폴더가 생성된다.

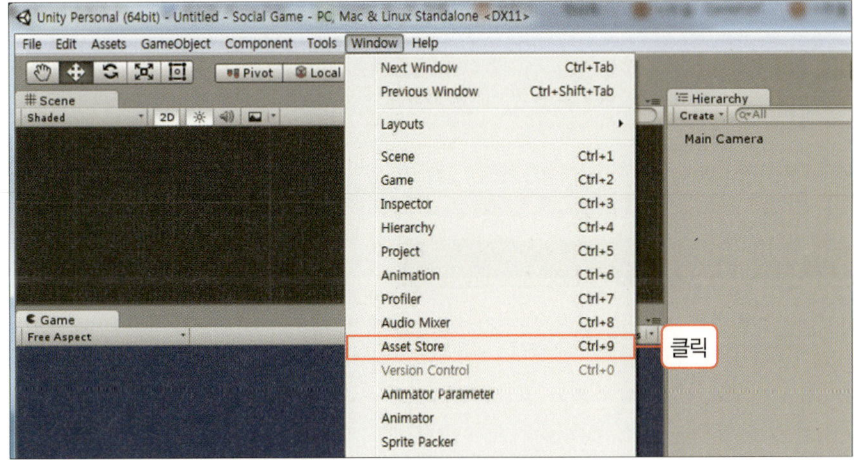

02 NGUI를 검색한다.

03 유니티 5 3D를 종료했다가 다시 시작하면 상단에 NGUI 메뉴가 생긴 것을 확인할 수 있다. 에셋스토어를 통해 설치하지 않으면 여러분의 프로젝트 콘솔 창에 오류 메시지가 나타나면서 설치가 되지 않을 것이다. 이 문제를 우선 해결한 후에 다시 설치해야 한다. 이 밖에 유니티 5 3D 프로젝트가 실행되어 있어도 설치를 할 수 없다.

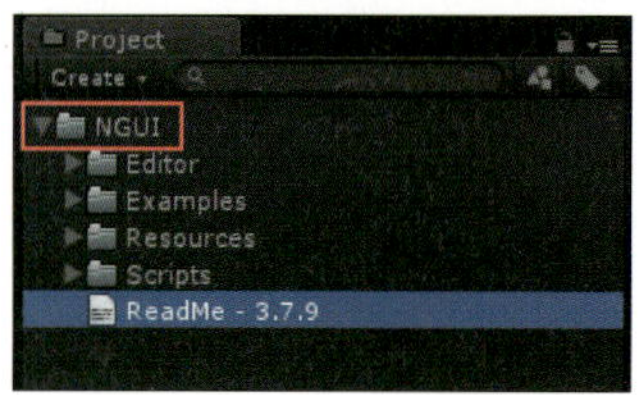

04 유니티 5 3D를 종료했다가 다시 시작하면 상단에 NGUI 메뉴가 생긴 것을 확인할 수 있다.

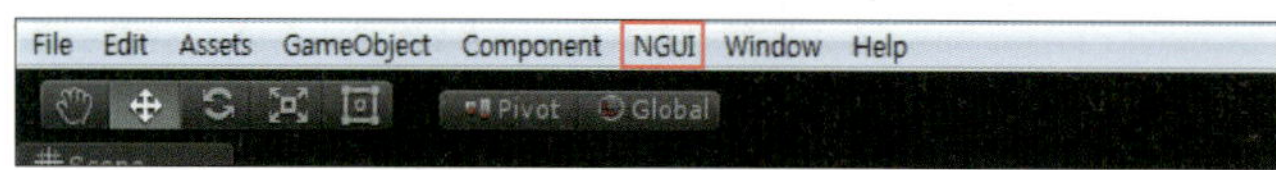

05 에러가 발생하면 설치가 불가능하다.

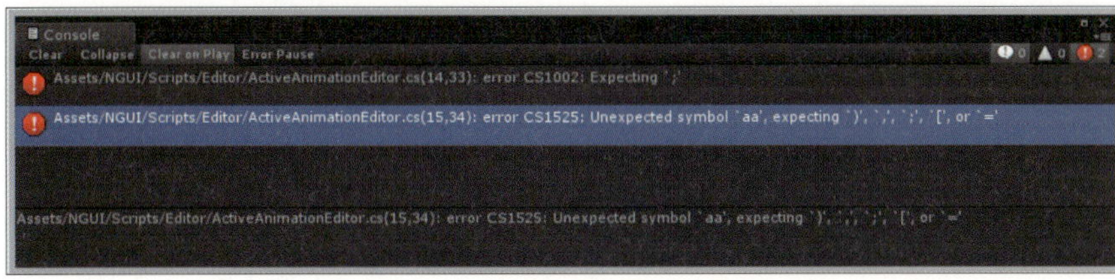

06 홈페이지에서 다운로드한 ui.zip 파일의 압축을 풀어 프로젝트에 추가한다. 다음 화면과 같이 이미지를 추가하면 된다.

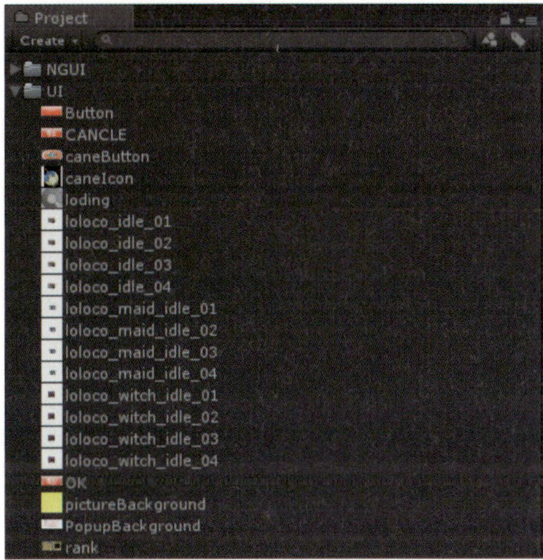

07 유니티 5 3D의 NGUI 메뉴를 이용하여 이미지를 출력하려면 아틀라스(Atlas) 작업을 해야 한다. 아틀라스 작업이란, 나뉘어진 이미지를 하나로 합치는 것을 말한다. 다음은 아틀라스 작업 화면이다.

② 아틀라스 작업 시작하기

01 NGUI – Open – Atlas Maker 를 선택하여 아틀라스 메이커를 실행한다. 다음은 아틀라스 메이커 메뉴이다.

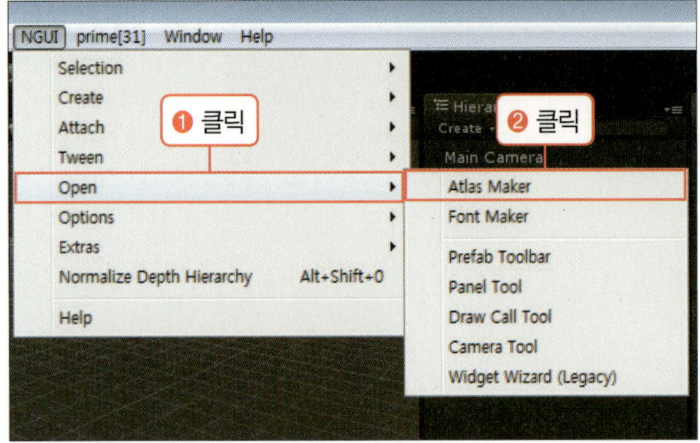

02 다음은 아틀라스 메이커의 실행 화면이다.

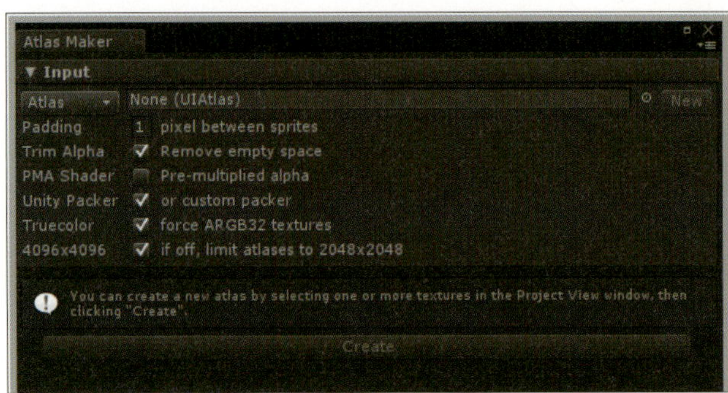

03 프로젝트 뷰에 있는 낱장으로 된 이미지를 선택한다. 아틀라스 메이커에 이미지 리스트가 추가되는 것을 확인할 수 있다.

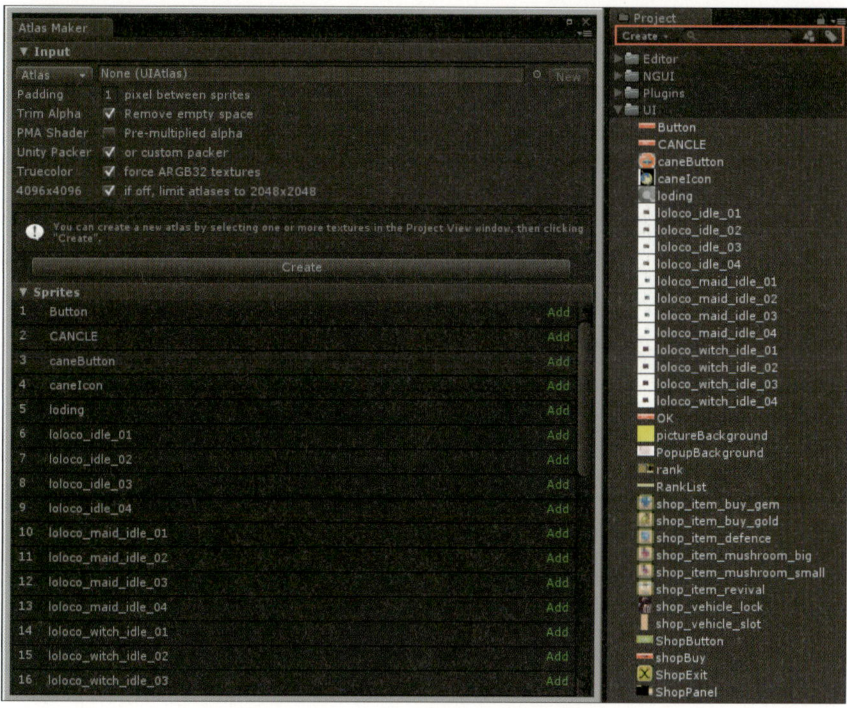

04 아틀라스 메이커에 이미지 리스트가 추가되면 Create 버튼을 클릭한 후 UI.prefab라는 파일명으로 저장한다.

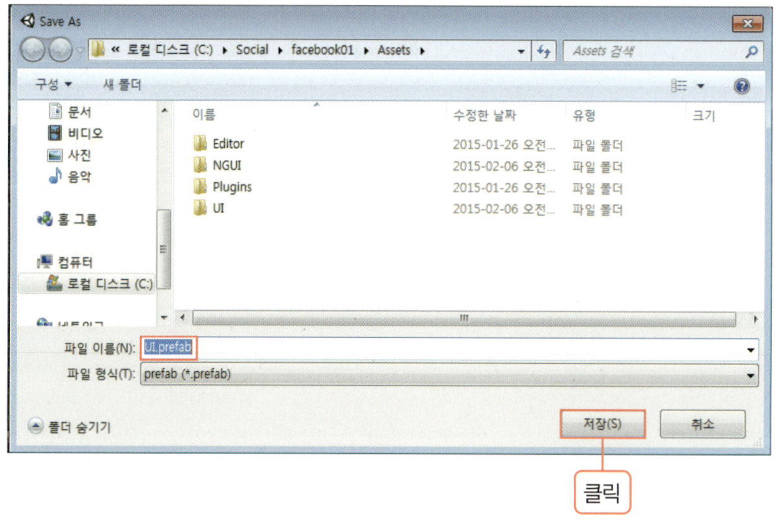

05 다음 화면처럼 이미지가 아틀라스 작업이 되는 것을 확인할 수 있다.

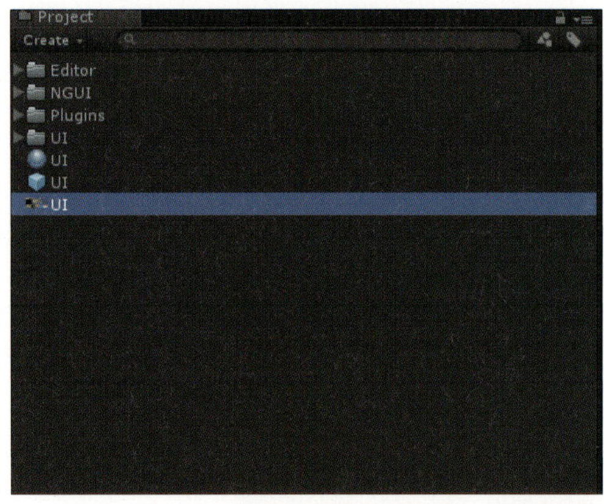

머티리얼, 프리팹, 이미지가 추가로 생성되면 아틀라스 작업이 완료된 것이다.

6.2 › UI 구성

아틀라스 작업이 완료되었기 때문에 지금부터 NGUI 메뉴를 이용하여 이미지 작업을 진행할 것이다. 먼저 NGUI를 작업하려면 유니티 5 3D에서 제공하는 기본 게임 오브젝트를 생성해야 한다.

1 게임 오브젝트 생성하기

01 UIRoot를 만들도록 한다. [NUGI] 메뉴에서 Create − 2D UI 를 클릭한다.

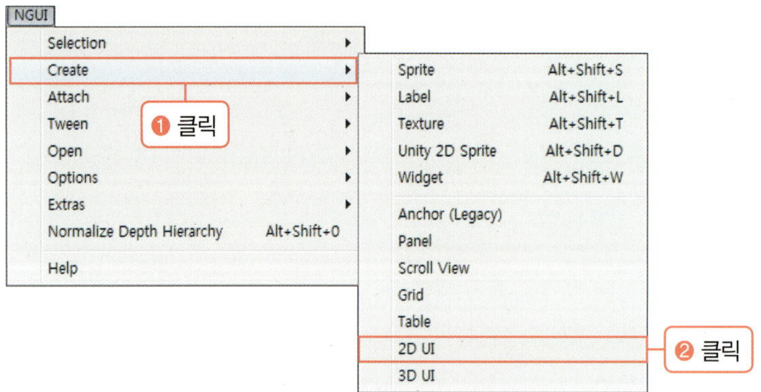

02 2D UI가 실행되면서 다음 화면과 같이 게임 오브젝트가 생성된다.

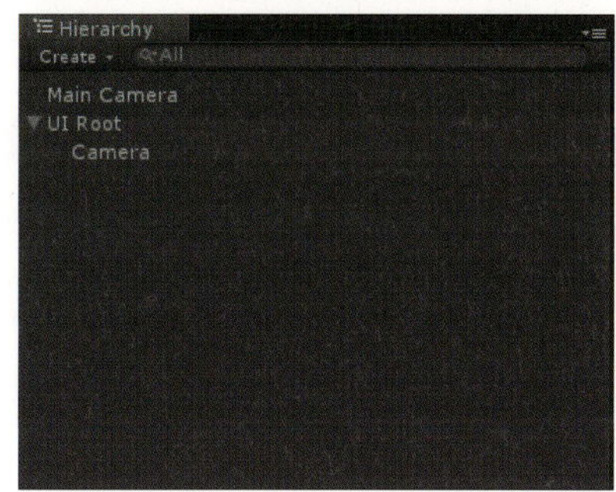

03 우선 이미지 하나를 출력한다. Camera 자식으로 이미지를 붙이기 위해 Camera를 선택한 후 다음 화면과 같이 메뉴를 찾는다. NGUI - Create - Sprite 를 클릭한다.

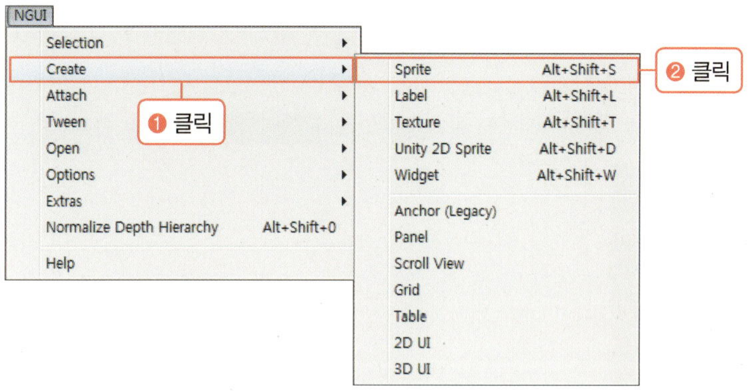

04 이미지가 추가된다.

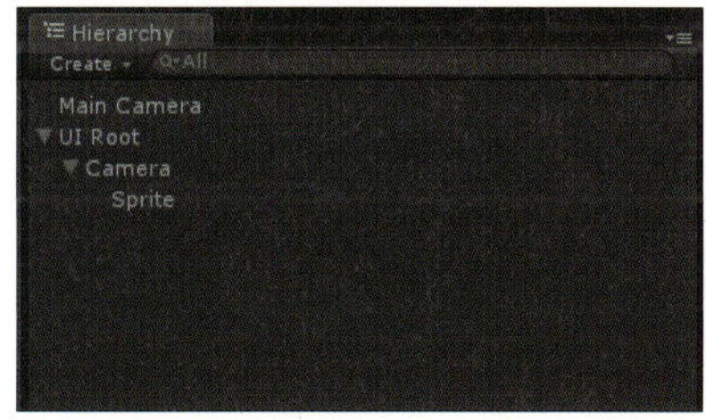

05 씬 뷰에 출력된 이미지는 다음과 같다.

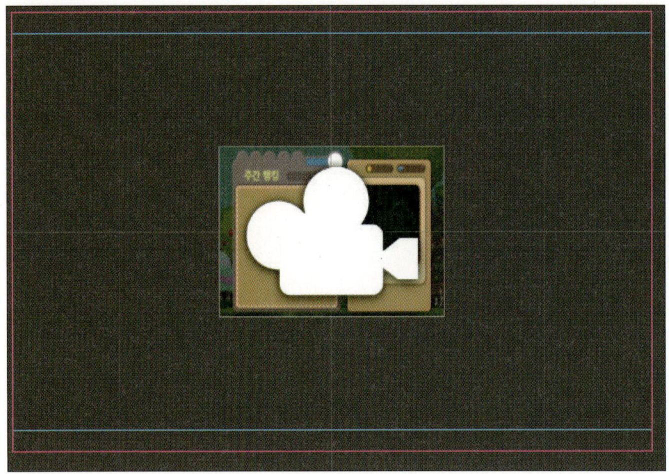

06 이미지가 출력되기는 하지만 저자와 다른 이미지일 수 있다. 최초 이미지는 랜덤으로 출력한다. 이미지를 직접 선택하기 위해 방금 만든 Sprite 게임 오브젝트를 선택한 후 인스펙터의 Sprite 버튼을 클릭한다.

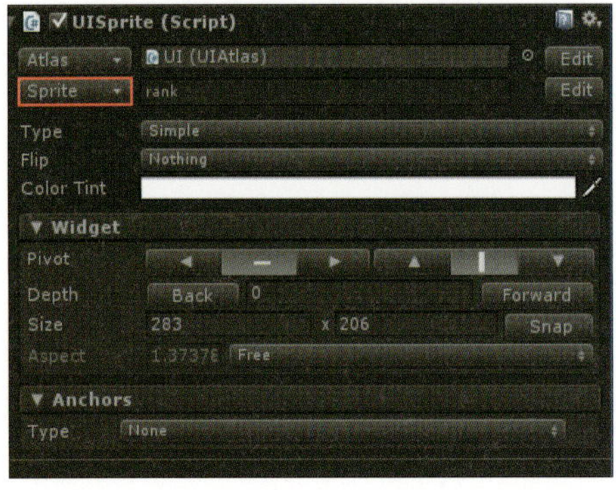

07 [Sprite] 버튼을 클릭하면 이미지를 선택할 수 있는 팝업 창이 나타난다.

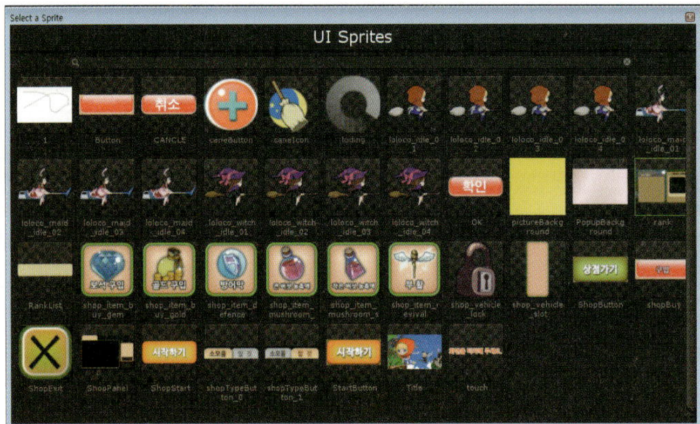

08 rank 이미지를 선택한다. 그런 다음 방금 만든 Sprite 게임 오브젝트를 선택하고 인스펙터 창의 Sprite ▼ rank 버튼을 확인한다.

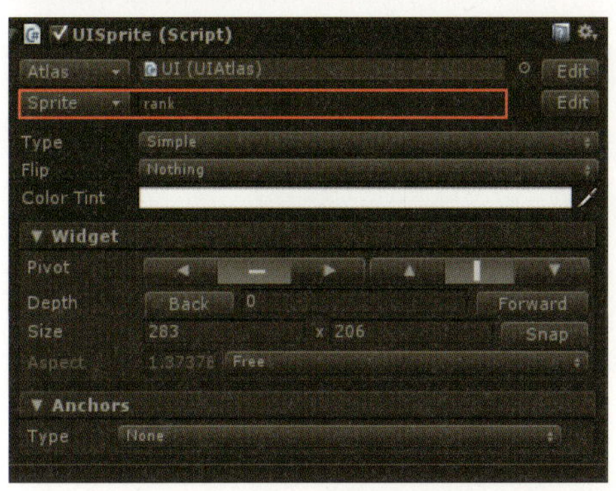

09 여기서는 배경 이미지를 800×480으로 준비했다. 하지만 Size를 보면 283×206으로 되어 있을 것이다. 오른쪽의 Snap 버튼을 클릭하면 정상적인 이미지 사이즈로 변경된다.

2 해상도 설정하기

이번에는 해상도를 설정해보자. 우선 UI Root 게임 오브젝트가 생성된 것을 확인한다. UI Root 가 생성된 이유는 해상도를 맞추기 위해서이다. 앞에서 카메라 해상도를 맞추기 위해 2D Camera Size를 직접 조절했는데, NGUI는 이를 좀 더 쉽게 작업할 수 있도록 지원해준다.

01 UIRoot 게임 오브젝트를 클릭한 후 해상도 800×480을 다양하게 사용하기 위해 다음 화면에서 'Constrained On Mobiles'를 선택한다. 우리는 기본 해상도를 800×480으로 설정할 것이다. 다음 화면과 같이 입력한 후 Fit 부분을 선택한다.

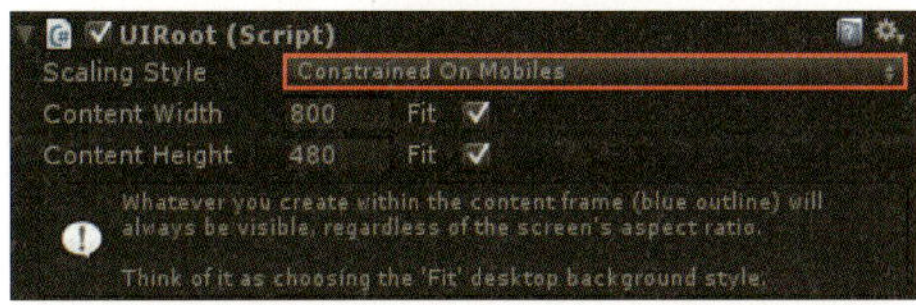

02 다음 화면과 같이 해상도별로 미리 보도록 한다. 800×480 화면에 맞게 출력된다.

03 960×640은 화면의 위아래 부분에 약간의 공백이 생긴다.

04 2개 해상도의 결과가 다른 이유는 이미지의 가로 세로 비율값이 다르기 때문이다. 해상도를 다양하게 다루는 방법은 여러 가지가 있다. 위와 같은 방식으로 다음 화면과 같이 구성한다.

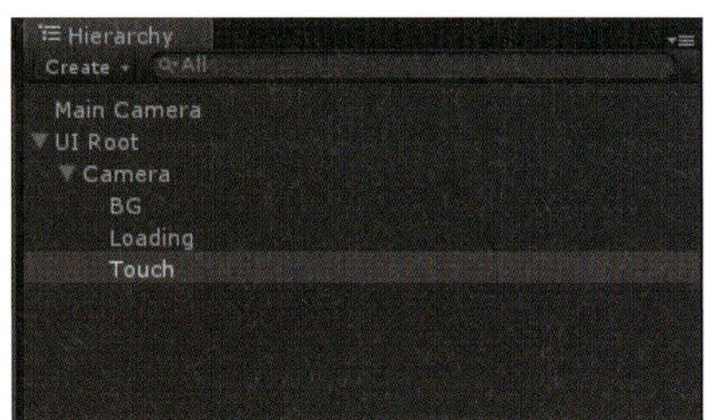

⑧ 스크립트 준비하기

01 UI 준비가 끝나면 로딩 작업을 할 수 있도록 스크립트를 준비해야 한다. [Source] 폴더를 만든 후 'TitlePlay.cs'라는 이름으로 스크립트를 만들어 보자.

02 게임이 실행되면 최초의 Loading 이미지를 회전시킨다. 회전되는 동안 페이스북을 통해 나의 정보와 친구 정보를 얻어오도록 한다. 완료되면 "Touch(화면을 터치해주세요)"를 출력하고, 터치를 하면 다른 페이지로 이동하도록 한다.

03 TitlePlay.cs를 실행한다. Start( ) 함수에 FacebookAndroid.init( ) 함수를 실행하도록 한다. 이는 prime[31]에서 지원하는 함수이다. 페이스북을 처음 시작할 때 초기화하기 위해 사용한다.

```
void Start ()
{
    FacebookAndroid.init();
}
```

04 Login()을 처리하는 함수를 만든다.

```
void Start ( )
{
    FacebookAndroid.init( );
    StartCoroutine(Login( ));
}

IEnumerator Login( )
{
    yield return new WaitForSeconds(1);
}
```

우리는 코루틴을 이용하여 로딩을 구현할 것이다. 여러분의 로딩 페이지가 어떻게 생성되는지 생각해보자. 로딩될 때는 보통 Progress Bar를 이용하여 진행률을 표시하거나 로딩 아이콘을 회전시켜 '로딩 중'이라는 것을 표현한다. 사실 사용자에게 진행률을 표시할 때 내부에는 서버로부터 데이터를 받는 작업을 하고 있다. 어떻게 보면 두 가지 일이 동시에 진행되는 것이다. C++과 Java를 공부한 유저라면 스레드 관련 함수를 찾을 것이다. 하지만 유니티 5 3D는 코루틴을 이용하여 작업한다. 그럼 이제부터 코루틴 개념을 정리한 후에 작업을 진행하도록 하겠다.

6.3 코루틴

유니티 5 3D 코루틴(coroutine)을 배우기 전에 C# 문법에 대해 알아보자. 여기서 테스트 용도로 사용한 [소스 6–1]의 IEnumerator Call() 다음 소스 코드에서 IEnumerator 데이터 리턴 타입은 데이터를 하나씩 넘겨줄 때 사용하는 인터페이스이다. 우선 TestCoroutine.cs 파일을 만들도록 하자. 지금부터 작성할 코드는 프로젝트와 상관없는 테스트용 클래스이다. 테스트한 후에 삭제한다. 게임 오브젝트를 만든 후 TestCoroutine.cs 컴포넌트에 추가한다.

1 테스트용 클래스 만들기

01 먼저 TestCorutine.cs 컴포넌트를 추가한다. [소스 6-1]은 IEnumerator의 작동 원리를 구현하기 위한 예제이다.

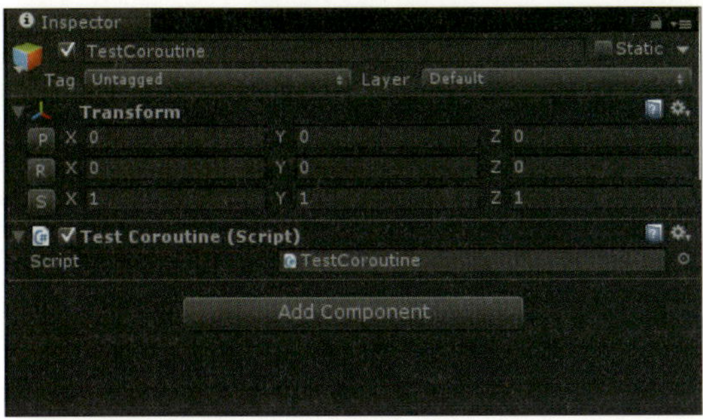

소스 6-1 IEnumerator 작동 원리

```csharp
using UnityEngine;
using System.Collections;

public class TestCoroutine : MonoBehaviour
{
    void Start ()
    {
        IEnumerator e = Call();
        while (e.MoveNext())
        {
            print("Current " + e.Current);
        }
    }

    IEnumerator Call()
    {
        yield return "KIM";
        print("KIM Return");

        yield return 1.0f;
        print("1.0f Return");

        yield return 2;
        print("2 Return");
    }
}
```

02 완료되었다면 콘솔 창을 확인해보자.

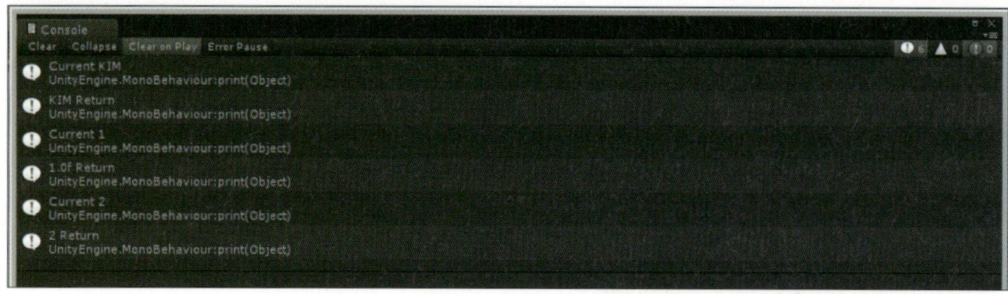

03 일반적인 함수에서 리턴을 하게 되면 데이터를 리턴하고 종료한다. 그러나 모든 데이터들이 리턴되는 것을 확인할 수 있다. IEnumerator는 순차적으로 데이터를 관리하는 것을 확인할 수 있다. 코루틴 구현의 기본 문법은 IEnumerator를 이용하여 구현한다.

소스 6-2 코루틴 예제

```csharp
using UnityEngine;
using System.Collections;

public class TestCoroutine : MonoBehaviour
{
    void Start ()
    {
        StartCoroutine(Call());
    }

    IEnumerator Call()
    {
        yield return new WaitForSeconds(1.0f);
        print("Call 1");

        yield return new WaitForSeconds(2.0f);
        print("Call 2");

    }

}
```

04 소스 코드로 수정해보자. 콘솔 창으로 확인해보면 실행 1초 후 Call 1, 2초 후 Call 2가 호출되는 것을 확인할 수 있다. 우선 Start()를 보자.

소스 **6-3** IEnumerator 예제

```
void Start ()
{
    IEnumerator e = Call();
    while (e.MoveNext())
    {
        print("Current " + e.Current);
    }
}
```

아래와 같이 수정했다.

```
void Start ()
{
    StartCoroutine(Call());
}
```

05 StartCoroutine과 앞서 만든 코드(일반 함수 사용 방법)의 차이점은 코루틴이 이용하는 함수는 yield return을 이용하여 데이터를 넘기게 된다는 점이다. 그럼 어떤 데이터를 리턴하는지 확인해보도록 하자.

소스 **6-4** 코루틴 이용한 대기 작업

```
IEnumerator Call()
{
    yield return new WaitForSeconds(1.0f);
    print("Call 1");

    yield return new WaitForSeconds(2.0f);
    print("Call 2");

}
```

06 WaitForSeconds(1.0f);는 유니티 5 3D에게 1초 동안 대기해달라는 명령어이다. StartCoroutine 이용하여 Call() 함수를 호출했기 때문에 WaitForSeconds(1.0f); 유니티 5 3D로 전달되어 정지한 후 작동되는 것을 확인할 수 있다.

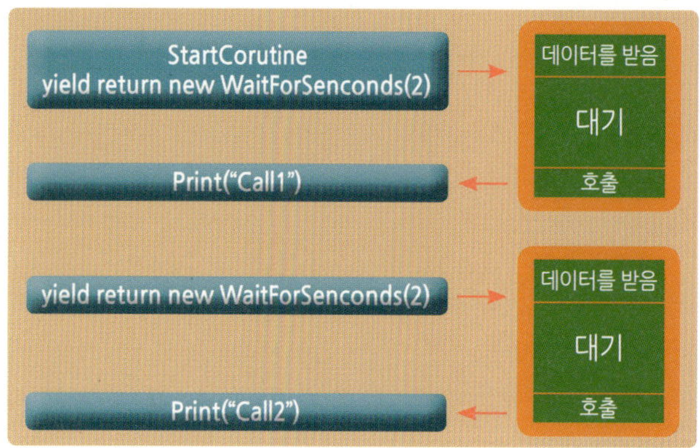

그림 6-1 코루틴의 구조

07 다음은 유니티 5 3D에서 보낼 수 있는 데이터를 정리한 것이다.

표 6-1 코루틴 데이터와 기능

코루틴 데이터	기능
yleld return null	다음 프레임까지 대기
yleld return new WaitforSeconds( )	지정된 초 만큼 대기
yleld return new WaitForFixedUpdate( )	다음 물리 프레임까지 대기
yleld return new WWW( )	웹 통신이 완료될 때까지 대기
yleld return new WaitForEndOfFrame( )	프레임 작업이 완료될 때까지 대기
yleld return new AsyncOperation	씬 로딩이 완료될 때까지 대기(비동기)

2 테스트용 클래스 만들기

01 우리가 코루틴을 사용해야 하는 이유는 비동기 처리 때문이다. 예를 들어 독자가 게임을 구동시켰다면 타이틀 화면에 로딩되고 눈에 보이지는 않지만 이와 동시에 서버에서 데이터를 받는 작업을 할 것이다. 다시 말해 동시에 두 가지 작업을 하는 것이다. [소스 6–5]와 같은 일반적인 구동 방식의 함수를 살펴보자 .

소스 6-5 일반적인 함수 호출

```
void CallA( )
{
        print("CallA");
}
```

```
void CallB( )
{
    print("CallA");
}

void Main( )
{
    CallA( );
    CallB( );
}
```

02 Main() 함수를 작동시켜보면 CallA()의 작동이 완료된 후 CallB()가 작동하는 것을 확인할 수 있다. 그러나 코루틴을 이용하면 CallA()가 완료되지 않았더라도 CallB()가 호출될 수 있다.

03 먼저 웹 브라우저를 실행시킨 후 'http://180.70.94.180/test.png'에 접속하면 다음 화면과 같은 이미지가 출력될 것이다. 우리는 이 이미지를 유니티 5 3D로 불러와 출력할 것이다.

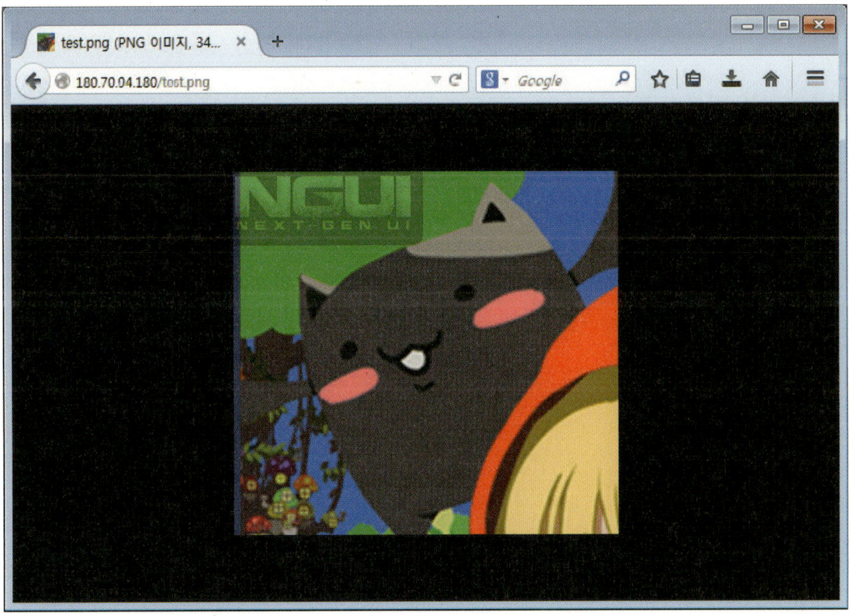

```csharp
using UnityEngine;
using System.Collections;

public class TestCoroutine : MonoBehaviour
{
    WWW www = null;
    bool isDownLoad = false;

void Start ( )
    {
        StartCoroutine(Call( ));
        Test( );
    }


    IEnumerator Call( )
    {
        www = new WWW("http://180.70.94.180/test.png");
        yield return www;

        if (www.isDone == true)
        {
            isDownLoad = true
            print("Complete");
        }
    }

    void Test( )
    {
        print("Call!!!!");
    }

    void OnGUI( )
    {
        if (isDownLoad == false)
            return

        GUI.Box(new Rect(0, 0, 200, 200), www.texture);
    }

}
```

04 마지막으로 [소스 6-6]을 수정한다. 결과는 다음 화면과 같은 콘솔 창과 함께 나타날 것이다.

05 Call() 함수를 먼저 실행했지만 Complete가 먼저 호출된 것을 알 수 있다. 그 이유는 Call()이 StartCoroutine으로 작동했기 때문이다.

③ 게임 뷰 확인하기

[그림 6-2]는 유니티 함수의 실행 순서를 참고하기 위한 도해이다. 유니티에서 **Start()**는 게임 시작 이후, 첫 프레임 시작 전, **Update** 직전에 단 한 번 호출되는 함수이다. 코루틴은 서브루틴과 달리 함수 시점과 탈출 시점이 여러 개이다. **OnGUI()**는 프레임 업데이트마다 다중 시간이 호출된다.

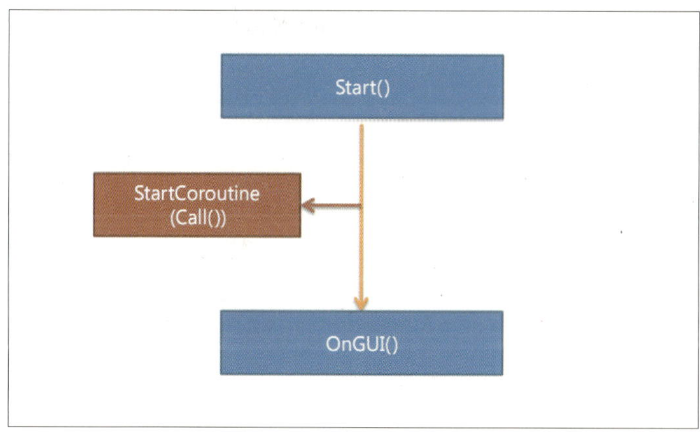

그림 6-2 유니티 함수 실행 순서

Call() 함수는 서버로부터 모든 이미지를 받아야 처리할 수 있다. 결국 언제 작동될 지는 아무도 모른다. 비동기로 작동되지 않는다면 서버로부터 데이터를 받지 못하게 되고, 프로그램이 다음으로 넘어가지 못할 것이다. 멤버 변수 중 **isDownLoad** 변수는 비동기 방식이며, 현재 완료되었는지를 체크하는 변수이다. 모든 확인이 끝나면 게임 뷰를 살펴보자. 유니티 5 3D에서 서버로 받은 이미지가 출력되는 것을 확인할 수 있을 것이다.

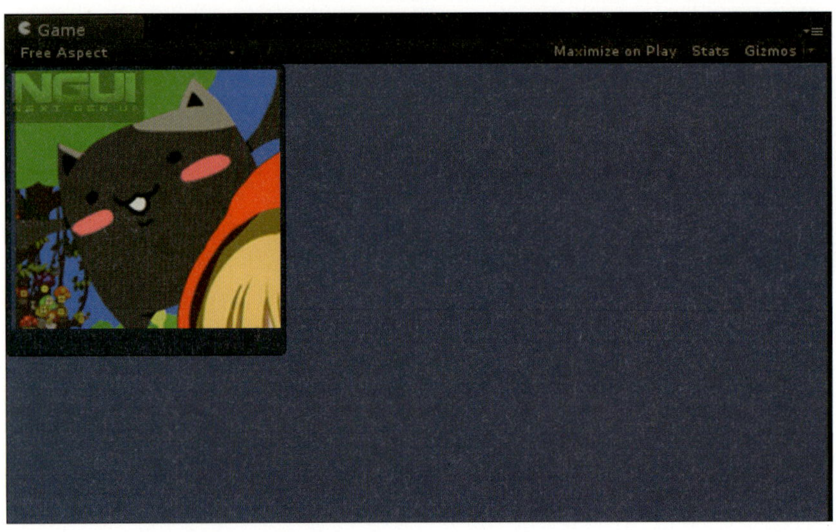

그림 6-3 유니티 5 3D에서 서버로부터 받은 이미지가 출력되는 모습

6.4 > 나의 정보 받아오기

이번에는 페이스북으로부터 나의 정보를 받아보자. 나의 정보 출력은 이미 앞 장에서 확인했을 것이다.

1 페이스북에서 나의 정보 받아오기

01 페이스북으로부터 나의 정보를 얻어오는 작업을 한다.

소스 6-7 페이스북에서 나의 정보 받아오기

```csharp
using UnityEngine;
using System.Collections;

public class TitlePlay : MonoBehaviour
{

  void Start( )
  {
      FacebookAndroid.init( );
      StartCoroutine(Login( ));
  }
```

```
    IEnumerator Login()
    {
        FacebookAndroid.login();
    }
}
```

02 FacebookAndroid.login();는 페이스북에 로그인하는 함수이다. 이미 로그인된 상태라면 그냥 넘어갈 것이고, 최초로 작동시켰다면 로그인 창이 나타날 것이다. [소스 6-8]은 while()문으로 isSessionValid() 함수를 호출하여 현재 로그인이 되어 있는지 체크하고 있다. 당연히 인터넷 속도가 빠르다면 로그인이 신속하게 작동할 것이다. 하지만 우리는 모바일 게임을 만들 것이기 때문에 네트워크 환경이 언제, 어떻게 변할지 모른다.

소스 6-8 페이스북 로그인 함수

```
public class TitlePlay : MonoBehaviour
{

    IEnumerator Login()
    {
        FacebookAndroid.login();

        while (FacebookAndroid.isSessionValid() == false)
        {
            yield return new WaitForSeconds(0.1f);
        }
    }

}
```

03 login()을 시도하여 isSessionValid() true로 되어 있는지 확인한다. WaitForSeconds(0.1f)을 통해 0.1초에 한 번씩 로그인 유무를 확인한다. 비동기이기 때문에 반드시 체크해야 한다.

소스 6-9 FacebookAndroid가 완료될 때까지 대기하는 소스

```
public class TitlePlay : MonoBehaviour
{
.........................................................
    IEnumerator Login()
    {
        FacebookAndroid.login();
```

```csharp
        while (FacebookAndroid.isSessionValid( ) == false)
        {
            yield return new WaitForSeconds(0.1f);
        }

        Facebook.instance.get("me", MyHandler);
    }

    void MyHandler(string error, object result)
    {
        if (error != null)
        {

            Debug.LogError(error);
        }
        else
        {
            Prime31.Utils.logObject(result);
        }
    }

}
```

04 Facebook.instance.get("me", MyHandler); 호출은 페이스북으로 통해 나의 정보를 달라는 요청을 한다. 그리고 그 결과는 MyHandler() 이벤트 함수를 통해 호출받도록 설정했다. string error를 통해 오류가 발생했다면 오류 메시지가 작성될 것이고, object result가 들어 있을 것이다. 빌드를 한 후에 실행해보자. logcat을 통해 확인할 수 있을 것이다.


```
I/Unity   ( 4714): {
I/Unity   ( 4714):          "id": "365520990299817",
I/Unity   ( 4714):          "birthday": "12/16/1979",
I/Unity   ( 4714):          "email": "ilsboom@funstream.co.kr",
I/Unity   ( 4714):          "first_name": "Chunil",
I/Unity   ( 4714):          "gender": "male",
I/Unity   ( 4714):          "last_name": "Kim",
I/Unity   ( 4714):          "link": "https://www.facebook.com/app_scoped_user_id/365
520990299817/",
I/Unity   ( 4714):          "locale": "ko_KR",
I/Unity   ( 4714):          "name": "Chunil Kim",
I/Unity   ( 4714):          "timezone": 9,
I/Unity   ( 4714):          "updated_time": "2014-04-04T23:27:13+0000",
I/Unity   ( 4714):          "verified": true
I/Unity   ( 4714): }
```


05 현재 우리가 받은 데이터는 JSON 포맷 형태이다. 따라서 우리는 JSON 데이터를 파싱해야 한다. 그 이유는 JSON 포맷이 문자열이기 때문이다. 확인이 완료되었으면 파싱 작업을 해보자.

01 MyData() 함수를 만든 후 Login()에서 호출한다.

소스 6-10 페이스북 접속을 위해 Login 함수를 만들기

```
public class TitlePlay : MonoBehaviour
{
  IEnumerator Login()
  {
     FacebookAndroid.login();

     while (FacebookAndroid.isSessionValid() == false)
     {
        yield return new WaitForSeconds(0.1f);
     }

     Facebook.instance.get("me", MyHandler);
     StartCoroutine(MyData());
  }

  IEnumerator MyData()
  {
     yield return null
  }

  ...............................

}
```

02 지금의 코드에는 문제가 있을 것이다. 왜냐하면 MyHandler()은 콜백 함수이기 때문이다. 서버로부터 모든 데이터를 받아 호출된다. 데이터를 받지 않은 상태에서 MyData()가 호출되면 오류가 발생할 수 있다. 예외 처리를 하려면 멤버 변수를 만들어야 한다. 다음은 HyHandler() 함수를 이용해 나의 정보를 콜백으로 얻어오는 예제이다.

소스 6-11 MyHandler() 함수를 이용해 나의 정보를 콜백으로 얻어오기

```
public class TitlePlay : MonoBehaviour
{
  object myInfo = null
```

```csharp
IEnumerator Login( )
  {
    FacebookAndroid.login( );

    while (FacebookAndroid.isSessionValid( ) == false)
    {
      yield return new WaitForSeconds(0.1f);
    }

    Facebook.instance.get("me", MyHandler);

    while (myInfo == null)
    {
      yield return new WaitForSeconds(0.1f);
    }

    StartCoroutine(MyData( ));
  }

void MyHandler(string error, object result)
  {
    if (error != null)
    {

      Debug.LogError(error);
    }
    else
    {
      myInfo = result;
      Prime31.Utils.logObject(result);
    }
  }

}
```

03 'myInfo = result'를 대입한다. 완료되면 다음 [소스 6–12]와 같이 입력한다.

```
    while (myInfo == null)
      {
          yield return new WaitForSeconds(0.1f);
      }
//while(myInfo == null) 완료될 때까지 대기한 후 MyData( )를 호출한다.


IEnumerator MyData( )
    {
      IDictionary root = (IDictionary)myInfo;
      string id = (string)root["id"];
      string name = (string)root["name"];


      yield return null
    }
```

04 MyData() 함수에 파싱 코드를 넣는다. JSON 포맷값은 "id" : 0000000과 같은 방식으로 이루어져 있다. myinfi 데이터가 null일 때까지 반복한다. C#에 IDictionary를 이용하여 자동으로 변환할 수 있다.

6.5 > PlayerData 제작

앞 장에서 우리는 나의 데이터를 파싱했다. 결국 이 데이터는 우리가 만드는 게임에 사용될 것이다. id와 사용자 구분 목적의 이름은 회원 정보 등에 사용될 것이다. 그리고 우리가 파싱한 데이터는 PlayerData.cs 스크립트를 만들어 관리할 것이다.

1 PlayerData.cs 스크립트 만들기

01 완료되었다면 스크립트를 작성해보자.

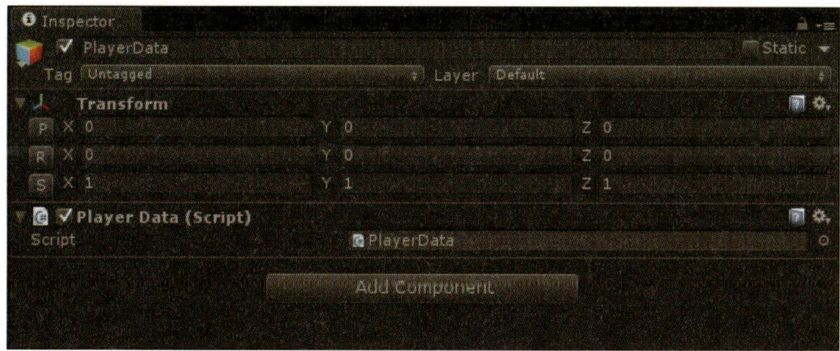

```csharp
using UnityEngine;
using System.Collections;

public class PlayerData : MonoBehaviour
{
    public long id;
    public int gold;
    public int heart;
    public int selChar;
    public int score;
    public string name;
    public int[ ] charArray;
}
```

02 지금까지 사용자의 정보를 담을 목적으로 만들었으므로 이번에는 [소스 6–14]와 같이 스크롤 뷰에 출력될 회원 정보를 출력할 정보를 보관할 UserItem 클래스를 만들도록 한다.

소스 6-14 나의 친구 정보를 보관할 UserItem 클래스 만들기

```csharp
using UnityEngine;
using System.Collections;
using System.Collections.Generic;
public class UserItem
{
    public UserItem(long id, string userName)
    {
        this.id=id_;
        this.userName = userName_;
    }
    public long id;
    public string userName;
    public Texture2D picture;
    public int score;
}
```

03 UserInfo 클래스는 datas 변수를 통해 담는다. 그리고 PlayerData 게임 오브젝트는 씬이 변경되더라도 항상 게임 오브젝트가 유지되도록 한다. 원래 게임 오브젝트는 씬이 변경되면 삭제된다.

```
void Start( )
  {
     DontDestroyOnLoad(this);
  }
```

04 DontDestroyOnLoad()는 해당 게임 오브젝트를 사라지지 않도록 하는 함수이다. 그리고 PlayerData 게임 오브젝트를 싱글 톤 구조로 만들기도 한다.

소스 6-15 해당 게임 오브젝트를 사라지지 않도록 하는 DonDesrrouOnLoacl() 함수를 넣어 PlayerData 구조 바꾸기

```
using UnityEngine;
using System.Collections;
using System.Collections.Generic;

public class UserItem
{
    public UserItem(long id_, string userName_)
    {
        id = id_;
        userName = userName_;
    }

    public long id;
    public string userName;
    public Texture2D picture;
    public int score;
}

public class PlayerData : MonoBehaviour
{
    private static PlayerData instance_ = null;
    public Dictionary<long, UserItem> datas = new Dictionary<long, UserItem>();
    public long id;
    public int gold;
    public int heart;
    public int selChar;
    public int score;
```

```csharp
    public string name;
    public int[] charArray;

    public static PlayerData Instance
    {
        get { return instance_; }
    }

    void Start()
    {
        instance_ = this;
        DontDestroyOnLoad(this);
    }
}
```

05 이렇게 작업한 이유는 어디에서든지 쉽게 PlayerData에 접근하기 위해서이다. 먼저 static으로 선언된 변수는 클래스를 통해 접근할 수 있다. static 변수가 일반 멤버 변수와 다른 점은 시작과 동시에 static이 생성된다는 것이다. 굳이 동적 작업을 하지 않더라도 유일하게 공용으로 사용되는 변수이기 때문에 변수에 주소값을 담아두면 다음과 같이 사용할 수 있다.

```csharp
PlayerData.Instance.id = 10;
```

06 완료되었으면 다시 TilePlay.cs MyData()로 이동하여 방금 만든 PlayerData 클래스에 담는다.

```csharp
IEnumerator MyData()
  {
    IDictionary root = (IDictionary)myInfo;
    string id = (string)root["id"];
    string name = (string)root["name"];


    PlayerData.Instance.id = long.Parse(id);
    PlayerData.Instance.name = name;

    yield return null;
  }
```

07 지금까지 나의 정보를 페이스북으로 얻어와 적용하는 방법을 알아보았다. 다음 장에서는 친구 정보를 얻어오는 작업을 진행하도록 한다.

소스 6-16 친구 정보 요청

```
IEnumerator Login()
{
...........................

Facebook.instance.get("me/friends", FriendHandler);

while(friendInfo == null)
{
    yield return new WaitForSeconds(0.1f);
}

StartCoroutine(FriendData());
........................
}
```

while(friendInfo == null) 코드는 친구 정보가 서버로 요청 작업이 완료 될 때까지 기다리기 위한 코드이다.

소스 6-17 친구 정보 얻어오기

```
IEnumerator FriendData()
{
    IDictionary root = (IDictionary)friendInfo;
    IList dataList = (IList)root["data"];

    foreach (IDictionary dic in dataList)
    {
        string id = (string)dic["id"];
        string name = (string)dic["name"];

        long iID = long.Parse(id);
        UserItem userItem = new UserItem(iID, name);
        PlayerData.Inst.items.Add(iID, userItem);
    }

    ............
}
```

MyData 작업과 동일하게 FriendData( ) 함수에서 친구 정보를 페이스북으로 얻어오도록 한다.

랭크 씬 제작

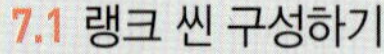

이번 장에서는 소셜 게임에 필요한 친구 랭킹 정보, 골드, 하트 표시 등 게임 준비 작업에 필요한 UI를 구성하는 페이지를 만들어 본다. 이번 장 역시 로비를 NGUI로 제작할 것이다.

이번 장에서는 나의 기본 정보와 친구들의 랭킹 정보를 출력할 화면을 만들어 본다. 다음 [그림 7-1]의 로딩 페이지가 실행 화면이다.

그림 7-1 게임 타이틀 씬

1 로딩 화면 시작하기

01 앞 장의 타이틀 씬이 완료되면 이번 장에서 만들 랭크 씬(Rank Scene)으로 이동하도록 만들 것이다. 시작하기 버튼을 클릭하면 다음과 같은 화면이 출력되도록 한다.

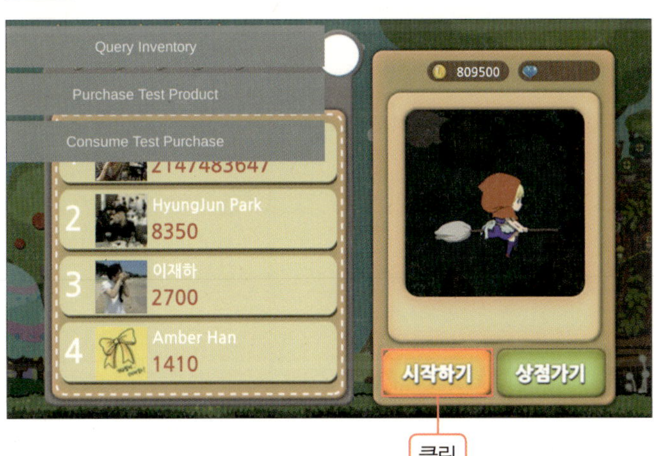

02 다음 그림과 같이 현재 친구 랭크 정보를 선택한 [캐릭터 정보 게임 시작하기] 버튼, [상점 가기] 버튼, [골드 정보] 버튼, 그리고 [결제] 버튼 등을 구성한다. 먼저 랭크 씬을 구성한다. 먼저 'Rank.scene'이라는 이름으로 새롭게 하나 더 만들도록 한다.

유니티 5 3D 메뉴 중에서 File – New Scene 을 선택하여 새로운 씬을 만든다.

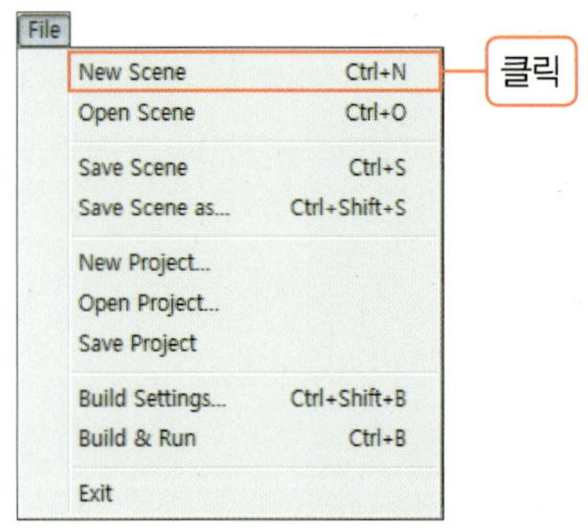

03 유니티 5 3D 메뉴 중에서 File – Save Scene 을 클릭하여 씬을 저장한다.

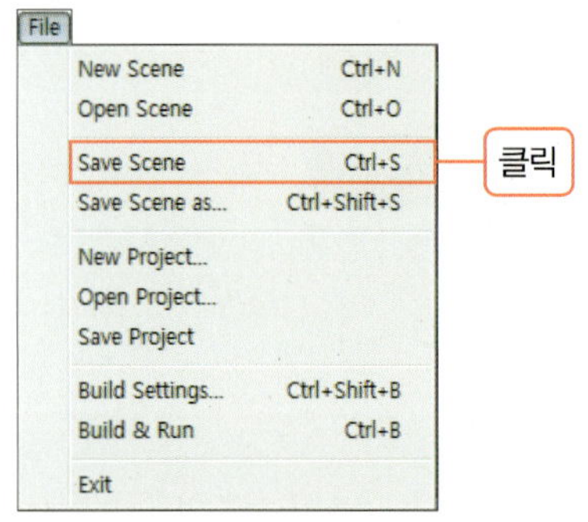

04 'Rank'라는 이름으로 저장한다.

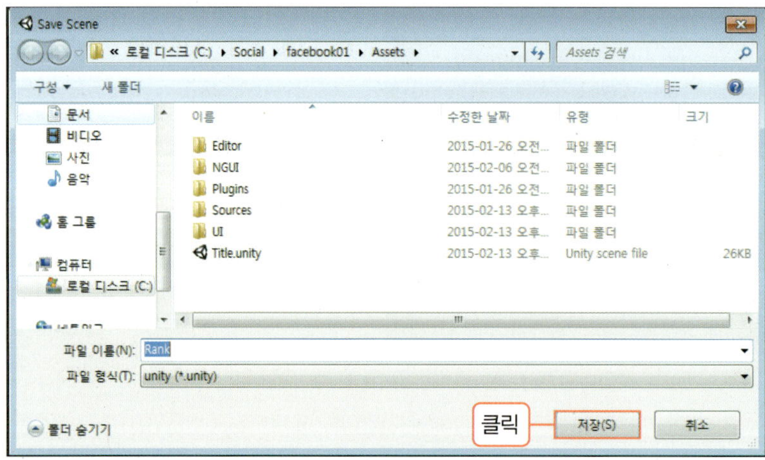

05 NGUI 작업을 하기 위해 세팅한다. 다음 화면처럼 유니티 5 3D 메뉴 중에서 NGUI 메뉴의 Create —
2D UI 를 클릭한다.

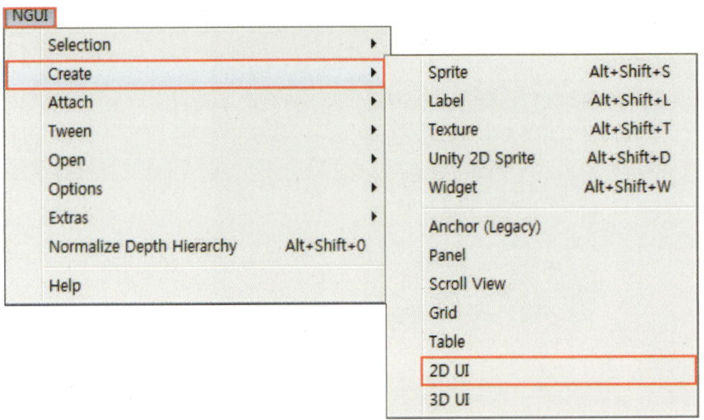

06 다음 화면과 같이 게임 오브젝트가 생성되었다면 NGUI 게임 오브젝트가 생성된 것이다.

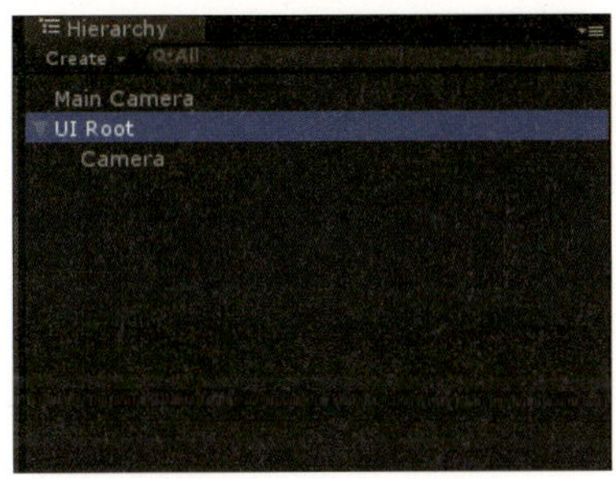

07 앞 장에서 말한 것처럼 우리는 800×480을 기준으로 해상도 작업을 한다. 다음과 같이 해상도를 설정한다.

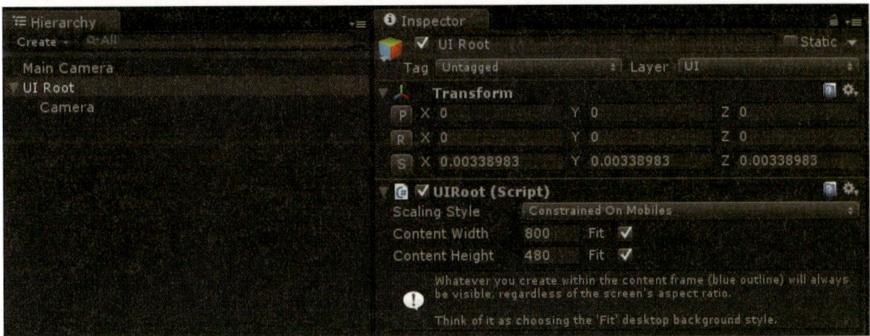

08 NGUI 작업이 완료되면 배경에 사용할 이미지를 추가한다. 다음 화면과 같이 이미지를 추가한다.

이번에는 처음에 화면에서 보았던 친구 랭크 정보(스크롤 뷰) UI 작업을 한다. UI 작업을 완료한 후 페이스북으로 받은 데이터를 연동하여 구성한다.

1 데이터 연동하기

01 NGUI – Create – Panel 을 클릭한다.

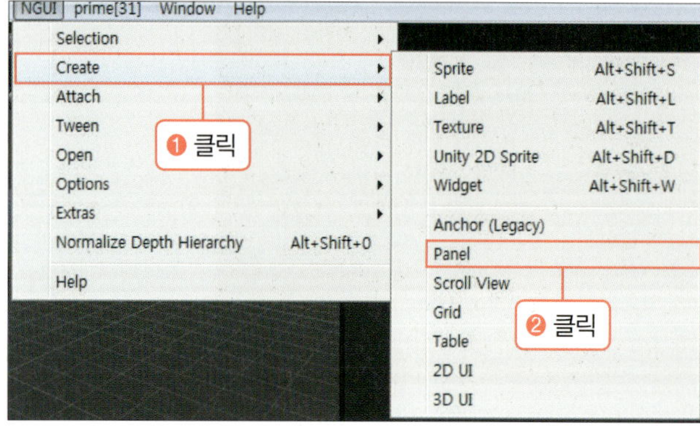

02 다음 화면과 같은 Panel이 만들어질 것이다.

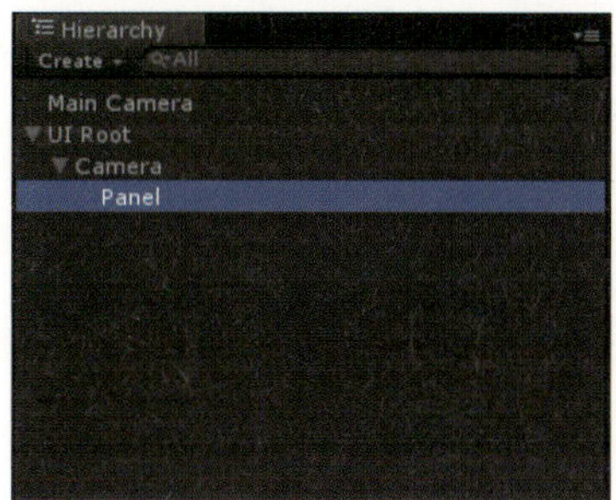

03 Panel은 NGUI로 만든 여러 가지 게임 오브젝트를 하나로 묶는 역할을 한다. 지금 우리가 만든 Panel 게임 오브젝트에 친구 정보를 출력할 스크롤 뷰를 제작할 것이다. 우선 Panel이 하나의 그라운드 역할을 한다고 보고, Panel 스크롤 뷰 기능을 할 수 있는 컴포넌트를 추가한다. 다음과 같이 'Panel Add Component'로 'scroll view'를 검색하여 추가한다.

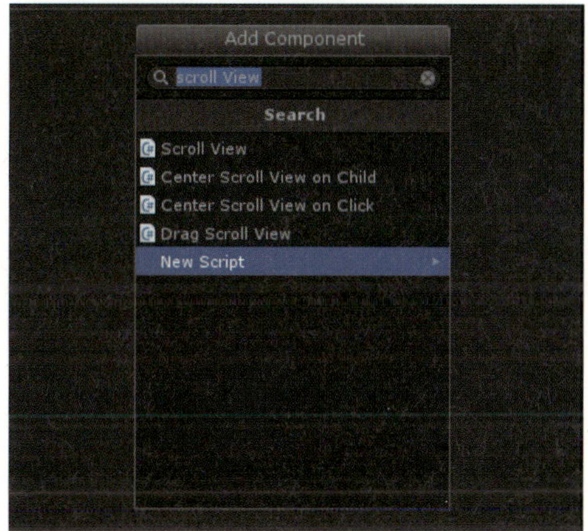

04 우리가 만들 스크롤 뷰는 세로 방향으로 움직이므로 [Movement] 옵션을 [Vertical]로 변경해야 한다. 다음 화면과 같이 클리핑 기능을 이용해보자.

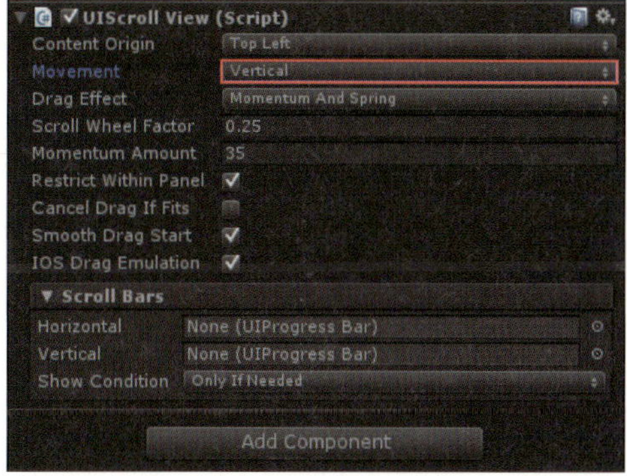

 클리핑은 이미지의 일부분만 그릴 때 사용하는 기능이다. 우리가 이 기능을 사용하는 이유는 친구 정보가 실제 한 번에 출력할 개수보다 많기 때문이다. 따라서 다음 화면과 같이 보일 친구 정보만큼만 보여주기 위해 사용된다. 투명한 부분이 클리핑된다고 생각하면 된다.

2 클리핑 작업 세팅하기

01 이번에는 클리핑 작업 세팅을 해보자. 다음 화면과 같이 이미지를 하나 추가한다. 저자와 똑같이 테스트하기 위해 타이틀 화면 이미지를 추가해보자.

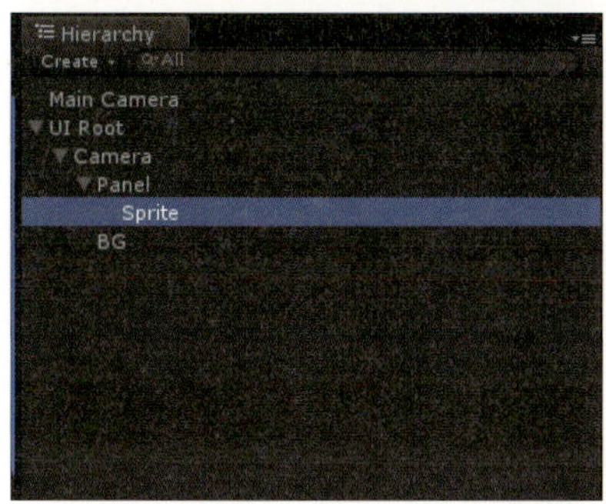

02 Panel 컴포넌트 속성을 Soft Clip 으로 변경한다.

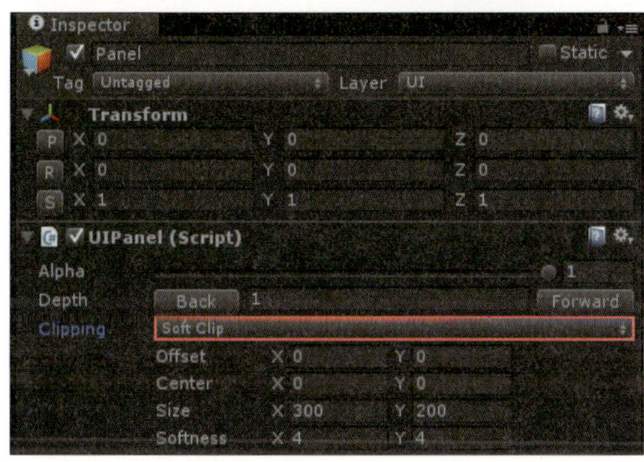

03 다음 화면과 같이 출력된다.

04 이미지 클리핑의 위치를 수정한다.

05 타이틀 화면은 클리핑 기능을 확실히 보기 위해 테스트하는 메뉴이다. 클리핑의 위치가 저자와 같이 수정되었다면 Sprite 이미지는 삭제한다. 더 이상 타이틀 이미지는 필요 없다.

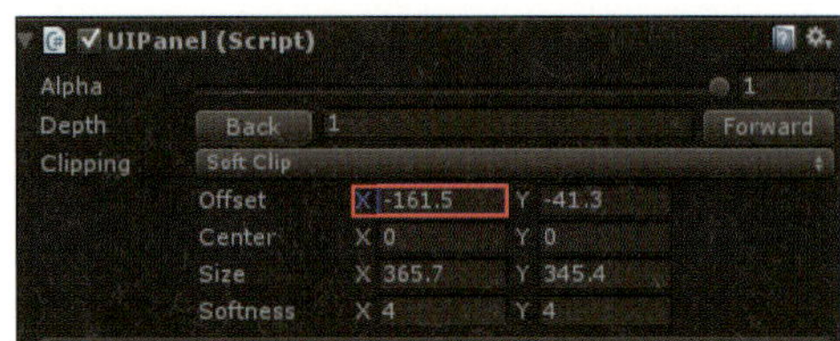

❸ Grid 붙이기

01 이번에는 Grid를 추가할 것이다. 다음 화면을 보면 친구 정보 Item(친구 정보를 표시하는 하나의 단위를 'Item'이라 부르도록 한다. Grid는 일정하게 Item을 정렬해주는 기능이다. 다음과 같이 NGUI − Create − Grid 를 클릭하여 Grid를 추가한다.

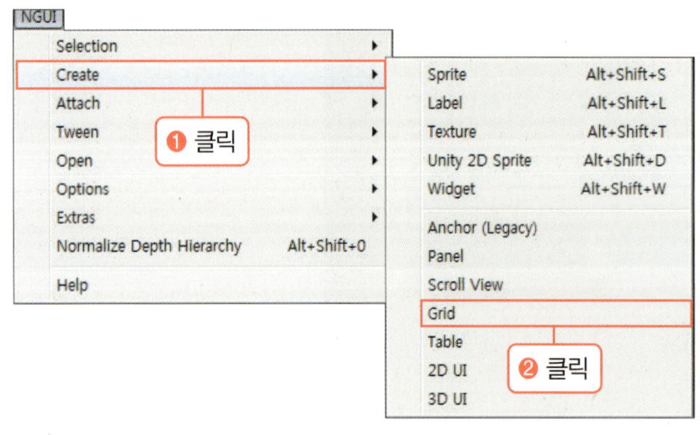

정보를 표시하는 하나의 단위를 '아이템'이라고 부른다. ▶

02 다음 화면과 같이 게임 오브젝트가 구성되었는지 확인한다.

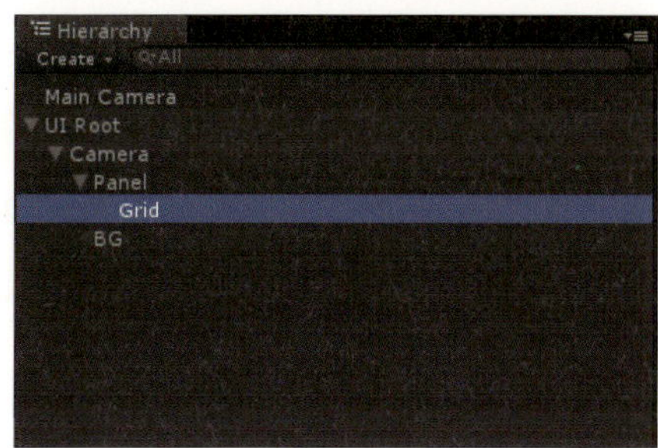

03 Grid가 추가되면 다음 화면과 같이 간격을 설정한다. 'Cell Height'의 간격은 '80' 정도로 설정한다. 이 수치는 이미지의 크기에 따라 다르게 설정하면 된다. 그리고 이미지 정렬은 세로 형태로 구성되기 때문에 'Arrangement'는 'Vertical'로 설정한다.

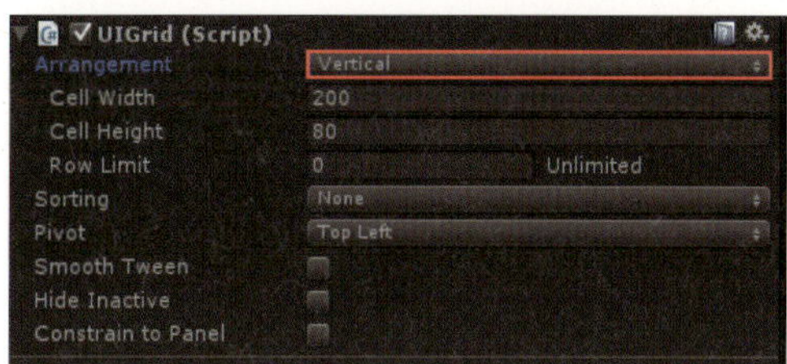

4 실제 아이템 제작하기

01 이제 마지막으로 실제 아이템을 제작해보자. 우선 빈 게임 오브젝트를 만들고, 이름을 'Item'으로 수정한 후 Grid를 자식으로 추가한다.

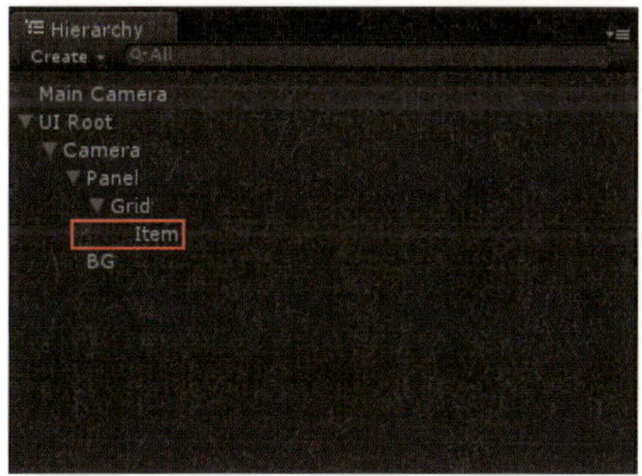

02 아이템을 설정한다. 다음 화면과 같이 새로 추가된 게임 오브젝트의 값들은 비정상적이다.

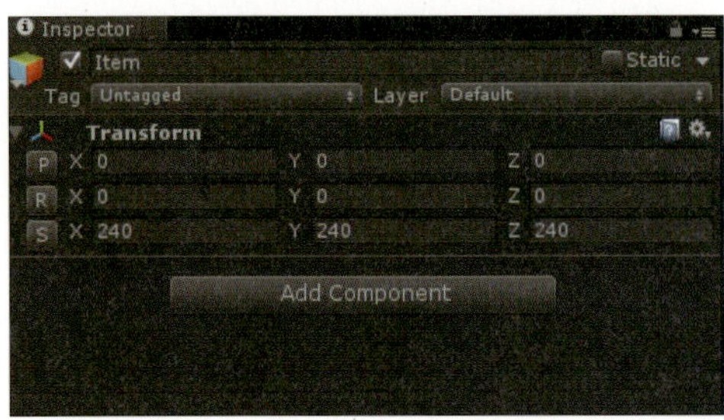

03 먼저 Layer를 살펴보면 Default로 설정되어 있는 것을 확인할 수 있다. 새로 만든 게임 오브젝트이기 때문이다. Layer NGUI로 설정되어 있는 Layer로 설정한다. 저자는 UI로 변경하도록 하겠다.

Layer를 설정하는 방법은 앞 장에서 설명했기 때문에 여기서는 생략한다. Position, Rotation, Scale 등을 다음 화면과 같이 수정한다.

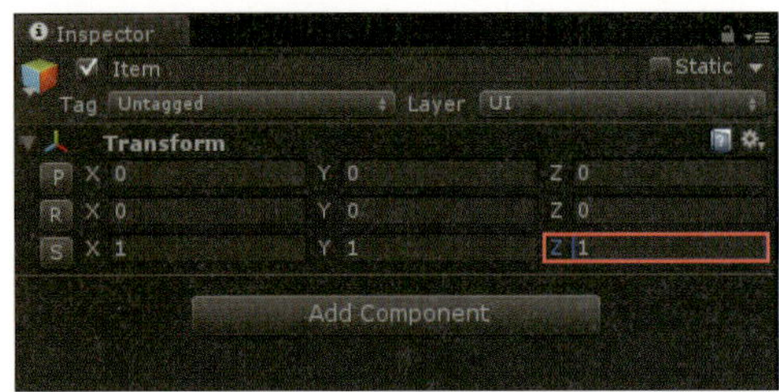

04 아이템 자식으로 Sprite 이미지를 붙인다.

05 이름을 'BG'로 변경한다.

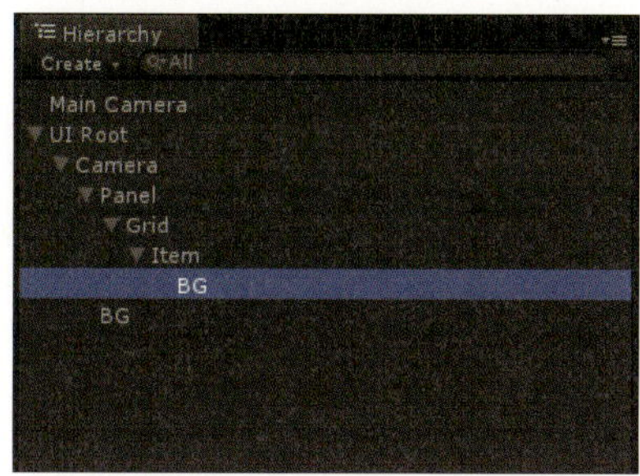

06 화면 중앙에 있는 이미지의 위치를 변경해보자. 여기서 주의할 점은 BG 게임 오브젝트의 위치가 아니라 Grid의 위치를 변경한다는 것이다. 그 이유는 Item들이 Grid를 기준으로 정렬되기 때문이다.

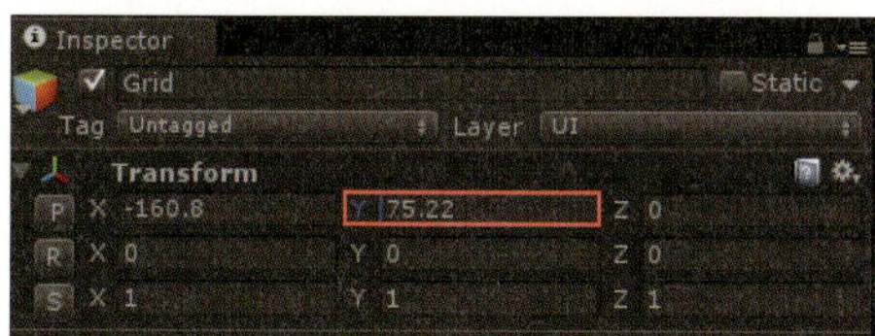

5 아이템을 드래그할 수 있도록 만들기

01 이제 아이템을 드래그할 수 있도록 만들어 보자. 먼저 Item 게임 오브젝트에 Box Collider 컴포넌트를 추가한다.

02 여기서 주의할 점은 다음과 같이 'Box Collider'의 크기를 설정해주어야 한다는 것이다.

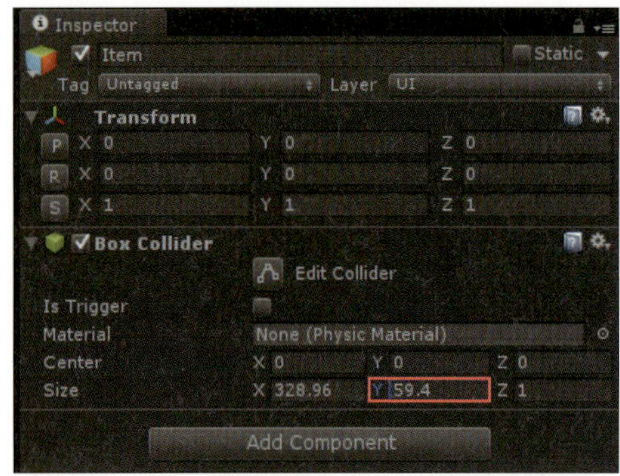

⑥ 아이템에 드래그할 수 있는 컴포넌트 추가하기

01 다음과 같이 이번에는 Item에 드래그할 수 있는 컴포넌트를 하나 더 추가한다.

02 Item 게임 오브젝트에 있는 Add Component 버튼을 클릭한다.

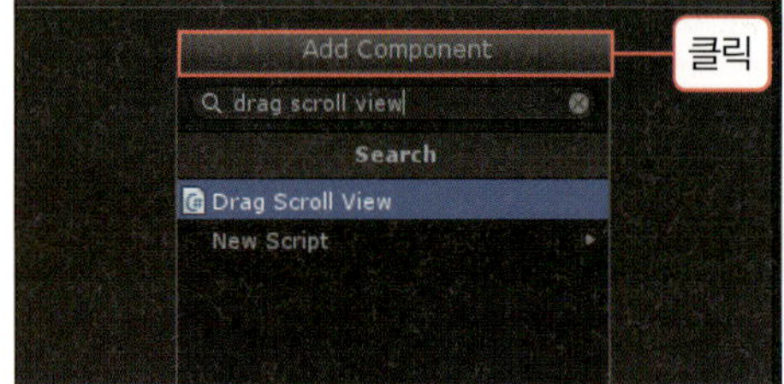

03 마지막으로 UIDrag Scroll View 컴포넌트 Scroll View 필드를 보면 아무것도 연결되어 있지 않기 때문에 None으로 되어 있을 것이다. 그림과 같이 Panel을 UIDrag Scroll View 컴포넌트에 있는 Scroll View에 연결한다. 유니티 5 3D의 [플레이] 버튼을 누른 후 드래그해보자. 스크롤 뷰가 쉽게 만들어지는 것을 확인할 수 있다.

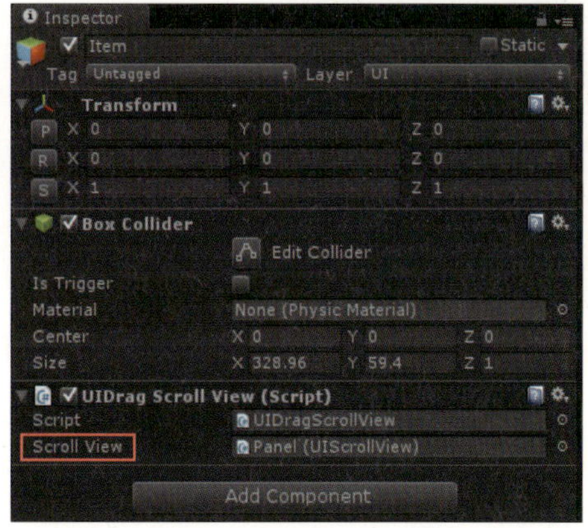

이번에는 아이템 다이내믹 생성 작업을 해보자. 다이내믹 생성 작업을 할 때 친구가 10명이 될 줄 미리 알고 10개를 생성하는 것보다 페이스북에서 알려주는 친구의 숫자만큼 실시간으로 아이템을 생성하는 것이 훨씬 효율적일 것이다.

🟧 친구의 숫자만큼 아이템 생성하기

01 프로젝트 뷰의 [Resources]에 'Prefabs' 폴더를 만든다.

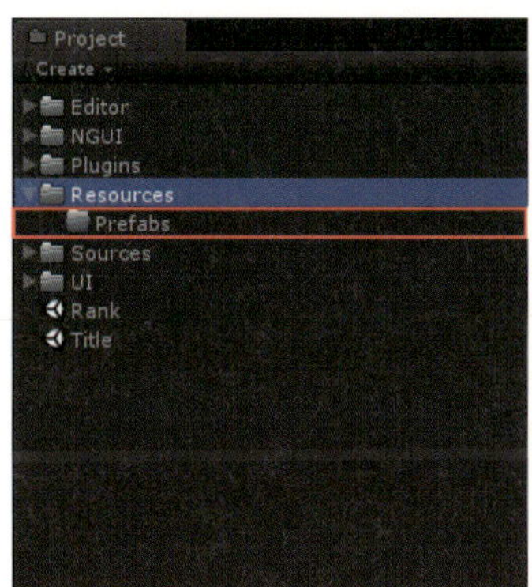

02 다음 화면과 같이 아이템 게임 오브젝트를 드래그하여 'Prefabs' 폴더에 넣으면 프리팹이 자동으로 만들어진다.

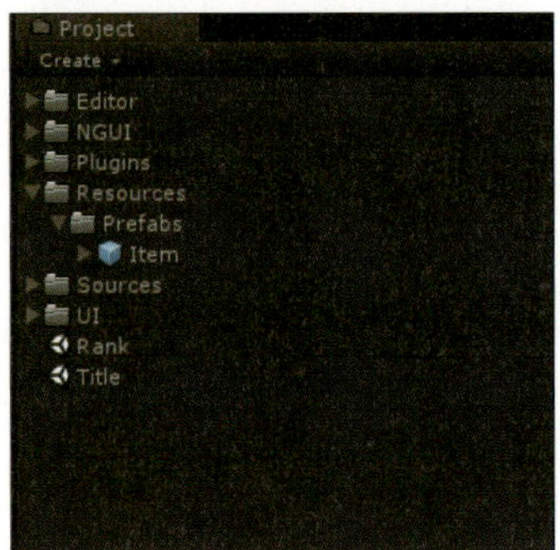

03 유니티 5 3D에서 실시간으로 게임 오브젝트를 생성할 때에는 프리팹을 만들어 작업해야 한다. 완료된 후에는 RankPlay.cs 스크립트를 만든다. 다음은 랭크 씬 작업을 하게 될 메인 스크립트이다.

소스 7-1 grid 게임 오브젝트를 연결하기 위해 멤버 변수 선언

```csharp
using UnityEngine;
using System.Collections;

public class RankPlay : MonoBehaviour
{
    public GameObject grid = null;

    void Start ()
    {
    }

}
```

04 먼저 Grid 변수를 하나 만든다. 아이템은 Grid의 자식으로 들어가기 때문에 부모가 될 Grid를 선언한 후에 연결해야 한다.

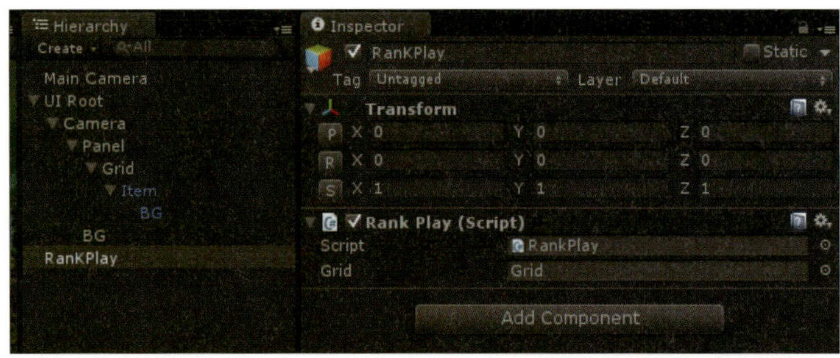

05 LoadItem() 함수를 만든다. [소스 7–2]의 Resources.Load()는 리소스 관리자를 이용하여 로드를 하는 함수이다. [소스 7–2]의 코드에서 string path = "Prefabs/"+ name;을 확인할 수 있다. 리소스 관리자를 이용하여 로드할 때에는 반드시 Resources 폴더 안에 넣어야 한다. Prefabs는 Resources 안에 있는 Prefabs 폴더이고, 그 뒤는 아이템 명이다.

소스 7-2 LoadItem() 아이템을 생성할 코드 제작하기

```
public class RankPlay : MonoBehaviour
{
    public GameObject grid = null;

    void Start ()
    {

    }

    GameObject LoadItem(string name)
    {
        string path = "Prefabs/" + name;
        GameObject item = Instantiate(Resources.Load(path)) as GameObject;
        item.transform.parent = grid.transform;
        item.transform.localPosition = new Vector3(0, 0, 0);
        item.transform.localScale = new Vector3(1, 1, 1);

        grid.GetComponent<UIGrid>( ).repositionNow = true;

        return item;
    }
}

GameObject item = Instantiate(Resources.Load(path)) as GameObject;
```

06 생성된 아이템의 부모에게 Grid를 정해주고, 위치 스케일 값을 초기화한다.

```
item.transform.parent = grid.transform;
item.transform.localPosition = new Vector3(0, 0, 0);
item.transform.localScale = new Vector3(1, 1, 1);
```

2 아이템이 생성될 때마다 자동 정렬하기

01 마지막으로 매번 아이템이 생성될 때마다 자동으로 정렬하기 위해 다음과 같이 소스를 설정해준다.

```
grid.GetComponent<UIGrid>( ).repositionNow = true;
```

02 테스트로 10개를 생성해보자.

소스 7-3 LoadItem( )을 for문으로 임시로 만들기

```csharp
using UnityEngine;
using System.Collections;

public class RankPlay : MonoBehaviour
{
    public GameObject grid = null;

    void Start ()
    {
        for (int i = 0; i < 10; ++i)
        {
            LoadItem("item");
        }
    }

    GameObject LoadItem(string name)
    {
        string path = "Prefabs/" + name;
        GameObject item = Instantiate(Resources.Load(path)) as GameObject;
        item.transform.parent = grid.transform;
        item.transform.localPosition = new Vector3(0, 0, 0);
        item.transform.localScale = new Vector3(1, 1, 1);

        grid.GetComponent<UIGrid>( ).repositionNow = true;

        return item;
    }
}
```

03 다음과 같이 생성되는 것을 확인할 수 있다.

7.4 > 아이템 구성하기

이번에는 아이템을 구성하는 작업을 진행한다. 먼저 글자를 출력하는 작업이 필요하다. NGUI 에서는 다이내믹 폰트, BM 폰트[3] 출력 방식이 있는데, 여기서는 다이내믹 폰트 출력 방식에 대해 알아본다. 다이내믹 폰트 출력 방식이란, 시스템 ttf 파일을 가지고 출력하는 방식을 말한다.

1 다이내믹 폰트 추가하기

01 네이버를 통해 TTF 파일을 다운로드한 후 유니티 5 3D 프로젝트에 추가한다.

[3] NGUI에 사용되는 이미지 폰트를 만들기 위해서는 'BM Font(Bitmap Font Generator)'라는 프로그램을 사용하는데, 이는 실제 폰트를 비트맵 폰트로 만들어주는 프로그램이다. 이 프로그램은 앤젤코드닷컴(www.angelcode.com/products/bmfont/)에서 다운로드할 수 있다.

02 우선 Fonts 폴더를 만든다.

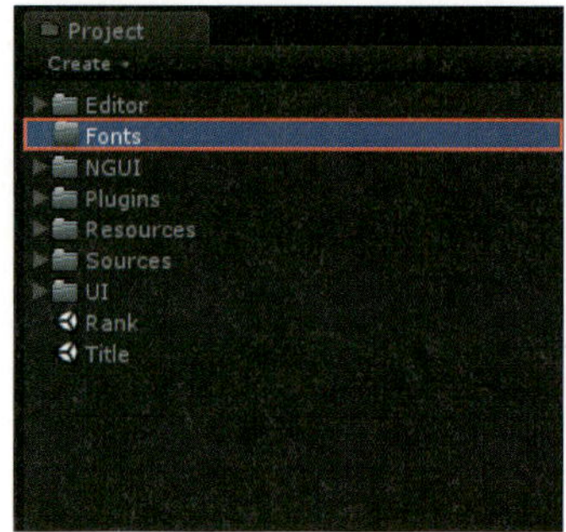

03 다음 화면과 같이 다운로드한 폰트 파일(나눔고딕B.ttf)을 Fonts 폴더로 드래그한다. 다음과 같이 작업됐다면 준비가 완료된 것이다.

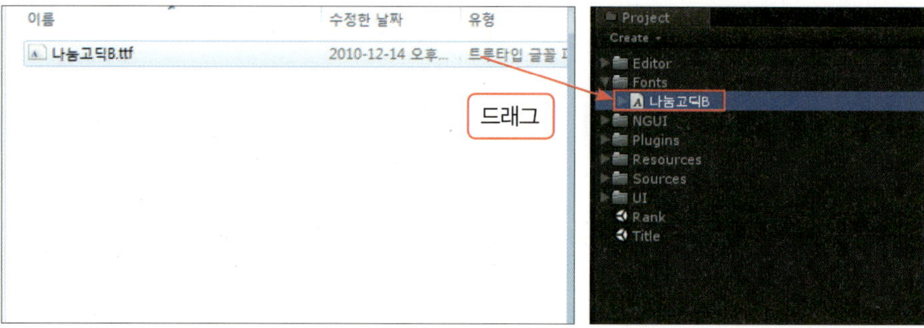

2 아이템 자식으로 레이블 추가하기

01 아이템 자식으로 Label을 추가한 후 컴포넌트를 통해 폰트를 지정한다.

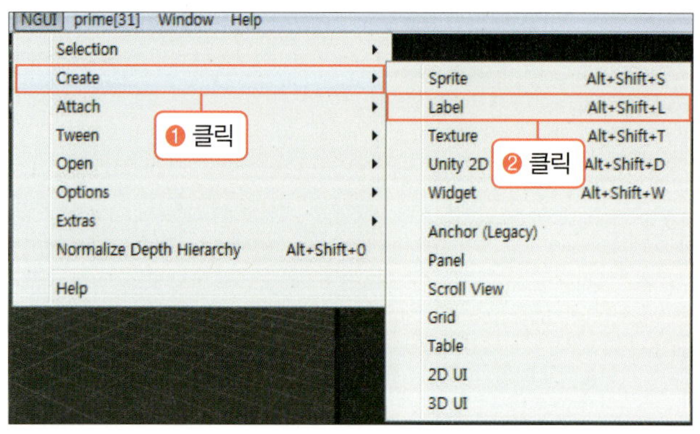

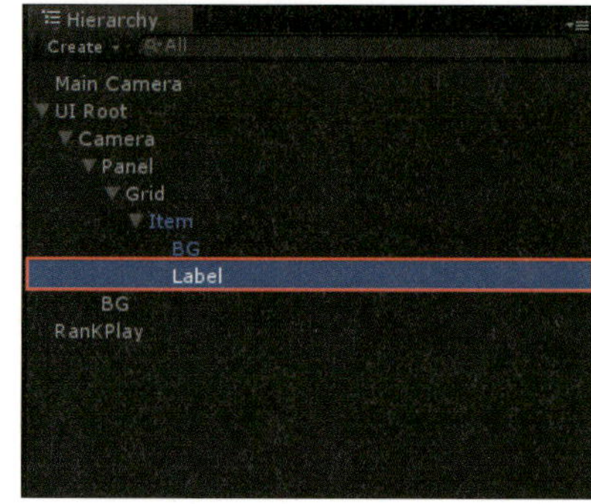

02 Label 메뉴를 설정하는 데는 Unity 설정 방식과 NGUI 설정 방식이 있다. 이 두 가지 설정 방식의 차이는 NGUI 방식으로 폰트를 출력할 것인지, Unity 방식으로 출력할 것인지를 정하는 것이다.

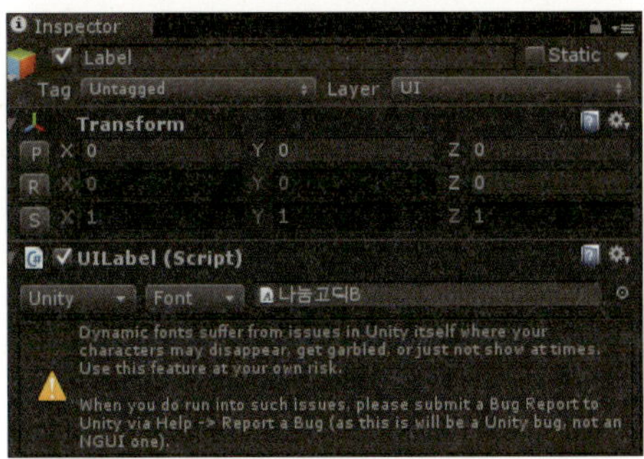

03 다이내믹 폰트는 Unity 설정 방식을 이용한다.

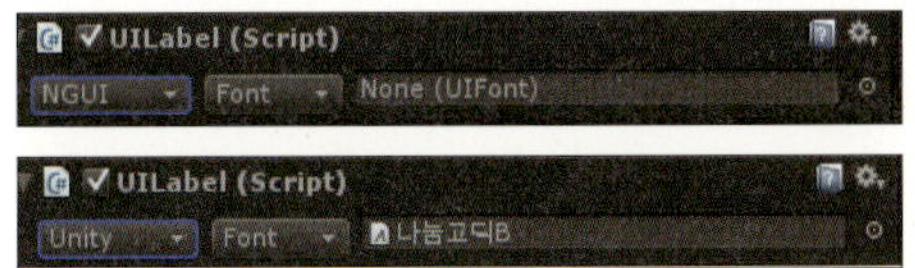

04 완료되었다면 다음 화면과 같이 출력될 것이다.

❸ 사용자 명과 점수 출력하기

01 다이내믹 폰트를 이용하여 사용자명, 점수 등을 출력해보자. 다이내믹 폰트 사용 시 주의할 점은 한글로 출력하기 위해서는 반드시 한글 폰트를 사용해야 한다는 것이다.

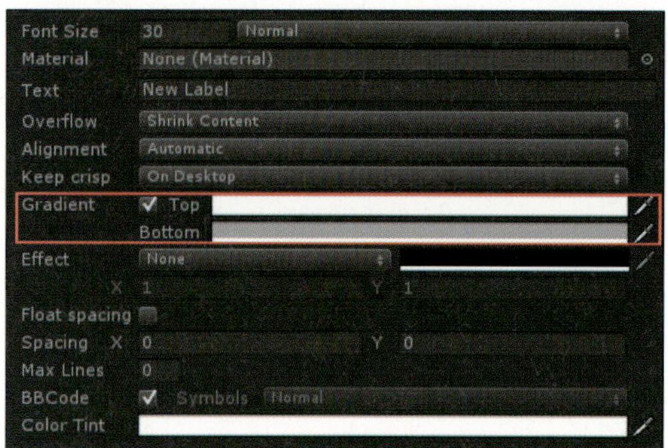

02 위 화면에서 Gradient 값의 체크 표시를 해제한다.

03 사이즈를 조정하기 위해 Overflow 값을 'Resize Freely'로 변경한다.

04 원하는 만큼 사이즈를 조정한다.

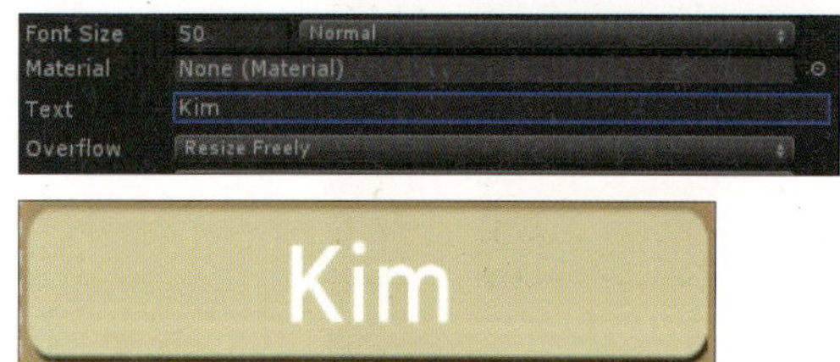

01 완료되었다면 편집한다. 우선 사용자 명을 출력할 Label을 만든다.

02 게임 오브젝트를 만들기 위해 NameLabel을 만든다.

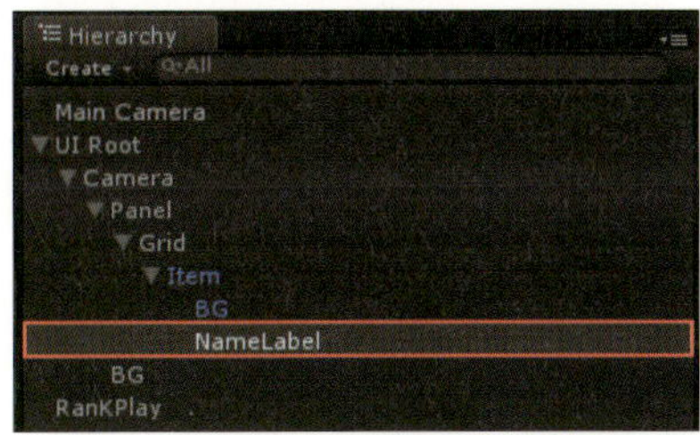

03 NameLabel 게임 오브젝트를 클릭한 후 인스펙터 창에 있는 UILabel 컴포넌트 위젯(Widget)을 확인한다. 그런 다음 Pivot을 Left로 설정한다. Pivot 문자를 출력할 때 기본이 Center로 되어 있다면 중심으로부터 글자가 배치되고, Left로 되어 있다면 왼쪽에 배치된다.

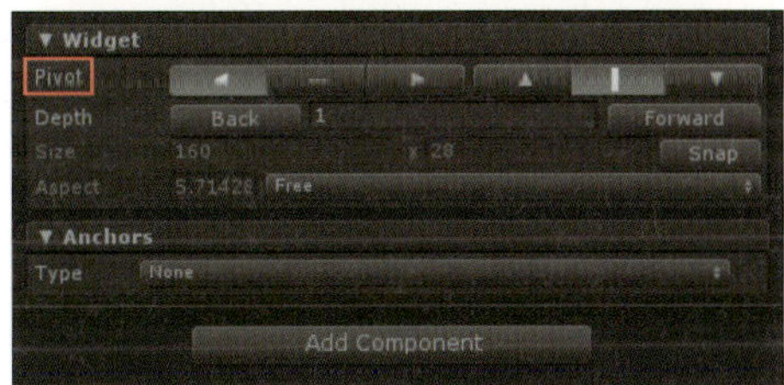

04 Pivot을 Left로 설정한다.

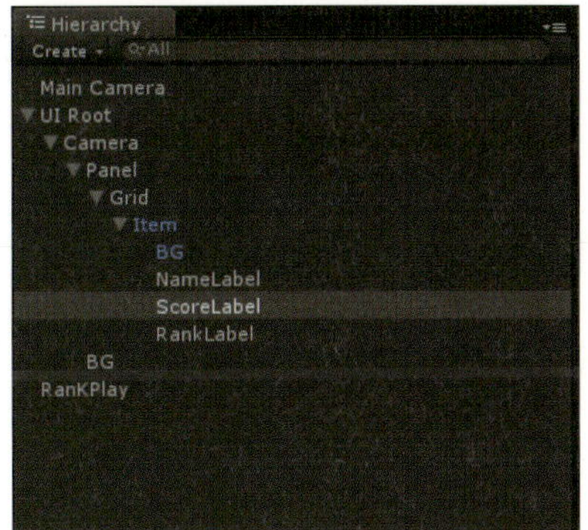

05 구성한다.

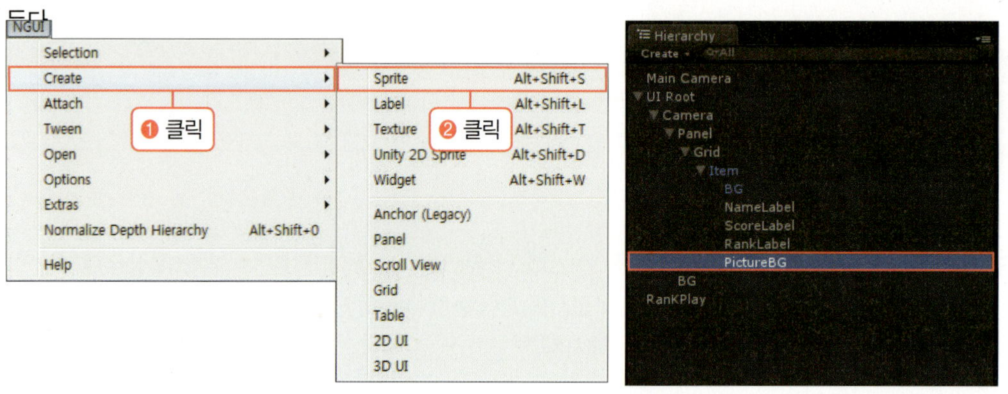

5 이미지 추가하기

아이템에 페이스북에서 받은 사진 정보를 출력할 위치를 잡기 위해 이미지 추가한다.

01 유니티 5 3D 메뉴 중에서 NGUI 메뉴의 Create – Sprite 를 클릭하여 PictureBG 게임 오브젝트를 만든다.

02 사진이 들어갈 자리에 노란색 이미지를 배치한다. 사진의 위치는 매번 설정하기 힘들기 때문에 해당 이미지의 위치에 사진을 그릴 것이다.

03 아이템 작업이 완료되면 Prefabs 폴더에 있는 아이템 수정 내용을 적용해야 한다. 그 이유는 앞으로 친구 정보로 생성될 아이템이 Prefabs 폴더에 존재하기 때문이다.

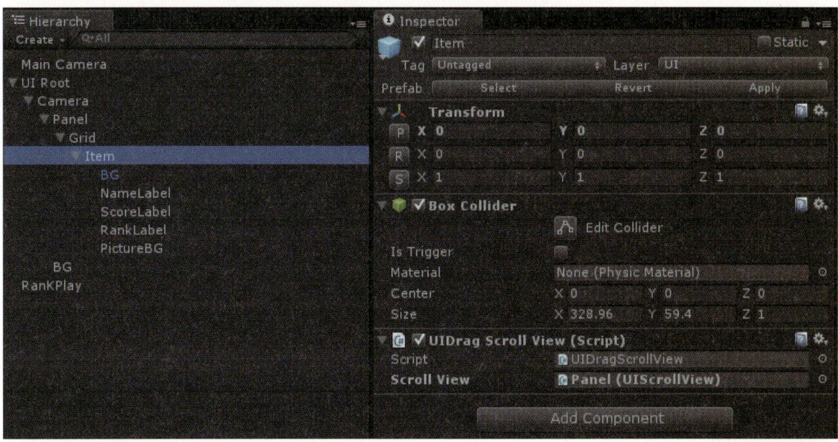

04 Apply 버튼을 클릭하여 적용한다.

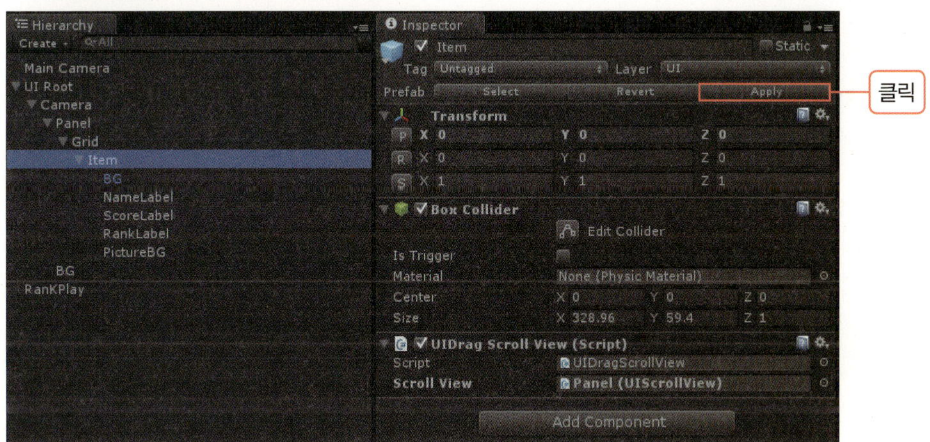

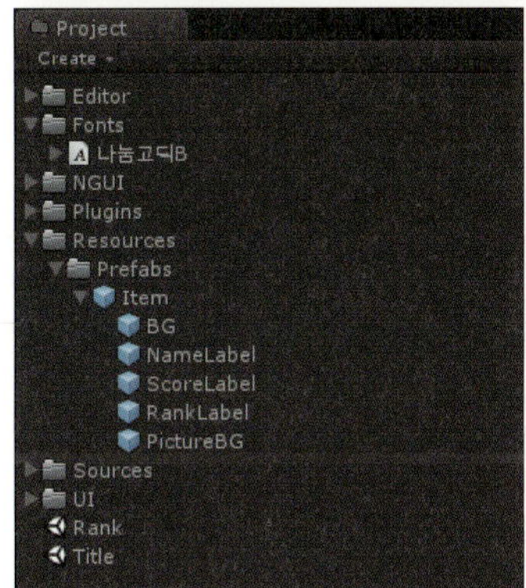

앞 장에서 우리가 페이스북을 통해 받은 데이터는 친구 정보 등을 담는 역할을 했다. 우리는 이제 여기에 들어 있는 데이터를 이용하여 출력하면 된다. PlayerData는 페이스북에 연동되어 있어야 데이터를 적용할 수 있기 때문에 반드시 빌드한 후에 테스트를 해야 한다.

1 RankItem 스크립트 만들기

01 이번에는 'RankItem'이라는 스크립트를 만들어 보자.

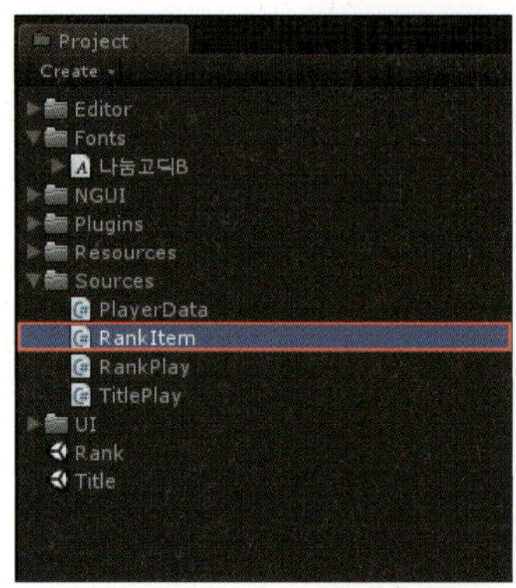

02 RankItem을 Item 컴포넌트에 추가한다.

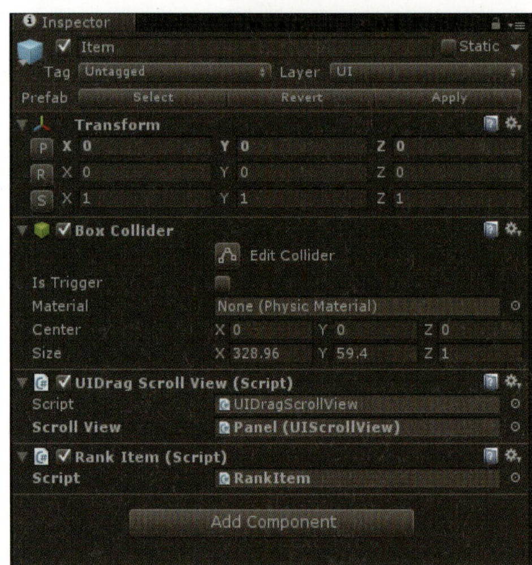

03 RankItem 컴포넌트를 붙이는 이유는 아이템 자식으로 있는 게임 오브젝트에 편리하게 접근하기 위해서이다. 스트립트 작업은 다음과 같다.

 Item 주소값을 보관하는 RankItem 클래스 만들기

```
using UnityEngine;
using System.Collections;

public class RankItem : MonoBehaviour
{
    public UILabel nameLabel = null;
    public UILabel rankLabel = null;
    public UILabel scoreLabel = null;
    public Transform pictureBG = null;
}
```

04 아이템 자식으로 있는 게임 오브젝트를 이름에 맞게 연결한다. 그러면 이제부터 자식에 있는 게임 오브젝트를 해당 컴포넌트를 통해 쉽게 적용할 수 있다.

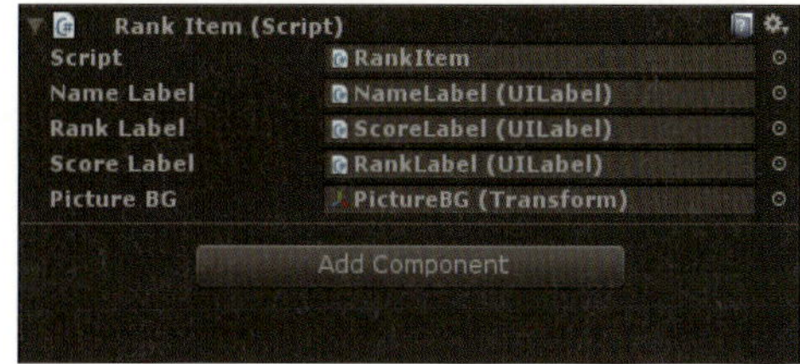

05 완료되었다면 Prefabs 폴더에 있는 아이템에 적용한다.

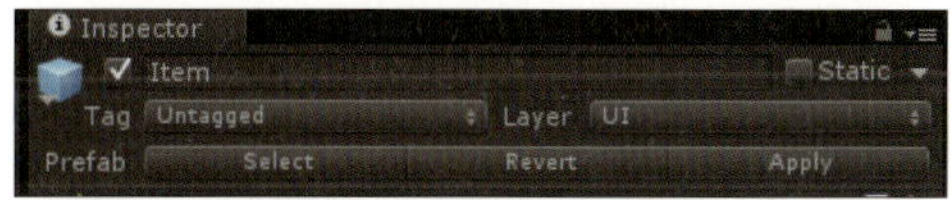

 친구 item 정보 수정

```
void AddItem(UserItemitem)
{
    GameObject obj = LoadItem("item");
    RankItem rankItem = obj.GetComponent<RankItem>();
    rankItem.nameLabel.text = item.userName;

}
void Start()
{
    foreach(UserItem item in PlayerData.Inst.items.Values)
    {
        AddItem(item);
    }
}
```

웹 통신

이번 장에서는 상점을 구성하는 방법과 구글을 통한 결제 방법, 그리고 게임 서버에서 어떻게 관리되는지에 대해 알아본다.

PHP(Personal Hypertext Preprocessor)는 하이퍼텍스트 생성 언어(HTML)에 포함되어 동작하는 스크립팅 언어이다. 별도의 실행 파일을 만들 필요 없이 HTML 문서 안에 직접 포함시켜 사용할 수 있으며, C, 자바, 펄 언어 등에서 많은 문장 형식을 준용하고 있어 동적인 웹 문서를 빠르고 쉽게 작성할 수 있다는 특징을 가지고 있다. ASP(Active Server Pages)와 같이 스크립트에 따른 내용이 다양하기 때문에 동적 HTML 처리 속도가 빠르며, PHP 스크립트가 포함된 HTML 페이지에는 .php, .php3, .phtml이 붙는 파일 이름이 부여된다. 처음에는 'Personal Home Page Tools'라 불렸으며, 공개된 무료 소스이다.

유니티 5 3D 엔진은 PHP 언어를 직접 작동시키는 것이 아니기 때문에 서버에 PHP 소스 코드를 올려놓고 작업할 것이다. PHP 스크립트는 기본적으로 IIS(윈도우 웹 서버) 또는 Apache(리눅스 계열 웹 서버)가 구동되어야 작동된다. 즉, 웹 서버가 존재해야만 구동할 수 있다.

별도의 서버 지식이 없어도 웹 서버를 자체적으로 구축하거나 카페24(http://cafe24.com) 관련 호스팅 업체를 통해 구축할 수 있다. 요즘은 AWS(Amazon Web Service, http://aws.amazon.com/kr)를 많이 활용하는 편이다.

그림 8-1 cafe24 홈페이지

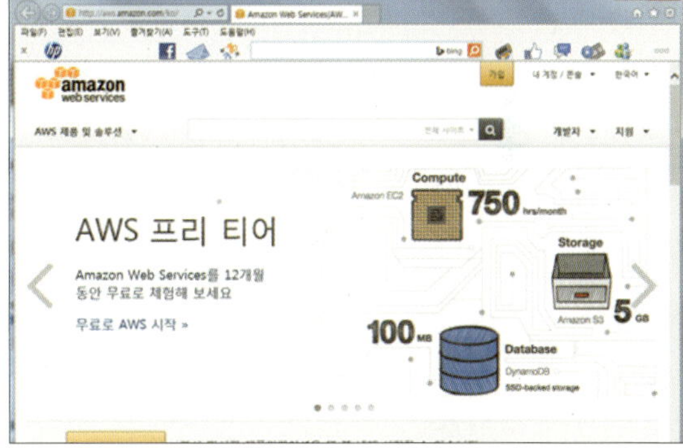

그림 8-2 아마존 웹 서비스(AWS) 홈페이지

PHP 작업을 하려면 에디터 환경이 필요하다. 메모장 프로그램, 유니티 5 3D에서 제공하는 모노디벨롭을 이용해도 작성할 수 있다. 개인적으로 추천하는 프로그램은 notepad++(http://notepad-plus-plus.org)이다.

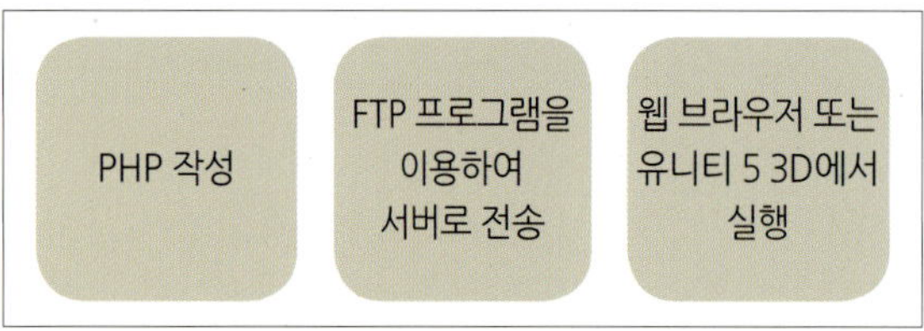

그림 8-3 PHP 작업 프로세스

1 노트패드와 파일질라로 웹 서버에 PHP 파일 올리기

01 Notepad++ 프로그램을 설치한다.

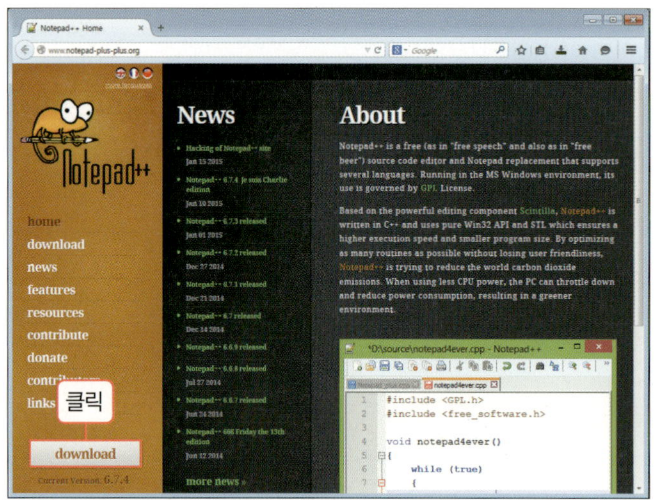

02 PHP를 작성하여 테스트한다. 먼저 PHP 파일을 올리려면 FTP용 프로그램이 필요하다. 여러 가지 FTP 프로그램이 있지만 저자는 무료 공개 버전인 '파일질라(Filezilla)'를 주로 사용한다. 클라이언트 버전을 다운로드한다.

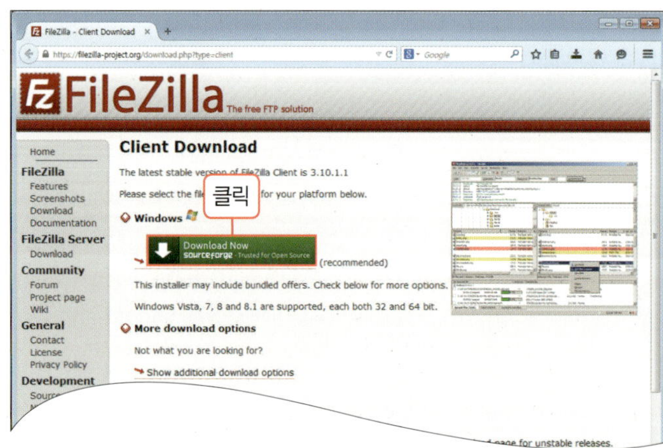

03 이제 준비된 웹 서버에 PHP 파일을 올려 테스트해보자.

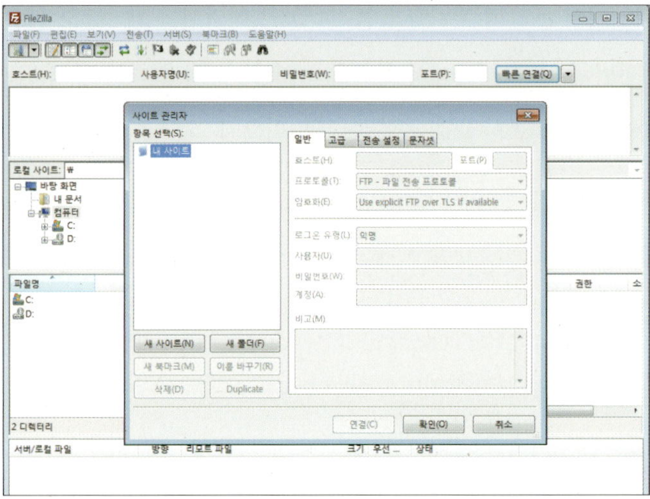

04 PHP 문법은 〈?php .... ?〉 사이에 구문을 입력해야 한다. 웹 언어이고 페이지 안에 많은 언어들이 사용되므로 구분하는 용도로 사용한다.

```php
1 | <?php
2 |     echo "hello world!!";
3 | ?>
```

05 최초로 작성한 PHP 파일을 올려 테스트해보자. 저자는 http://180.70.94.180/teaching/Social/php/3Chapter/helloWorld.php에 올려놓았다. 웹 브라우저로 확인해본다.

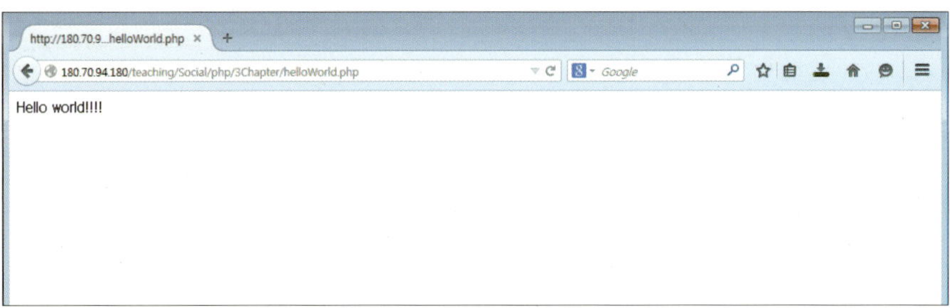

해당 주소에 PHP를 실행하면 웹 서버에서 응답해주는 것을 볼 수 있다. 여기서는 웹 브라우저로 확인했지만, 앞으로는 웹 브라우저가 아닌 유니티 5 3D에서 확인할 것이다. C#을 잘하는 유저라면 PHP 코드를 쉽게 이해할 수 있을 것이다. PHP의 특징에 대해 좀 더 알아보자.

```php
<?php
$a = 10;
$b = "hello world";
$c = 0.1;

echo $a . "<br>";
echo $b . "<br>";
echo $c . "<br>";
?>
```

PHP는 C#과 다르게 변수 타입을 선언할 필요는 없다. 변수 앞에는 항상 달러 기호($)를 붙인다. $a는 선언된 변수들을 출력하는 코드이다. echo는 C# print() 함수와 같다고 보면 된다. '.' 뒤에 있는 문자열 〈BR〉과 합친다는 의미이다. 〈BR〉은 HTML 마크업 언어로, 다음 줄로 넘기라는 의미로 사용된다.

```php
<?php
$a = 10;
$b = 20;

if ($a > $b)
{
    echo "a가 크다";
}
else
{
    echo "b가 크다";
}

?>
```

if문과 같은 기본 문법도 비슷하다. 참고로 PHP는 C 언어에 가깝다고 생각하면 될 것이다. 이번에는 웹을 처리하는 데 있어 가장 중요한 것을 알아보자. 대부분 웹과 연동하는 작업은 클라이언트에서 이루어진다. 예를 들어 사용자 정보를 서버에 요청하면 서버는 사용자 정보를 찾아 클라이언트에 전송해준다.

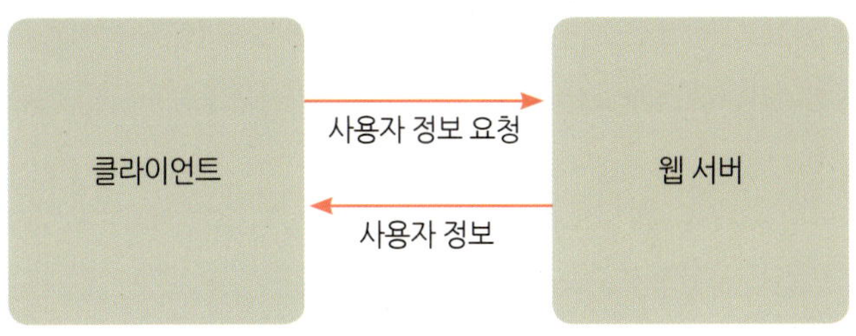

그림 8-4 클레이언트와 웹 간의 사용자 정보 전송 과정

❸ 간단한 덧셈 처리 결과

이번에는 클라이언트가 전송한 데이터를 웹 서버가 어떻게 처리하는지 알아보자.

```php
<?php

    $a = $_REQUEST["a"];
    $b = $_REQUEST["b"];

    echo $a + $b;
?>
```

위의 소스는 간단한 덧셈을 처리해주는 코드이다. 저자는 **add.php** 코드로 저장하고 웹 서버에 올릴 것이다. 웹 브라우저 창에 'http://180.70.94.180/teaching/Social/php/3Chapter/add.php?a=10&b=50'을 입력한다. '60'이라는 결과가 나타날 것이다. a=10의 값과 b=50의 합이 60이다.

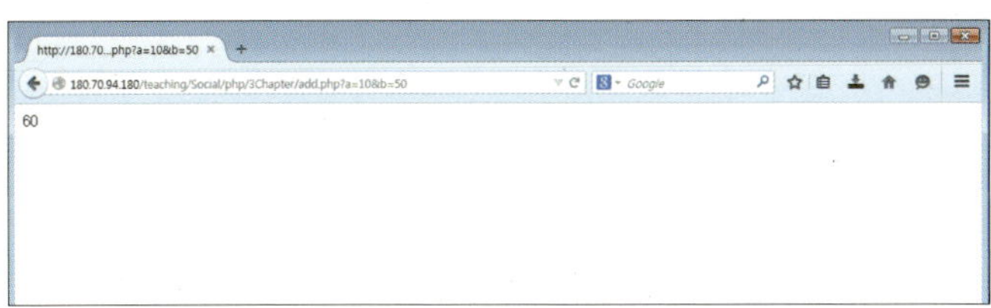

그림 8-5 a = 10, b = 50일 때 a + b의 합인 '60'이 출력된 모습

어떻게 처리되는지 소스 코드를 분석해보자. '$_REQUEST["a"] 10'이라는 값이 전송될 것이다. $a
에는 '10'이라는 값이 담길 것이다. 그리고 $b에는 '50'이라는 값이 전송될 것이다.

▣ 유니티 5 3D 엔진으로 분석하기

이번에는 웹 브라우저가 아니라 유니티 5 3D 엔진을 통해 접근해보자.

01 WebTest.cs 파일을 만들어 보자. [소스 8-1]은 테스트를 하는 용도로 만드는 클래스이다.

<u>소스 8-1</u> PHP 더하기 프로그램 제작

```csharp
using UnityEngine;
using System.Collections;

public class WebTest : MonoBehaviour
{
    void Start ()
    {
            StartCoroutine(Add( ));
    }

    IEnumerator Add()
    {
        string url = "http://180.70.94.180/teaching/Social/php/3Chapter/add.php"
        WWWForm form = new WWWForm( );
        form.AddField("a", 10);
        form.AddField("b", 50);

        WWW www = new WWW(url, form);
        yield return www;

        if (www.error == null)
        {
            print (www.text);
        }
        else
        {
            print (www.error);
        }
    }
}
```

02 소스 코드를 컴포넌트로 추가한다.

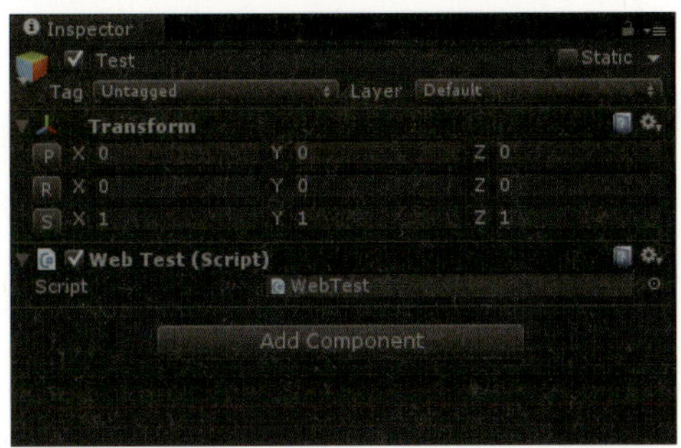

03 결과가 나타난다.

8.2 > MySQL

앞에서 우리는 간단한 PHP 예제를 테스트해보았다. 이번에는 웹 서버의 DB 연동 작업에 필요한 작업을 해보자. MySQL의 목적은 사용자 정보, 아이템 정보, 사용자 데이터 게임에 필요한 정보들을 저장하는 것이다. 여기서는 카페24(Cafe24)의 DB를 이용해보자.

01 카페24(http://cafe24.com)에 접속한다.

02 접속하기 › 버튼을 클릭한다.

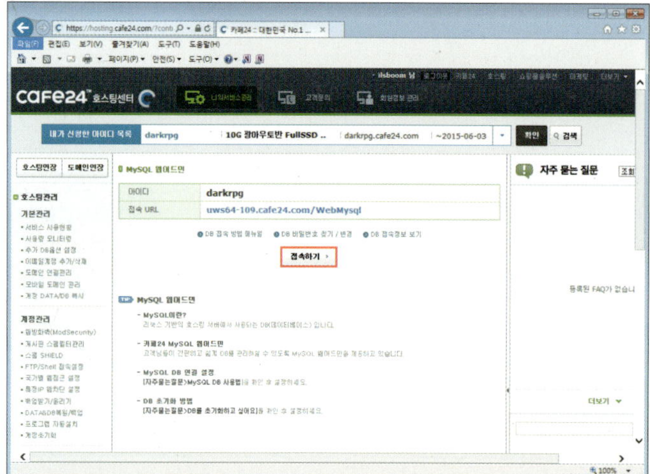

03 아이디와 비밀번호를 입력한다.

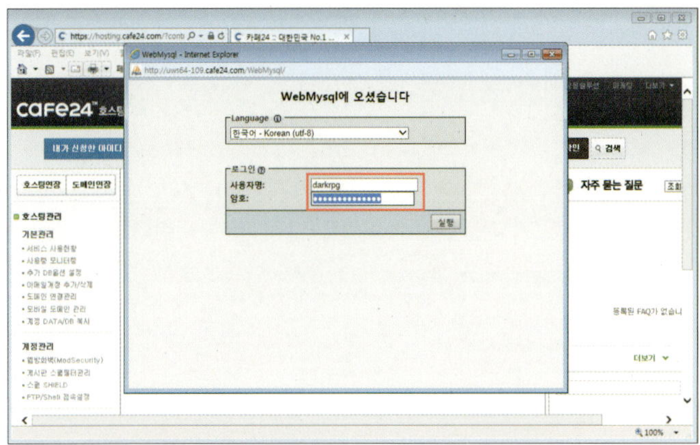

☑ 데이터베이스 테이블

MySQL은 데이터베이스를 관리해주는 프로그램이다. 보통 검색, 추가, 삭제 등을 이용하여 데이터를 관리해주고 있다. MySQL은 보통 리눅스 형태의 서비스에 많이 이용되고, 윈도우 계열에는 MS SQL도 있다. 저자는 MySQL로 진행한다.

[그림 8-6]처럼 카페24 서비스를 이용하면 직접 설치를 하지 않아도 사용할 수 있다. MySQL의 구조를 살펴보자.

MySQL은 [그림 8-6]과 같은 구성으로 되어 있다. 하나의 MySQL에는 여러 개의 DB를 만들 수 있다. 카페24 서비스는 여러분에게 하나의 DB를 할당해줄 것이다. 그리고 안에는 여러분이 직접 Table을 만들 수 있다. 테이블은 사용자 정보 아이템 정보 등 다양한 정보를 담는 목적으로 사용된다.

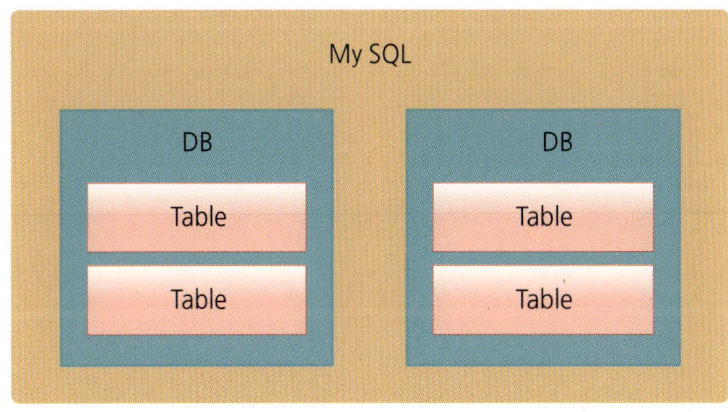

그림 8-6 MySQL의 구조

이번에는 간단하게 테이블을 제작해보자. 카페24는 사용자들이 쉽게 MySQL을 사용할 수 있도록 PHP MyAdmin 서비스를 제공한다. 웹으로 지원하기 때문에 스마트폰, 패드로 접속하여 작업할 수 있다.

01 저자는 계정을 'UnitySocial'이라는 이름으로 만들었기 때문에 UnitySocial DB명을 클릭한다.

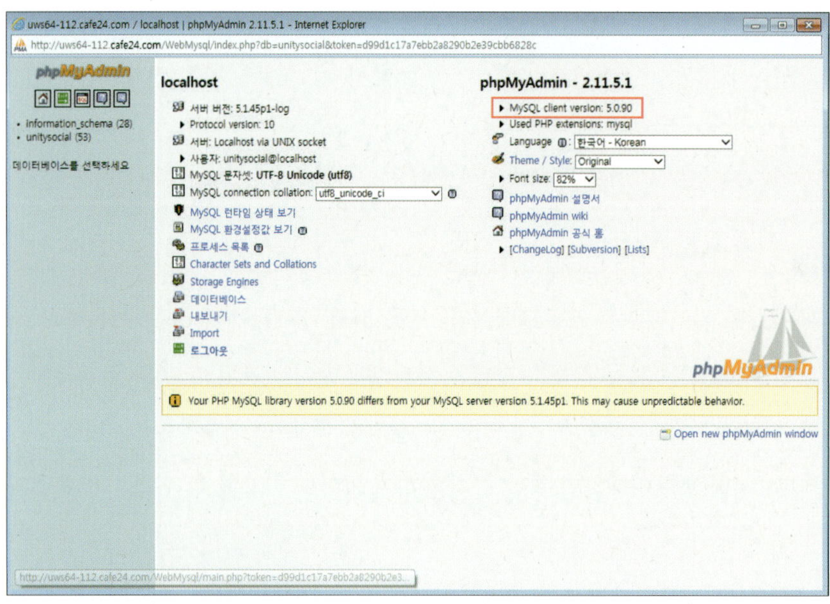

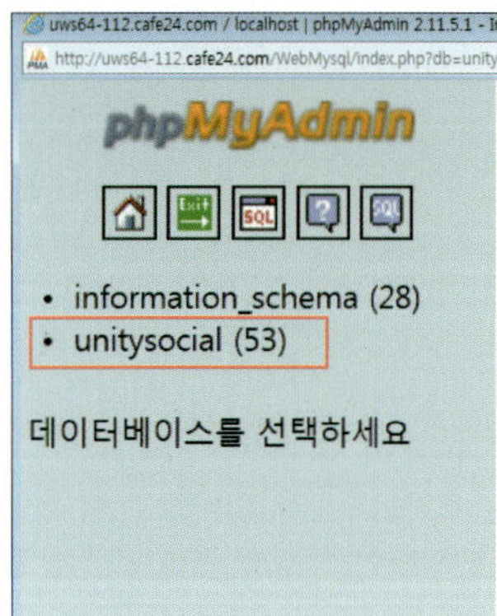

02 ⚒️테이블 작업 버튼을 클릭한다.

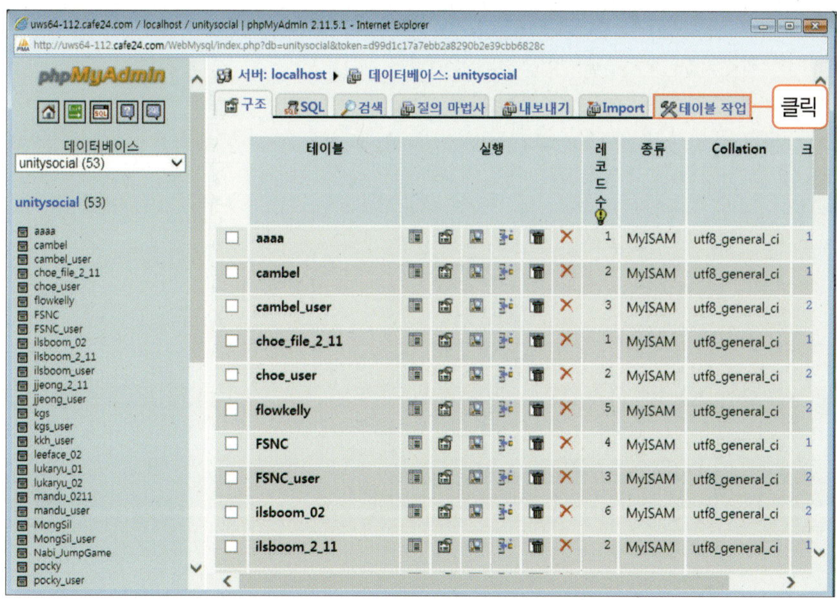

03 테이블명에는 'testTable', 필드 개수에는 '2'를 입력한다. 입력이 완료되면 실행 버튼을 클릭한다.

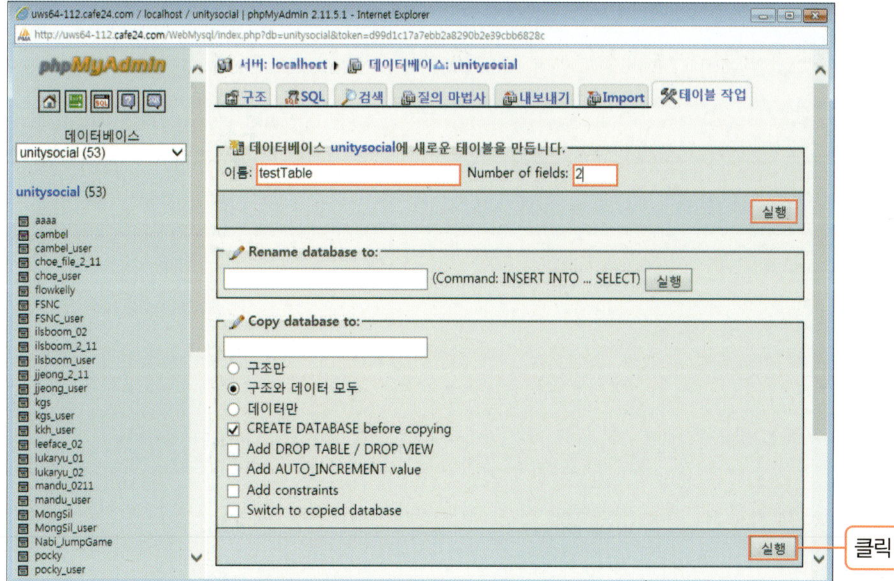

04 필드명으로 name, age 2개를 만든다. 문자열을 입력하기 위해 종류는 'VARCHAR'을 선택한다. 여기서 길이는 입력받을 문자 길이를 말하며, '20'을 입력한다. 완료되면 저장 버튼을 누른다.

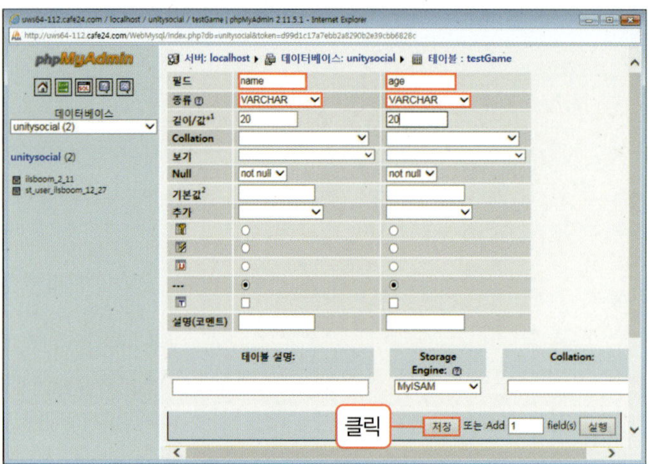

05 완료된 것을 확인할 수 있다.

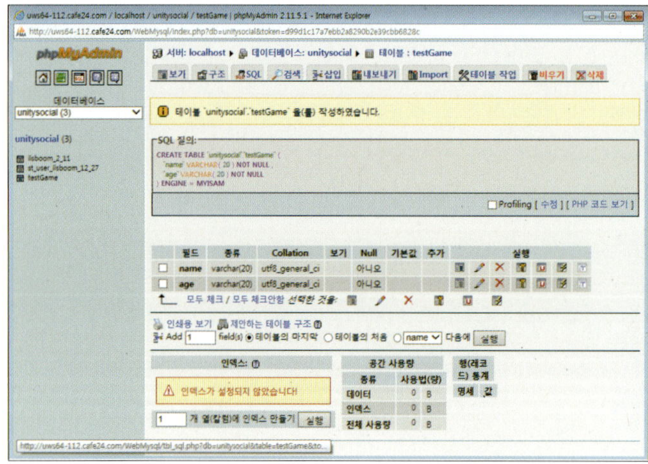

4 SQL 쿼리

이번에는 testGame 테이블 작업을 이용하여 SQL에 대해 알아보자. MySQL은 데이터를 저장, 삭제, 수정해주는 역할을 한다. 이러한 작업은 SQL이라는 간단한 쿼리문을 이용한다.

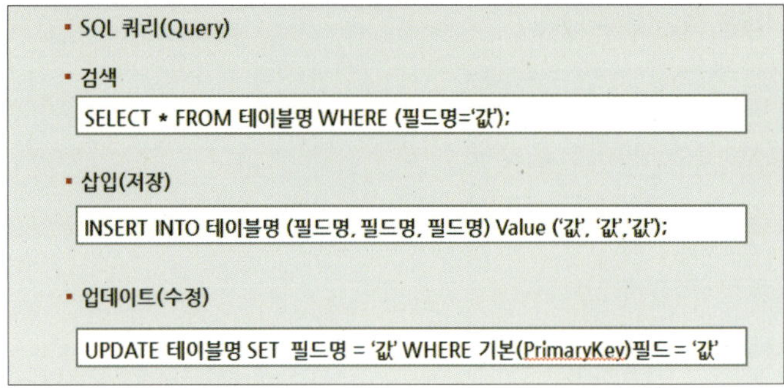

그림 8-6 SQL 쿼리 예제

SQL 쿼리 저장 작업을 해보자.

01 'Insert into testGame (name,age) values ('kim', '50')'을 입력한 후 실행 버튼을 클릭한다.

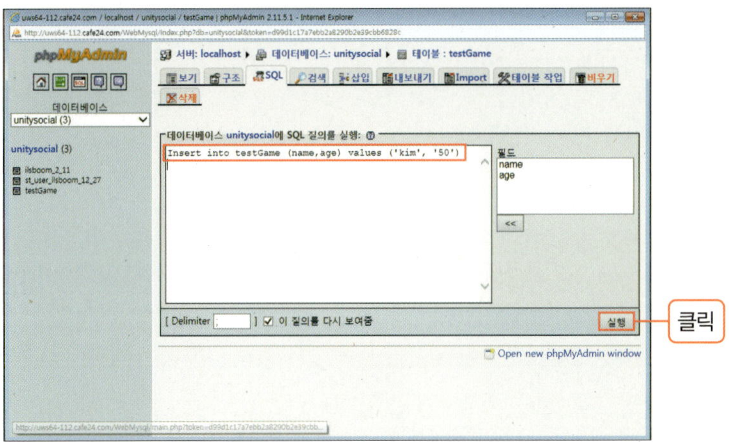

02 실행되는지 확인한다.

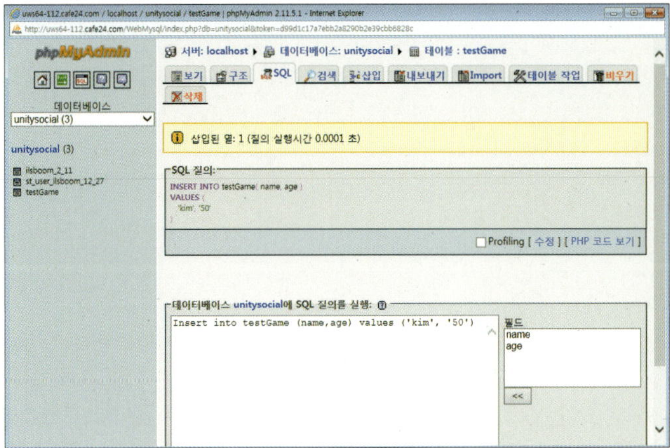

03 보기: 버튼을 클릭하면 저장된 데이터를 확인할 수 있다.

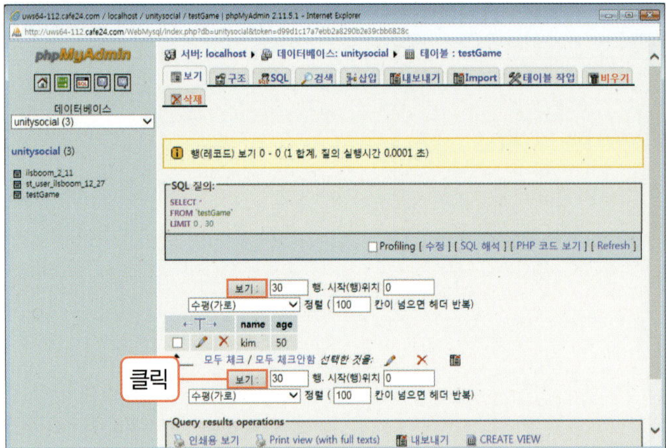

04 저자는 Insert 작업을 반복하여 여러 가지 데이터를 저장하였다.

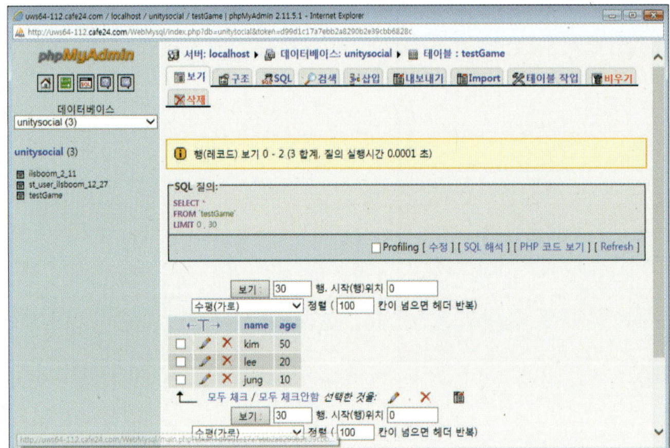

5 SQL 쿼리 검색하기

01 이번에는 검색을 해보자. 나이가 20세인 사람을 찾을 것이다.

```
SELECT * FROM testGame WHERE age = '20'
```

02 실행 버튼을 클릭한다.

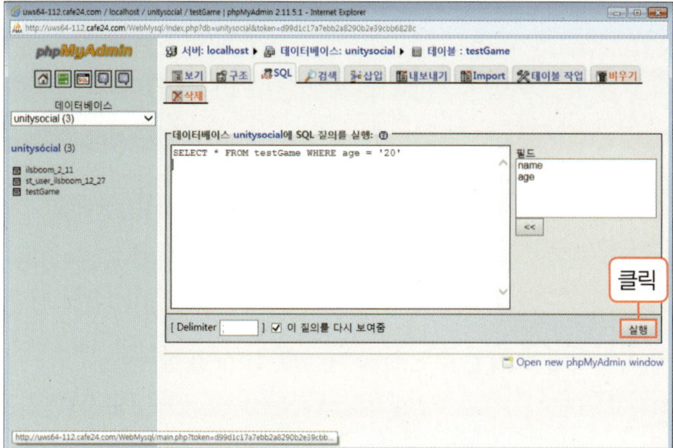

03 검색되면 완료된 것이다.

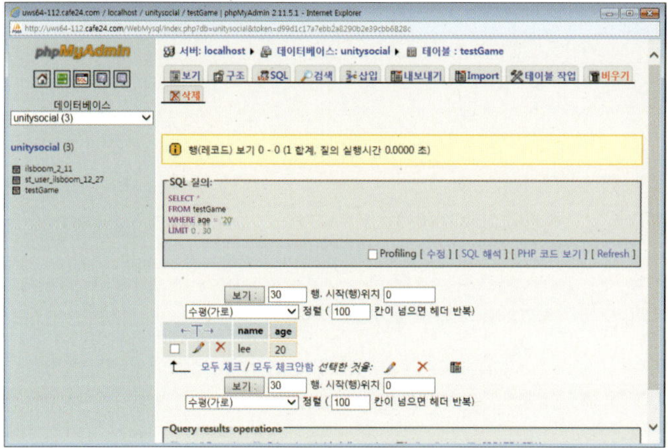

앞에서 PHP 사용법과 MySQL 사용법을 알아보았다. 이번에는 PHP와 MySQL의 연동 방법에 대해 알아본다.

1 아이디와 비밀번호

먼저 PHP에서 MySQL에 접속하려면 아이디와 비밀번호가 필요하다. 카페24(Cafe24)의 아이디, 비밀번호를 기억한다. **Config.ini**의 확장자명에 파일을 만들고 다음과 같이 입력한다.

```
[DB Connection]

    hostname = localhost
    account = 아이디
    password = 비밀번호
    database = DB명
```

예를 들어 아이디가 'test'이고, 비밀번호가 '1234'라면 다음과 같이 입력하면 된다.

```
[DB Connection]
    hostname = localhost
    account = test
    password = 1234
    database = test
```

앞으로 우리는 DB에 접속할 때마다 해당 파일에 접근하여 얻어올 것이다. dbtest.php 파일을 제작한 후 다음 소스 코드와 같이 입력한다.

```php
<?php

    $data = array( );
    $data['error'] = 0;
?>
```

array()는 배열을 만드는 함수이다. array()를 이용하여 다양한 데이터를 변수에 담을 수 있다.

'$data = array()'는 $data 배열로 만든 것이고, '$data['error'] = 0;'은 error 키에 '0'이라는 값을 담은 것이다. 우리는 앞으로 error값이 0이면 성공, 1이면 DB 접속 실패, 2이면 금액 부족 등 에러 코드로 활용할 것이다.

② config.ini 불러오기

01 다음은 우리가 앞에서 만든 Config.ini 파일을 불러오는 코드이다. 이에는 아이디, 비밀번호, DB 명 등이 포함되어 있다.

```php
<?php

    $data = array( );
    $data['error'] = 0;

    $ini_config = parse_ini_file('Config.ini');
?>
```

02 mysqli() 클래스를 이용하여 DB에의 접근을 시도한다. mysqli([주소], [아이디], [비밀번호], [DB 명])을 입력한다. $ini_config 변수에 아이디, 비밀번호 등이 담겨 있기 때문에 각괄호([ ])로 접근하여 사용한다.

```php
<?php

    $data = array( );
    $data['error'] = 0;

    $ini_config = parse_ini_file('Config.ini');
    $db =new mysqli($ini_config['hostname'], $ini_config['account'],
        $ini_config['password'], $ini_config['database']);


?>
```

03 다음 소스 코드의 '$db' 작업이 실패하면 'nil'이 될 것이다. !$db를 통해 실패 여부를 체크한다. 실패할 경우 error 값을 '1'로 세팅한다.

```php
<?php

    $data = array( );
    $data['error'] = 0;


    $ini_config = parse_ini_file('Config.ini');
    $db =new mysqli($ini_config['hostname'], $ini_config['account'],
            $ini_config['password'], $ini_config['database']);


    if (!$db)
    {
        $data['error'] = 1;
    }

?>
```

04 'json_encode();'는 우리가 array에 담아둔 데이터를 JSON 포맷으로 변경해주는 함수이다. 우리는 페이스북처럼 클라이언트 서버 간의 전송 방식을 JSON 포맷으로 하도록 한다.

```php
<?php

    $data - array( );
    $data['error'] = 0;


    $ini_config = parse_ini_file('Config.ini');
    $db =new mysqli($ini_config['hostname'], $ini_config['account'],
            $ini_config['password'], $ini_config['database']);


    if (!$db)
    {
        $data['error'] = 1;
    }

    echo json_encode($data);
?>
```

05 echo 출력이고 json_encode($data)은 JSON으로 변환하라는 함수이다. 작업된 PHP 코드를 각자 준비한 ftp를 통해 올려 테스트해보자. 'error : 0'이라고 나타나면 성공이고, 'error : 1'이라고 나타나면 실패이다.

③ ftp에 올려 테스트하기

01 작업한 Config.ini, dbtest.php를 FTP로 전송한다.

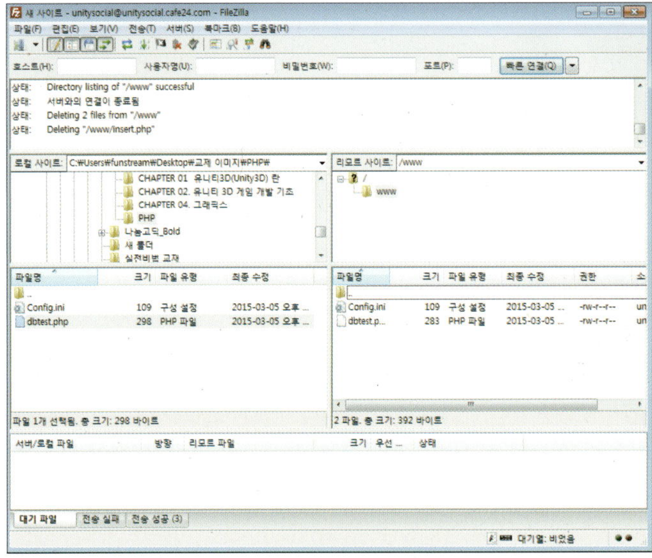

02 '{error : 0}'이라고 출력되면 성공이다. 여기서는 카페24의 저자 개별 주소인 unitysocial.cafe24.com/dbtest.php에서 테스트했다.

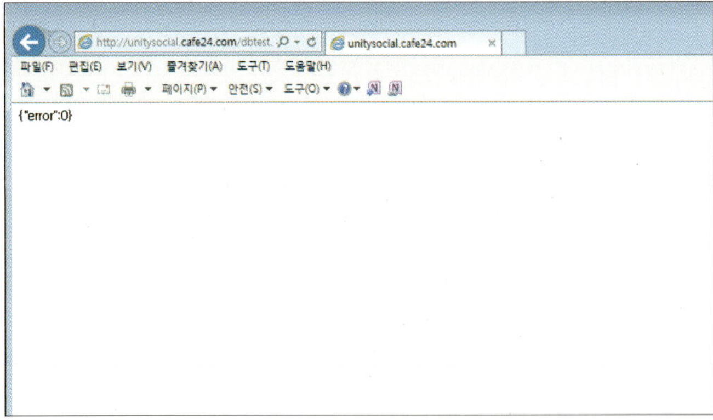

지금까지 PHP, MySQL의 사용 방법에 대해 알아보았다면, 이번에는 게임 서버에 Login하는 방법에 대해 알아본다. Account 작업은 [그림 8-7]과 같다.

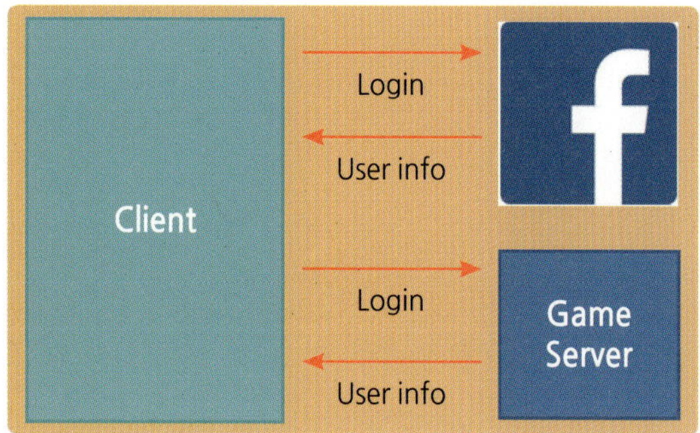

그림 8-7 페이스북 게임 서버 접속 방식

[그림 8-7]을 보면 처음에 페이스북으로 로그인을 한다. 그럼 가입자의 정보 메일, 발급 ID, 이름 등과 같은 정보를 얻어올 수 있다. 페이스북에서 발급받은 ID를 이용하여 게임 서버에 접속한다. 만약, 처음 접속한 유저라면 가입을 하고, 이미 가입한 유저라면 저장한 User Info를 가져올 것이다. 이렇게 게임 서버를 두는 이유는 게임에 필요한 데이터를 저장하기 위해서이다.

1 로그인 작업

01 Login() 작업은 TilePlay.cs 스크립트의 MyData() 함수에 하도록 한다. MyData() 함수는 앞에서 페이스북에서 사용자 정보를 얻어오는 역할로 사용했다.

소스 8-2 페이스북에서 사용자 정보를 얻어오는 역할을 하는 Mybata() 함수

```
IEnumerator MyData( )
{
    IDictionary root = (IDictionary)myInfo;
    string id = (string)root["id"];
    string name = (string)root["name"];


    PlayerData.Instance.id = long.Parse(id);
    PlayerData.Instance.name = name;

    yield return null;
}
```

02 MyData() 함수에 페이스북 작업을 완료하면 페이스북 ID를 기준으로 우리가 제작할 게임 서버에 로그인을 시도할 것이다. 먼저 우리는 게임 서버에 사용자 정보를 저장할 테이블을 만들 것이다.

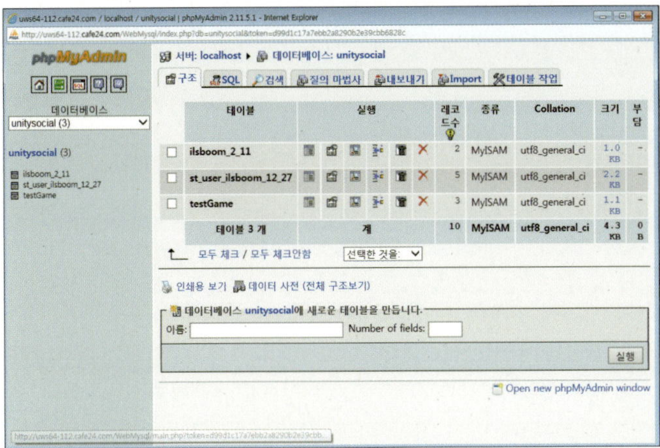

03 탭을 클릭한다.

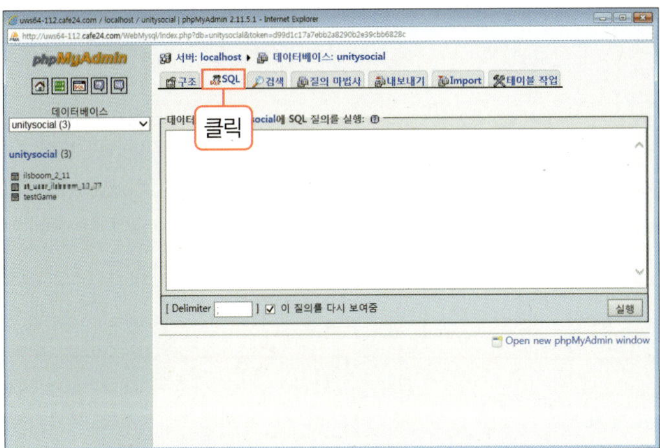

01 우리는 앞에서 테이블 작업 버튼을 클릭한 후 작업했다. 테이블도 SQL 쿼리로 제작할 수 있다. 다음과 같이 입력한다.

```
CREATE TABLE IF NOT EXISTS userinfo (
    `uid` int(11) NOT NULL AUTO_INCREMENT,
    `account` varchar(30) NOT NULL,
    `sel_char` int(11) NOT NULL,
    `char_0` int(11) NOT NULL,
    `char_1` int(11) NOT NULL,
    `char_2` int(11) NOT NULL,
    `gold` int(11) NOT NULL,
    `heart` int(11) NOT NULL,
    `score` int(11) NOT NULL,
    PRIMARY KEY (`uid`)
)
```

02 실행 버튼을 클릭한다.

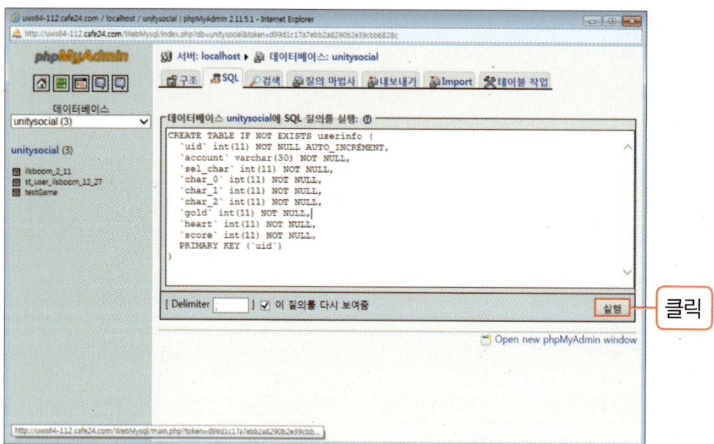

03 완료 화면이다.

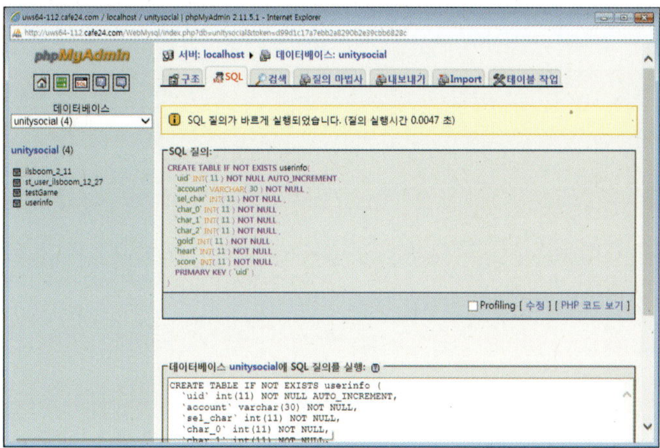

③ PHP 코드 제작하기

01 이제 저장할 공간이 생겼다. 클라이언트가 서버로 요청하기 위해서는 로그인 작업을 담당할 PHP 코드를 제작해야 한다. 여기서는 userinfo.php 스크립트를 제작해보자. 다음 [소스 8-3]과 같이 코딩한다.

소스 8-3 userinfo.php 스크립트

```php
<?php
    $account = $_REQUEST["account"];
    $data = array( );
    $data["error"] = 0;

    $ini_config = parse_ini_file('Config.ini');
    $db =new mysqli($ini_config['hostname'],
        $ini_config['account'],$ini_config['password'],$ini_config['database']);

    if (mysqli_connect_errno( ))
    {
        $data["error"] = 1;
    }
    else
    {


    }


?>
```

02 앞의 소스는 DB에 접속하기 위한 코드이다. 만약, DB 접속에 성공했다면 이번에는 사용자 정보가 저장되어 있는지를 확인한다. 다음은 사용자 정보 검색 기능을 구현하기 위한 예제이다.

소스 8-4 사용자 정보 검색 기능

```php
<?php
    $account = $_REQUEST["account"];
    $data = array( );
    $data["error"] = 0;

    $ini_config = parse_ini_file('Config.ini');
    $db =new mysqli($ini_config['hostname'],
        $ini_config['account'],$ini_config['password'],$ini_config['database']);

    if (mysqli_connect_errno( ))
    {
        $data["error"] = 1;
    }
    else
    {
        $query = sprintf("select * from userinfo where account = '%s'", $account);
        $res = $db->query($query);
        if ($res->num_rows > 0)
        {
        }

    }

?>
```

03 sprintf()는 문자열을 만들어주는 함수이다. 우리는 앞에서 SQL 쿼리 select를 통해 검색 작업을 했다. $account는 페이스북에서 받은 id이다. 예를 들어 id가 100번이라면 select * from userinfo where account = '100' account가 100번인 사용자를 검색하라는 명령을 수행하기 위해 sprintf() 함수를 이용하여 작업한다. 완료되었다면 $db->query($query);로 만든 문자열 쿼리를 실행한다. 만약, 검색된 것이 있으면 0보다 큰 값이 될 것이다. 아니면 insert 쿼리를 이용하여 등록할 것이다.

소스 8-5 문자열 만들어 쿼리 검색하기

```php
$query = sprintf("select * from userinfo where account = '%s'", $account);
$res = $db->query($query);
```

```
if ($res->num_rows > 0)
{
    $row = $res->fetch_assoc( );
    $data["account"] = $row["account"];
    $data["sel_char"] = (int)$row["sel_char"];
    $data["char_0"] = (int)$row["char_0"];
    $data["char_1"] = (int)$row["char_1"];
    $data["char_2"] = (int)$row["char_2"];

    $data["gold"] = (int)$row["gold"];
    $data["heart"] = (int)$row["heart"];
    $data["score"] = (int)$row["score"];
}
else
{

}
```

04 $row = $res->fetch_assoc( ) 기능을 이용하여 검색되었다면 정보를 가지고 온다. $data["account"] = $row["account"] $row["account"] 필드 명에 있는 데이터를 $data["account"]에 넣으라는 뜻이다.

소스 8-6 DB로부터 사용자 정보 얻어오기

```
$query = sprintf("select * from userinfo where account = '%s'", $account);
$res = $db->query($query);
if ($res->num_rows > 0)
{
    $row = $res->fetch_assoc( );
    $data["account"] = $row["account"];
    $data["sel_char"] = (int)$row["sel_char"];
    $data["char_0"] = (int)$row["char_0"];
    $data["char_1"] = (int)$row["char_1"];
    $data["char_2"] = (int)$row["char_2"];

    $data["gold"] = (int)$row["gold"];
    $data["heart"] = (int)$row["heart"];
    $data["score"] = (int)$row["score"];
}
else
{
```

```php
    $query = sprintf("insert into userinfo values (0, '%s', 0, 1, 0, 0, 1000, 5, 0)",
            $account);
    $db->query($query);
    $data["account"] = $account;
    $data["sel_char"] = 0;
    $data["char_0"] = 1;
    $data["char_1"] = 0;
    $data["char_2"] = 0;

    $data["gold"] = 1000;
    $data["heart"] = 5;
    $data["score"] = 0;
}


$res->close( );
$db->close( );
```

05 만약, 검색되지 않으면 insert를 이용하여 DB에 추가한다. close( ) 함수를 통해 닫아준다. 다음은 PHP를 사용하여 사용자 정보를 얻어오기 위한 전체 소스이다.

소스 8-7 PHP를 이용하여 사용자 등록 사용자 정보 얻어오기 전체 소스

```php
<?php
    $account = $_REQUEST["account"];
    $data = array( );
    $data["error"] = 0;

    $ini_config = parse_ini_file('Config.ini');
    $db =new mysqli($ini_config['hostname'],
        $ini_config['account'],$ini_config['password'],$ini_config['database']);

    if (mysqli_connect_errno( ))
    {
        $data["error"] = 1;
    }
    else
    {
        $query = sprintf("select * from userinfo where account = '%s'", $account);
        $res = $db->query($query);
```

```php
        if ($res->num_rows > 0)
        {
            $row = $res->fetch_assoc( );
            $data["account"] = $row["account"];
            $data["sel_char"] = (int)$row["sel_char"];
            $data["char_0"] = (int)$row["char_0"];
            $data["char_1"] = (int)$row["char_1"];
            $data["char_2"] = (int)$row["char_2"];

            $data["gold"] = (int)$row["gold"];
            $data["heart"] = (int)$row["heart"];
            $data["score"] = (int)$row["score"];
        }
        else
        {
            $query = sprintf("insert into userinfo values (0, '%s', 0, 1, 0, 0, 1000, 5, 0)",
                    $account);
            $db->query($query);
            $data["account"] = $account;
            $data["sel_char"] = 0;
            $data["char_0"] = 1;
            $data["char_1"] = 0;
            $data["char_2"] = 0;

            $data["gold"] = 1000;
            $data["heart"] = 5;
            $data["score"] = 0;
        }

        $res->close( );
        $db->close( );

    }
    echo json_encode($data);
?>
```

④ userinfo.php FTP 전송하기

01 작업이 완료되었다. 이제 유니티 5 3D를 이용하여 userinfo.php를 FTP로 전송한다.

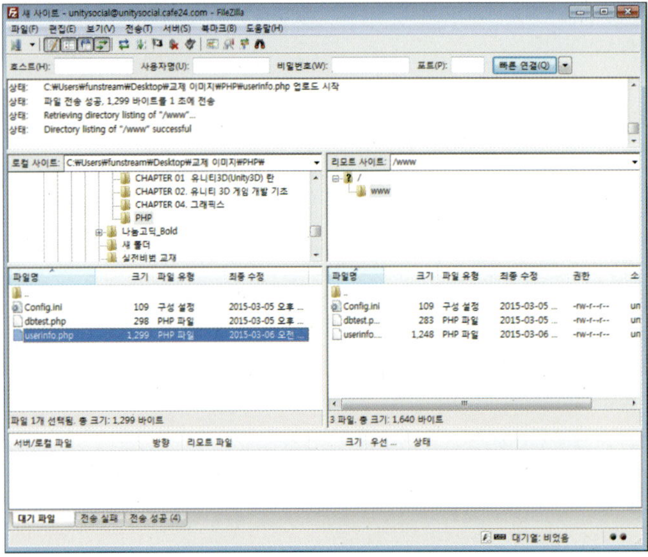

02 작업한 PHP 코드를 웹에서 테스트해보자.

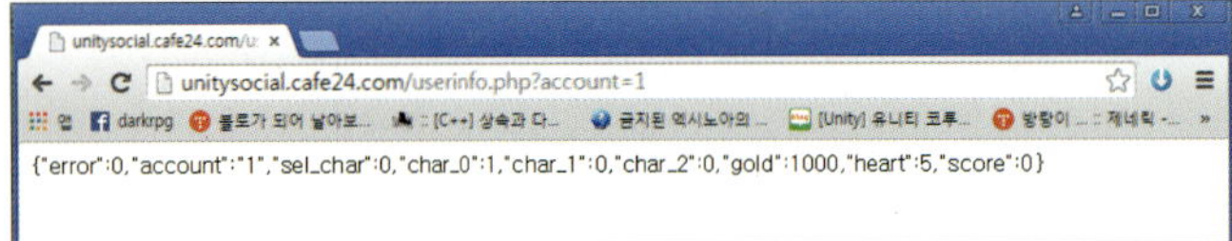

03 'account = 1'이라는 임의의 아이디를 입력한다. 그러면 다음 화면이 나타날 것이다. 이제 DB를 확인한다.

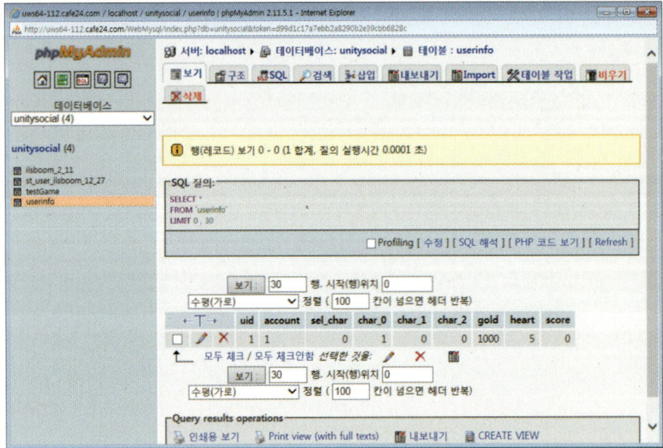

페이스북으로 받아온 사용자 정보를 가지고 앞에서 만든 userinfo.php를 이용하여 게임 서버에 회원 정보 등록, 정보 얻어오기 작업을 시도한다.

소스 8-8 웹 게임 서버에서 사용자 정보 요청하기

```
IEnumerator MyData( )
{
    IDictionary root = (IDictionary)myInfo;
    string id = (string)root["id"];
    string name = (string)root["name"];


    PlayerData.Instance.id = long.Parse(id);
    PlayerData.Instance.name = name;


    WWWForm form = new WWWForm( );
    form.AddField("account", "" + PlayerData.Instance.id);


    WWW www = new WWW(PlayerData.url + "userinfo.php", form);
    yield return www;
}
```

1 account 데이터 실행/전송하기

01 MyData( ) 함수에 이어 account 데이터를 userinfo.php로 실행하여 전송한다. 이번에는 좀 더 쉽게 JSON 데이터를 파싱하기 위해 Assert를 다운로드한다.

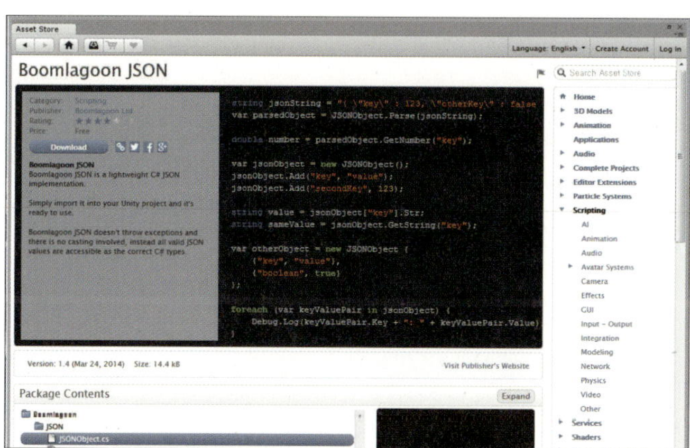

02 방금 다운로드한 에셋을 활용하기 위해 using Boomlagoon.JSON;을 적용한다.

```
using UnityEngine;
using System.Collections;
using Boomlagoon.JSON;
```

03 using으로 방금 설치한 스크립트를 작업한다. 다음은 페이스북에서 가져온 정보로 게임 서버에 등록 또는 사용자 정보로 가져오는 작업을 하기 위한 예제이다.

소스 8-9 웹 서버로 나의 정보를 가져온다(페이스북에서 가져온 정보로 게임 서버에 등록 또는 사용자 정보로 가져오는 작업).

```
IEnumerator MyData( )
{
    IDictionary root = (IDictionary)myInfo;
    string id = (string)root["id"];
    string name = (string)root["name"];


    PlayerData.Instance.id = long.Parse(id);
    PlayerData.Instance.name = name;

    WWWForm form = new WWWForm( );
    form.AddField("account", "" + PlayerData.Instance.id);

    WWW www = new WWW(PlayerData.url + "userinfo.php", form);
    yield return www;

    JSONObject json = JSONObject.Parse(www.text);
    double error = json.GetNumber("error");

    if (error == 0)
    {
        LoadUserInfo(json);
    }
    else
    {
        print(www.error);
    }
}
```

```
void LoadUserInfo(JSONObject json)
{
    PlayerData.Instance.gold = (int)json.GetNumber("gold");
    PlayerData.Instance.heart = (int)json.GetNumber("heart");
    PlayerData.Instance.selChar = (int)json.GetNumber("sel_char");
    PlayerData.Instance.score = (int)json.GetNumber("score");

    for (int i = 0; i < 3; i++)
    {
        PlayerData.Instance.charArray[i] =
        (int)json.GetNumber(string.Format("char_{0}", i));
    }
}
```

04 JsonObject.Parse( ) 함수를 통해 서버에서 전송된 www.text를 입력한다. 작업이 완료되면 json.GetNumber( ) 키를 입력하여 값을 얻어온다.

```
JSONObject json = JSONObject.Parse(www.text);
double error = json.GetNumber("error");
```

05 작업이 완료되면 마지막으로 빌드를 한 후 테스트한다. 페이스북으로부터 받은 ID를 기준으로 최초로 게임 서버에 접속하면 ID를 등록하고, 처음이 아니라면 ID를 기준으로 값을 얻어오는 작업을 한다.

```
PlayerData.Instance.gold = (int)json.GetNumber("gold");
```

소스 코드는 **PlayerData.gold**에 있는 변수에 서버에서 받은 데이터를 파싱하여 가져오는 코드이다.

이번 장은 우리가 직접 웹게임 서버를 구축한 후 데이터를 얻어 오는 작업 예제이다. 성안당 홈페이지에서의 샘플코드는 가져온 정보를 다양하게 활용하는 예제를 제공하고 있다.

3
PART

본격 유니티 5 3D 게임 제작

실전! 게임 제작

이번 장에서는 우리가 지금까지 작업했던 소셜 시스템과 연동된 간단한 슈팅 게임을 만들 것이다. 또한 이 게임 결과를 가지고 랭크(순위) 등에 사용할 것이다.

우리가 지금부터 만들고자 하는 게임은 간단한 슈팅 게임으로, 버섯마을에 출현한 돼지를 잡는 게임이다. 마우스를 클릭하면 캐릭터가 위로 올라가고 클릭하지 않으면 아래로 내려간다.

그림 9-1 버섯마을에 출현한 돼지를 잡는 게임

1 게임 제작 준비

01 성안당(www.cyber.co.kr) 자료실 – 자료실 탭 또는 http://180.70.94.180/social.html에서 소셜 게임 제작에 필요한 이미지를 다운로드한다. social_image.zip 파일의 압축을 풀고 파일을 lmages 폴더를 만들어 추가한다.

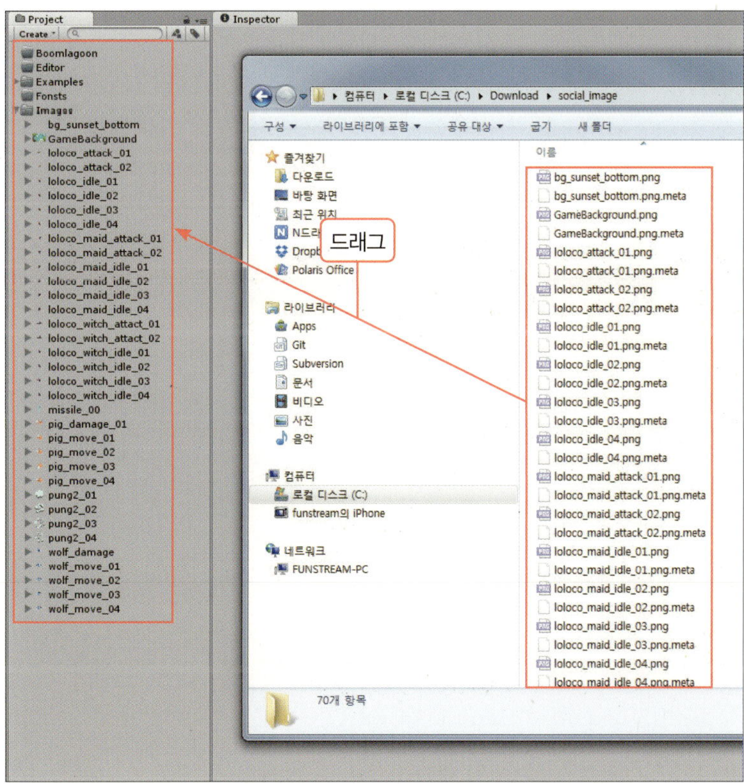

02 Game 씬을 제작한다.

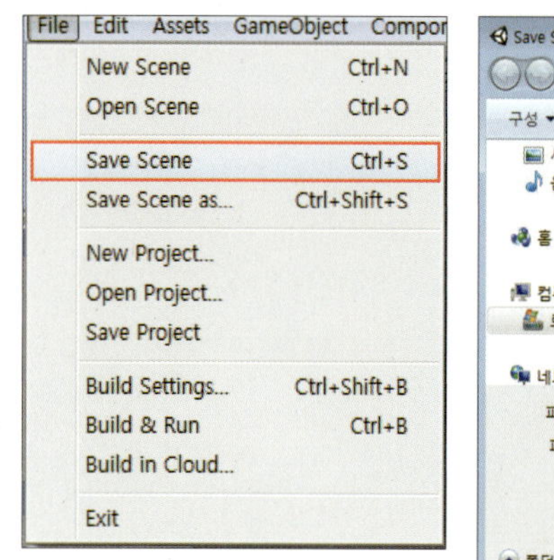

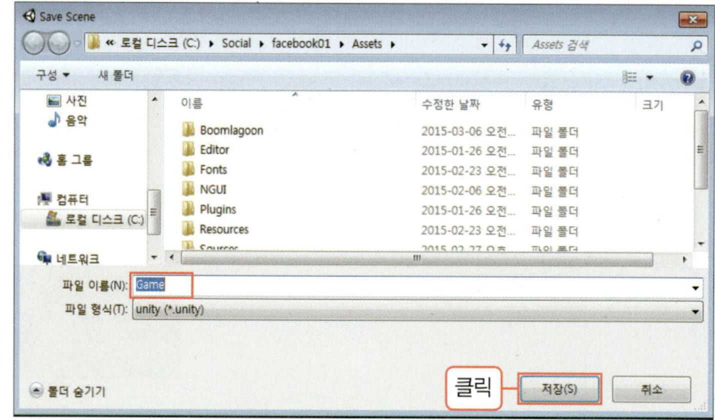

03 Images 폴더를 만들어 이미지를 추가한다. 게임에 사용하는 이미지는 Unity2D를 이용하여 제작할 것이다. Texture Type이 'Sprite(2D and UI)'로 선택되어 있는지 확인한다. 'Unity2D'를 이용하여 이미지를 출력하려면 Sprite로 설정되어 있어야 한다.

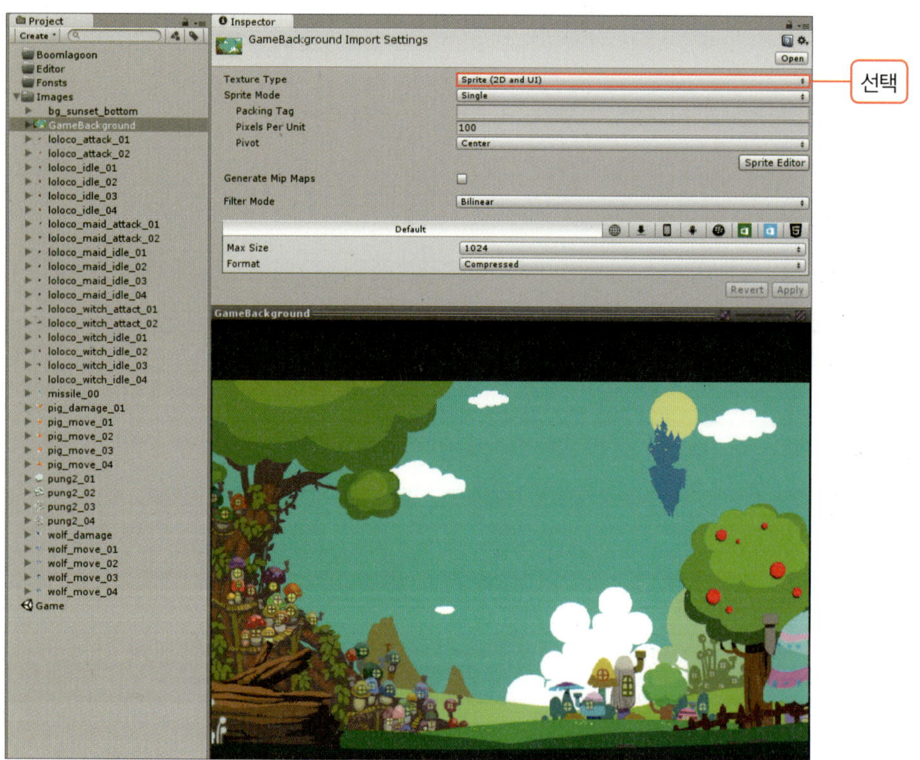

04 프로젝트 뷰에 있는 GameBackground 이미지를 계층 뷰로 이동시킨다.

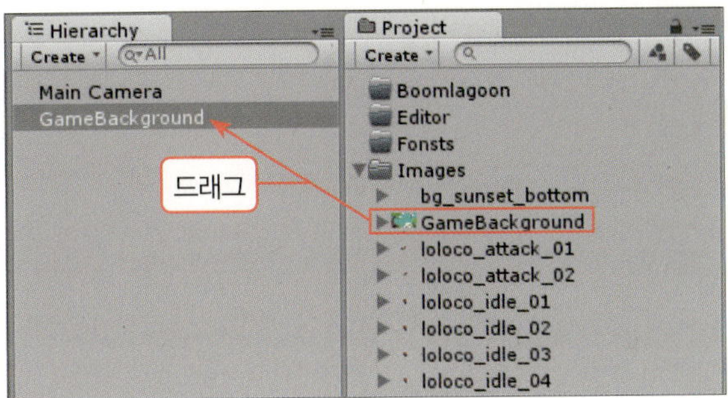

05 다음 계층 뷰에 있는 GameBackground 게임 오브젝트는 포지션 0, 0, 0에 위치시킨다.

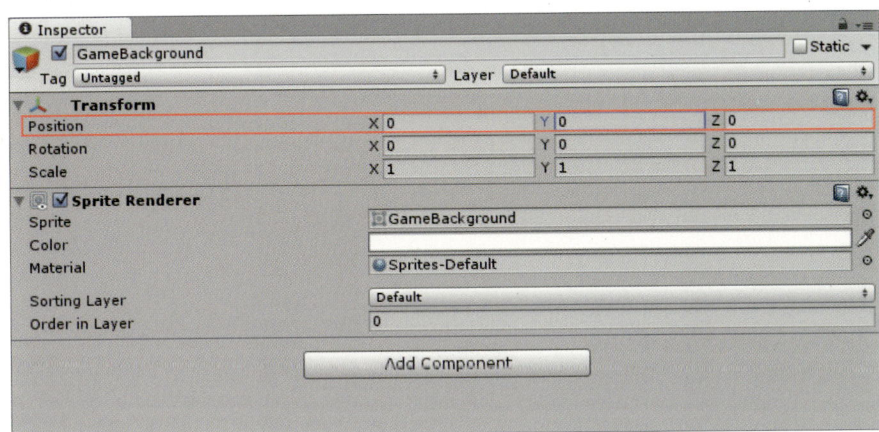

06 완료되면 계층 뷰에 있는 GameBackground 게임 오브젝트를 더블클릭하여 카메라가 화면 중앙으로 이동하도록 한다. 씬 뷰에 있는 이미지가 추가로 출력되는 것을 확인할 수 있다.

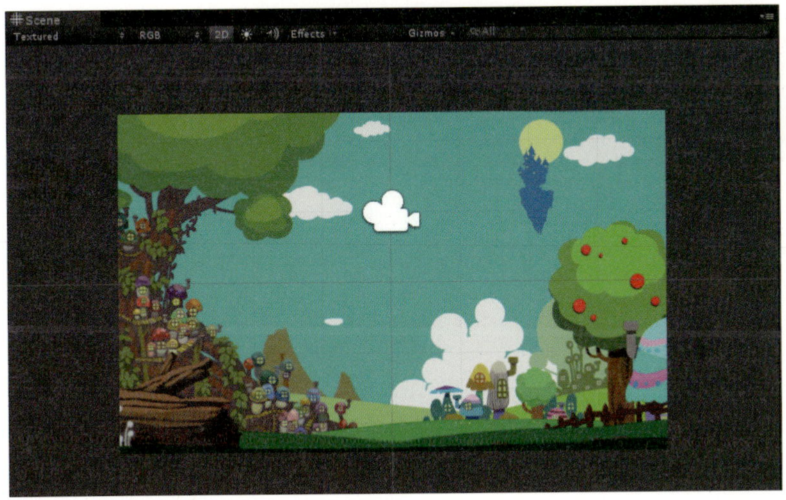

07 게임 뷰로 보면 이미지가 이상하게 출력된다. 그 이유는 해상도가 제대로 설정되어 있지 않기 때문이다.

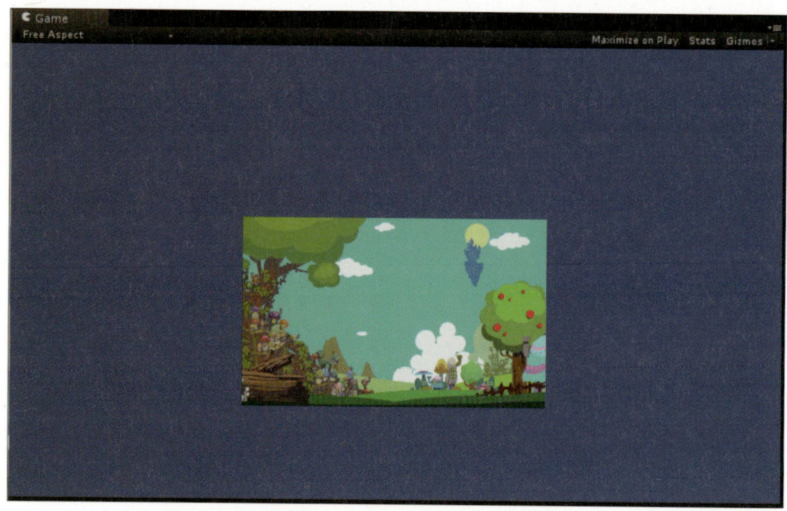

08 WVGA Landscape(800x480)으로 게임 뷰를 설정한다.

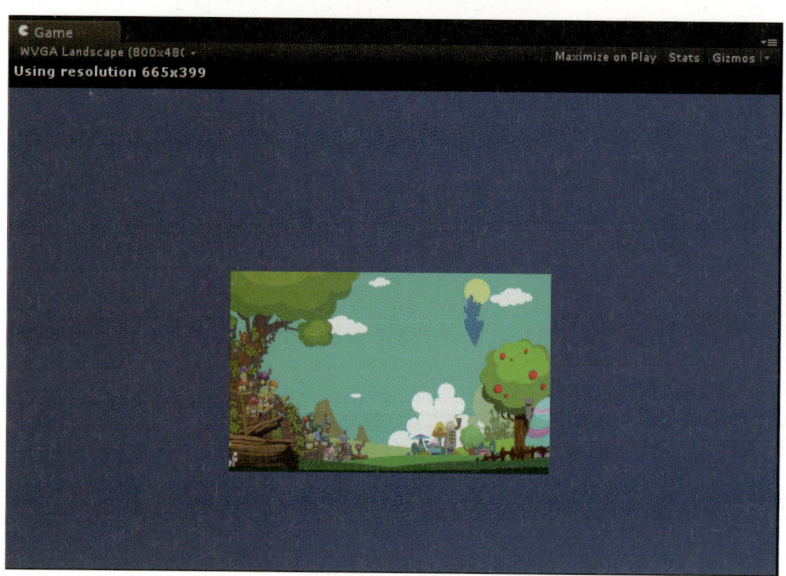

09 Projection값을 Orthographic값으로 설정한다. 이는 2D용 카메라 설정이다. 그리고 Size값에는 '2.4'를 입력한다. 그리고 위치값은 'X:0 Y:0 Z:−10'으로 설정한다.

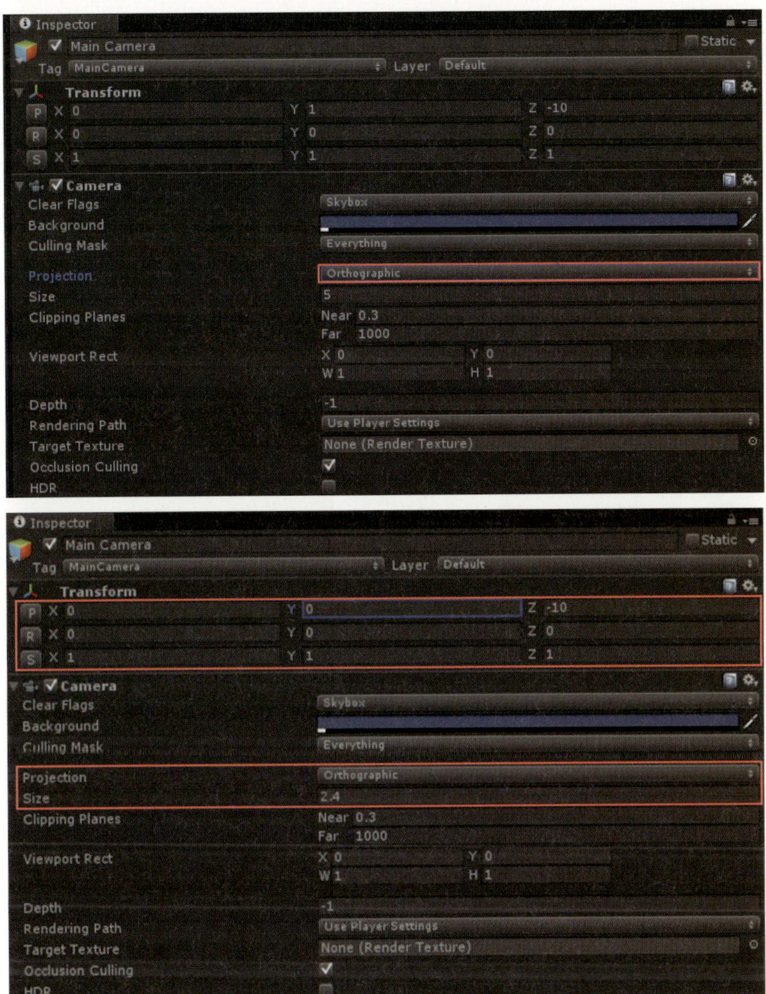

여기까지 작업을 하면 Unity2D 이미지를 이용하여 배경까지 정상적으로 출력될 것이다.

이번에는 캐릭터를 제작해보자. 서버로부터 받은 데이터를 기준으로 플레이어를 제작해볼 것이다. 서버로부터 받은 캐릭터 정보는 PlayerData에 있는 'selchar'라는 변수에 저장되어 있을 것이다.

1 캐릭터 정보

01 0이면 기본 캐릭터, 1이면 메이드 복장, 2이면 마녀 복장 캐릭터를 출력할 것이다.

  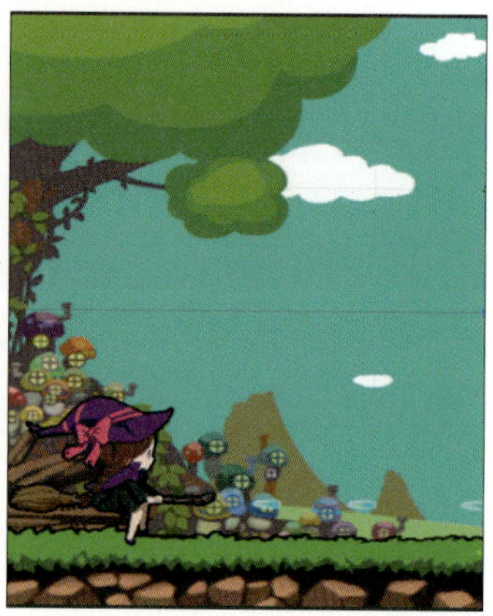

02 PlayerData 게임 오브젝트는 TitlePlay 씬에서 만들어 관리하고 있다. 제대로 테스트하려면 빌드를 해야 하고, 매번 타이틀을 시작하여 게임 씬까지 와야 PlayerData를 사용할 수 있다. 반면, 테스트하기가 힘들기 때문에 우리는 임시로 Game 씬에 PlayerData 만들어 관리하도록 하자.

PlayerData 클래스는 앞 장에서 Title 씬에 사용되었던 클래스이다. 게임 서버로부터 온 나의 정보, 친구의 정보들을 보관하는 역할을 한다. 원래 Title 씬에서 만들어져서 가져와야 하지만, 이번에는 서버 연동을 하지 않고 클라언트로만 테스트가 가능하도록 설치한다. 단, 주의할 점은 테스트가 완료되면 삭제해야 한다는 것이다.

03 빈 게임 오브젝트를 만든다.

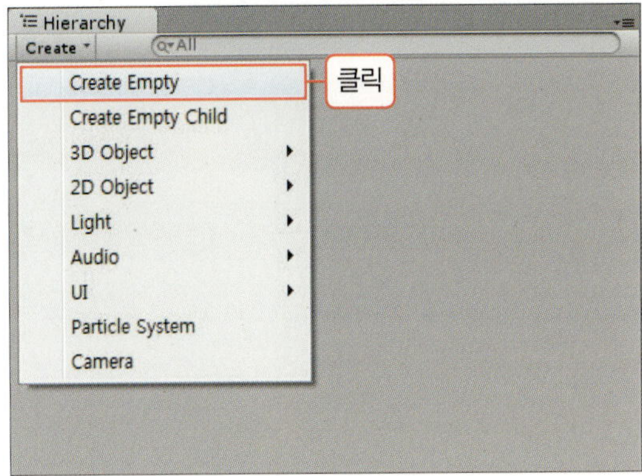

04 이름에 F2 를 누른 후 'PlayerData'라고 수정한다.

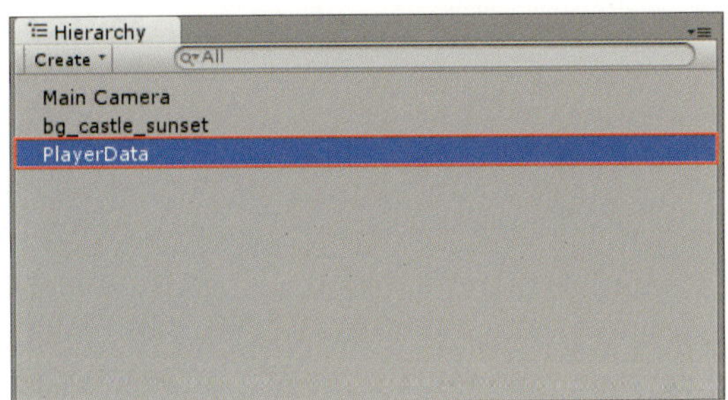

05 PlayerData 게임 오브젝트에 PlayerData 스크립트를 추가한다.

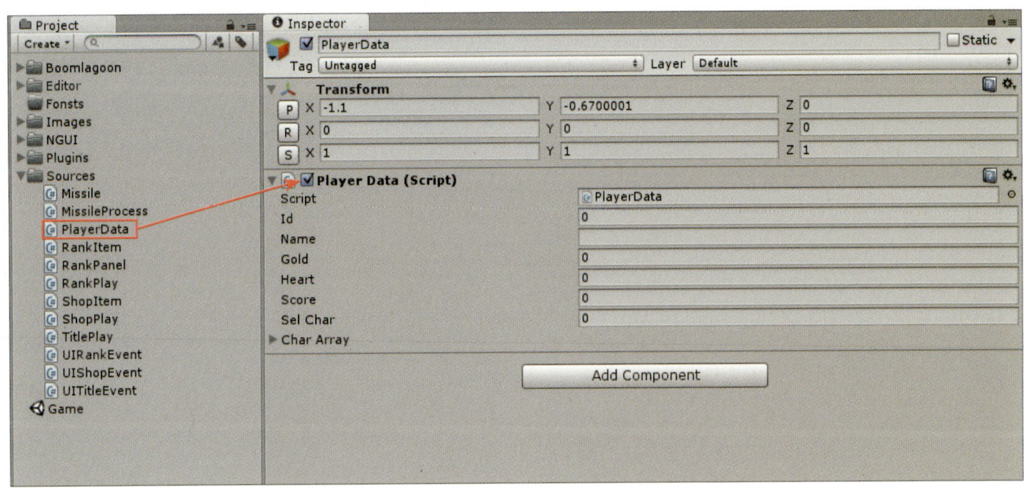

준비가 되었다면 캐릭터를 만들어 보자.

01 loloco_idle_01 게임 오브젝트를 제작한다. 이미지 파일을 계층 뷰로 드래그한다.

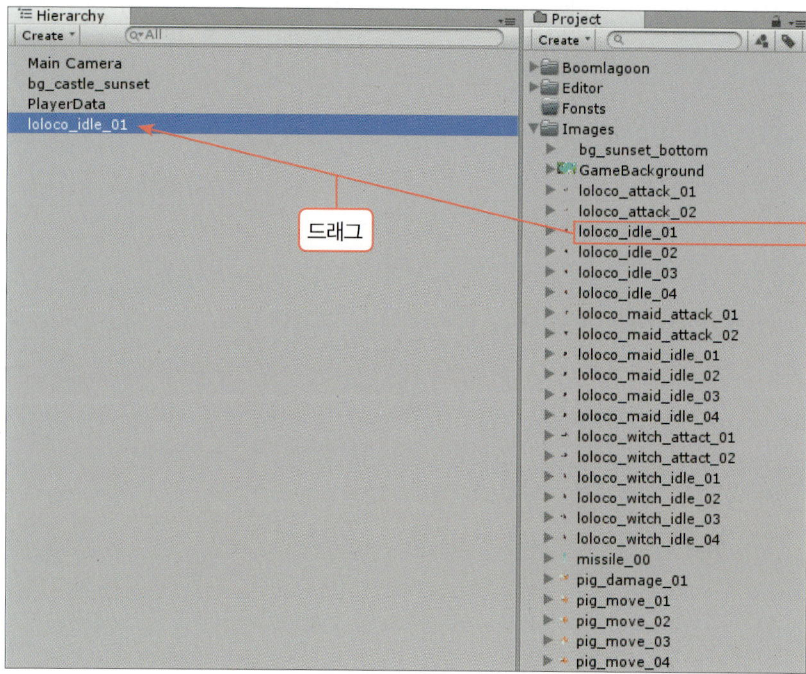

02 게임 씬 화면에 플레이어가 출력되어 있는지 확인한다.

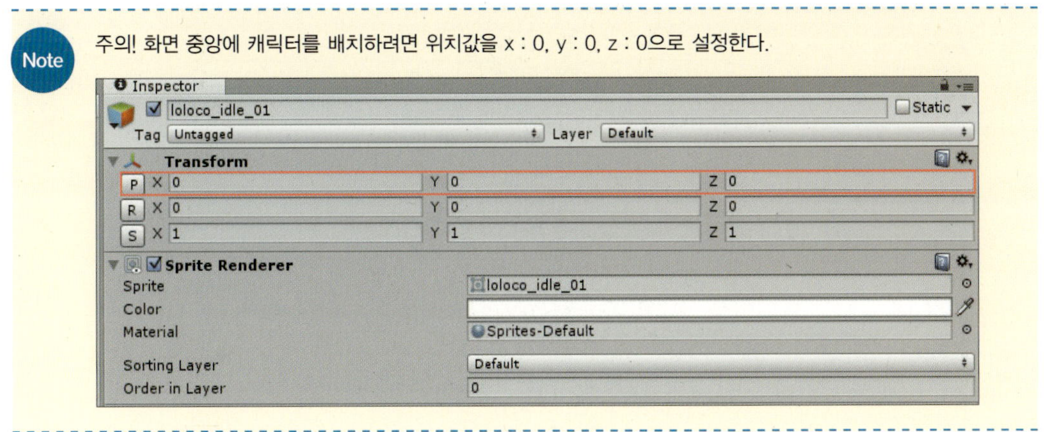

03 loloco_idle_01를 'Player'로 변경한다(이름을 좀 더 직관적으로 바꾸는 것이다).

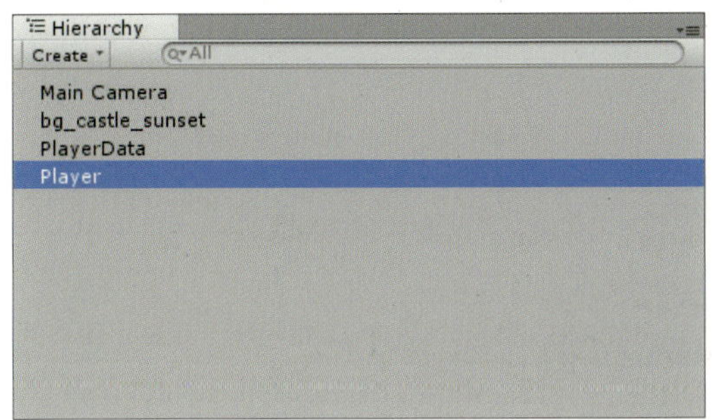

04 Player 게임 오브젝트에 메카님 애니메이션을 제작하기 위해 Component – Miscellaneous – Animator 를 클릭하여 Animator 컴포넌트를 추가한다.

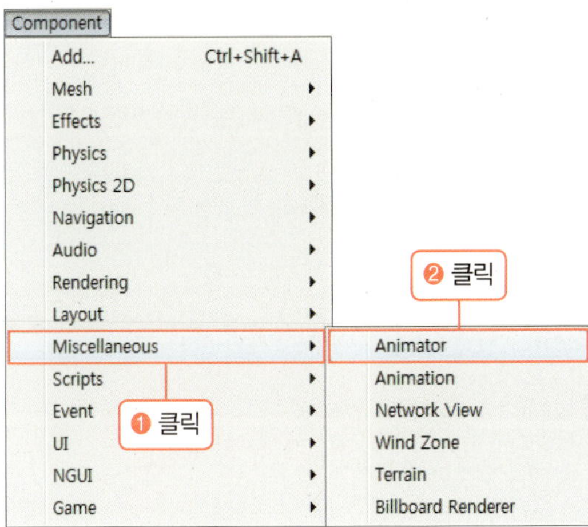

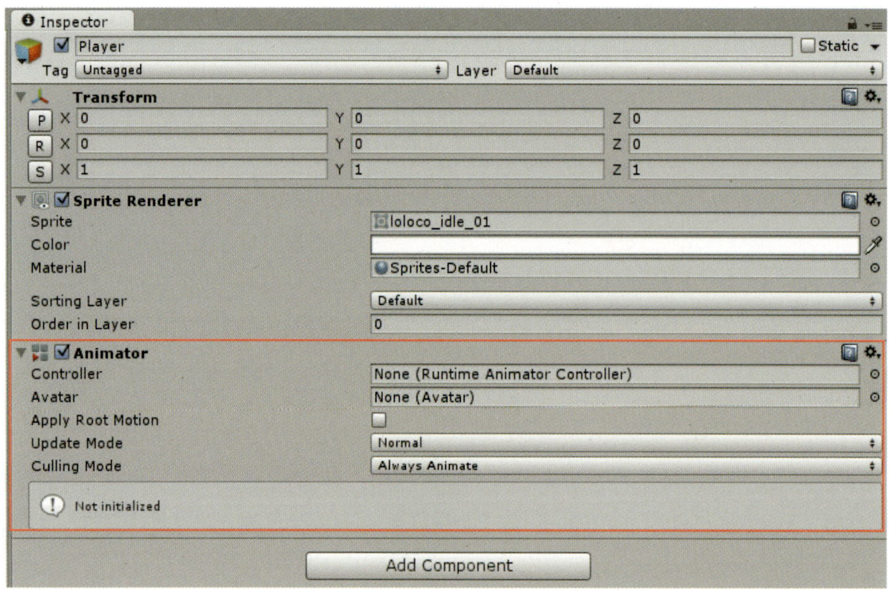

05 PlayerController 파일을 만든 후 Player를 가진 Animator 컴포넌트에 연결한다. 그런 다음 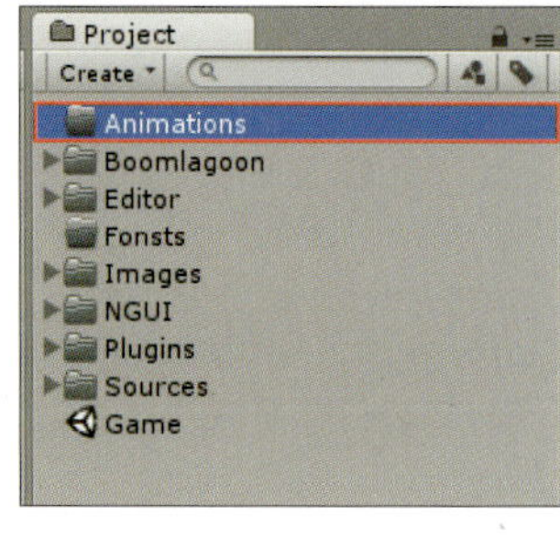
– `Create ▾` – `Animations` 폴더를 만든다(애니메이션 파일들을 보관하는 폴더로 사용할 것이다).

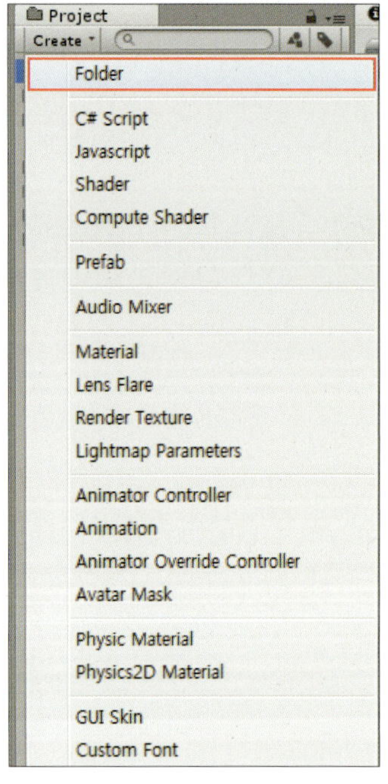

06 Animations 폴더를 선택한 후 PlayerController 파일을 만든다.

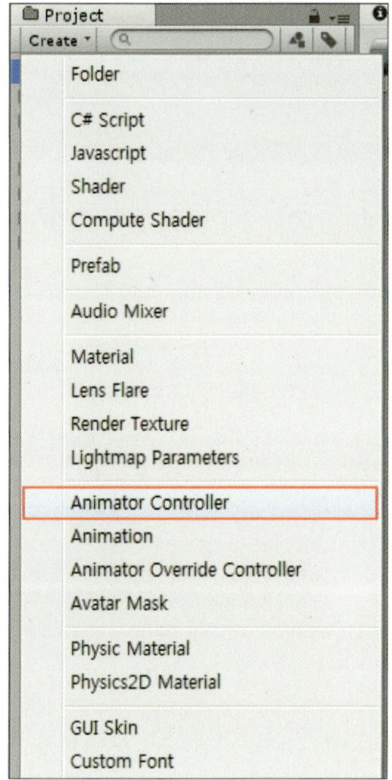
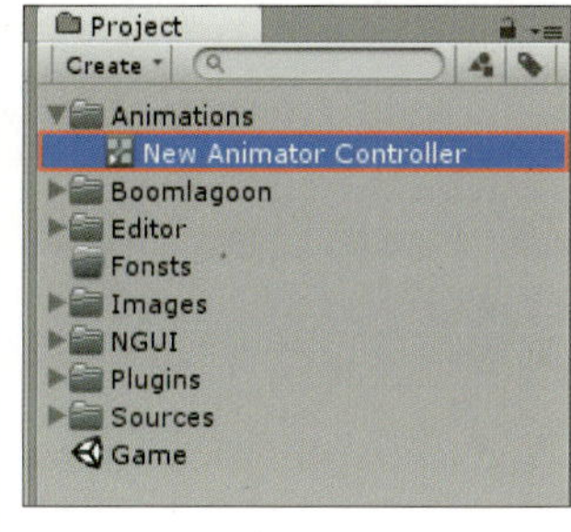
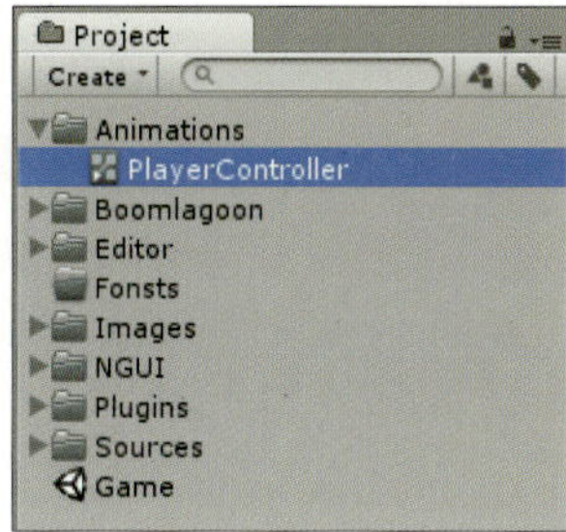

07 New Animator Controller명을 'PlayController'로 변경한다.

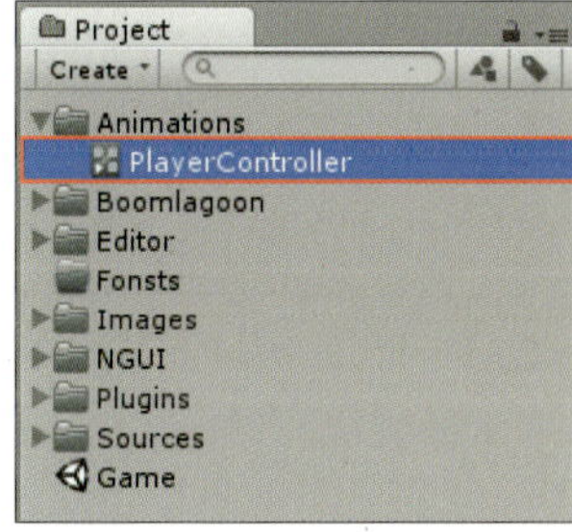

예를 들어 독자가 음악을 듣고자 한다면 애니메이터 컴포넌트(Animator Component)가 플레이어 역할을 하는 것이고, PlayerController 파일은 여러분이 선호하는 음악 리스트를 관리하는 파일이라고 생각하면 이해하기 쉬울 것이다.

08 Animator 컴포넌트에 PlayerController 파일을 연결한다.

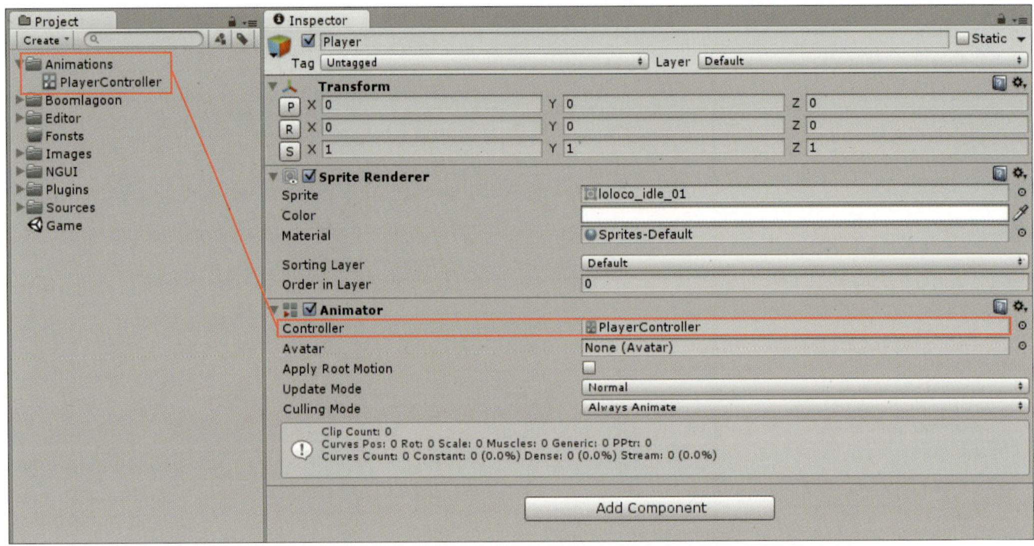

09 PlayerController 파일에 제작된 정보가 애니메이션 뷰에 출력될 것이다. 메카님을 이용하여 서버로부터 선택된 캐릭터 정보가 0번이면 빨간 망토를 입은 캐릭터, 1번이면 메이드 복장, 2번이면 마녀 복장을 한 캐릭터를 출력해볼 것이다. 애니메이션을 편집하기 위해 Window – Animation 을 클릭한다.

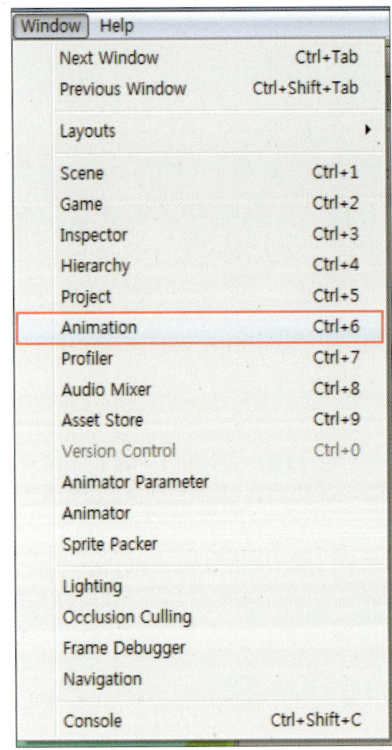

10 애니메이션 뷰로 확인한다.

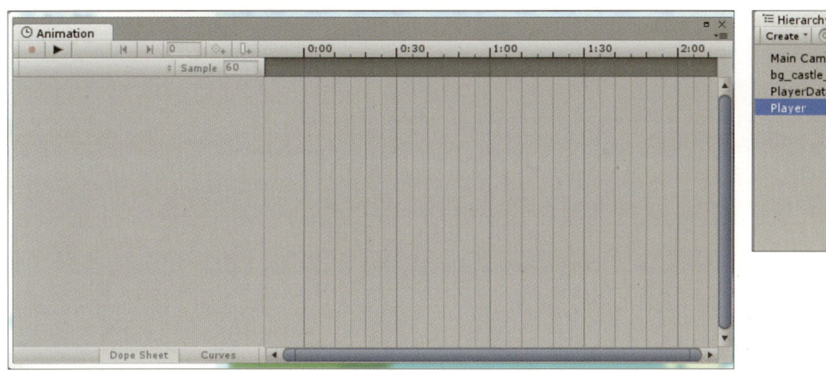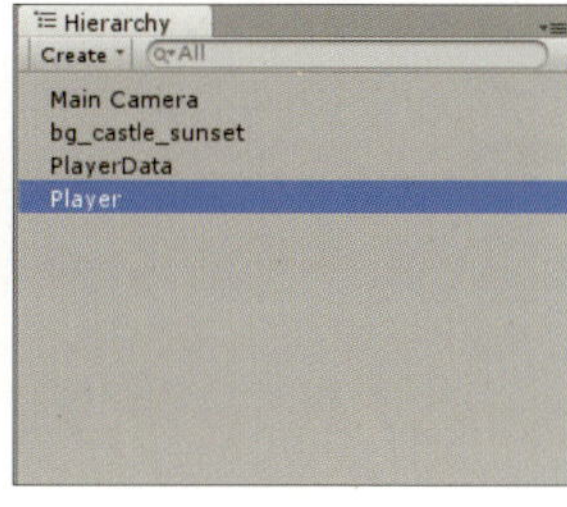

> **Note** 반드시 편집하고자 하는 게임 오브젝트를 선택해야 한다.

11 완료되면 애니메이션을 추가한다. 애니메이션 뷰를 한 번 클릭한다.

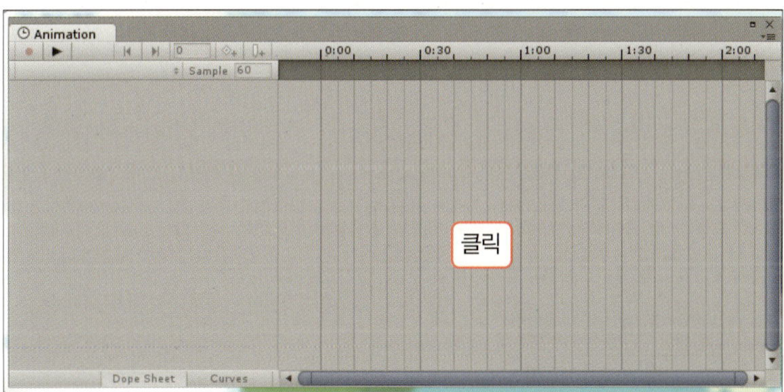

12 파일을 저장하는 대화상자가 나타난다. 'PlayerBasicIdle'라는 이름으로 저장한다.

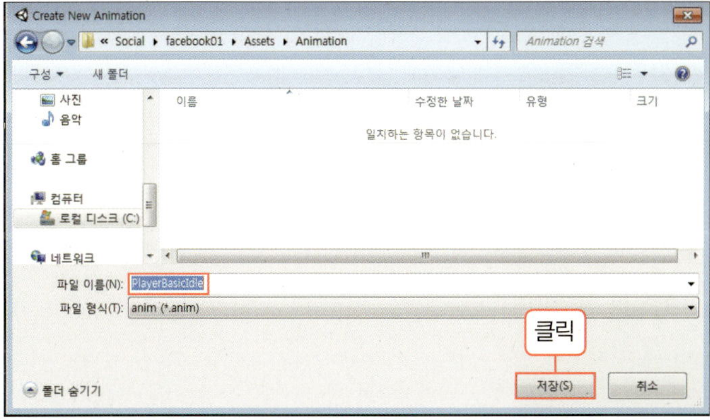

13 이미지를 드래그하여 애니메이션 뷰에 연결한다. 그리고 sample값을 10프레임으로 조절하여 속도를 늦
춘다.

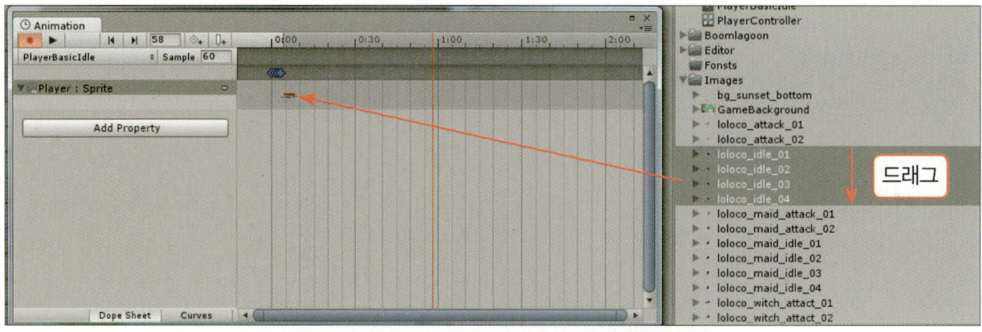

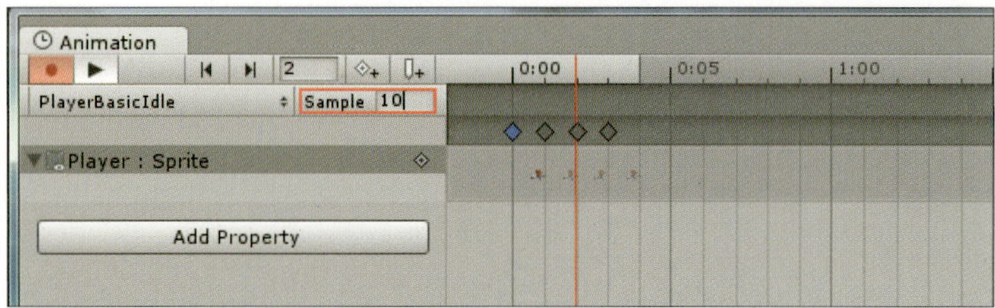

14 애니메이션 플레이 버튼을 클릭후 애니메이션을 확인한다.

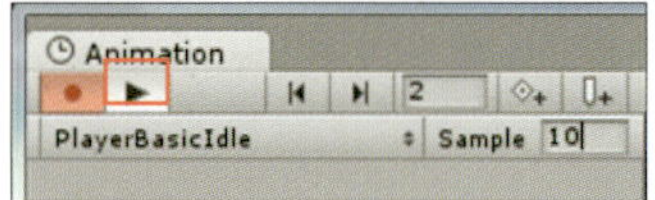

15 애니메이션 뷰에 PlayerBasicIdle 추가되어 있는지 확인한다.

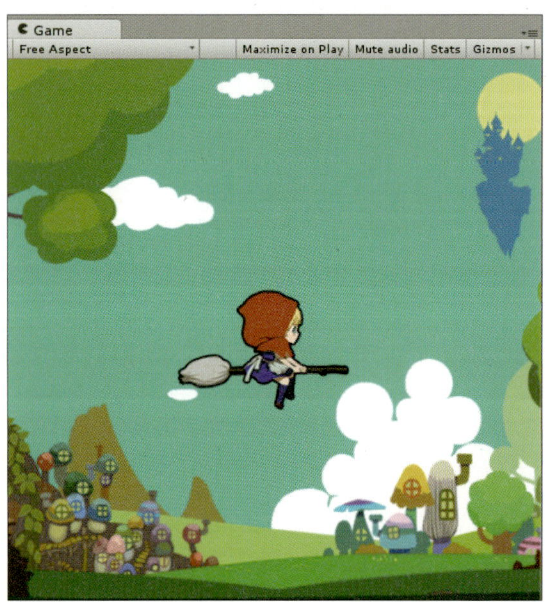

③ 애니메이션 추가하기

우리가 추가할 캐릭터 애니메이션은 총 세 가지이다. 위에서 한 가지를 추가했으므로 나머지 두 가지도 추가해보자.

01 [Create New Clip] 버튼을 클릭하여 추가할 애니메이션을 제작한다.

02 이번에 새로운 애니메이션을 저장해야 하기 때문에 'PlayerMaidIdle'이라는 이름으로 저장한다.

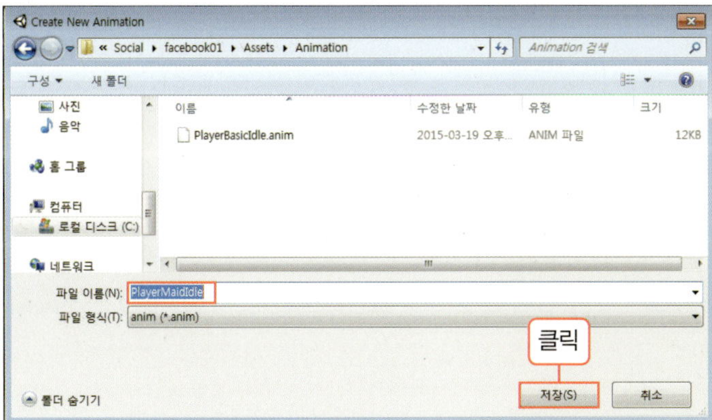

03 이미지를 추가한다.

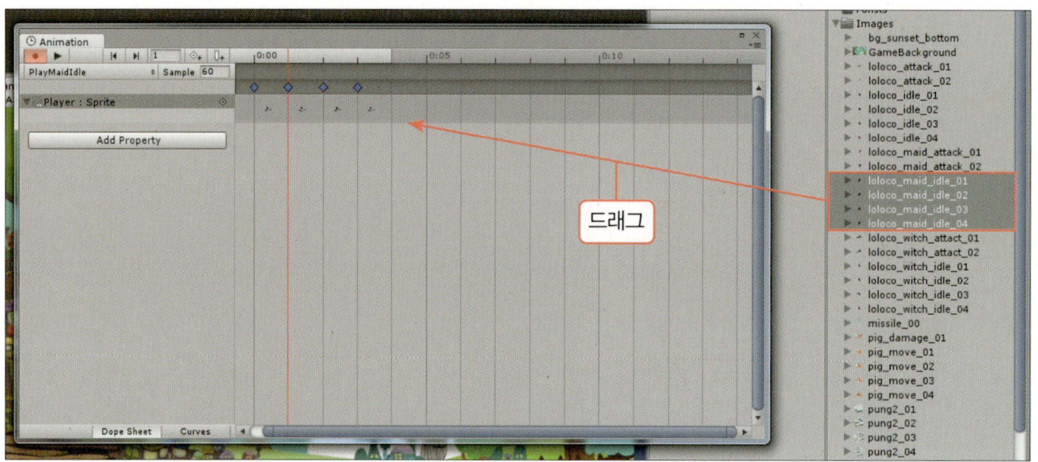

04 sample을 '10'으로 설정하여 작업한다. 마지막으로 'PlayerWitchIIdle'를 추가한다.

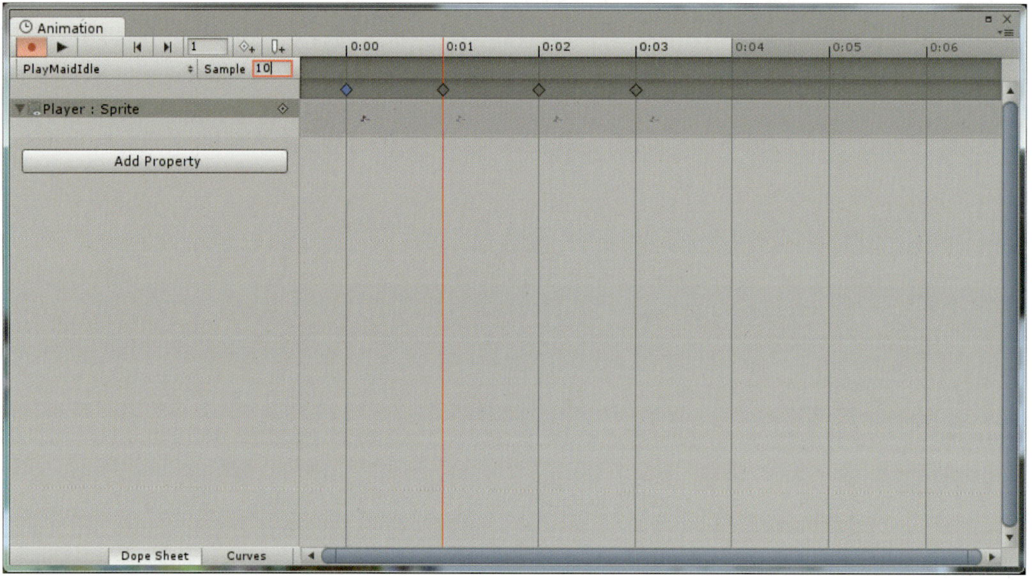

[플레이] 버튼 ▶ 을 클릭하여 확인한다.

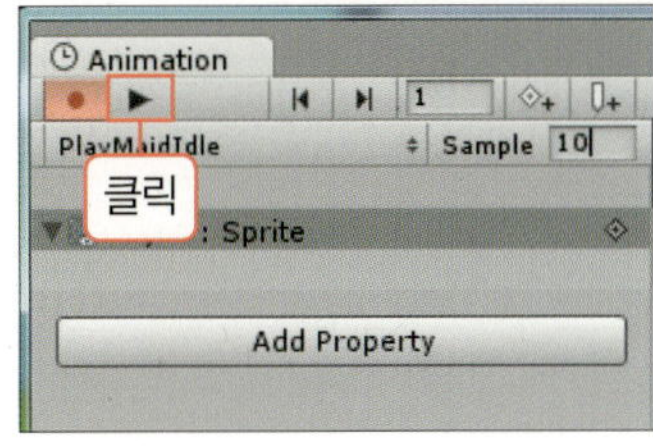

05 마지막으로 마녀 복장을 한 캐릭터를 추가한다.

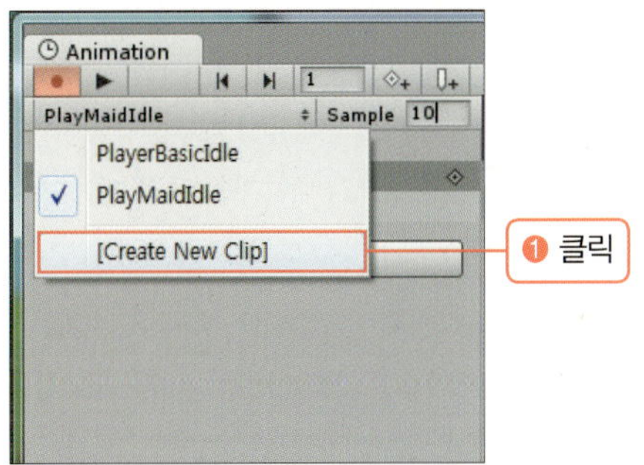

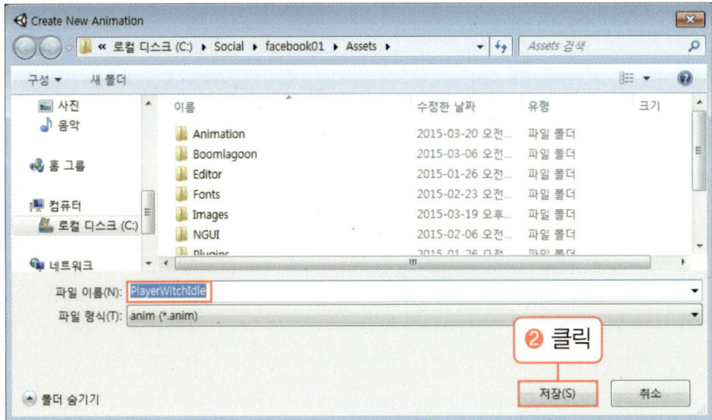

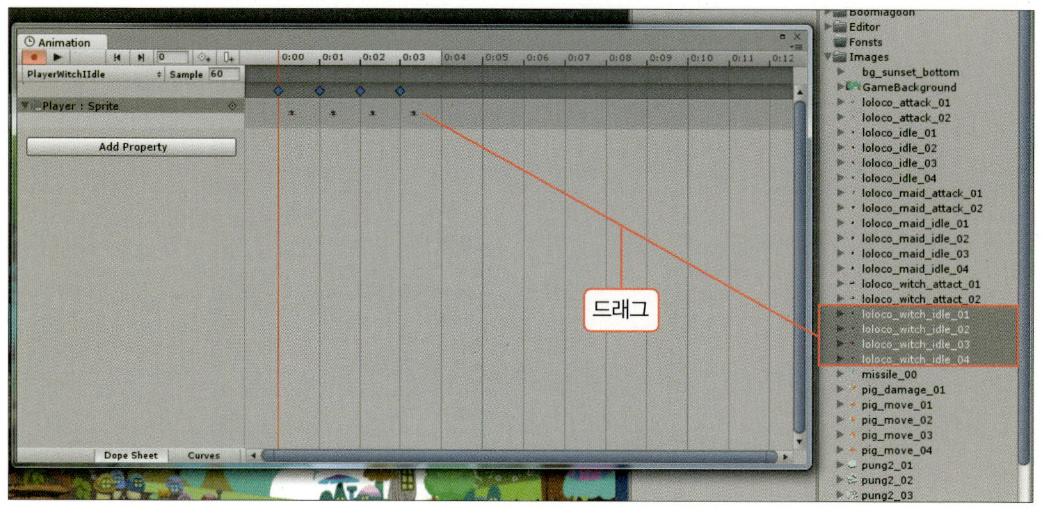

06 모든 작업이 완료되면 PlayerController 파일에 등록된 애니메이션 정보를 확인한 후 Window 메뉴의 Animator 를 클릭한다.

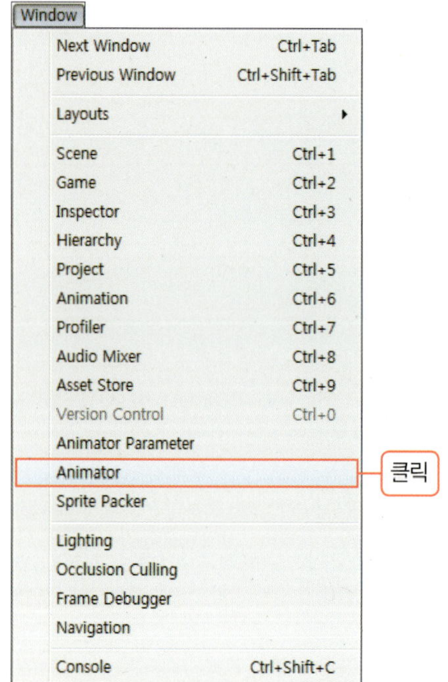

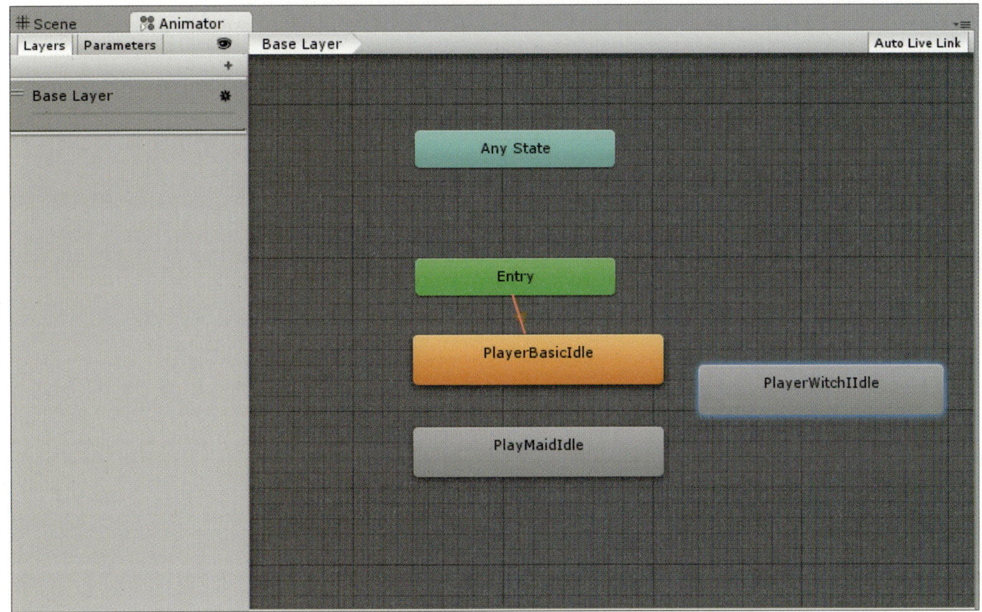

07 유니티 5 3D의 플레이 버튼을 클릭하면 빨간 망토를 한 캐릭터의 애니메이션 모습을 볼 수 있다. 다른 캐릭터도 애니메이션하고 싶으면 해당 애니메이션 박스를 선택한 후 마우스 오른쪽 버튼을 클릭하면 메뉴가 추가로 나타난다. Set as Layer Default State 를 선택하면 시작 애니메이션이 변경된다.

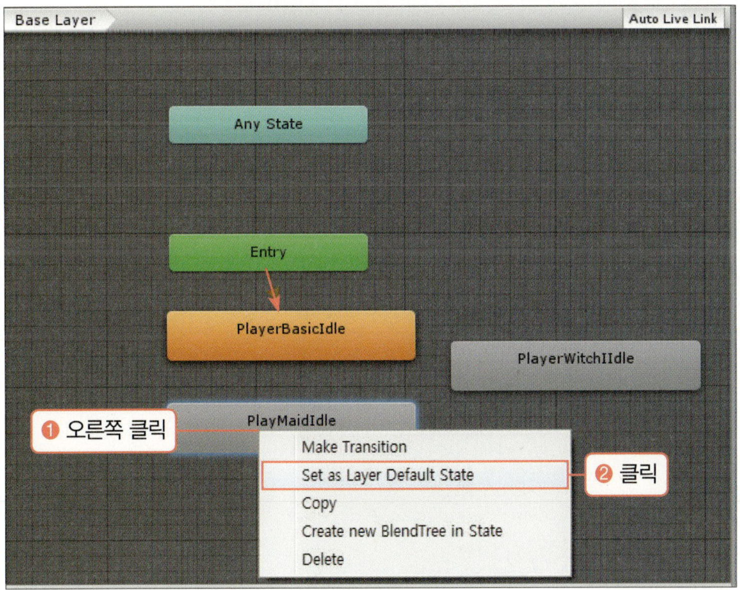

08 플레이 버튼을 클릭하면 플레이 프로그래스 바가 움직이는 것을 확인할 수 있다(애니메이션 상태를 보여준다).

4️⃣ 애니메이션 변경하기

이번에는 서버에서 받은 캐릭터 선택 정보에 따라 시작 애니메이션이 변경되도록 설정해보자.

01 Animator 화면에서 마우스 오른쪽 버튼을 클릭하면 나타나는 메뉴 중에서 Empty 버튼을 클릭하여 비어 있는 박스를 하나 만든다. 이는 아무것도 하지 않는 '더미 박스'이다.

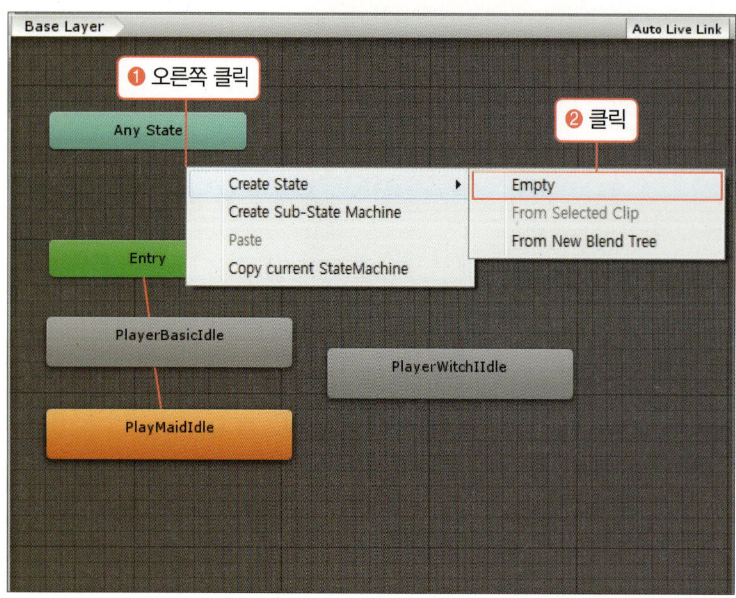

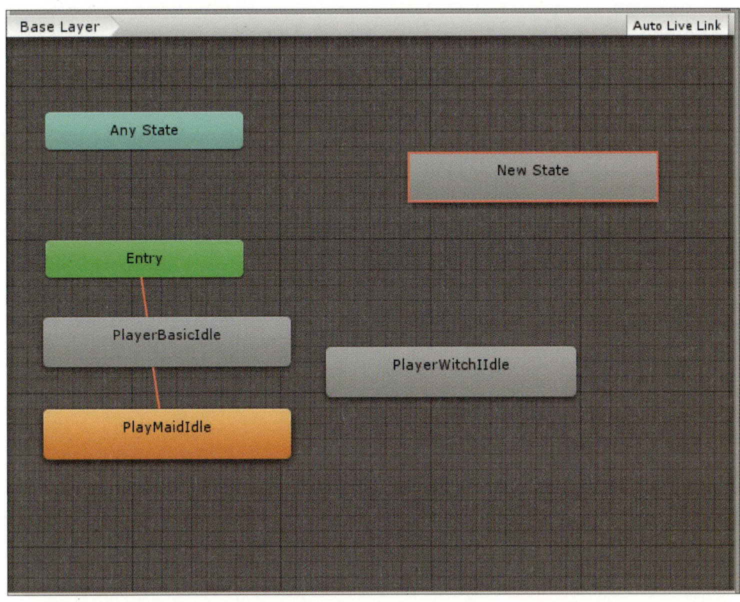

02 New State 박스가 만들어지면 이름을 변경한다. New State 박스를 클릭하면 나타나는 인스펙터 뷰에서
이름을 'Root'로 변경한다.

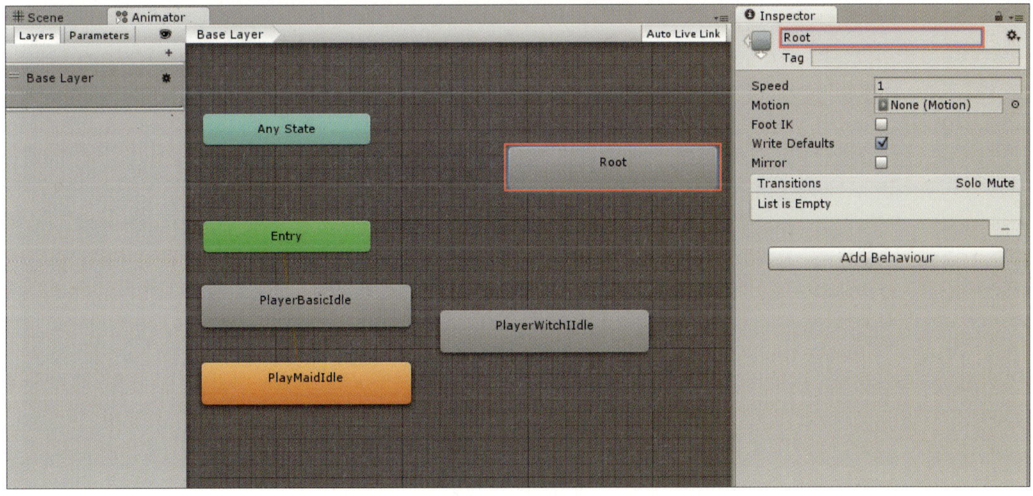

03 Root 박스를 시작으로 설정한 후 Root 박스 위에 마우스 오른쪽 버튼을 클릭하고 [Set as Layer Default State]를 선택한다.

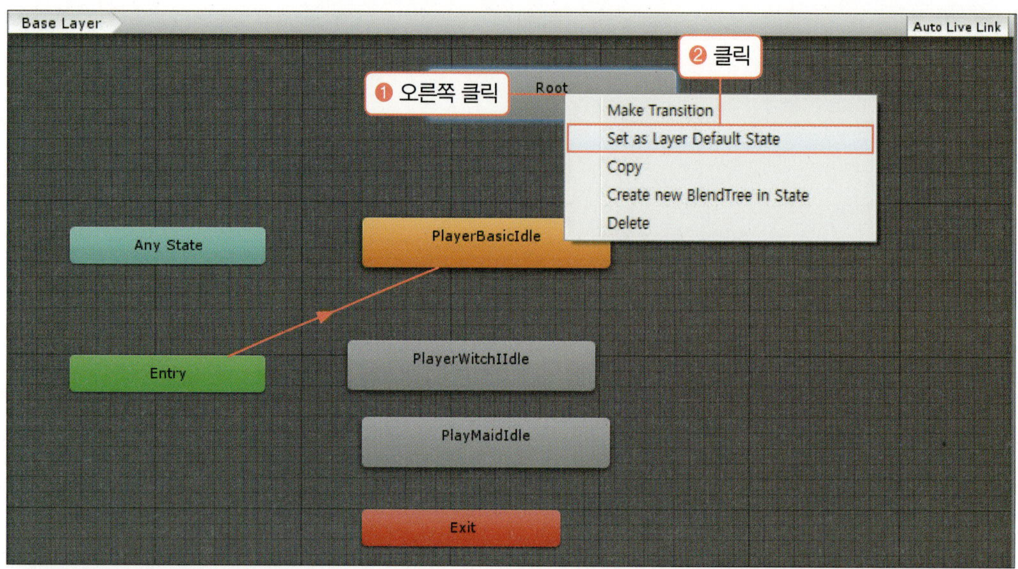

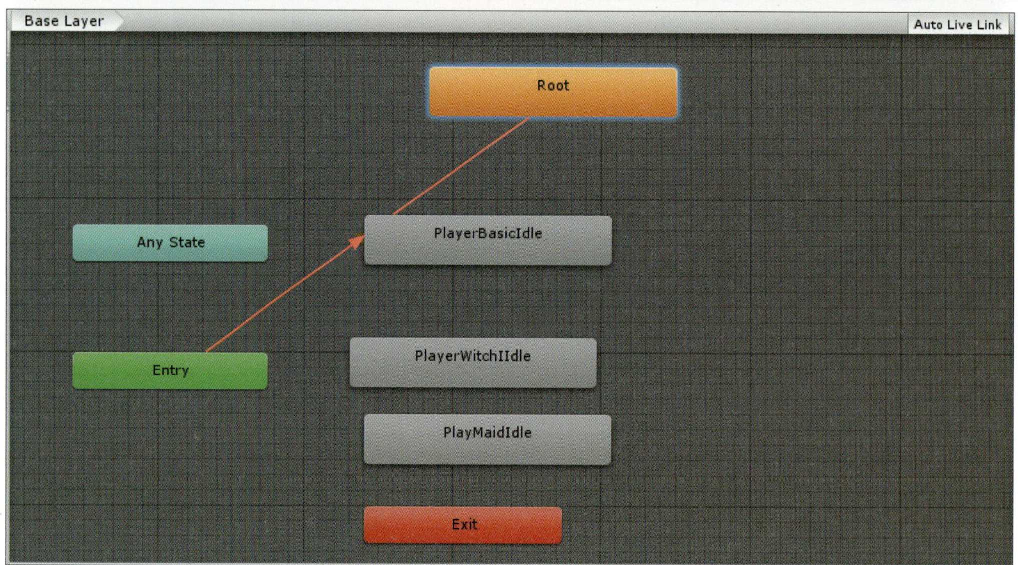

04 박스들을 클릭, 드래그하여 이동시켜본다.

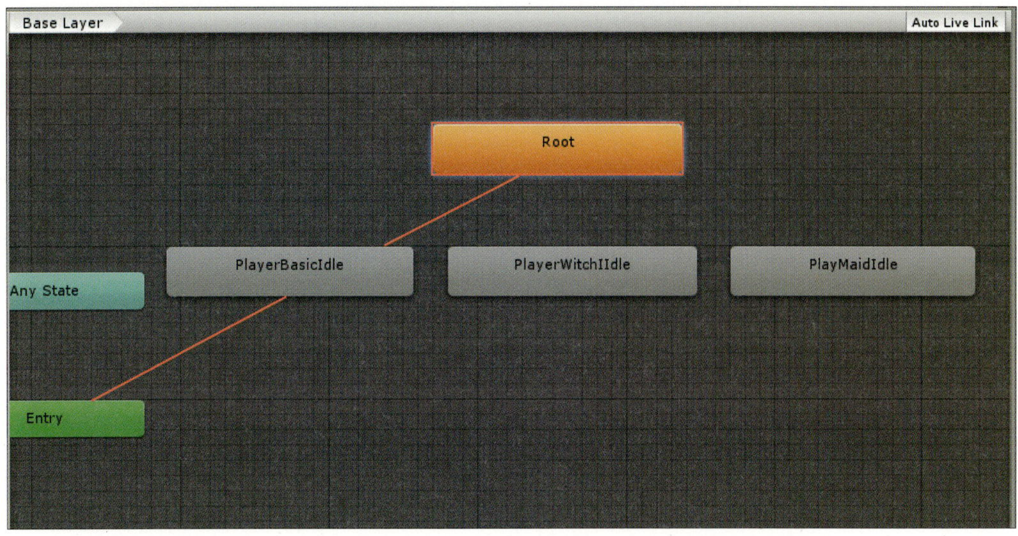

다음 절에서 PlayerData 값을 연동하여 시작과 동시에 선택한 캐릭터를 출력한다.

<table><tr><td></td></tr></table>

9.3 ▶ PlayerData 연동 작업

앞에서 우리는 애니메이션을 적용하는 작업을 했다. 이번에는 서버로부터 얻어오는 캐릭터 정보를 반영시켜보자. 앞에서 PlayerData 게임 오브젝트를 제작했을 것이다. 만약, 빌드를 하여 타이틀부터 시작하게 만든다면 게임 씬에 있는 PlayerData를 삭제한다.

01 Sel Char를 '1'로 변경한다. 실제 서버에서 1이 들어오는 것처럼 우리는 더미 데이터로 테스트하도록 한다. Sel Char에 임시로 '1'을 입력하여 메이드 복장을 한 캐릭터를 출력한다.

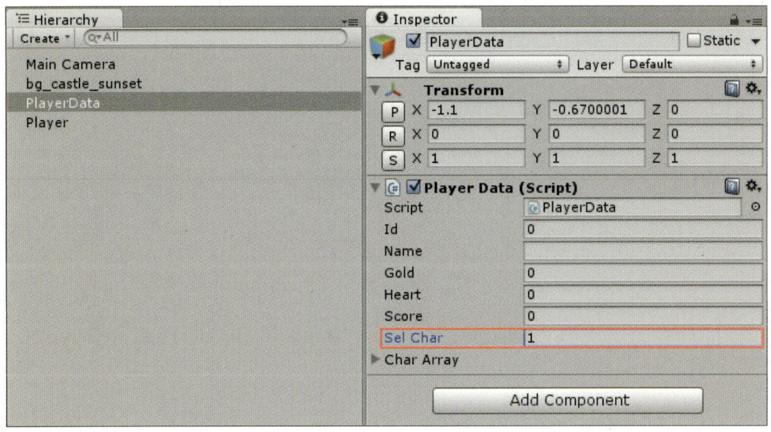

PlayData 값 관리

PlayData는 현재 선택된 캐릭터 작업을 Sel Char 변수에 첫 번째 캐릭터이면 0번, 두 번째 메이드 복장 캐릭터이면 1번, 세 번째 마녀 복장 캐릭터이면 2번으로 Sel Char에 담긴 값으로 관리한다.

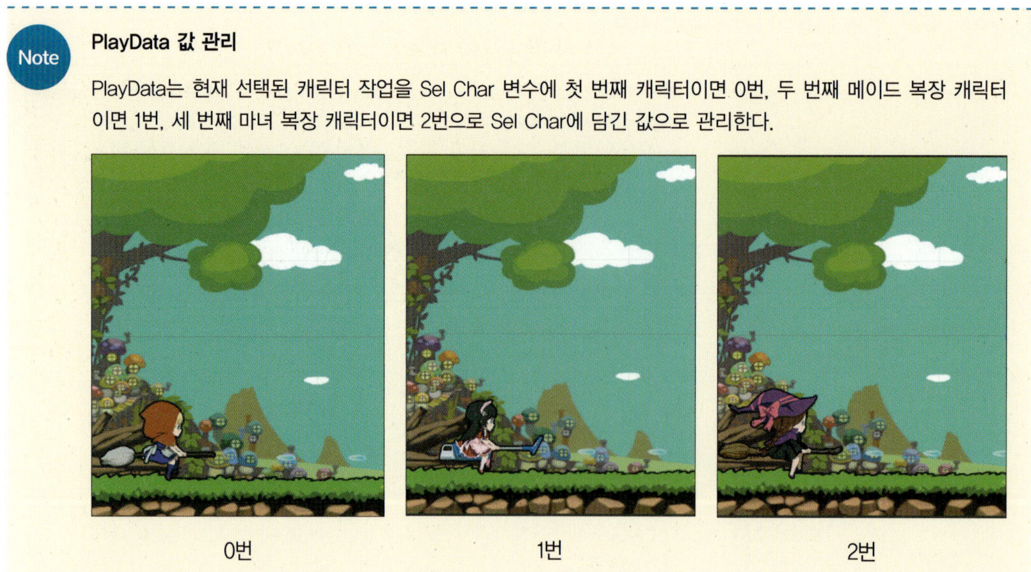

0번   1번   2번

02 완료되어 유니티 5 3D를 플레이하면 메이드 복장을 하는 캐릭터를 출력해보자. PlayerData 컴포넌트에 들어온 Sel Char 변수에 담긴 값으로 캐릭터 에니메이션을 출력하면서 캐릭터를 변경한다.

03 프로젝트 뷰의 Create 에서 C# Script 를 클릭하여 PlayerState 스크립트를 제작한다.

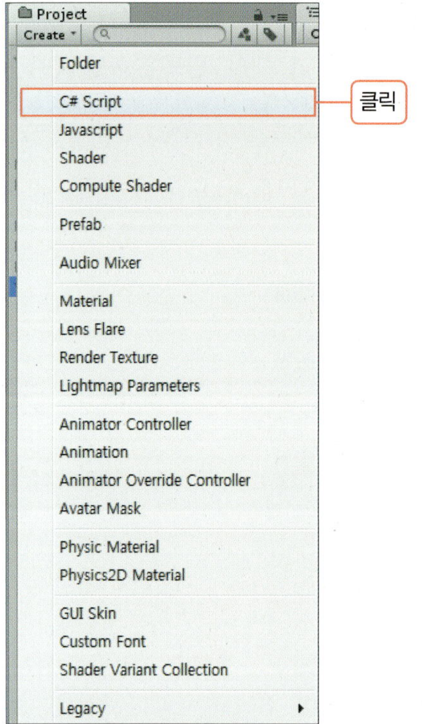

04 이름을 'PlayerState'로 수정한다.

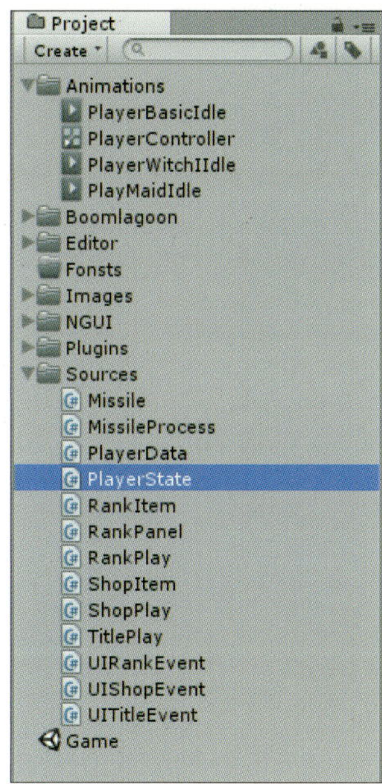

05 PlayerState 스크립트 파일을 더블클릭하여 모노디벨롭을 실행한다. class 명을 확인한 후 이상이 없으면 저장한다.

```csharp
using UnityEngine;
using System.Collections;

public class PlayerState : MonoBehaviour {

    // Use this for initialization
    void Start () {

    }

    // Update is called once per frame
    void Update () {

    }
}
```

06 다음 PlayerState 클래스를 플레이어 게임 오브젝트에 붙인다.

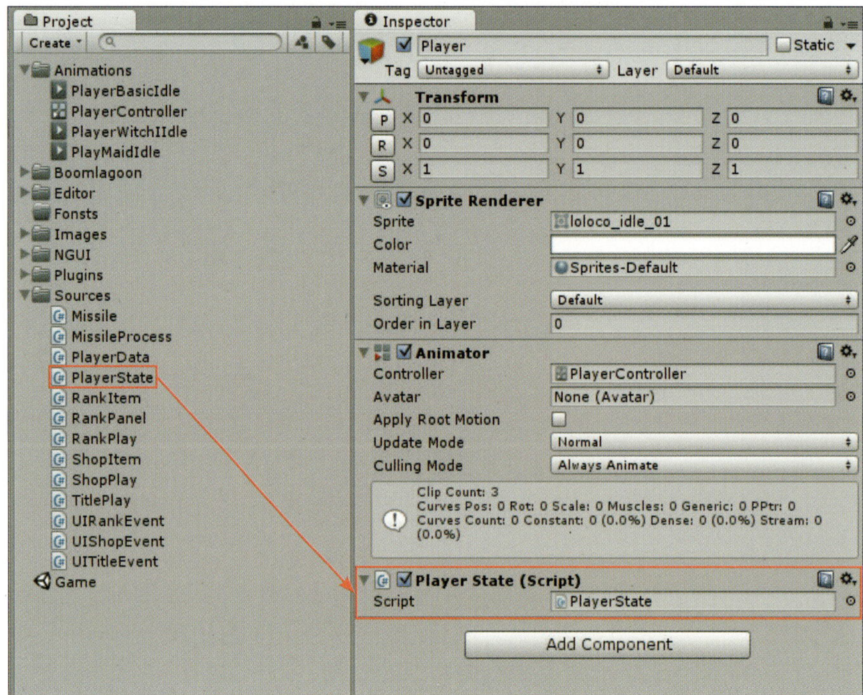

07 게임 씬에서 유니티 5 3D의 [시작] 버튼을 클릭하면 PlayerData 컴포넌트에 있는 Sel Char 변수에 보관된 값에 따라 캐릭터가 나타나도록 스크립트를 작성한다.

소스 9-1 Animator 컴포넌트 주소값을 얻어오는 코드

```
using UnityEngine;
using System.Collections;

public class PlayerState : MonoBehaviour
{
    Animator animator = null

    void Start()
    {
        animator = GetComponent<Animator>();
    }

    void Update()
    {

    }
}
```

Note GetComPont〈Animator〉() 함수

GetComponent〈Animator〉() 함수를 사용하는 이유는 PlayerState 컴포넌트 안에서 Animator 컴포넌트에 있는 함수 또는 변수 기능 등을 이용하기 위해서는 메모리상의 컴포넌트 위치에 대한 주소값을 얻어와야 하기 때문이다.

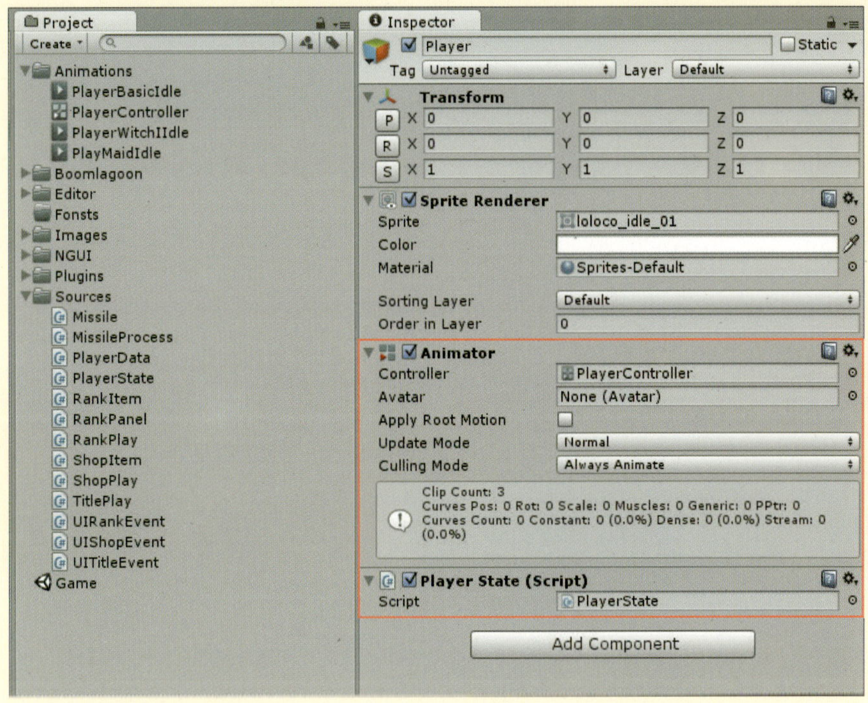

08 PlayerData 컴포넌트 안에 있는 Sel Char 변수가 담고 있는 값에 따라 애니메이션이 작동되도록 해보자. 먼저 PlayerData 컴포넌트에 접근하기 위해 GameObject.Find("PlayerData"); 함수를 통해 게임 오브젝트에 접근한다.

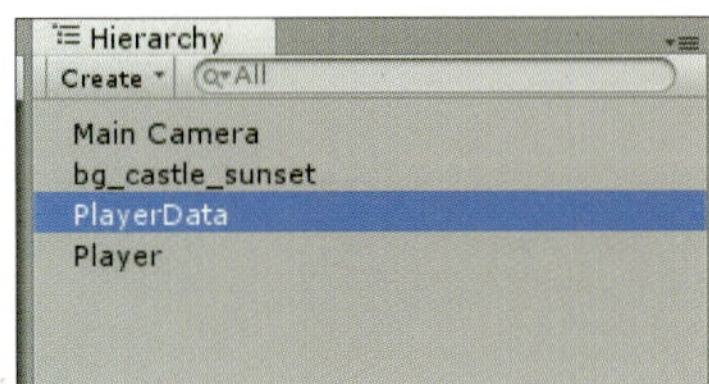

09 이번에는 PlayerData 게임 오브젝트에 있는 PlayerData 컴포넌트에 접근하기 위해 playerDataObj. GetComponent〈PlayerData〉();에 접근한다. 완료되면 playerData 변수 안에 해당 컴포넌트 메모리상의 위치 값을 담는다.

```
using UnityEngine;
using System.Collections;

public class PlayerState : MonoBehaviour
{
    Animator animator = null;

    void Start()
    {
        animator = GetComponent<Animator>();

        GameObject playerDataObj = GameObject.Find("PlayerData");
        PlayerData playerData = playerDataObj.GetComponent<PlayerData>();


    }

    void Update()
    {

    }
}
```

10 결국 animator 변수에 Animator 주소값을 참조한 이유는 Animator 애니메이션을 핸들링하기 위해서이고, PlayerData 주소값을 참조한 이유는 Sel Char 변수에 담긴 값에 접근하기 위해서이다. 그럼 Sel Char에 담긴 값에 따라 캐릭터 이미지가 변경되도록 애니메이션을 호출해보자.

Sel Char 0, 1, 2값에 따라 캐릭터를 변경하여 출력한다. animator.Play() 함수에는 호출하고자 하는 애니메이션명을 적어주면 된다. 애니메이션 명에는 각각 등록된 애니메이션 명을 넣으면 된다.

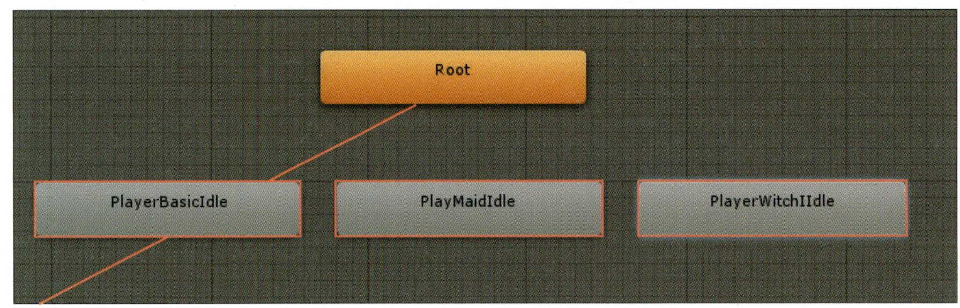

```csharp
using UnityEngine;
using System.Collections;

public class PlayerState : MonoBehaviour
{
    Animator animator = null;

    void Start()
    {
        animator = GetComponent<Animator>();

        GameObject playerDataObj = GameObject.Find("PlayerData");
        PlayerData playerData = playerDataObj.GetComponent<PlayerData>();

        if (playerData.selChar == 0)
        {
            animator.Play("PlayerBasicIdle");
        }
        else if (playerData.selChar == 1)
        {
            animator.Play("PlayMaidIdle");
        }
        else
        {
            animator.Play("PlayerWitchIIdle");
        }

    }

    void Update()
    {

    }
}
```

11 완료되면 마지막으로 소스 코드를 저장한 후 유니티 5 3D로 돌아와 테스트한다. 그런 다음 Sel Char 값을 '1'로 설정하고 유니티 5 3D의 [플레이] 버튼 ▶ 을 클릭하여 실행한다.

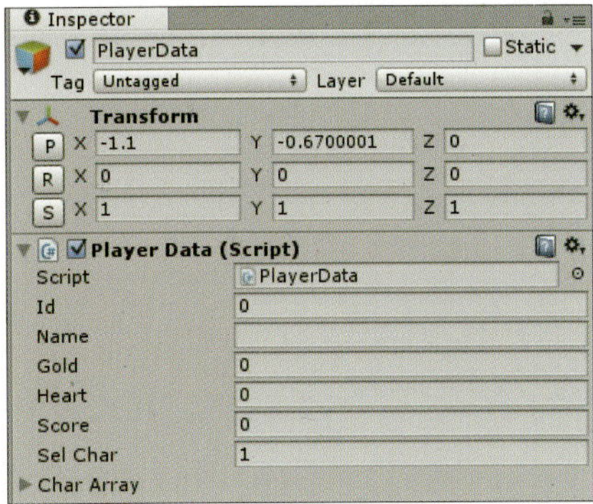

12 그림과 같이 캐릭터가 출력되는 것을 확인할 수 있다.

13 Sel Char값을 '2'로 수정하면 다음 그림과 같이 나타나는 것을 알 수 있다.

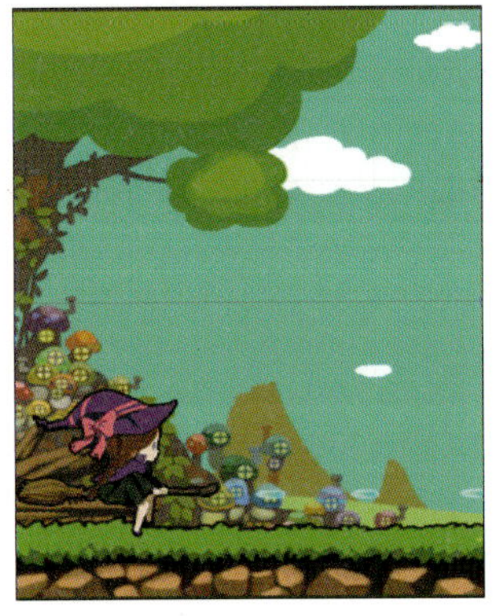

앞의 상점에서 구입하여 선택된 캐릭터에 따라 실제 게임에 반영하는 작업을 했다.

이번에는 적들을 피할 수 있도록 마우스 왼쪽 버튼을 클릭을 하면 캐릭터가 위로 올라가도록 하고, 클릭을 하지 않으면 아래로 내려가도록 해보자.

01 PlayerState 스크립트로 이동한다(PlayerState를 더블클릭한다).

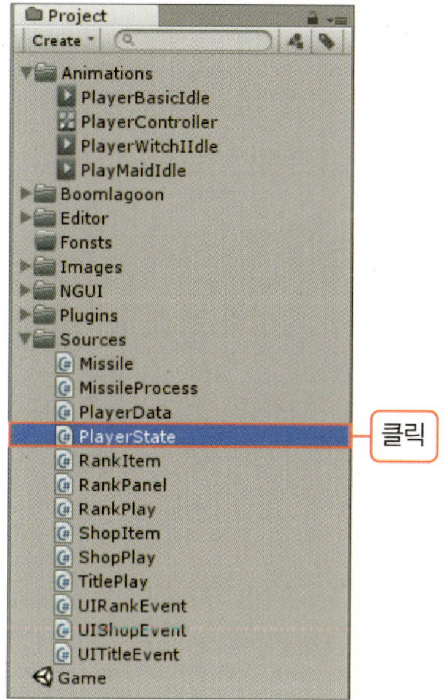

소스 9-4 캐릭터 정보를 얻어와 애니메이션을 호출하는 전체 코드

```
using UnityEngine;
using System.Collections;

public class PlayerState : MonoBehaviour
{
    Animator animator = null;

    void Start ()
    {
        animator = GetComponent<Animator>();

        GameObject playerDataObj = GameObject.Find("PlayerData");
        PlayerData playerData = playerDataObj.GetComponent<PlayerData>();
```

```
            if (playerData.selChar == 0)
            {
                animator.Play("PlayerBasicIdle");
            }
            else if (playerData.selChar == 1)
            {
                animator.Play("PlayMaidIdle");
            }
            else
            {
                animator.Play("PlayerWitchIIdle");
            }


    }

    void Update ()
    {

    }
}
```

02 Update 함수에 마우스 입력 처리를 하도록 한다.

소스 9-5 마우스 이벤트로 캐릭터 움직임 처리

```
using UnityEngine;
using System.Collections;

public class PlayerState : MonoBehaviour
{
    Animator animator = null;

    void Start()
    {
        animator = GetComponent<Animator>();

        GameObject playerDataObj = GameObject.Find("PlayerData");
        PlayerData playerData = playerDataObj.GetComponent<PlayerData>();
```

```csharp
        if (playerData.selChar == 0)
        {
            animator.Play("PlayerBasicIdle");
        }
        else if (playerData.selChar == 1)
        {
            animator.Play("PlayMaidIdle");
        }
        else
        {
            animator.Play("PlayerWitchIIdle");
        }

    }

    void Update()
    {
        if (Input.GetMouseButton(0) == true)
        {

        }
        else
        {

        }
    }
}
```

03 Input.GetMouseDown(0) 마우스 왼쪽 버튼이 클릭됐을때 이벤트를 감지한다. 모바일로 빌드 시 터치로 인식된다. 마우스 왼쪽 버튼을 클릭했을 때는 캐릭터가 올라가도록 하고, 클릭을 하지 않았을 때는 아래로 내려가도록 할 것이다.

<u>소스 9-6</u> 마우스 이벤트로 캐릭터의 움직임을 처리하는 전체 소스

```csharp
using UnityEngine;
using System.Collections;

public class PlayerState : MonoBehaviour
{
    Animator animator = null;
    bool isUp = false;
```

```csharp
    void Start( )
    {
        animator = GetComponent<Animator>( );

        GameObject playerDataObj = GameObject.Find("PlayerData");
        PlayerData playerData = playerDataObj.GetComponent<PlayerData>( );

        if (playerData.selChar == 0)
        {
            animator.Play("PlayerBasicIdle");
        }
        else if (playerData.selChar == 1)
        {
            animator.Play("PlayMaidIdle");
        }
        else
        {
            animator.Play("PlayerWitchIIdle");
        }

    }

    void Update( )
    {
        if (Input.GetMouseButton(0) == true)
        {
            isUp = true;
        }
        else
        {
            isUp = false;
        }
    }
}
```

04 isUp 변수를 만들어 마우스 왼쪽 버튼을 클릭했을 때 isUp = true를 만들 것이고, 클릭하지 않았을 때는 isUp = false 값을 보관하여 isUp이 true 값이면 위로 올라가도록 설정하고, false 값이면 아래로 내려가도록 설정할 것이다.

05 물리 기능을 이용한 이동 처리를 위해 FixedUpdate()를 추가한다. 유니티 5 3D에는 여러 개의 업데이트가 있다. FixedUpdate(), Update(), LateUpdate() 업데이트가 여러 개 있다는 것에는 이유가 있을 것이다. FixedUpdate()는 보통 물리 업데이트할 때 사용하고, Update는 입력 처리 또는 일반 로직 처리 시에 사용하며, LateUpdate는 Update 다음에 처리될 내용들을 작성할 때 사용한다. Update 함수들은 말 그대로 갱신을 하는 데 목적이 있다. 이번에는 물리 업데이트를 위해 FixedUpdate를 추가하자.

Note FixedUpdate, Update, LateUpdate는 유니티 5 3D에서 호출하는 함수가 있다. 함수 선언 시에는 절대로 단어가 틀리면 안 된다. 대소 문자도 구분하므로 주의하기 바란다.

<u>소스</u> 9-7 FixedUpdata() 함수 추가

```
using UnityEngine;
using System.Collections;

public class PlayerState : MonoBehaviour
{
    Animator animator = null;
    bool isUp = false;
    void Start( )
    {
        animator = GetComponent<Animator>( );

        GameObject playerDataObj = GameObject.Find("PlayerData");
        PlayerData playerData = playerDataObj.GetComponent<PlayerData>( );

        if (playerData.selChar == 0)
        {
            animator.Play("PlayerBasicIdle");
        }
        else if (playerData.selChar == 1)
        {
            animator.Play("PlayMaidIdle");
        }
        else
        {
            animator.Play("PlayerWitchIIdle");
        }

    }
```

```
    void FixedUpdate( )
    {
    }


    void Update( )
    {
        if (Input.GetMouseButton(0) == true)
        {
            isUp = true;
        }
        else
        {
            isUp = false;
        }
    }
}
```

06 Player 게임 오브젝트를 클릭한 후 RigidBody2D 컴포넌트를 추가한다.

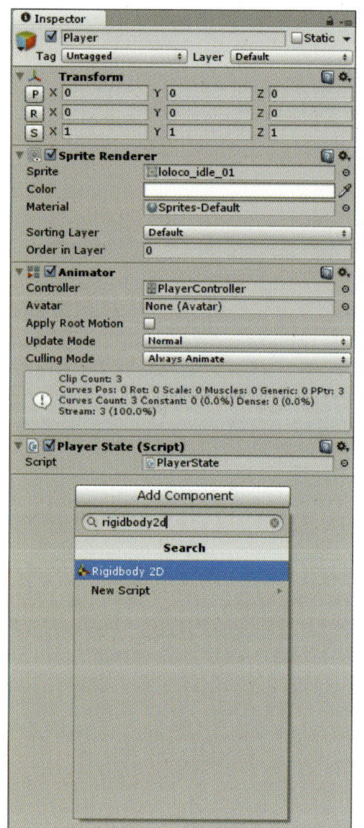

07 다음과 같이 컴포넌트를 확인한다.

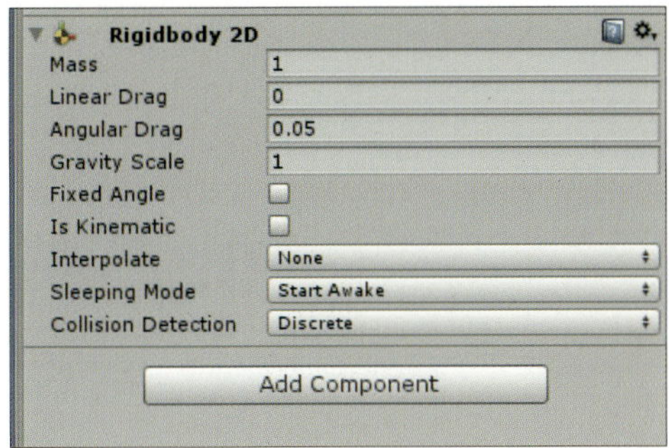

08 RigidBody2D 컴포넌트는 여러분이 만약 화면에 하나의 이미지를 출력했다면 그냥 이미지였을 것이다. 하지만 RigidBody2D 추가 시 월드 공간에 물리 기능을 하는 하나의 객체로 활용할 수 있다. 유니티 5 3D의 [플레이] 버튼 ▶ 을 클릭하면 캐릭터가 밑으로 내려가는 것을 확인할 수 있을 것이다. 이는 중력값에 의한 것이다. 이는 RigidBody2D 유니티 5 3D 물리를 구성하는 데 있어 움직이는 물체에 붙여 사용한다.

09 우리는 지금 PlayerState 스크립트 작업을 통해 컴포넌트를 제작하고 있는 중이다. 당연히 이번에 도 RigidBody2D 컴포넌트에 접근하여 물체 이동 처리에 필요한 기능에 접근할 것이다. GetComponent 〈RigidBody2D〉() 함수를 통해 주소를 받아오도록 한다. 다음은 'RigidBody2D rig = null;'을 추가한 코드이다.

소스 9-8 RigisBody2D rig = null; 추가 코드

```csharp
using UnityEngine;
using System.Collections;

public class PlayerState : MonoBehaviour
{
    Rigidbody2D rig = null;
    Animator animator = null;
    bool isUp = false;
    void Start( )
    {
        rig = GetComponent<Rigidbody2D>( );
        animator = GetComponent<Animator>( );

        GameObject playerDataObj = GameObject.Find("PlayerData");
        PlayerData playerData = playerDataObj.GetComponent<PlayerData>( );

        if (playerData.selChar == 0)
```

```csharp
        {
            animator.Play("PlayerBasicIdle");
        }
        else if (playerData.selChar == 1)
        {
            animator.Play("PlayMaidIdle");
        }
        else
        {
            animator.Play("PlayerWitchIIdle");
        }

    }

    void FixedUpdate()
    {
    }

    void Update()
    {
        if (Input.GetMouseButton(0) == true)
        {
            isUp = true;
        }
        else
        {
            isUp = false;
        }
    }
}
```

10 앞에서 우리는 rig 변수 Player 게임 오브젝트 붙어 있는 RigidBody2D 컴포넌트 주소 값을 참조했다. 그 이유는 rig.velocity 프로퍼티를 이용하기 위해서이다. 여기서 velocity는 '속도'를 말한다. velocity에 속도 값을 넣어주면 물체가 이동한다. 다음은 플레이어 애니메이션으로 이동 처리를 하는 전체 코드이다.

소스 9-9 플레이어 애니메이션 이동 처리 전체 코드

```csharp
using UnityEngine;
using System.Collections;

public class PlayerState : MonoBehaviour
{
    Rigidbody2D rig = null;
    Animator animator = null;
    bool isUp = false;
    void Start()
    {
        rig = GetComponent<Rigidbody2D>();
        animator = GetComponent<Animator>();

        GameObject playerDataObj = GameObject.Find("PlayerData");
        PlayerData playerData = playerDataObj.GetComponent<PlayerData>();

        if (playerData.selChar == 0)
        {
            animator.Play("PlayerBasicIdle");
        }
        else if (playerData.selChar == 1)
        {
            animator.Play("PlayMaidIdle");
        }
        else
        {
            animator.Play("PlayerWitchIIdle");
        }

    }

    void FixedUpdate()
    {
        if (isUp == true)
        {
            rig.velocity = new Vector2(0, 5);
```

```
        }
    }

    void Update( )
    {
        if (Input.GetMouseButton(0) == true)
        {
            isUp = true;
        }
        else
        {
            isUp = false;
        }
    }
}
```

유니티 5 3D의 [플레이] 버튼 ▶ 을 클릭하면 마우스를 클릭했을 때 캐릭터가 위로 올라가고, 클릭하지 않으면 아래로 내려가는 것을 볼 수 있다. 그런데 다음 화면과 같이 문제점이 생긴다. 클릭을 하지 않고 있으면 캐릭터가 시야 밖으로 나가는 것을 볼 수 있다. 충돌 처리를 통해 위, 아래 부분이 떨어지지 않도록 만들어 보자.

11 바닥 이미지로 사용될 'bg_sunset_bottom' 이미지를 게임 오브젝트로 등록한다.

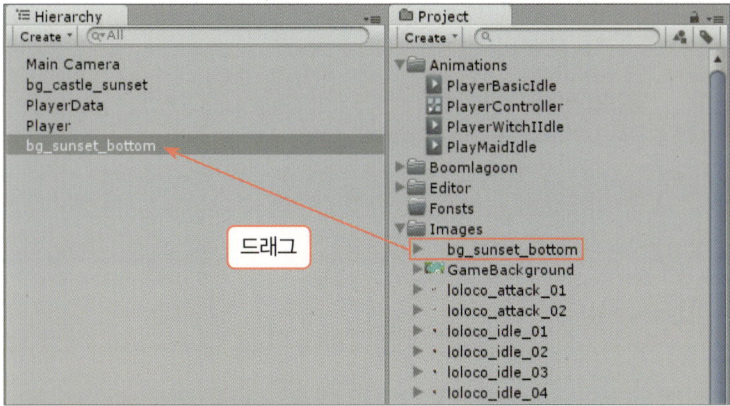

12 새로 추가된 게임 오브젝트에 [Physics2D – BoxCollider2D]를 클릭하여 컴포넌트를 추가한다. 그런 다음 Box Collider2D 컴포넌트 속성의 offset, size 수치를 맞춘다.

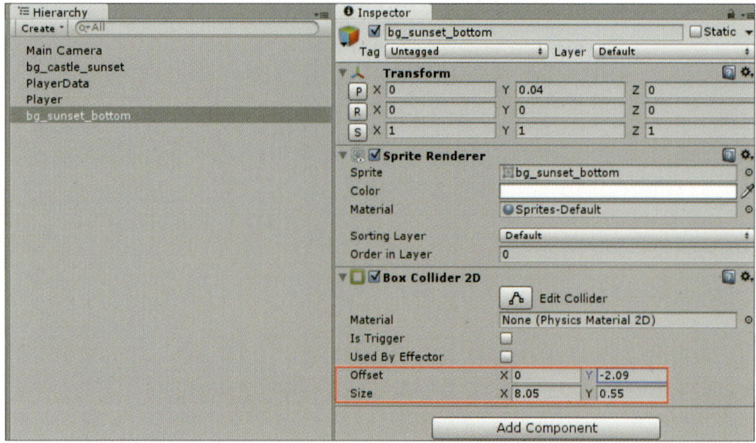

13 Player 게임 오브젝트에 BoxCollider2D를 추가한다.

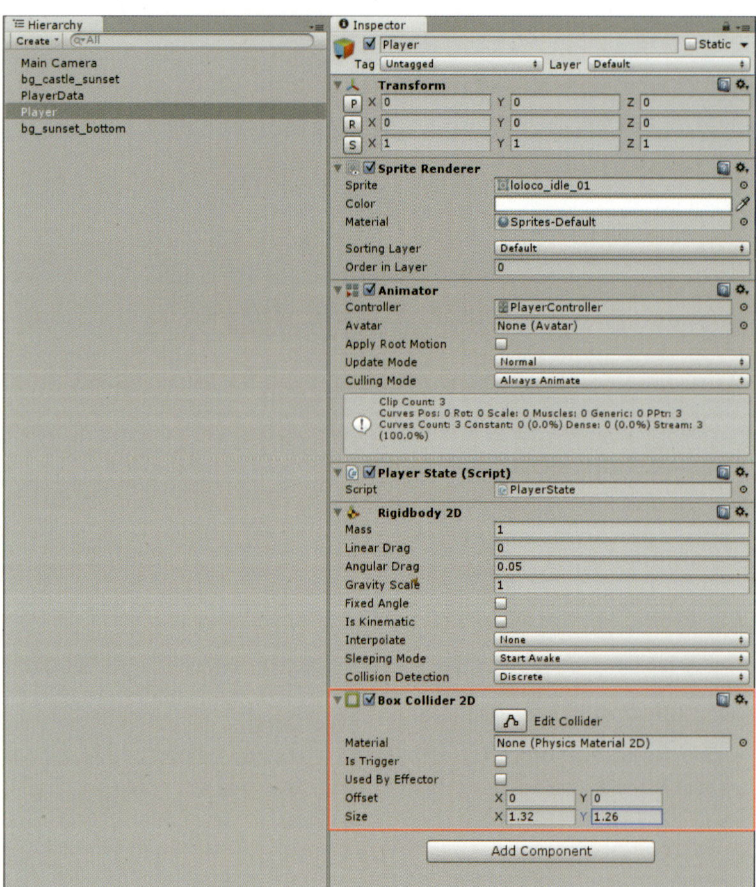

14 유니티 5 3D의 [플레이] 버튼 ▶을 클릭하면 더 이상 내려가지 않는 것을 확인할 수 있다.

9.5 > 미사일 제작

플레이 이동을 완료했으므로 이번에는 적을 공격할 수 있는 미사일을 만들어 보자.

1 미사일 제작

01 미사일 게임 오브젝트를 만든다.

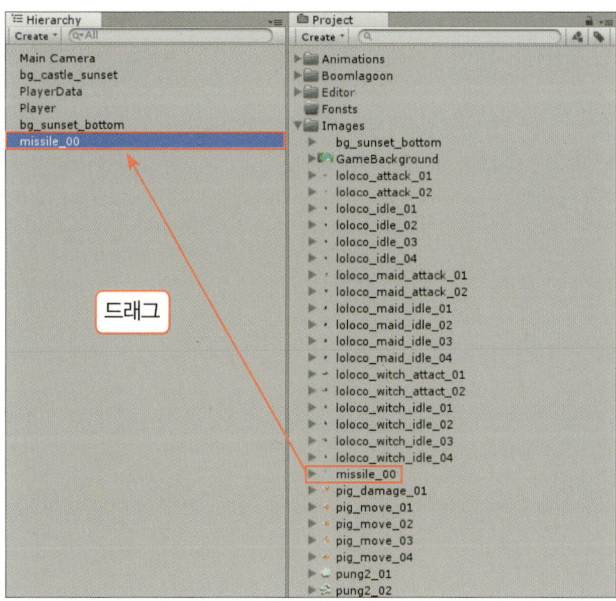

계층 뷰(Hierarchy)를 확인한다.

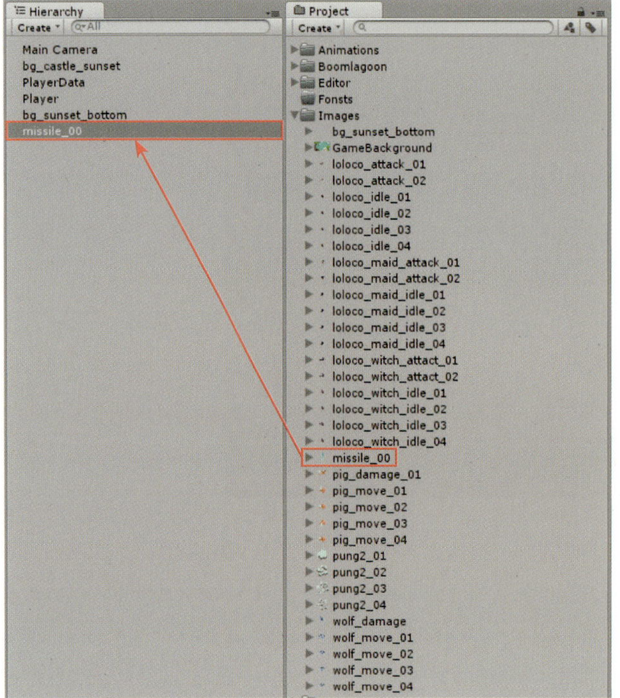

02 미사일 이미지가 오른쪽으로 이동하도록 수정해야 하므로 미사일의 방향값을 수정한다.

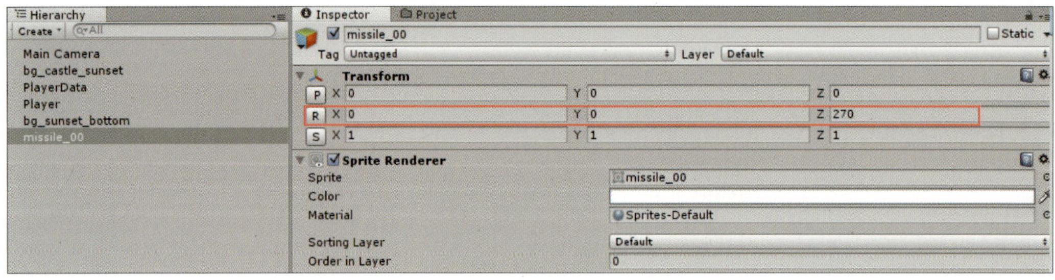

03 미사일 이동에 필요한 Rigibody2D 컴포넌트를 붙인다.

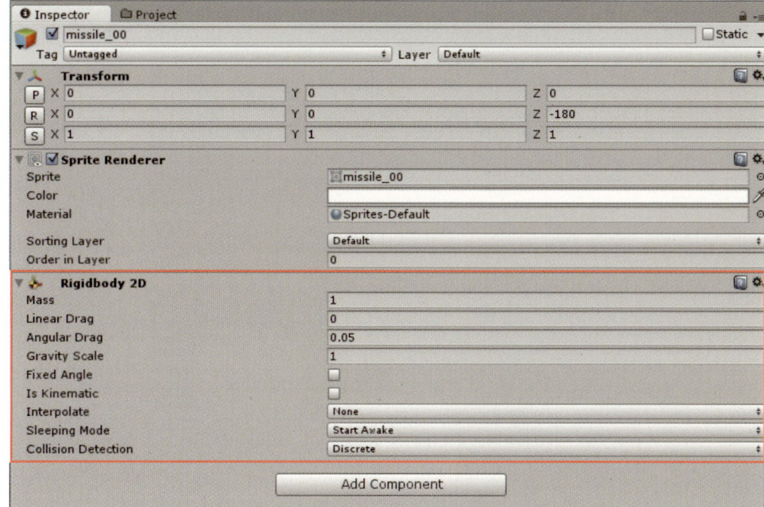

04 충돌을 처리하기 위한 Box Collider2D 컴포넌트를 붙인다.

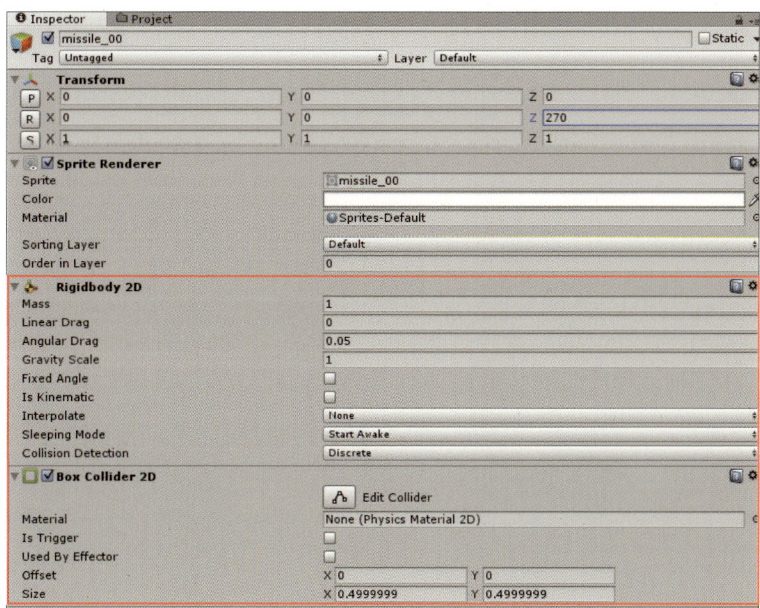

 충돌의 크기 및 위치를 설정한다.

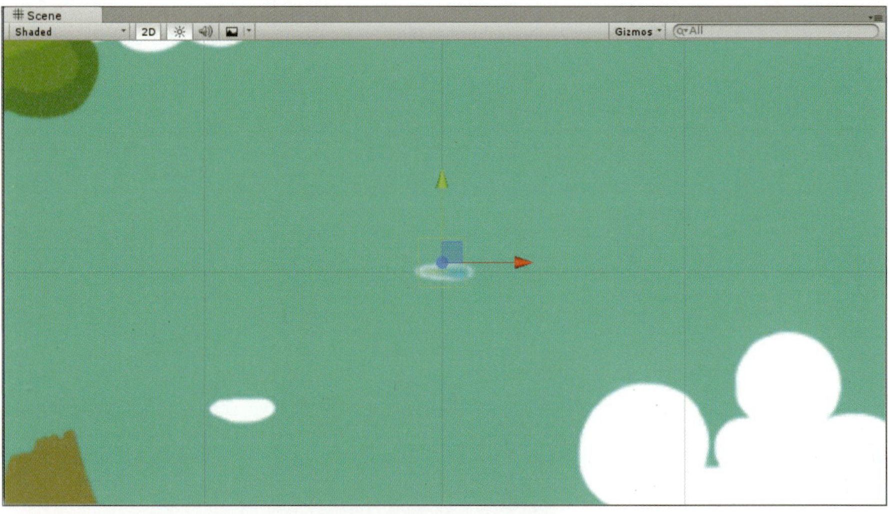

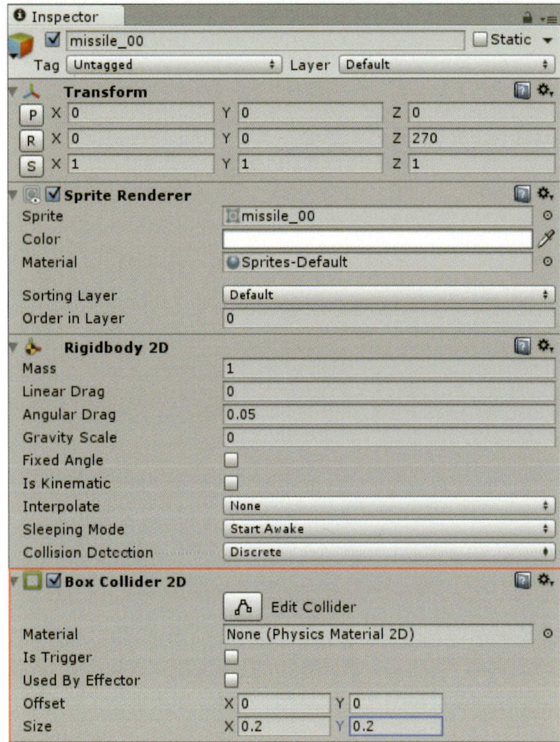

06 총알이 앞으로 나갈 수 있도록 Missile.cs 스크립트 작업을 한다.

```csharp
using UnityEngine;
using System.Collections;

public class Missile : MonoBehaviour
{
   void Start ()
   {
      this.GetComponent<Rigidbody2D>( ).velocity= new Vector2(8, 0);
   }

   void Update()
   {
      if (this.transform.position.x > 5)
      {
         Destroy(this.gameObject);
      }
   }
}
```

작성이 완료되면 Missile.cs 파일을 Missile_00 게임 오브젝트에 붙인나.
this.GetComponent〈Rigidbody2D〉().velocity= new Vector2(8, 0); 소스 코드는 속도값이 8만큼 이동하라는 뜻이고, this.GetComponent〈Rigidbody2D〉().velocity = new Vector2(-8, 0); 소스 고드는 왼쪽으로 8민큼 이동하라는 뜻이다. 그리고 Update에서 5m 이상 이동하면 화면 시야에서 미사일이 보이지 않는다. 이때의 Destory() 함수는 게임 오브젝트를 파괴하라는 뜻이다.

```csharp
void Update( )
{
   if (this.transform.position.x > 5)
   {
      Destroy(this.gameObject);
   }
}
```

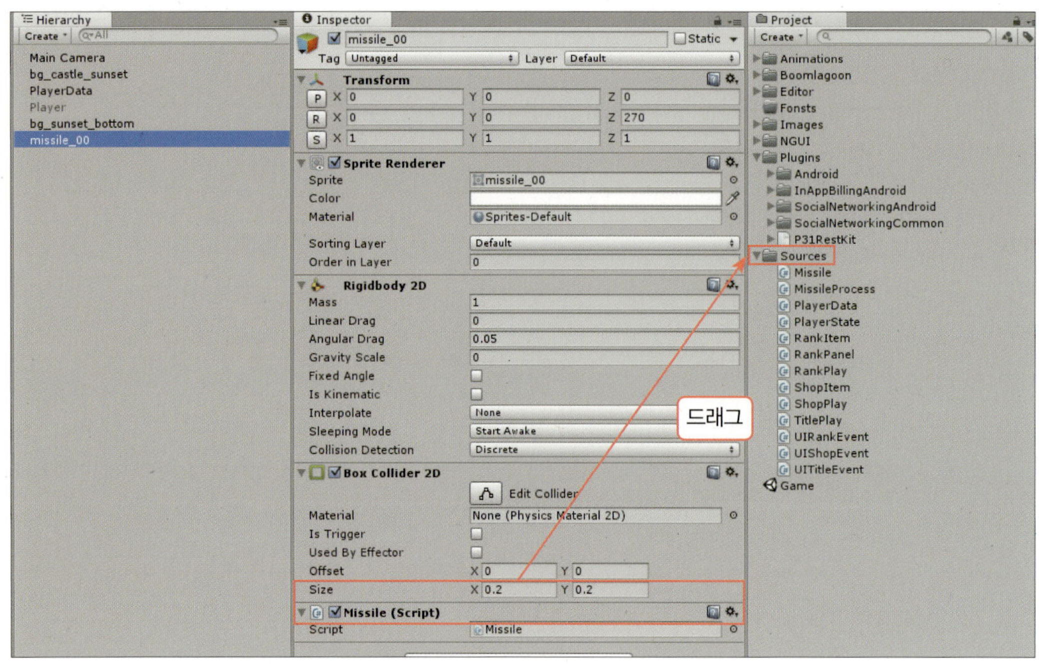

07 미사일이 완료되었다. 완료된 미사일은 프리팹 형태로 보관해야 한다. 먼저 'GamePrefabs'라는 폴더를 만든다. 그런 다음 missile_00 게임 오브젝트를 폴더로 드래그한다.

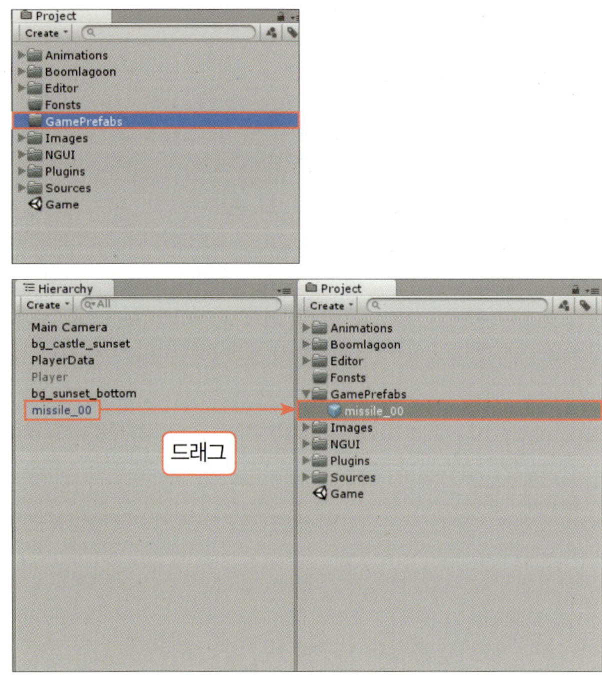

이제부터는 missile_00 프리팹으로 불러오면 되므로 계층 뷰(Hierarchy)의 missile_00 게임 오브젝트를 삭제한다. 이렇게 하면 미사일 제작이 완료된 것이다.

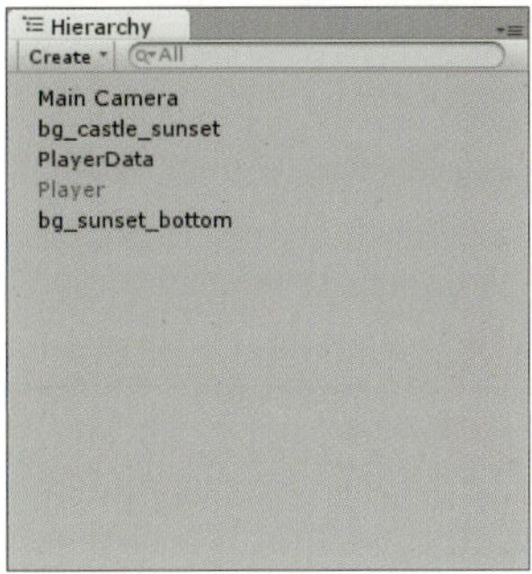

2 플레이어 총알 발사하기 만들기

이번에는 플레이어가 위, 아래로 움직일 때마다 총알이 따라 움직이면서 나가도록 해보자.

01 MissileProcess.cs 파일을 만든 후 파일을 연다.

```csharp
using UnityEngine;
using System.Collections;

public class MissileProcess : MonoBehaviour
{
    public GameObject missile = null;

    void Start()
    {
        StartCoroutine(MissileUpdate());
    }

    IEnumerator MissileUpdate()
    {
        GameObject obj = Instantiate(missile) as GameObject;
        obj.transform.position = this.transform.position;
        yield return new WaitForSeconds(0.1f);
        outine(MissileUpdate());



    }
```

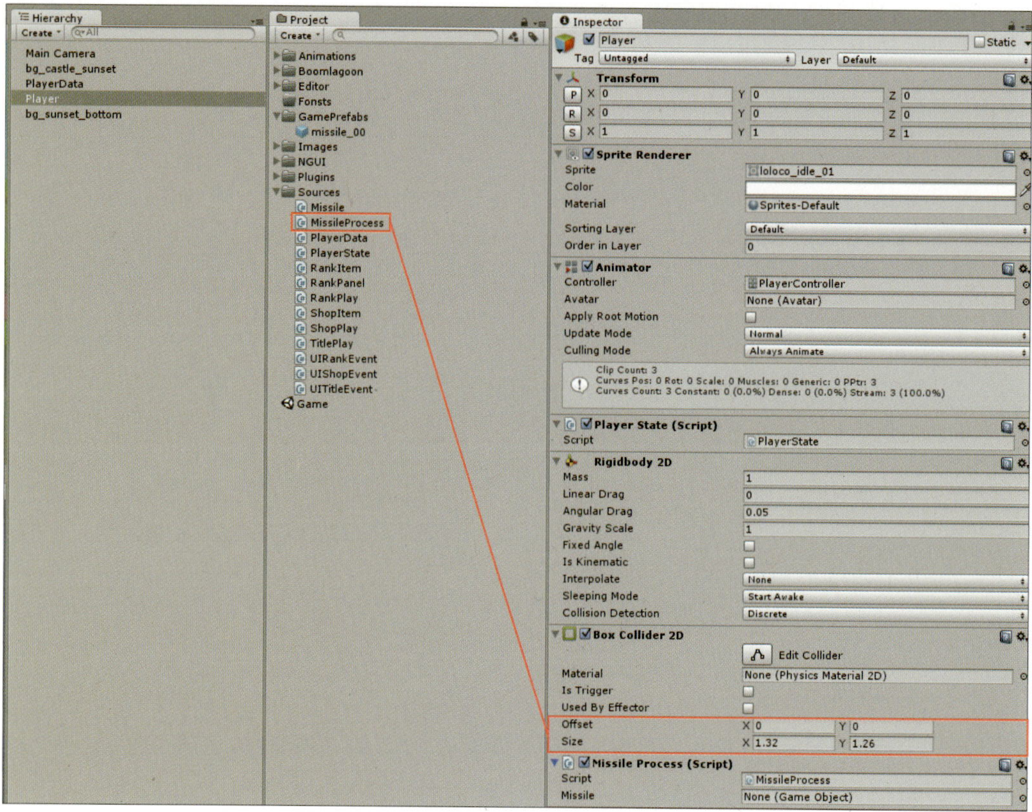

03 public GameObject missile = null; 멤버 변수에 Prefab으로 만든 Missile_00 프리팹을 연결한다.

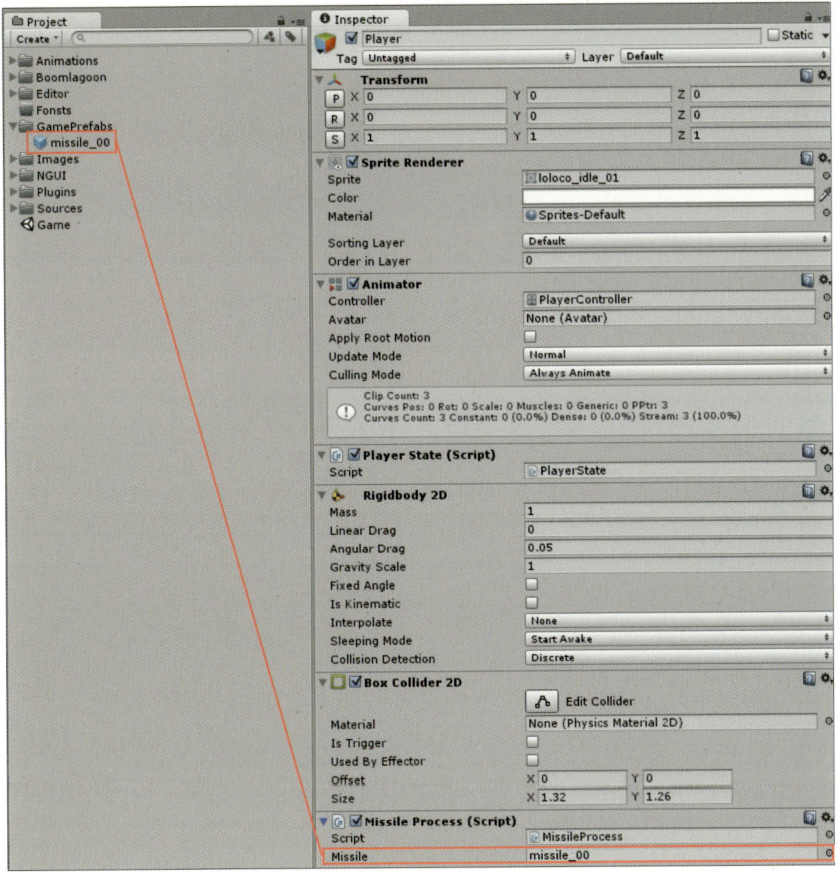

```
IEnumerator MissileUpdate( )
{
    GameObject obj = Instantiate(missile) as GameObject;
    obj.transform.position = this.transform.position;
    yield return new WaitForSeconds(0.1f);
    StartCoutine(MissileUpdate( ));
}
```

위 소스는 Instantiate(missile) 함수를 통해 복제한다. 총알이 나가는 위치를 obj.transform.position = this.transform.position; Player 게임 오브젝트 위치로 잡는다. yield return new WaitForSeconds(0.1f); 0.1초 대기한 후 StartCoutine(MissileUpdate()); MissileUpdate() 함수를 호출하여 총알이 계속 나가도록 한다.

04 총알이 나가기는 하지만 이상하게 나갈 것이다. 그 이유는 미사일에 충돌 영역이 부딪히기 때문이다.

05 서로 충돌되지 않도록 설정하기 위해 먼저 Layer 세팅을 해보자.

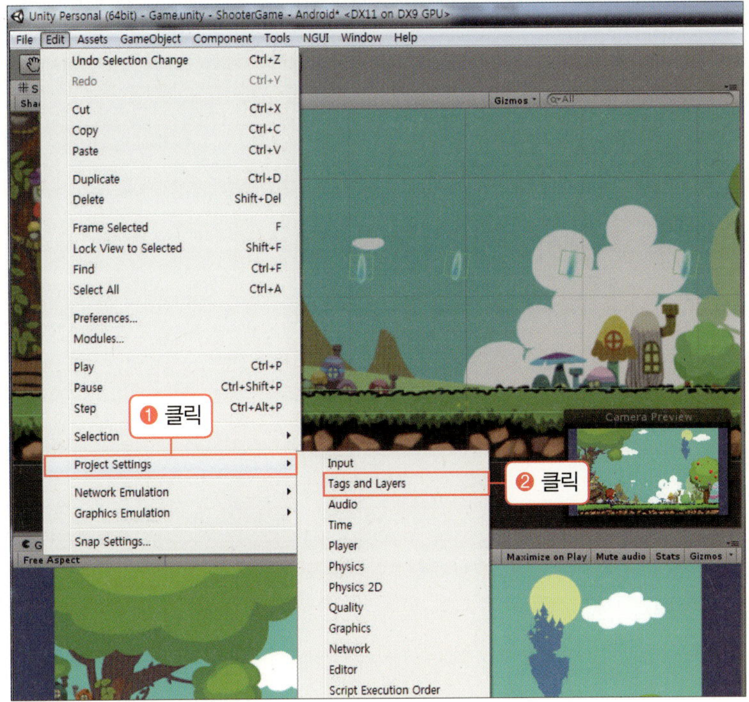

06 Background, Player, Missile을 입력한다.

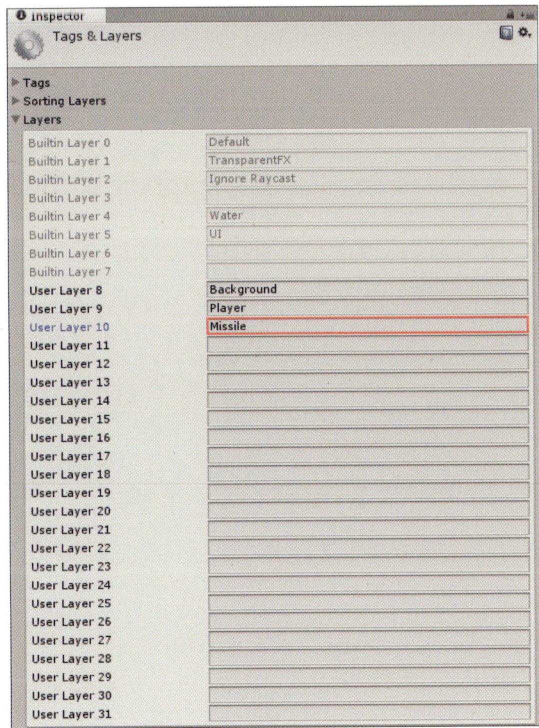

07 Layer 등록이 완료되면 다음 게임 오브젝트를 구분하기 위해 Layer를 설정한다. 먼저 Player를 설정한다.

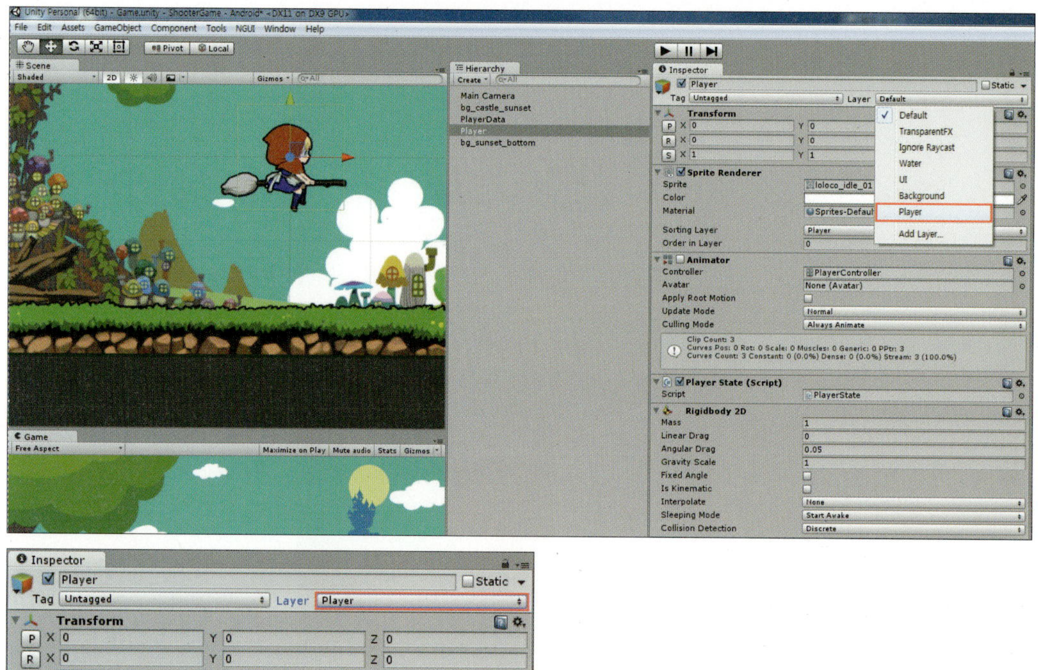

08 미사일은 프리팹으로 만들어졌기 때문에 missile_00 프리팹을 클릭하여 설정한다.

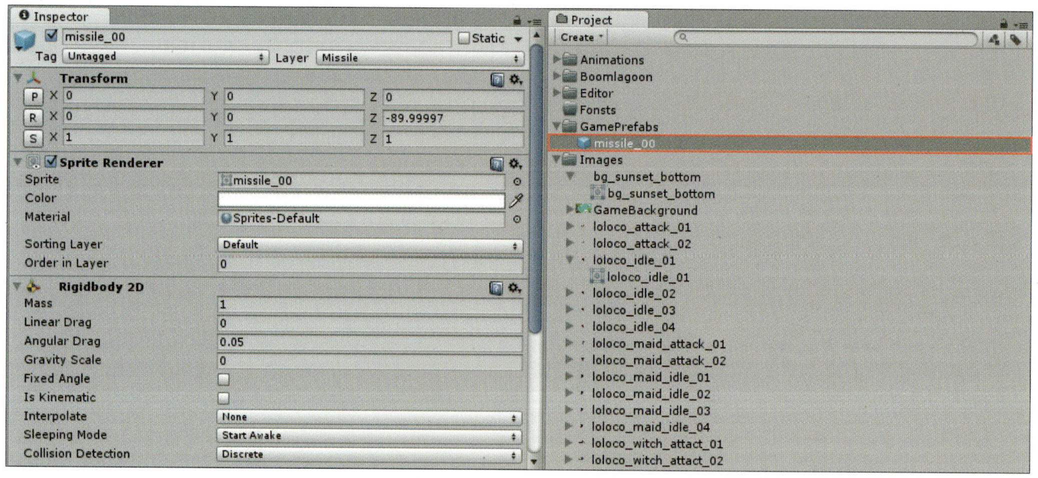

모든 작업이 완료되면 이제 Layer를 세팅한 이유를 살펴보자.

③ Layer 설정하기

Layer 설정은 게임 오브젝트를 구분하기 위한 용도로 사용한다. 이번에 구분하는 이유는 서로 충돌되지 않도록 하기 위해서이다.

01 Physics2D로 이동한다.

02 Layer Collision Matrix 메뉴에서 서로 충돌되지 않도록 할 것이다.

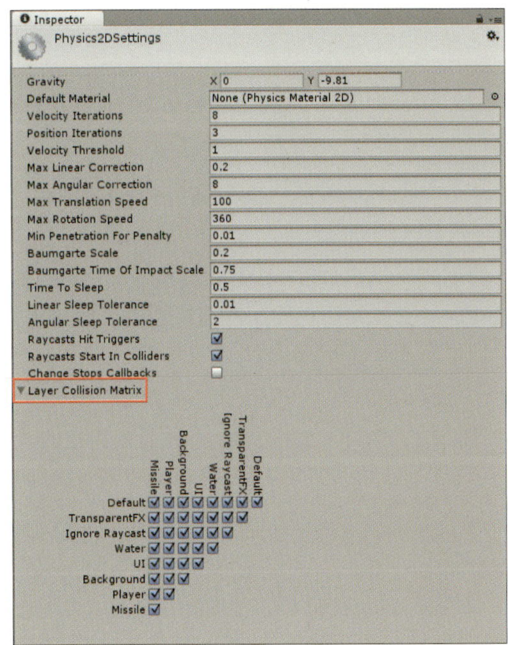

위쪽 미사일을 기준으로 왼쪽으로부터 크로싱되는 오브젝트 체크 표시를 해제하면 된다.

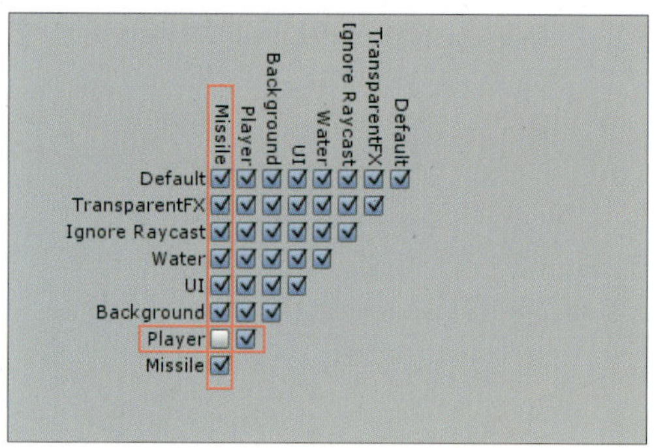

03 이렇게 작업하면 플레이어와 미사일이 충돌되지 않으므로 정상적으로 보일 것이다.

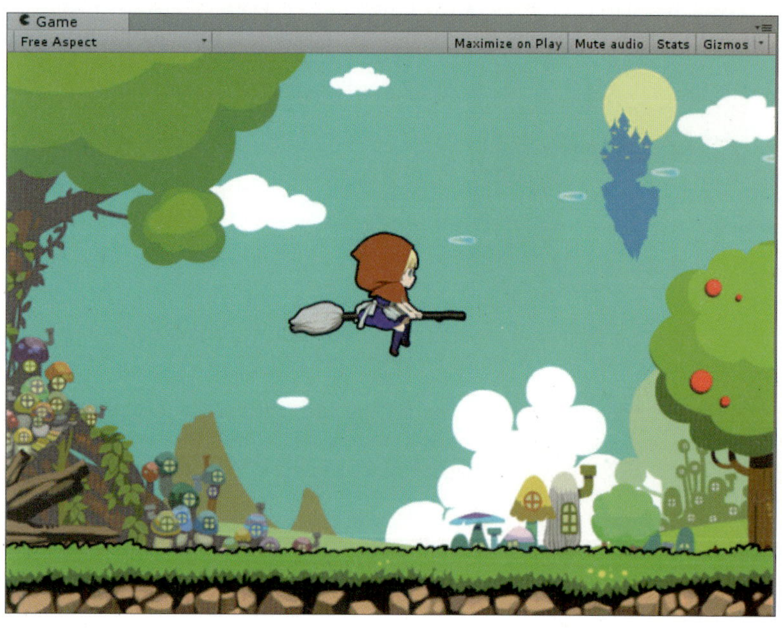

9.6 > 몬스터 제작

이제 주인공을 준비했으므로 몬스터를 만들어 보자. 몬스터를 죽일 때마다 점수를 1씩 올리고, 그 점수를 기준으로 친구와 랭킹 경쟁을 할 것이다.

1 몬스터 만들기

01 pig_move_1.png 이미지를 씬 뷰로 드래그한다.

02 몬스터가 플레이어를 바라볼 수 있도록 몬스터를 반진시킨다.

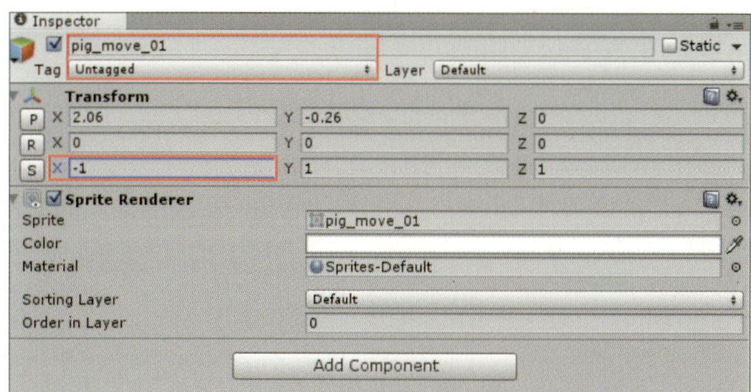

03 플레이어를 움직이도록 하기 위해 Rigbody2D를 붙인다.

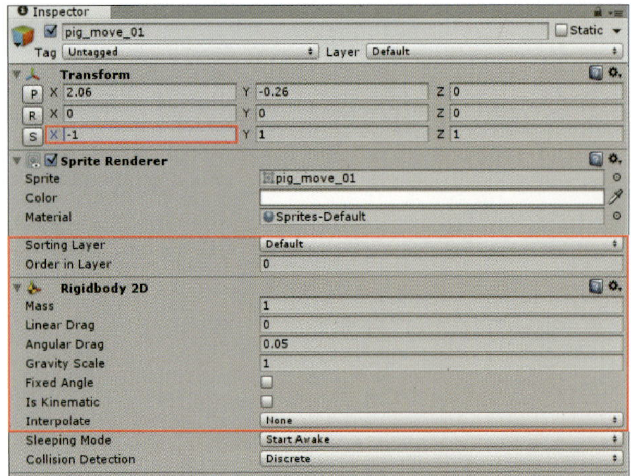

04 Gravity Scale 1의 값을 '0'으로 설정하여 중력이 작동되지 않도록 한다. 중력이 작동되면 몬스터가 떨어질 수 있기 때문에 '0'으로 설정한다.

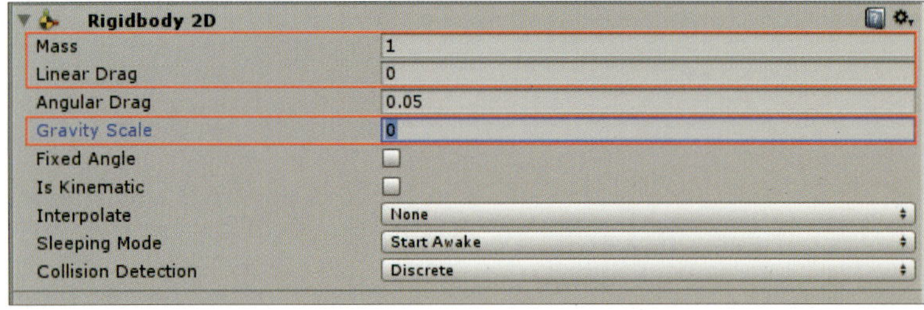

05 몬스터가 충돌하도록 Box Collider2D를 붙인다.

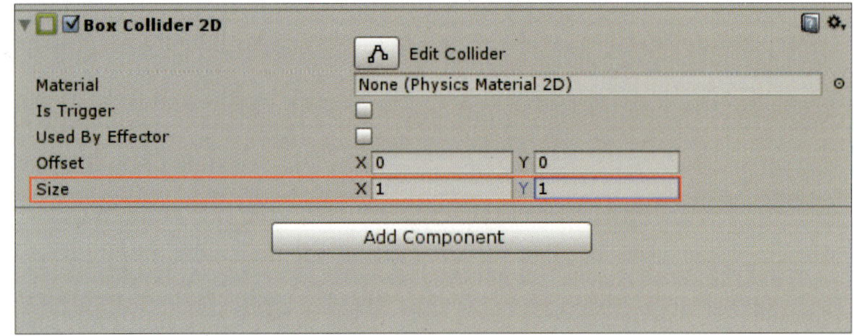

06 Box Collider2D의 Size를 X : 1, Y : 1로 설정한다.

 Monster.cs 파일을 만든다.

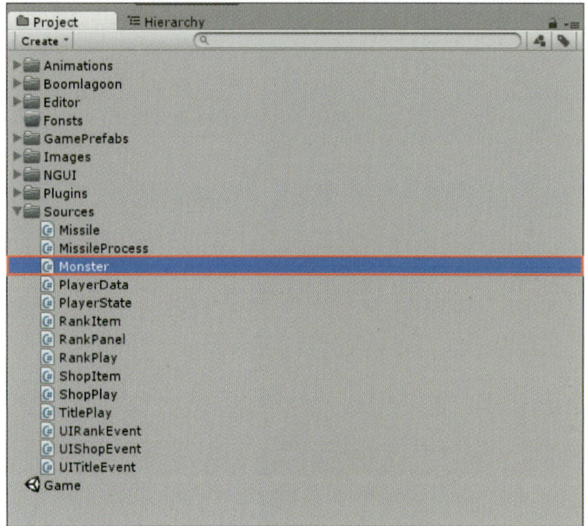

08 몬스터의 이동, 죽음 처리를 다음 소스로 구현한다.

```csharp
using UnityEngine;
using System.Collections;

public class Monster : MonoBehaviour
{
    int hp = 5;

    void Start()
    {
        this.GetComponent<Rigidbody2D>().velocity = new Vector2(Random.Range(-2,
            -4), 0);
    }

    void OnCollisionEnter2D(Collision2D other)
    {
        int layerIndex = other.gameObject.layer;
        if (layerIndex == LayerMask.NameToLayer("Missile"))
        {
            Destroy(other.gameObject);
        }

        hp--;
```

```csharp
    if (hp <= 0)
    {
        Destroy(this.gameObject);
    }
  }
}

this.GetComponent<Rigidbody2D>( ).velocity = new Vector2(Random.Range(-2, -4),
0);
```

이동을 한다. 이번에는 특별하게 Radom.Range() 함수를 이용하였는데 Random.Range() 함수는 랜덤으로 숫자를 뽑을 때 사용한다. −2 ～ −4의 범위에서 숫자를 뽑아준다.

```csharp
void OnTriggerEnter2D(Collider2D other)
{
    int layerIndex = other.gameObject.layer;
    if (layerIndex == LayerMask.NameToLayer("Missile"))
    {
        Destroy(other.gameObject);
    }

    hp--;

    if (hp <= 0)
    {
        Destroy(this.gameObject);
    }
}
```

OnTriggerEnter2D() 함수는 물체가 부딪힐 때 호출되는 함수이다. 부딪힌 대상의 정보를 (Collider2D other)를 통해 알려준다. OnTriggerEnter2D()는 단순히 충돌만 했다는 정보를 알려주는 함수이다. 이것을 사용할 때 부딪히는 두 물체 중에

```csharp
int layerIndex = other.gameObject.layer;
if (layerIndex == LayerMask.NameToLayer("Missile"))
{
    Destroy(other.gameObject);
}
```

other.gameObject.layer; 부딪힌 대상에 Layer 인덱스를 알려준다. if문을 통해 부딪힌 대상이 미사일 경우에는 미사일을 사라지게 만들어야 한다. 그래야만 미사일이 몬스터를 통과하지 않고 맞을 때 사라진다.

```
hp--;

if (hp <= 0)
{
    Destroy(this.gameObject);
}
```

hp 값은 매번 부딪힐 때마다 1씩 감소한다. 결국 hp 값이 0보다 크거나 같으면 스스로 파괴된다.

② 스크립트를 몬스터에 붙이기

여기까지 완료되었다면 이번에는 스크립트를 몬스터에 붙일 차례이다. Monster.cs 스크립트를 몬스터에 붙인다. 몬스터가 출현하는 것을 볼 수 있다.

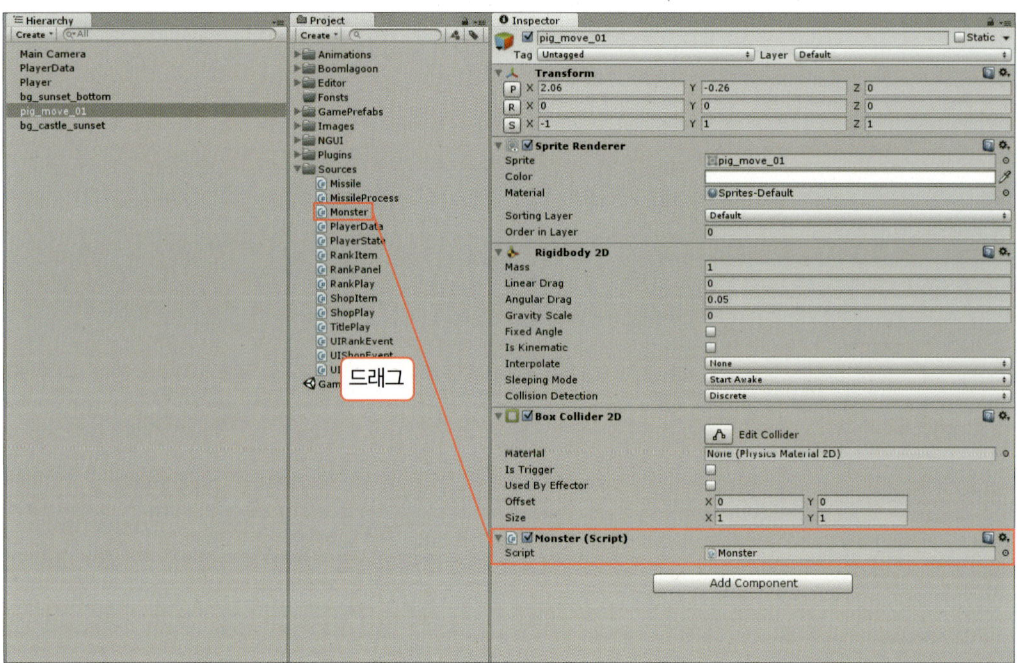

❸ 여러 마리의 몬스터가 등장하도록 설정하기

01 몬스터가 여러 마리 출현하도록 설정한다. 일정한 시간에 한 번씩 출현하도록 할 것이다.

02 몬스터 역시 여러 마리가 나올 수 있도록 프리팹으로 등록한다. 완료되면 계층 뷰에 있는 pig_move_01 을 삭제한다.

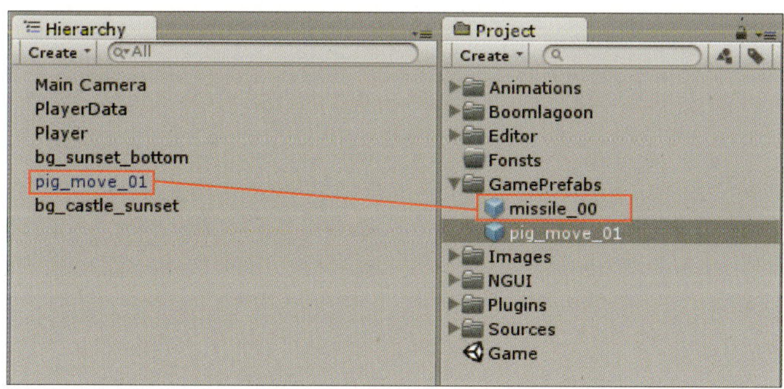

03 Create Empty Child 를 클릭하여 빈 게임 오브젝트를 만든다. 몬스터가 여러 마리 출현할 목적으로 만들 것이다.

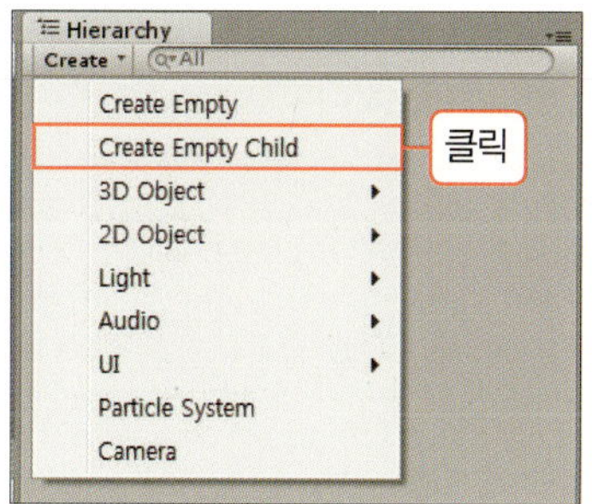

04 MonsterManager 게임 오브젝트를 변경한 후 MonsterManager.cs 스크립트를 제작한다.

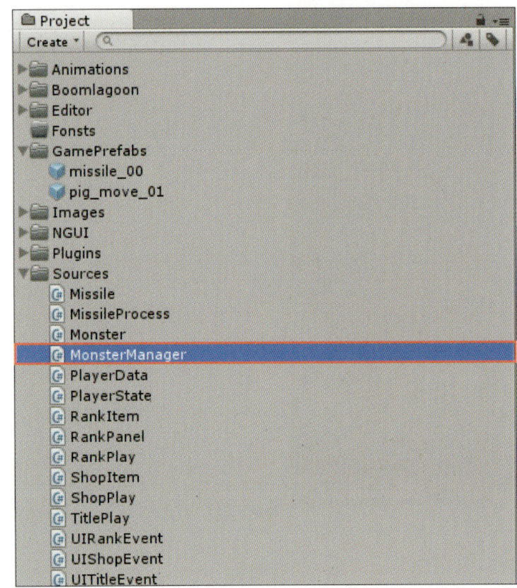

05 완료되면 MonsterManager 게임 오브젝트에 붙인다.

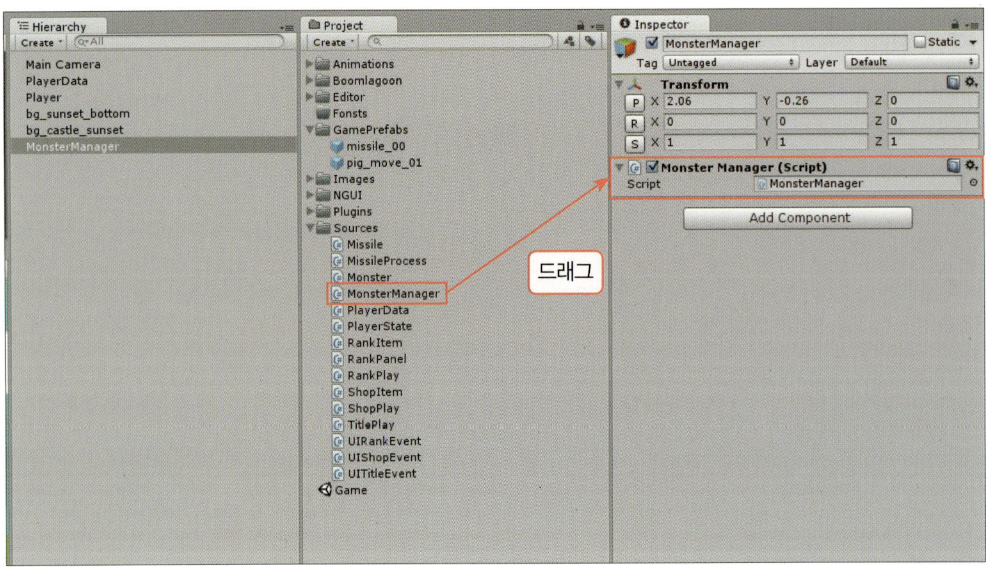

06 MonsterManager.cs를 더블클릭한 후 모노디벨롭으로 들어가서 스크립트 작업을 한다.

```csharp
using UnityEngine;
using System.Collections;

public class MonsterManager : MonoBehaviour
{
    public GameObject empty = null;

    void Start()
    {
        StartCoroutine(MonsterUpdate());
    }

    IEnumerator MonsterUpdate()
    {
        GameObject obj = Instantiate(empty) as GameObject;
        empty.transform.position = this.transform.position;

        yield return new WaitForSeconds(Random.Range(2, 5));

        StartCoroutine(MonsterUpdate());
    }
}
```

07 소스 코드의 'GameObject empty = null;' 코드를 몬스터 프리팹과 연결한다.

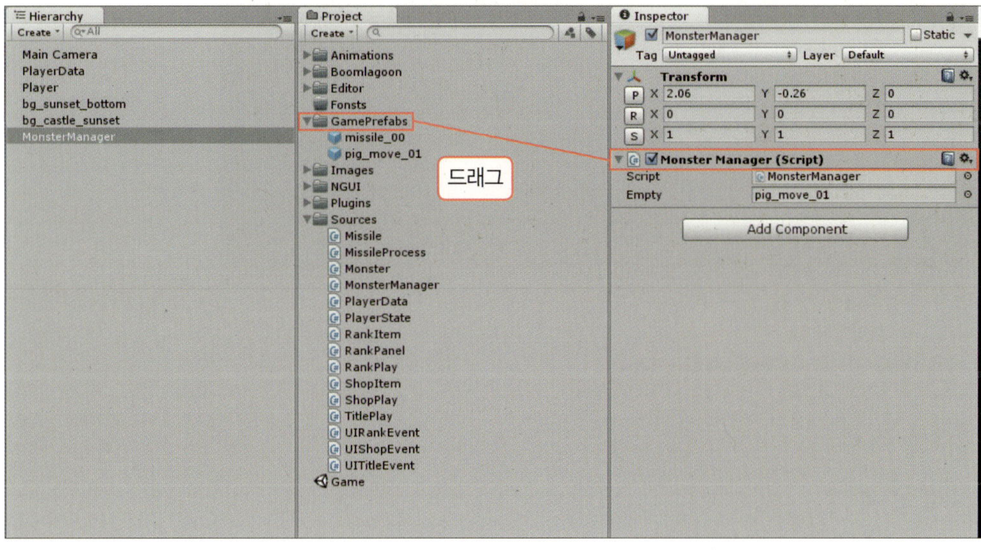

08 완료된 후 소스 코드를 다시 확인한다.

```
 IEnumerator MonsterUpdate( )
{
   GameObject obj = Instantiate(empty) as GameObject;
   empty.transform.position = this.transform.position;

   yield return new WaitForSeconds(Random.Range(2, 5));

   StartCoroutine(MonsterUpdate( ));
}
```

위 소스의 MonsterUpdate() 함수는 WaitForSeconds 시간만큼 대기한 후에 몬스터를 만들어주는 코드이다. 처음 'GameObject obj = Instantiate(empty) as GameObject;'를 호출하여 몬스터를 생성하고 'yield return new WaitForSeconds(Random.Range(2, 5));'를 랜덤으로 Ramdom.Range(2,5) 2초에서 5초 대기할 시간을 구한 후 대기를 한 후 다시 StartCoroutine(MonsterUpdate());를 호출하여 또 다시 반복해서 몬스터를 생성한다. 그러면 2~3초 동안 몬스터가 한 마리씩 만들어지는 것을 확인할 수 있다.

4 동시에 여러 마리가 출현하도록 설정

이번에는 동시에 여러 마리가 출현할 수 있도록 MonsterManager를 여러 개 생성하여 배치해 보자.

01 Ctrl+C로 MonsterManager 게임 오브젝트를 3개 복사한 후 이름을 다음과 같이 수정한다.

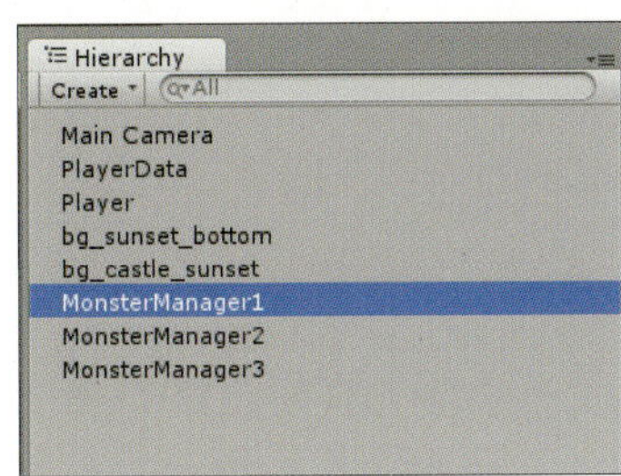

02 완료되면 각자의 위치를 설정한다. MonsterManager.cs 소스 코드를 보면 'empty.transform.position = this.transform.position;' 부분은 MonsterManager 게임 오브젝트 위치를 기준으로 몬스터를 생성하도록 코딩되어 있다는 것을 알 수 있다. 그럼 몬스터 생성 위치를 수정한다. 다음은 MonsterManager의 위치 좌표를 나타낸 것이다.

▲ MonsterManager1

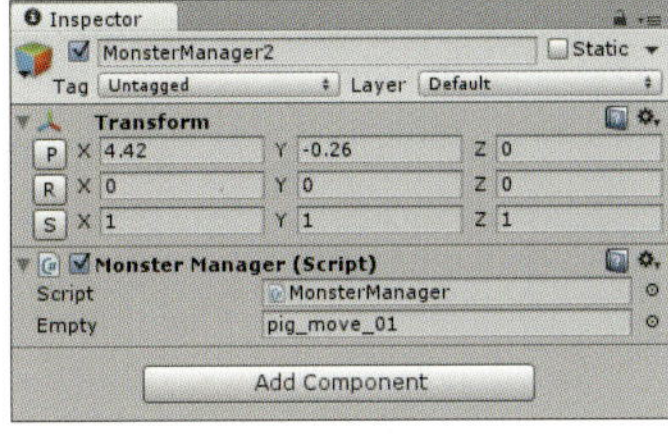

▲ MonsterManager2

▲ MonsterManager3

03 여러 마리의 몬스터가 출현하는 것을 확인할 수 있다.

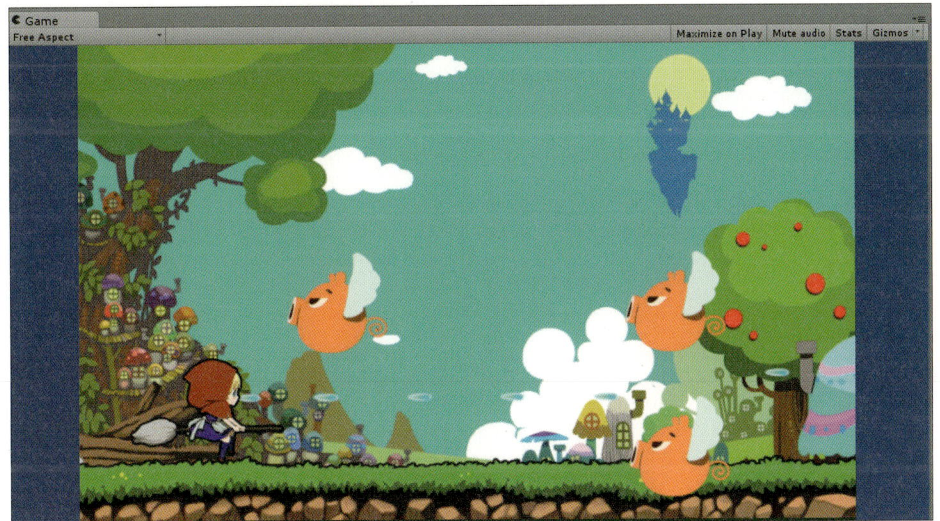

NGUI를 활용한
유저 인터페이스 최적화 방법

저자는 소셜 게임을 개발할 때 NGUI(Next Generation User Interface)를 이용하여 제작했다. NGUI는 실제 현업에서 많이 사용되는 UI 에셋이기 때문이다. 이번 부록에서는 먼저 에셋스토어에서 NGUI를 찾아 다운로드한 후 좀 더 UI를 최적화하여 사용하는 방법을 배워보겠다. 실제 게임을 개발하다 보면 UI 용량이 부담되기도 한다. 따라서 부록을 통해 좀 더 용량을 줄여서 사용하는 방법을 배워본다.

NGUI는 타샤렌 엔터테인먼트(www.tasharen.com)가 개발한 2D UI 툴 키트로, 대표적인 유니티 3D(Unity 3D)의 플러그인 프로그램이다. 유니티 3D의 그래픽 유저 인터페이스(GUI)는 사용하기 어렵고 성능 문제도 많이 야기된 바 있지만, NGUI는 이 문제를 대부분 해결하였기 때문에 현재 많은 2D 게임들이 NGUI를 이용하여 개발되고 있다. 타샤렌 엔터테인먼트 홈페이지에서 [Product – NGUI: Next-Gen UI Kit] 메뉴를 선택하면, NGUI 소개 페이지가 나타난다. 여기를 보면, 무료 버전(Free Version) 링크와 라이선스 구매 방법이 나와 있다. 무료 버전은 NGUI 소스가 제공되지 않는다. 라이브러리 형태로 제공되기 때문에 NGUI 소스를 수정하기 원한다면 일반 버전(Standard Version) 구매가 필요하다.

여기서도 일반 버전을 구매하여 사용하는 방법을 소개한다.

1 에셋스토어에서 NGUI 설치하기

성안당(www.cyber.co.kr)의 [자료실 – 자료실] 탭을 선택해 small.zip 샘플 이미지를 다운로드하여 제작해보자. 그리고 에셋스토어를 통해 NGUI를 설치하여 최적화된 유저 인터페이스(UI)를 제작해보자.

01 에셋스토어 기능을 유니티 퍼스널 버전의 Window – Asset Store 를 선택해 실행한다.

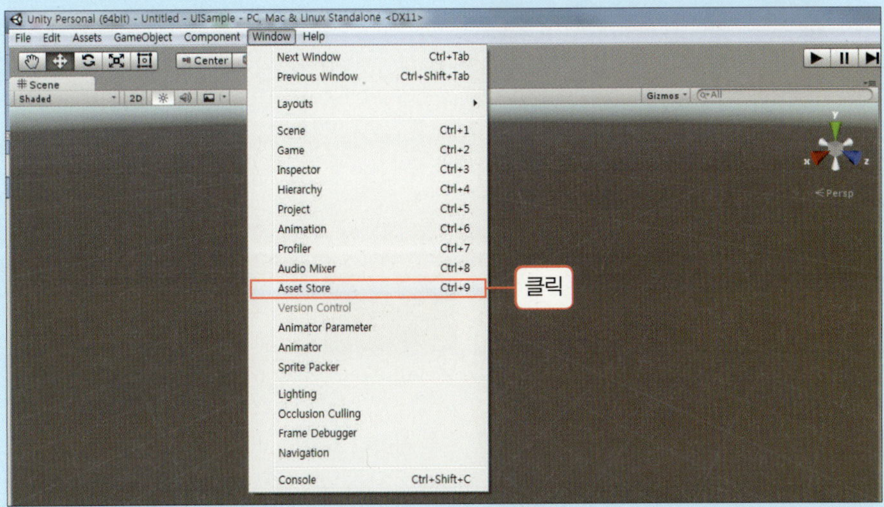

02 에셋 스토어가 실행되면 NGUI를 검색한다.

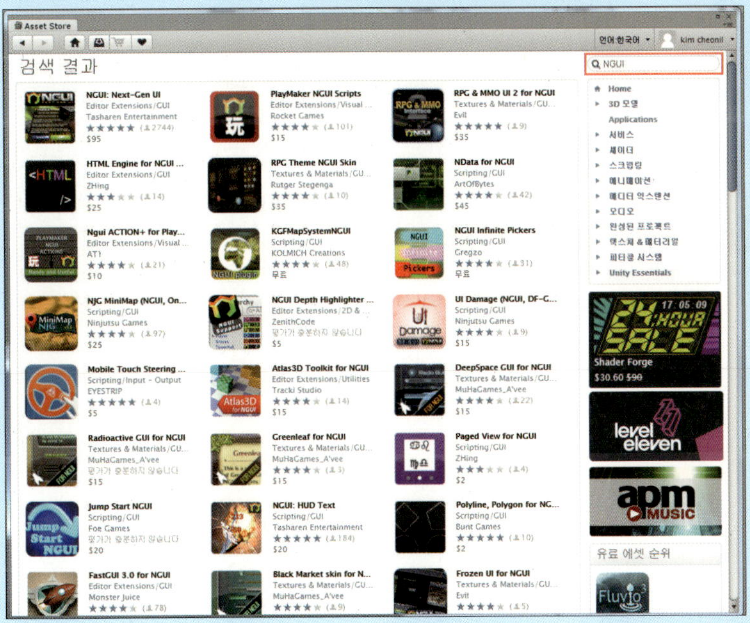

03 구입 $95 버튼을 클릭하여 결제한 후 다운로드한다.

04 설치가 완료되면 메뉴에 NGUI 메뉴와 폴더가 생성되는 것을 확인할 수 있다.

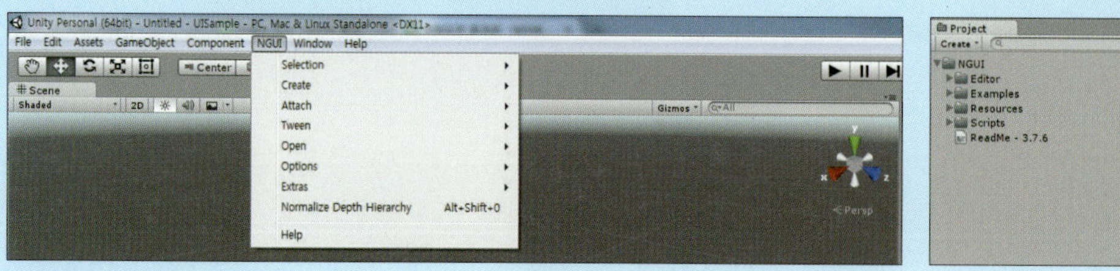

05 성안당 홈페이지(www.cyber.co.kr)의 [자료실 – 자료실] 탭을 클릭하여 다운로드한 small.zip 샘플 이미지의 압축을 푼다.

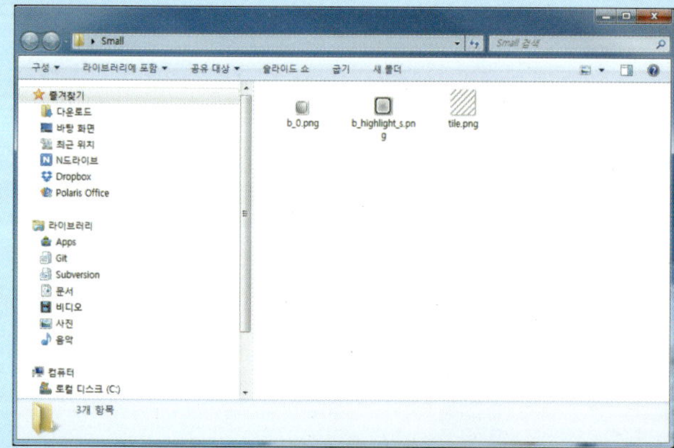

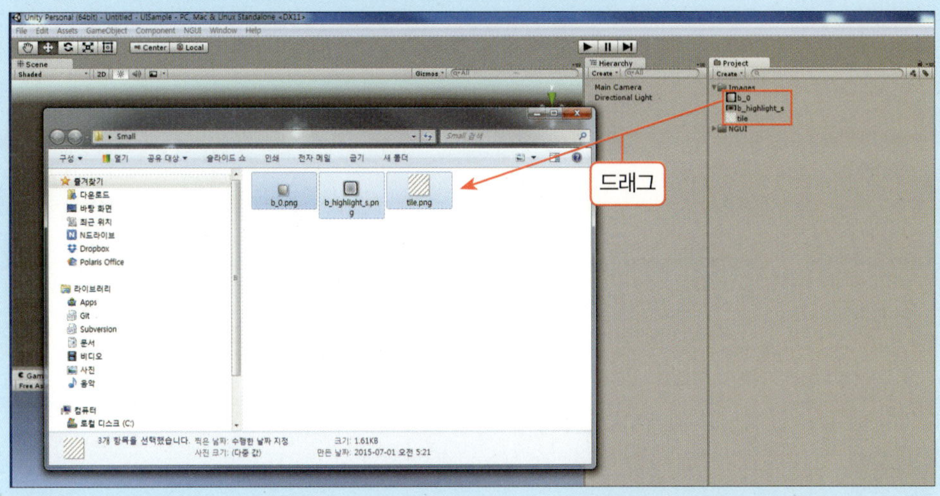

2 아틀라스 만들기

이미 본문에서 언급했듯이 아틀라스를 만드는 이유는 여러 가지가 있다. 그중 하나는 여러 개의 이미지를 불러오는 것보다 여러 이미지를 하나로 만들어 읽는 것이 속도가 빠르기 때문이다. 기본적으로 그래픽 카드에서 이미지를 32×32, 64×64, 128×128, 256×256, 512×512, $1{,}024\times1{,}024$, $2{,}048\times2{,}048$, $4{,}096\times4{,}096$ 사이즈로 읽는다. 만약 예를 들어 200×200 이미지를 만들어 불러오면 그래픽카드는 256×256으로 읽을 수 있기 때문에 유니티 엔진에서 56×56 사이즈를 늘려서 관리된다. 결국 메모리 낭비가 발생한다. 이러한 이유 때문에 아틀라스 작업을 통해 한 장에 이미지에 여러 이미지를 모아 관리하면 좀 더 효율적인 관리가 가능할 것이다.

01 아틀라스 작업을 하기 위해 유니티에서 $\boxed{\text{NGUI}}$ — $\boxed{\text{Open}}$ — $\boxed{\text{Atlas Maker}}$ 메뉴를 실행한다.

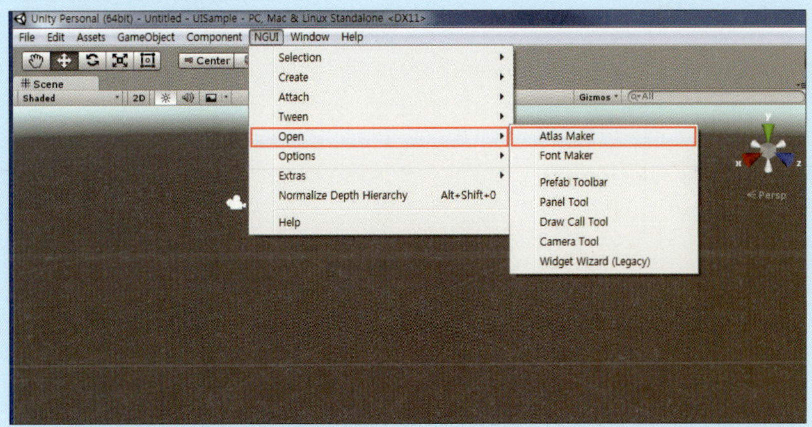

02 Atlas Maker 메뉴가 실행되면 아틀라스를 만들기 위해 New 버튼을 클릭한다. 이미 New 상태이면 버튼이 비활성화되어 있다.

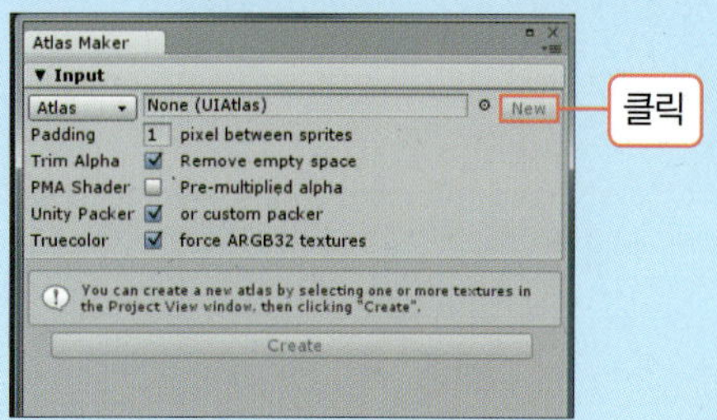

03 아틀라스 작업을 통해 이미지를 하나로 묶기 위해 이미지를 선택한다. 선택 시 Ctrl + 마우스 왼쪽 버튼을 클릭하면 여러 개의 이미지를 선택할 수 있다. 완료되면 목록에 추가할 이미지 리스트가 나타난다.

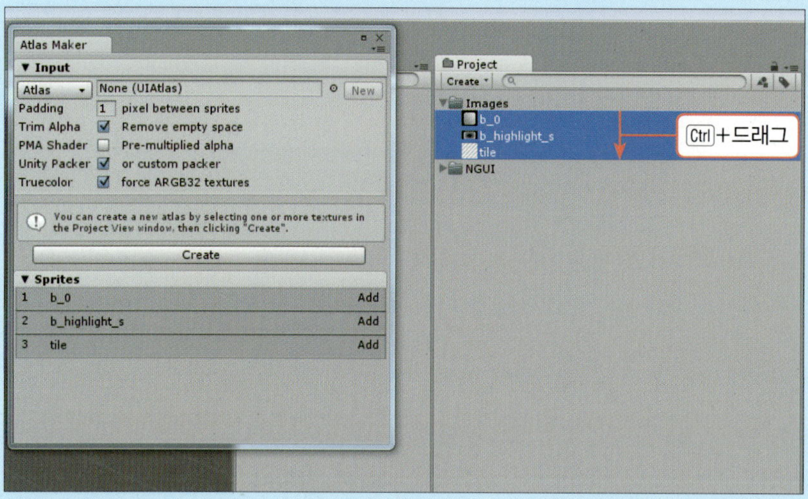

04 Create 버튼을 클릭한 후 아틀라스를 만든다.

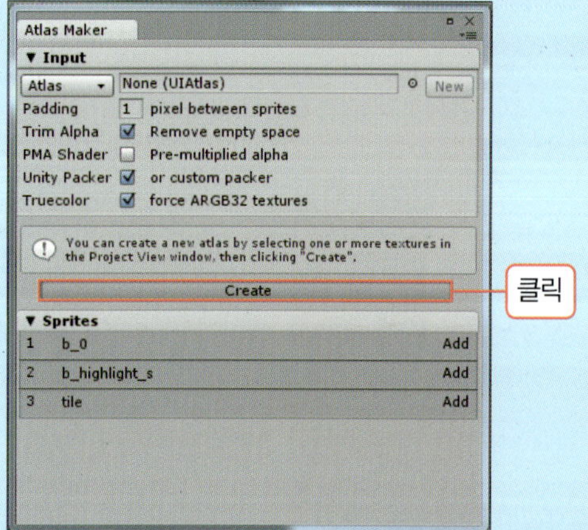

05 'ui.prefab'라는 이름으로 저장한다.

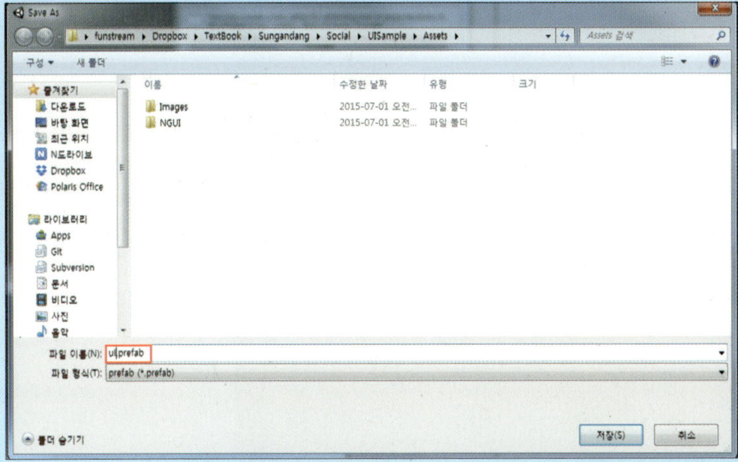

06 생성된 파일을 확인한다.

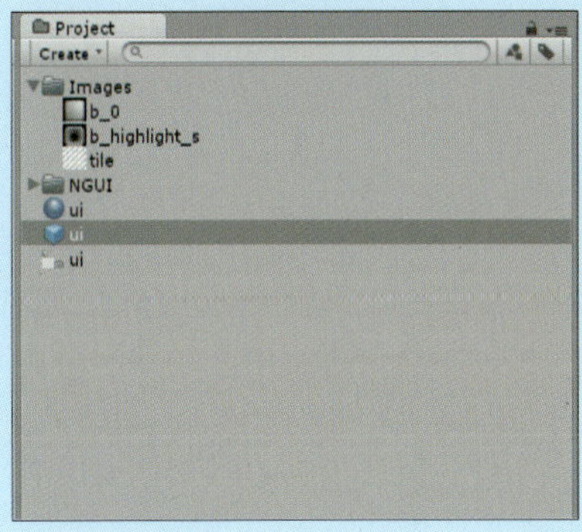

③ 이미지 Sliced 처리

실제 게임을 제작을 하다 보면 많은 버튼을 제작하게 된다. 이번 장에서는 작은 이미지 하나를 가지고 다양한 버튼을 제작해보자.

01 유니티 메뉴 이미지를 제작하기 위해 2D UI 메뉴를 [NGUI] — [Create] — [2D UI]를 차례대로 선택해 실행한다.

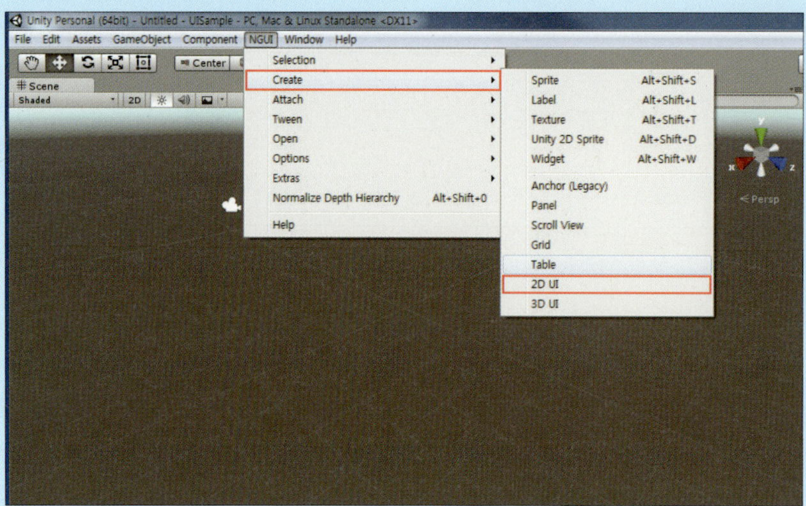

02 2D UI 메뉴를 실행하면 UI Root 게임 오브젝트가 생성되고 자식으로 Camera 게임 오브젝트가 생성되는 것을 확인할 수 있다.

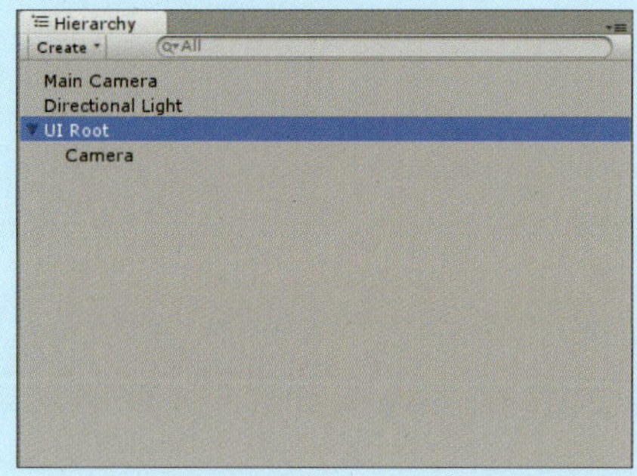

03 UI Root 컴포넌트를 이용하여 해상도의 크기를 설정한다. 여기서는 1,280x800으로 설정하도록 하겠다. scaling Style를 'Constrained On Mobiles'로 선택한다.

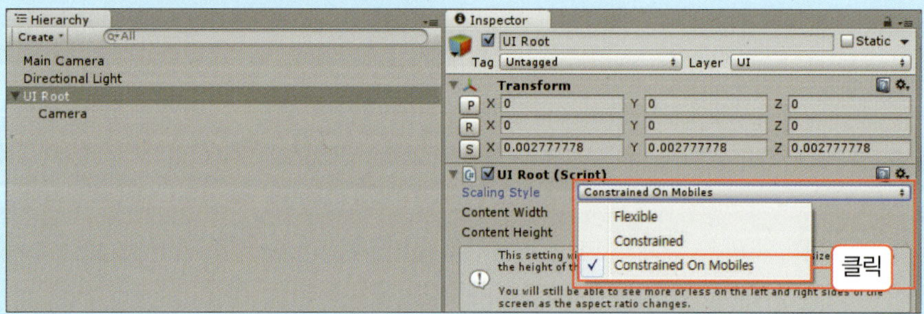

04 UI Root 컴포넌트에서 Content Width는 '1,280' Content Height는 '800'을 입력한다.

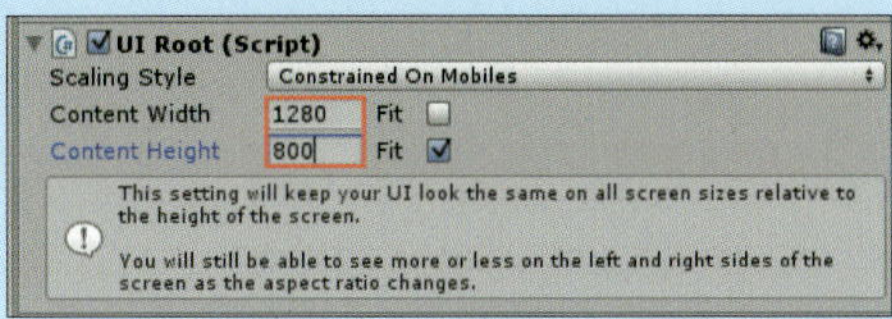

05 버튼에 사용될 이미지를 제작하기 위해 NGUI – Create – Sprite 를 클릭하여 Sprite 게임 오브젝트를 만든다.

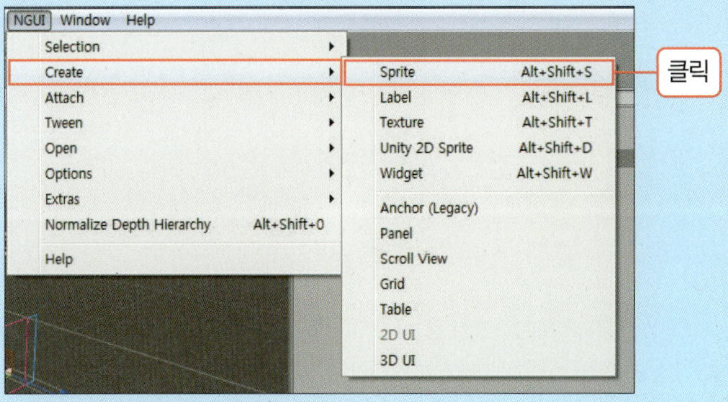

06 UI Root 게임 오브젝트 자식에 Sprite가 있는지 확인한다.

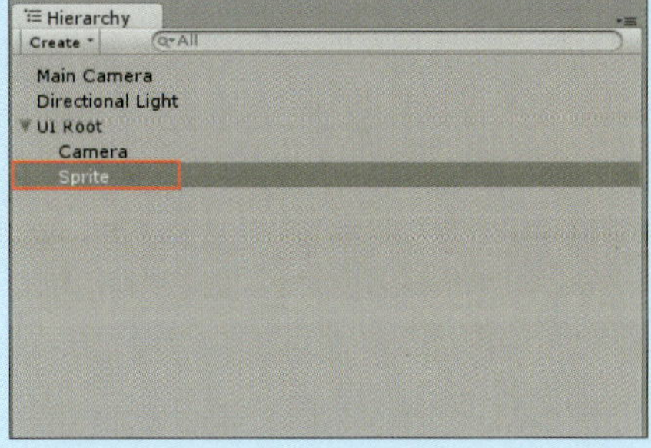

07 Sprite 게임 오브젝트 이미지를 화면의 중심에 배치하기 위해 위치값을 'X : 0, Y : 0, Z : 0'으로 세팅한다.

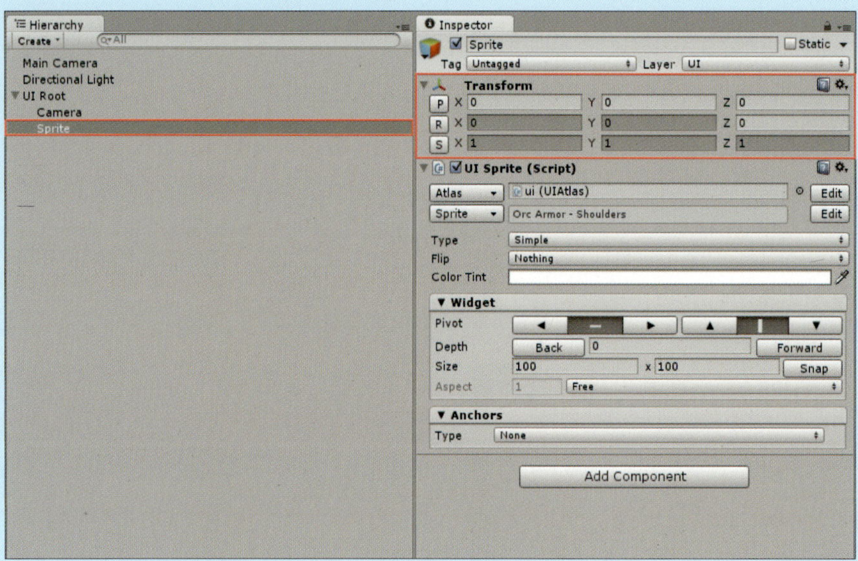

08 UI Sprite 컴포넌트에 있는 Sprite 버튼을 클릭하여 버튼에 사용될 이미지를 선택한다.

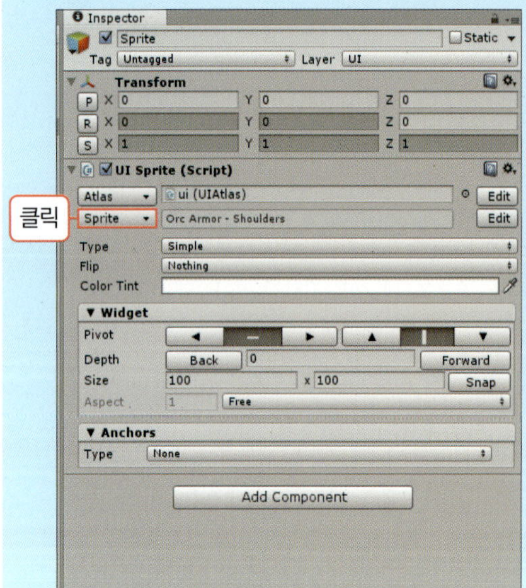

09 버튼에 사용될 b_0 이미지를 선택한다.

10 9번에서 이미지를 선택하면 씬 창에서 이미지를 확인할 수 있다. UI Sprite 컴포넌트에서 사이즈를 200x100으로 설정한다. 당연히 이미지는 깨질 것이다. 하지만 우리는 선명하게 나오도록 만들어 보겠다.

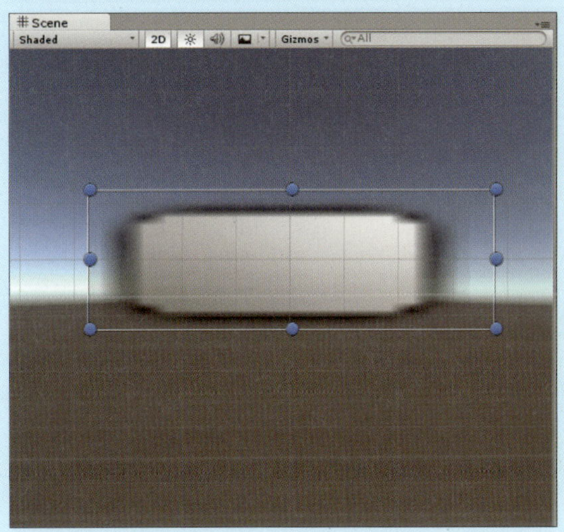

11 아틀라스를 생성한 후 만들어진 프로젝트 뷰에 있는 UI 프리팹을 선택한다.

12 프로젝트 뷰에서 UI 프리팹을 선택한 후 인스펙터 뷰에서 UI Atlas 컴포넌트를 확인한다.

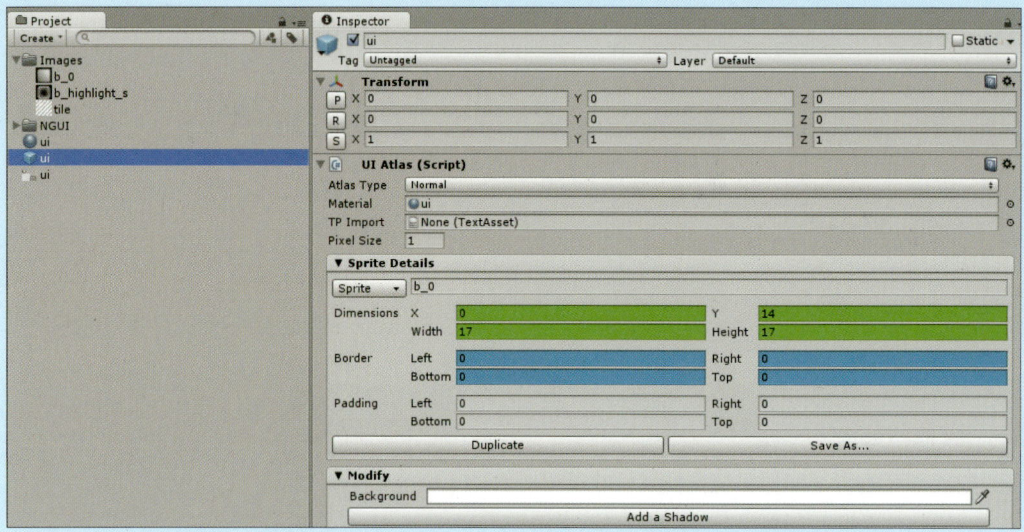

13 UI Atlas 컴포넌트에 Sprite 버튼을 클릭하여 이미지를 선택한다.

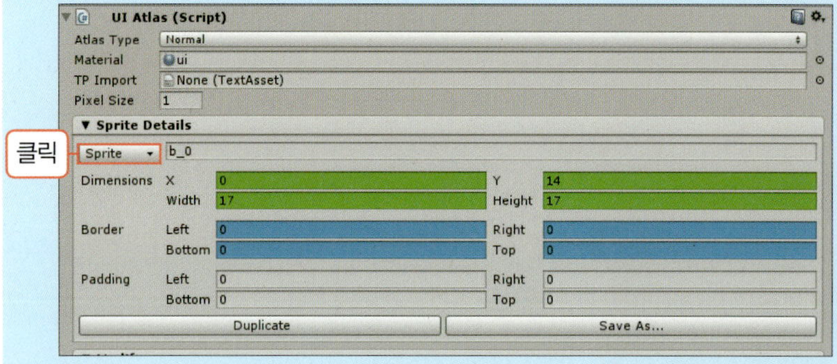

14 UI Atlas 컴포넌트에서 Sprite 버튼을 클릭하면 나타나는 팝업 창에서 'b_0' 이미지를 선택한다. 앞과 동일한 기능이 나타나는데 이번에 이미지를 선택한 이유는 그리는 목적이 아니라 이미지 정보를 9등분하기 위해서이다.

15 이미지처럼 Border 값에 'Left : 5, Right : 5, Bottom : 5, Top : 5'를 입력한다.

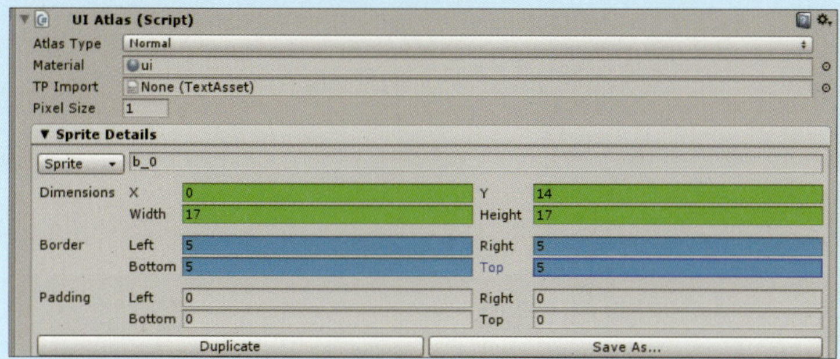

Preview 이미지에 실선으로 9등분이 된 것을 확인할 수 있다.

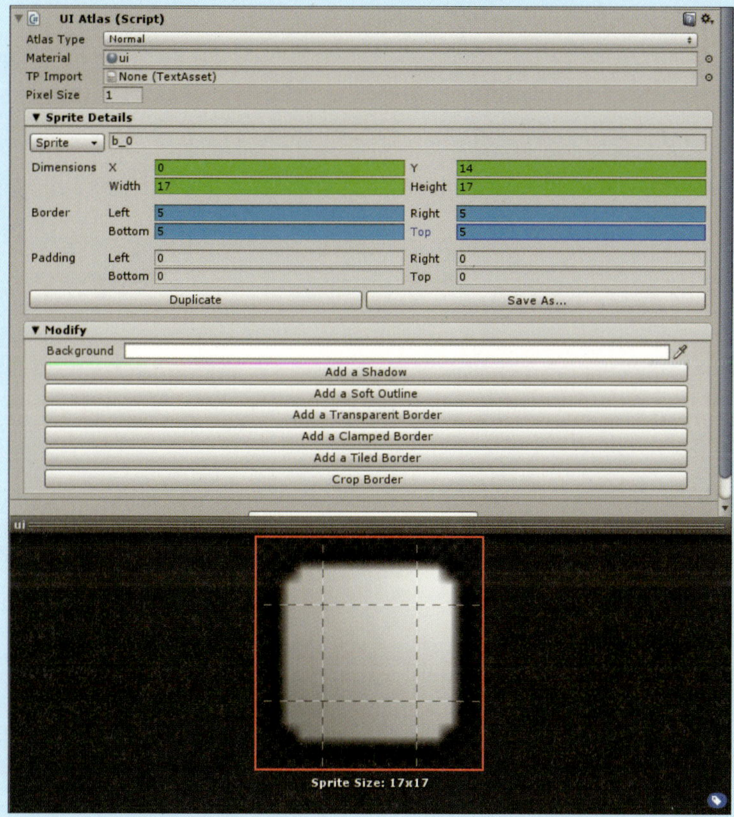

16 계층 뷰에서 Sprite 게임 오브젝트를 선택한 후 Type을 Sliced로 변경한다.

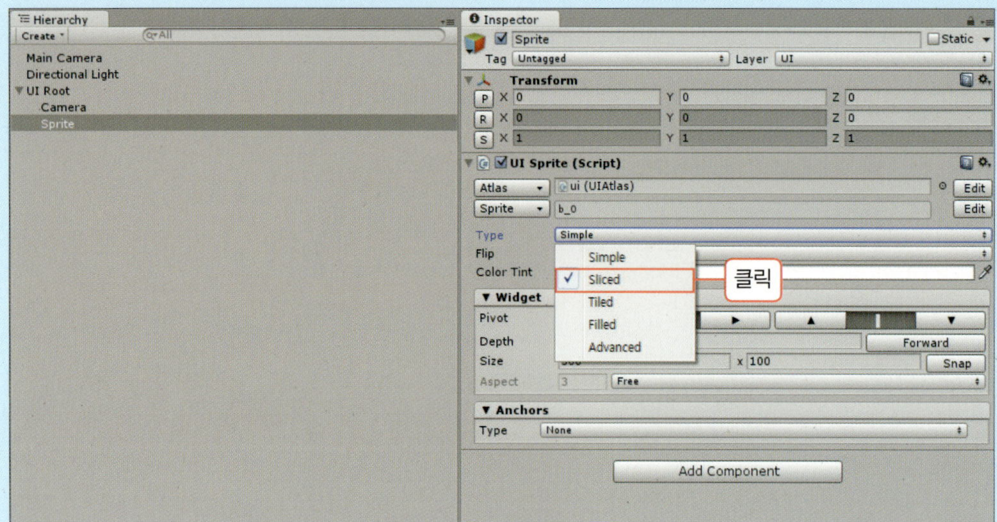

씬 뷰에서 이미지가 깨지지 않은 상태로 나오는 것을 확인할 수 있다.

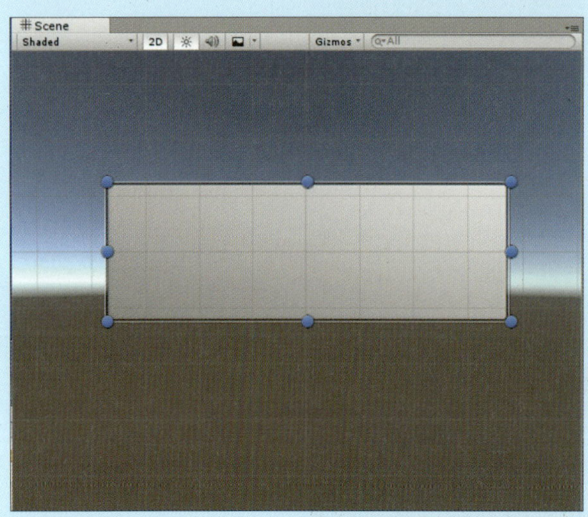

    Sliced 기능을 이용하면 잘려진 이미지 꼭짓점 부분은 라운딩 처리하고, 나머지 부분의 이미지는 확대하여 처리하기 때문에 작은 이미지라도 형식만 지키면 아무리 큰 이미지라도 만들 수 있다. 그리고 포토샵 툴에서 이미지 제작 시 회색 톤으로 작업하면 Sprite 컬러값만 변경해도 다양한 색상의 버튼을 제작할 수 있다. Color Tint 를 클릭한다.

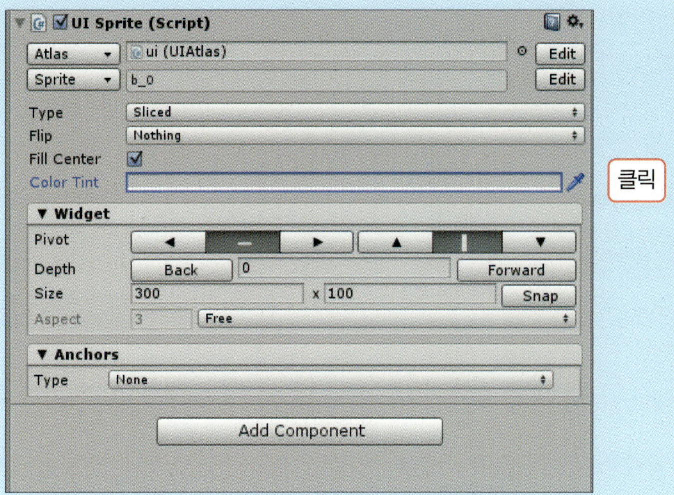

색상을 변경할 수 있는 팔레트를 확인할 수 있다.

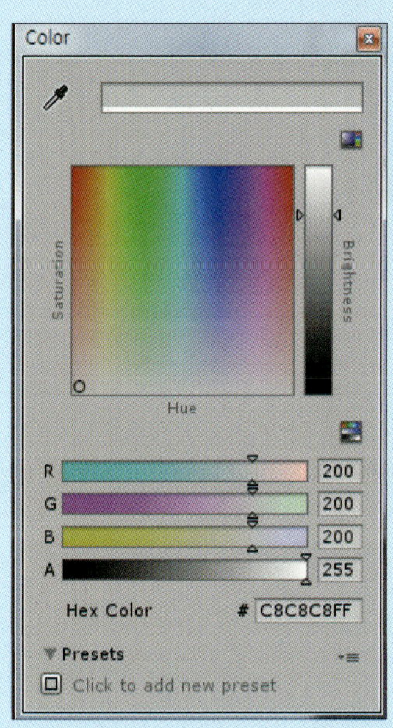

색상을 변경해보면 다양한 색상의 버튼을 만들 수 있다.

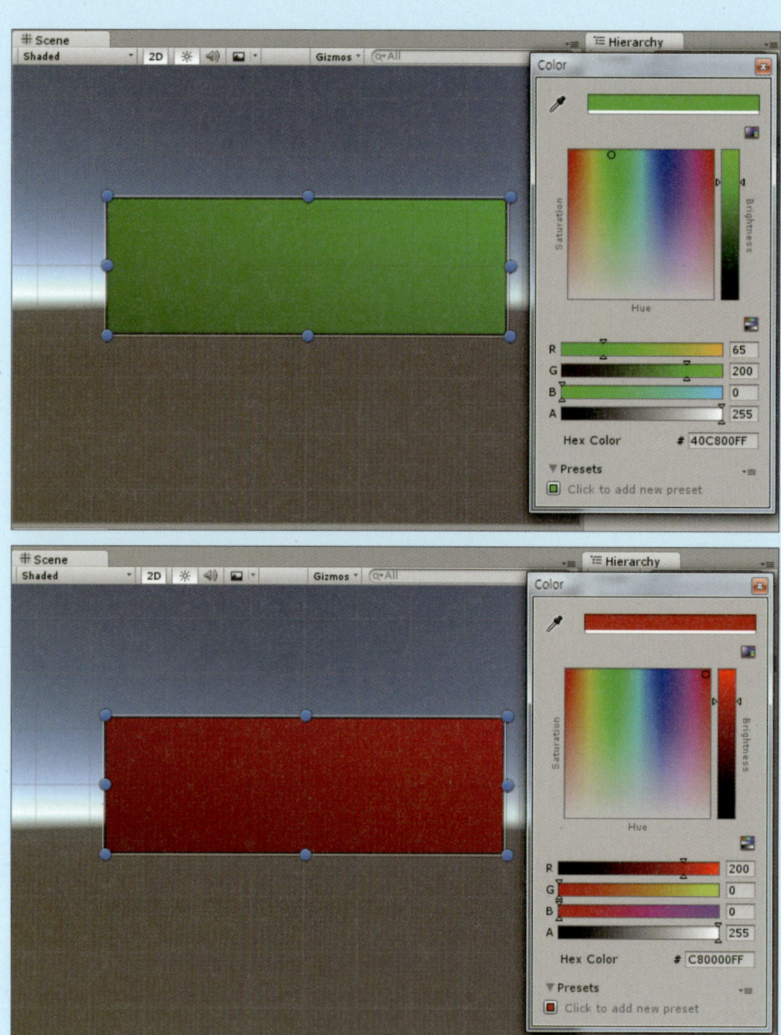

4 타일 처리

이번에는 이미지를 잘라서 사용하는 것이 아니라 일정한 패턴으로 반복해서 출력하는 방법을 배워보도록 한다. UI 배경, 버튼 제작에 활용할 수 있을 것이다.

01 `NGUI` – `Create` – `Sprite` 메뉴를 이용하여 Sprite를 만든다.

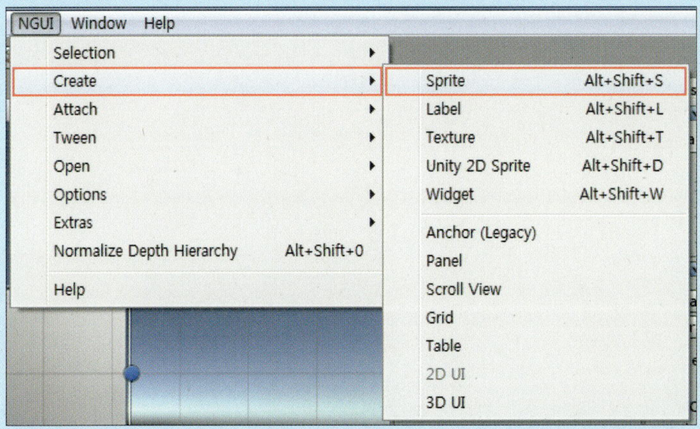

02 계층 뷰의 Sprite 게임 오브젝트를 선택한 후 UI Sprite 컴포넌트에서 `Sprite` 버튼을 클릭한다.

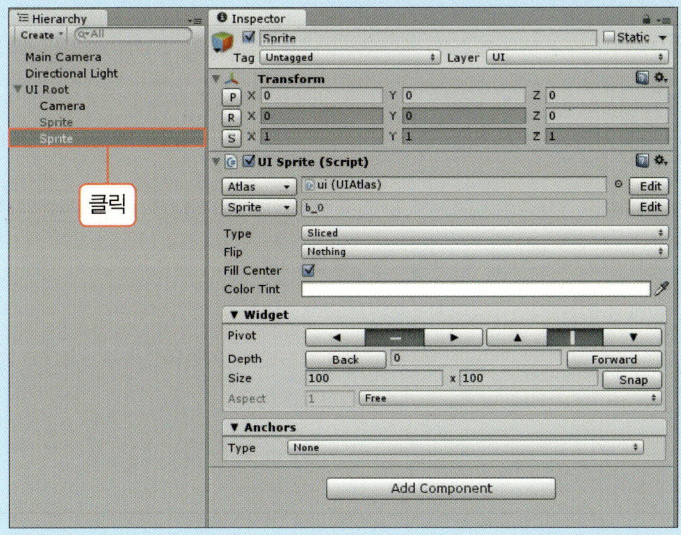

03 UI Sprite 컴포넌트에서 Sprite 버튼을 클릭하여 팝업 창이 나타나면 tile 이미지를 선택한다.

04 Sprite 게임 오브젝트에서 UI Sprite 컴포넌트의 Type값에 Tiled를 선택한다.

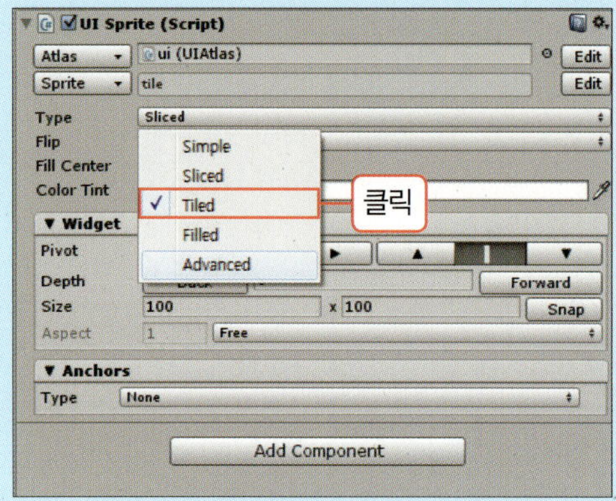

05 Sprite 게임 오브젝트의 UI Sprite 컴포넌트 Size 값을 '500x500'으로 설정한다.

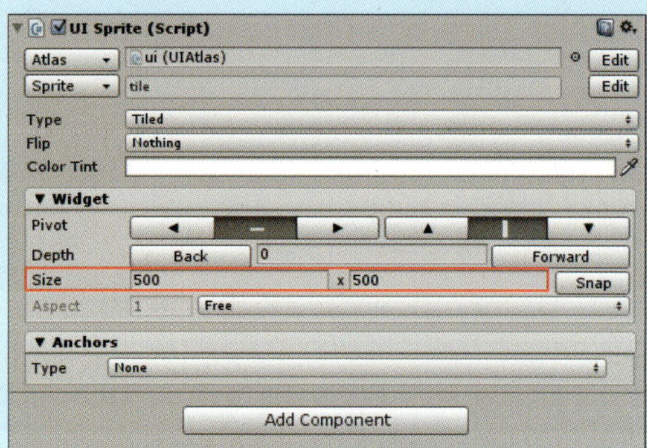

Tile 작업을 통해 여러 번 이미지를 반복하여 UI 배경에 활용할 수 있다.

유니티 2D와 uGUI를 활용한 2D 게임 만들기

소스 제공 :
성안당 자료실(www.cyber.co.kr)
2DGame.zip

이번 부록 2에서는 2D 게임을 제작하는 방법을 다루도록 하겠다. 책의 대부분 내용을 소설을 다루기 때문에 유니티 입문자 입장에서 보면 내용이 어려울 수 있다. 그래서 이번 장은 유니티 2D와 uGUI를 활용하여 2D 게임을 제작하도록 하겠다.

1 완성 프로젝트 미리 보기

우리가 앞으로 만들 게임 스크린샷을 보도록 하겠다. [그림 1]은 타이틀 화면이다. 게임 UI 구성은 uGUI로 제작을 할 것이고 유니티 2D 기능을 이용하여 출력을 할 것이다.

타이틀 화면이 있으면 [그림 2]는 게임 화면이다. 실제 게임을 통해 골드 획득 개수, 몬스터 킬 개수 등 점수를 출력할 것이다. 그리고 몬스터와 플레이어가 전투를 할 수 있도록 구성할 것이다.

2 타이틀 만들기

우리가 앞으로 만들 게임 스크린샷 가운데 [그림 1]은 타이틀 화면이다. 게임 UI 구성은 uGUI로 제작을 할 것이고 유니티 2D 기능을 이용하여 출력을 할 것이다.

어떻게 게임을 제작할지 스크린샷을 본다면 다음 중 하나는 타이틀 화면, 하나는 게임 화면이다. 이번 장에서는 타이틀 장면(Scene)과 게임 장면(Scene)을 제작해보도록 하겠다.

그림 1 제작할 2D 게임 타이틀

그림 2 게임 실행 화면

02 프로젝트를 만들기 위해 유니티를 실행한 후 NEW PROJECT 메뉴를 클릭한다.

그림 3 유니티 5를 실행한 후 [New Project] 메뉴를 클릭한다.

03 먼저 Project name 항목에 게임 이름을 입력한다. 그리고 Location을 통해 작업할 폴더를 지정한다. 그런 다음 2D를 선택하고 Create project 를 실행하여 프로젝트를 만든다.

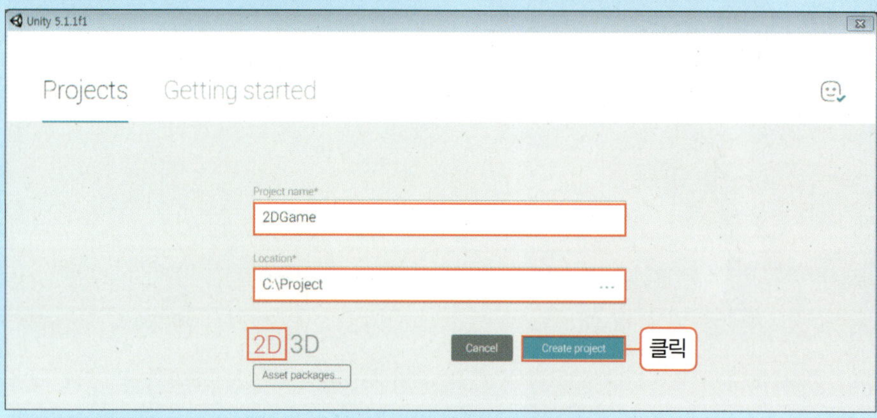

그림 4 2D를 선택한 후 [Create project]를 실행하여 프로젝트를 만든다.

04 성안당(www.cyber.co.kr)의 [자료실 – 자료실] 탭을 클릭하여 이미지를 다운로드한다(2D게임 이미지.zip).

05 다운로드한 파일의 압축을 푼 후 이미지를 선택하고 Project 창에 드래그하여 넣도록 한다.

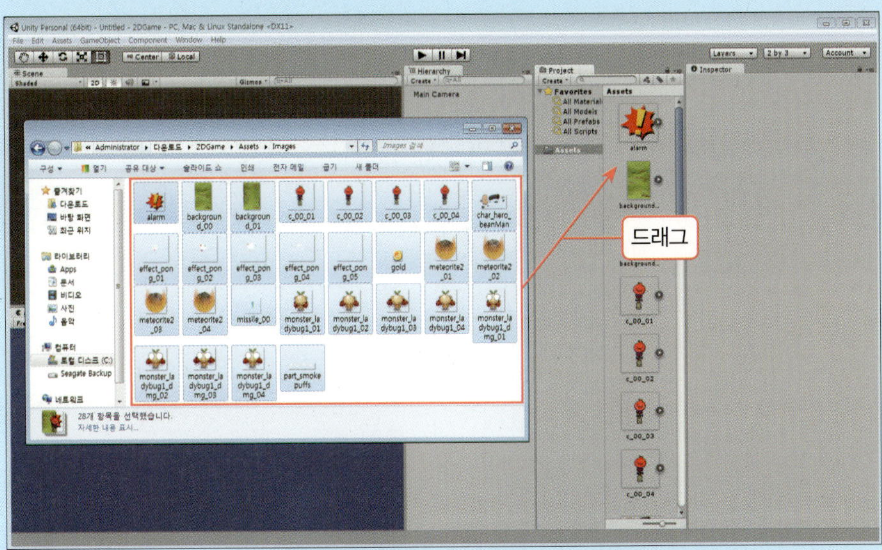

그림 5 다운로드한 이 게임에 사용할 이미지들을 프로젝트 창에 드래그하여 넣는다.

06 배경 이미지 출력을 하기 위해 배경 이미지를 씬(Scene) 뷰에 드래그한다.

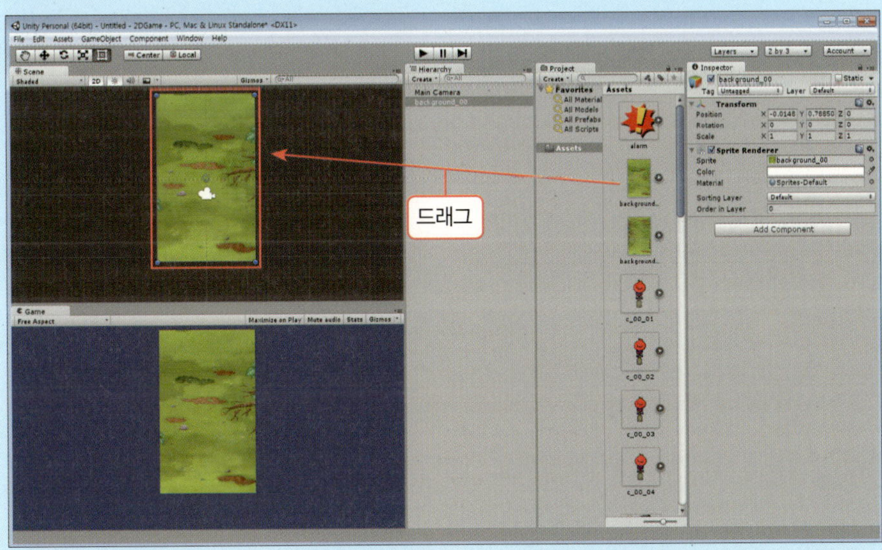

그림 6 배경 이미지를 출력하기 위해 배경 이미지를 씬(Scene) 뷰에 드래그한다.

07 계층 뷰(Hierarchy)에서 방금 생성된 background_00 게임 오브젝트를 선택한 후 인스펙터 창에서 위치 값을 화면 중앙에 배치하기 위해 포지션 값을 X:0 Y:0 Z:0으로 입력한다.

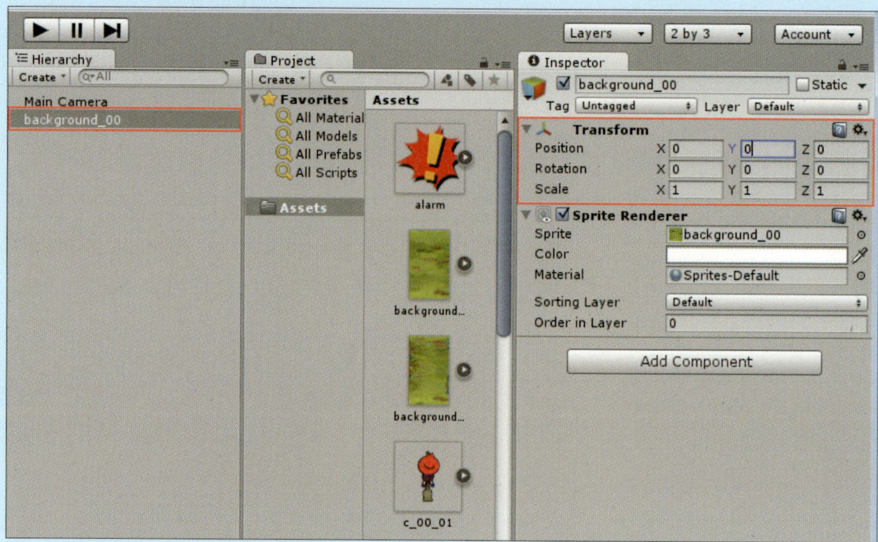

그림 7 계층 뷰에서 포지션 값을 입력한다.

08 배경 이미지가 씬 뷰(Scene), 게임 뷰(Game)에 잘 배치되었는지 확인한다.

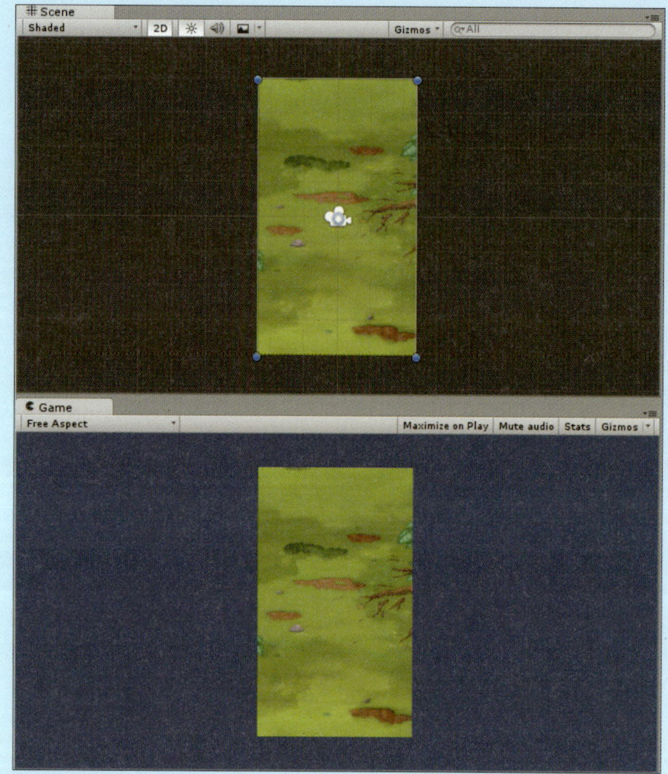

그림 8 배경 이미지가 잘 배치되었는지 확인한다.

09 씬 뷰(Scene)를 Title 이름으로 저장하도록 한다.

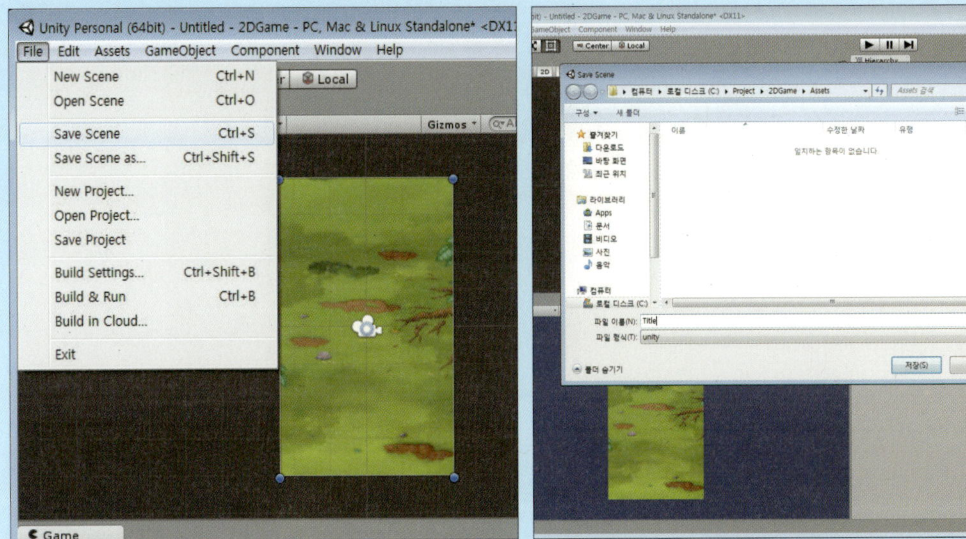

그림 9 씬 뷰를 타이틀 이름으로 저장한다.

❸ 해상도 설정

480×800 해상도 기준으로 해상도 작업을 하도록 한다. 게임을 만들기 전에 다양한 해상도에서 작동될 수 있도록 해상도를 설정한다. 우선 해상도를 확인할 수 있도록 게임뷰(Game)를 통해 해상도의 틀을 잡도록 한다.

01 UI가 배치된 화면에서 게임 뷰(Game) 메뉴에서 ✓ Free Aspect 메뉴를 클릭한다.

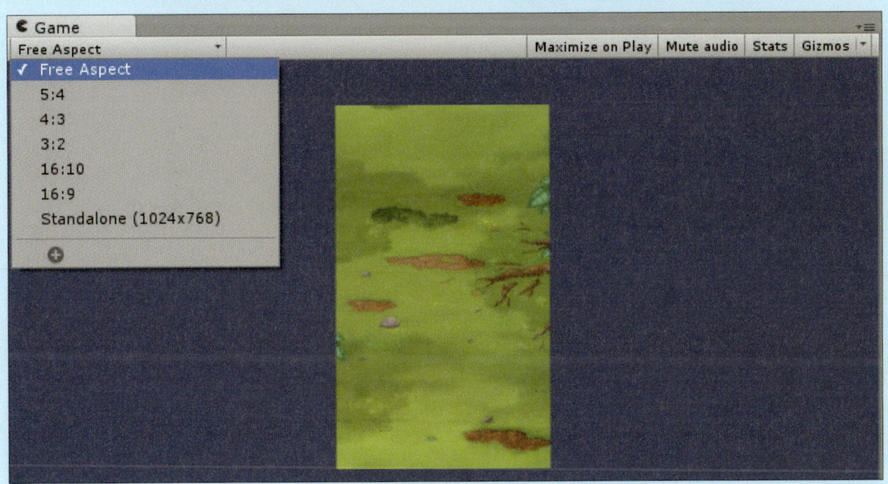

그림 10 UI 배치 화면에서 [Free Aspect] 메뉴를 선택한다.

02 [+] 버튼을 클릭하여 Width : 480, Height : 800 해상도를 등록한다.

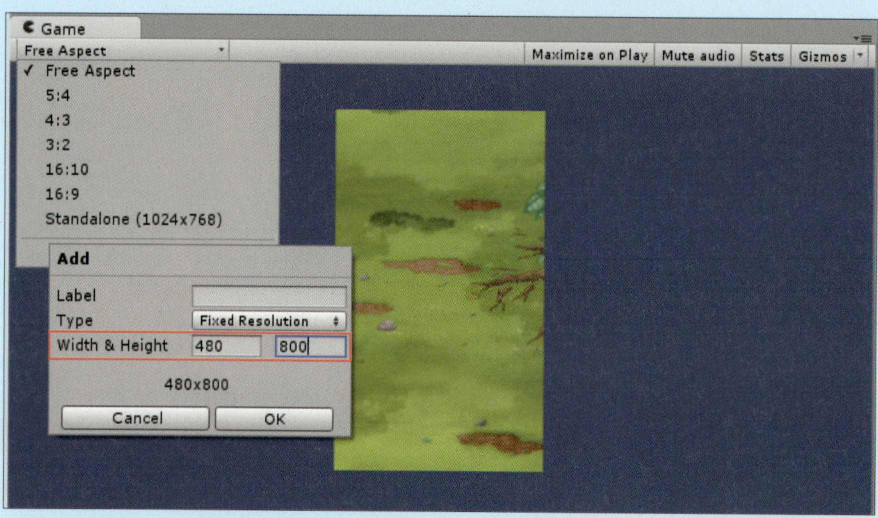

그림 11 해상도를 등록한다.

03 해상도가 480x800 기준으로 되어 있는지 게임 씬(Game)을 확인한다. [그림 12]를 보면 준비한 배경 이미지가 480x800이지만 화면에 가득 차지 않는다. 문제점을 해결해 보겠다.

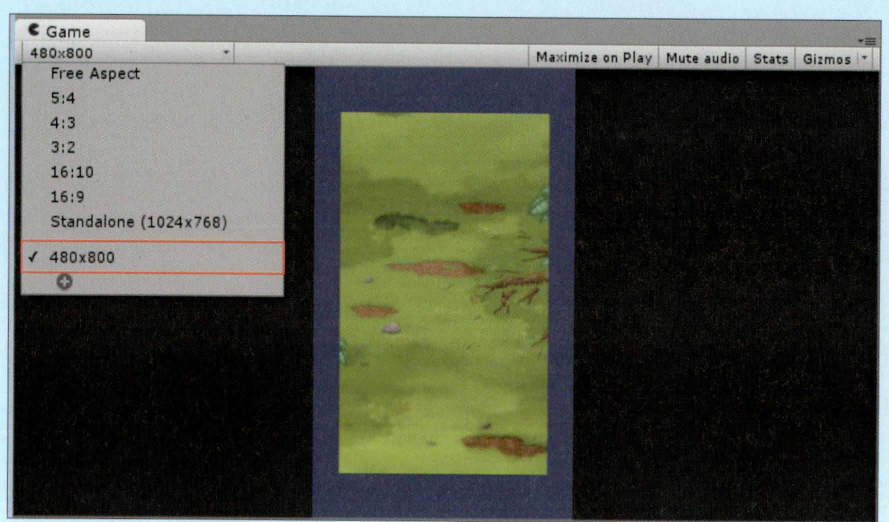

그림 12 준비한 이미지가 화면에 가득차지 않는 문제가 확인된다.

04 지금까지 우리가 해상도 작업을 한 것은 480x800 기준으로 정상적으로 출력되는지를 확인하는 작업이었다. 실제 해상도 작업을 담당하는 것은 Main Camera이므로 이를 통해 작업이 가능하다. 계층 뷰(Hierarchy) Main Camera를 선택한다. 그리고 인스펙터 Camera 컴포넌트의 Size 값을 4로 잡도록 한다.

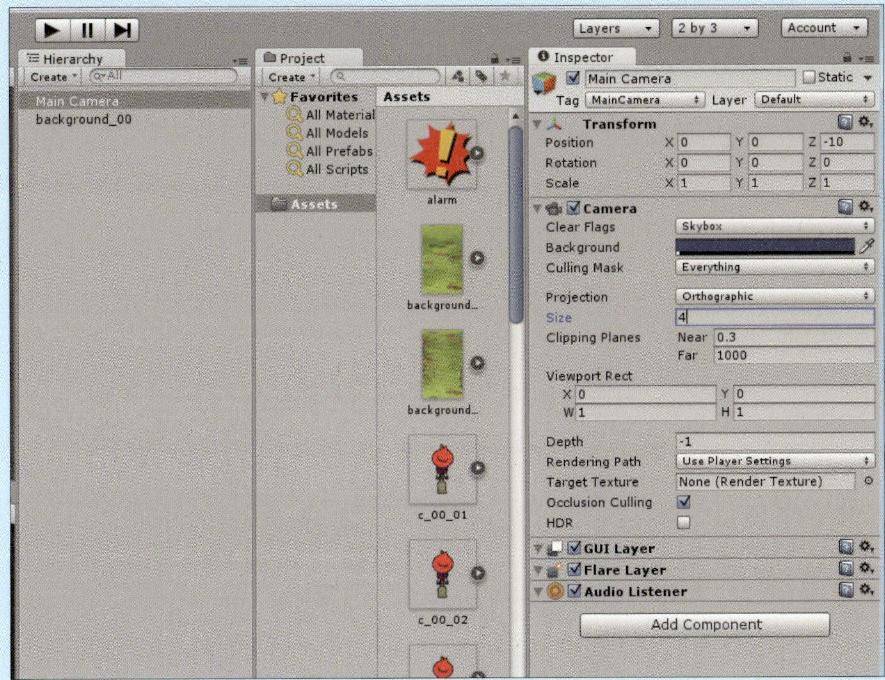

그림 13 계층 뷰(Hierarchy) Main Camera를 선택하여 사이즈 값을 잡는다.

05 완료된 후 게임 뷰(Game)를 확인하면 이미지가 화면에 가득 차면서 정상적으로 출력될 것이다.

그림 14 화면에 정상 출력되는 것을 확인할 수 있다.

여기서 Size에 4를 입력하는 이유는 우리가 기준점으로 잡은 해상도가 480×800이기 때문이다.

여기서 높이에 800을 (800/2) / 100 = 4에 넣어주면 된다. 우선 Size 값은 높이 해상도의 절반 값,

그리고 마지막으로 나누는 100은 Pixels per Unit 값을 나누면 된다. 보통은 Pixels per Unit 값이 100으로 설정되어 있다. 여기서 100이란 숫자의 의미는 포지션 값을 1만큼 이동할 때 100 픽셀을 이동한다는 의미로 사용된다.

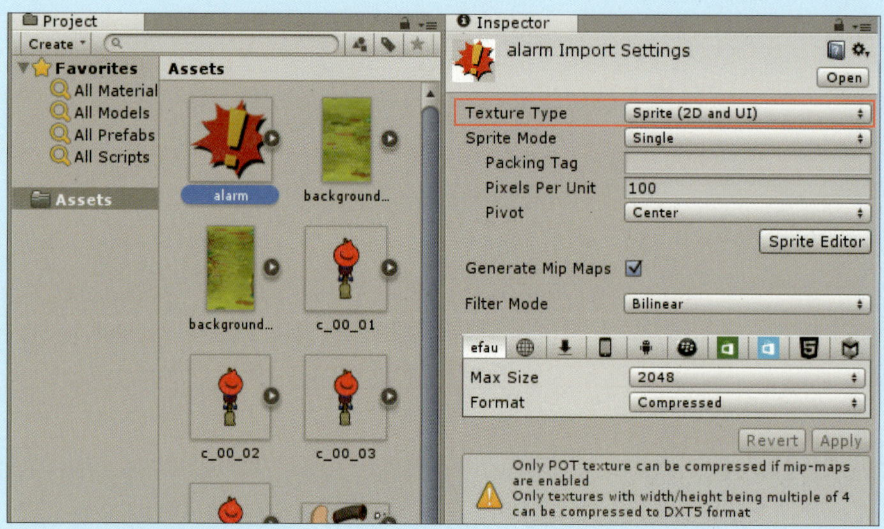

그림 15 프로젝트 뷰(Project) 이미지를 선택하면 인스펙터 창에서 확인이 가능하다.

4 타이틀 UI 작업

01 캔버스 세팅 GameObject – UI – Canvas 메뉴를 이용하여 캔버스 게임 오브젝트를 만들도록 한다. 기본 인터페이스 계층 뷰(Hierarchy) 확인한다. Canvas, EventSystem 게임 오브젝트가 생성되어 있는지 확인한다.

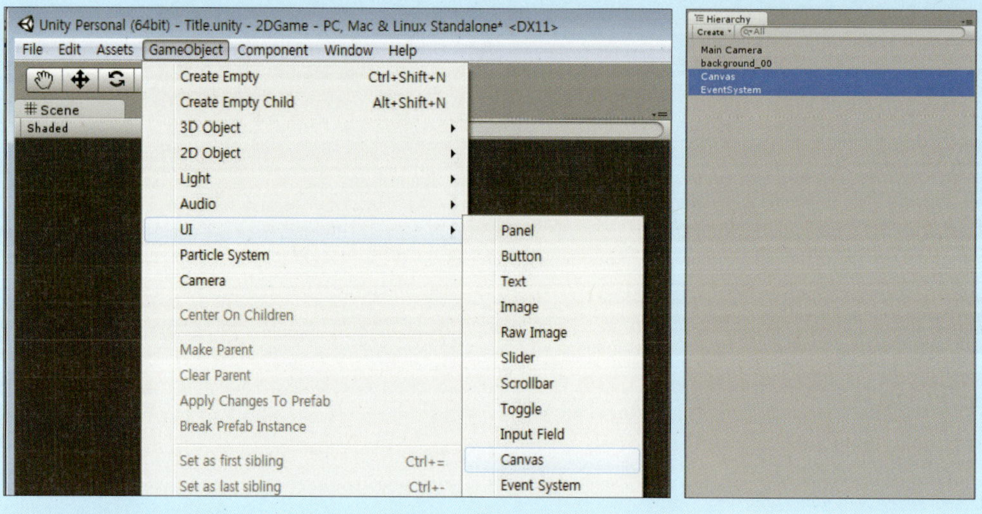

그림 16 캔버스 세팅 [GameObject – UI – Canvas] 메뉴를 이용하여 캔버스 게임 오브젝트를 만든다.

그림 17 캔버스와 이벤트 시스템

캔버스(Canvas) & 이벤트 시스템(Event System)이란?

NGUI UI Root와 비슷한 역할을 한다. UI 관련 게임 오브젝트를 자식으로 관리하며 해상도 관리, 그리고 Ray를 이용하여 터치 처리 등을 담당하는 컴포넌트 관리 등, 즉 전반적으로 uGUI가 사용되는 UI를 관리하는 컴포넌트라고 보면 된다. 그리고 이벤트 시스템(Event System)은 UI 버튼, 슬라이드 바가 움직이는 어떤 액션이 있다면 특정함수를 이벤트 처리하는 작업 등을 수행한다.

02 UI 해상도를 설정한다. 우리는 앞에서 Main Camera 해상도 설정을 했지만 그것은 Unity2D 해상도 설정이고 UI 세팅은 별도로 해야 한다. 계층 뷰(Hierarchy)의 Canvas 게임 오브젝트를 선택하고 인스펙터 창에 'Scale With Screen Size' 옵션으로 변경한다.

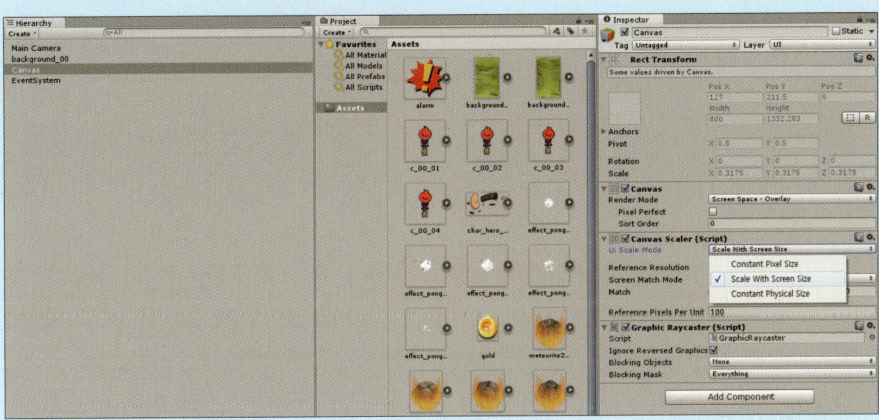

그림 18 Scale With Screen Size

Scale With Screen Size란?

uGUI 시스템에서는 해상도를 잡아주는 여러 가지 옵션이 있는데 이는 화면 사이즈 기준으로 맞춰주는 역할을 한다. 우리는 기본 값을 화면 사이즈 480x800에 맞춰 작업할 것이다.

03 Reference Resolution(참조 해상도)를 480x800으로 입력한다.

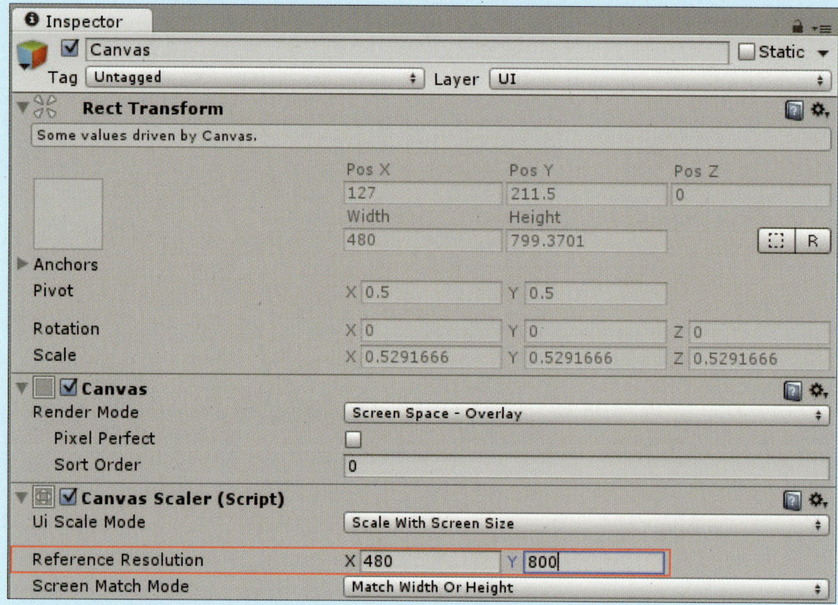

그림 19 참조 해상도를 설정한다.

04 480x800 해상도와 비율이 다른 해상도일 때 Height 기준으로 해상도록 맞추기 위해 Match 값을 1로 잡도록 하겠다.

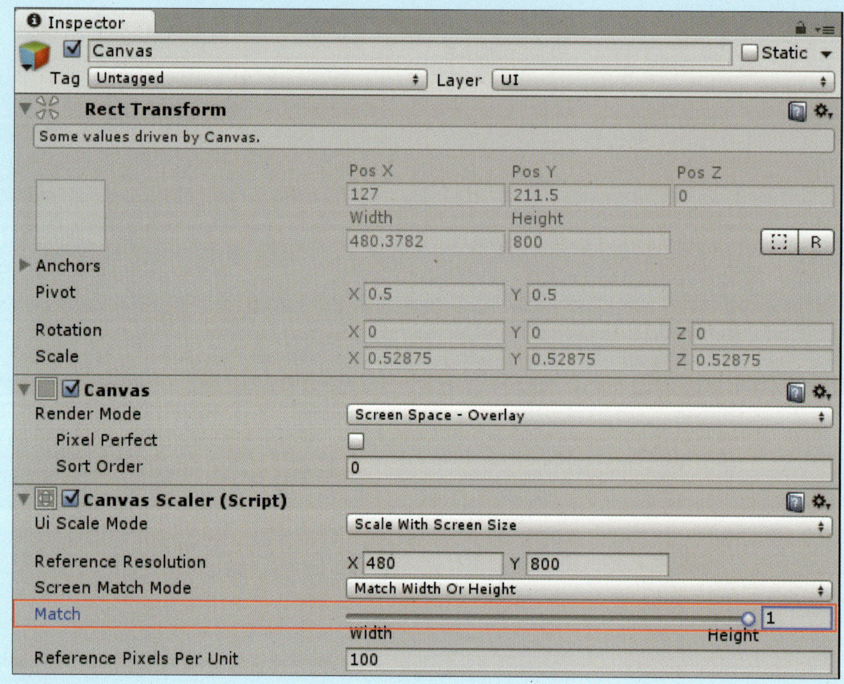

그림 20 Match 값을 1로 잡는다.

05 게임 타이틀 이미지를 추가한다. 먼저 계층 뷰(Hierarchy)에서 Canvas를 선택한 후 GameObject − UI − Image 메뉴를 선택하여 이미지를 추가한다.

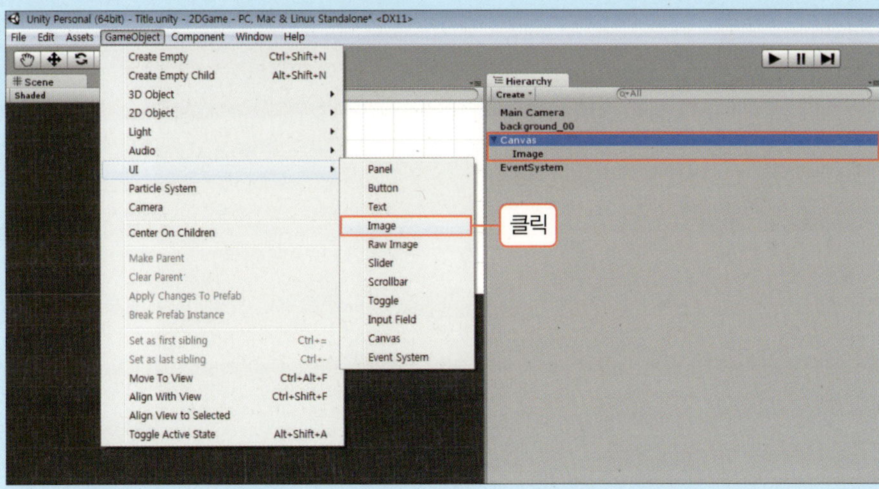

그림 21 Match 값을 1로 설정했다.

06 편집하기 좋게 하기 위해 이미지 위치를 게임 뷰(Game) 이미지가 화면의 중심으로 이동되도록 한다. Image 게임 오브젝트를 선택한 후 인스펙터 뷰(Inspector) Rect Transform Pos X, Pos Y, Pos Z 값을 (0, 0, 0)으로 세팅한다.

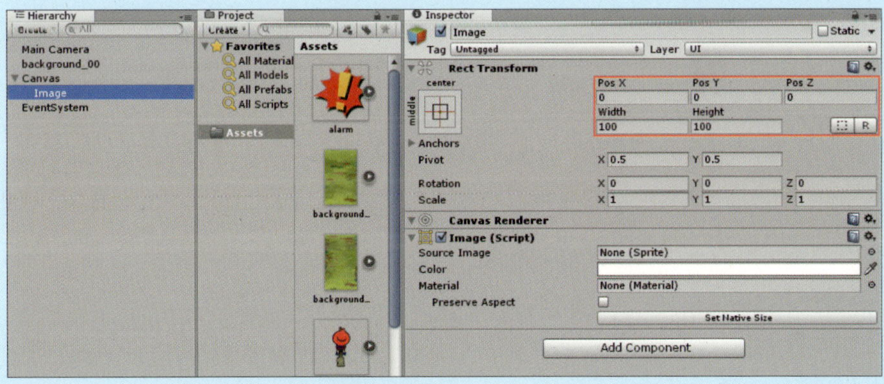

그림 22 계층 뷰(Hierarchy)에서 Canvas를 선택한다.

07 게임뷰(Game) 화면 중심의 흰색 박스를 확인한다.

그림 23 게임 뷰 화면 중심의 흰색 박스를 확인한다.

08 게임 로고(Logo) 이미지를 적용한다. logo 이미지를 드래그하여 Source Image를 넣는다.

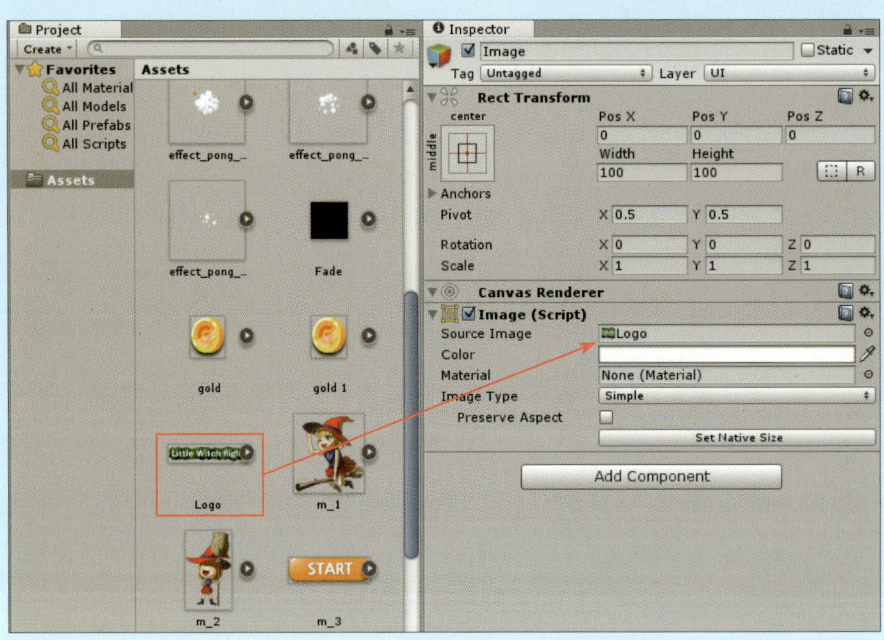

그림 24 logo 이미지를 드래그하여 Source Image를 넣는다.

09 화면 중심에 있는 logo 이미지를 확인한다.

그림 25 화면 중심의 로고 이미지.

10 이미지가 출력은 되지만 크기가 이상하다. 원래 이미지 크기로 변경하기 위해 Set Native Size 버튼을 클릭하여 원래 사이즈로 만든다.

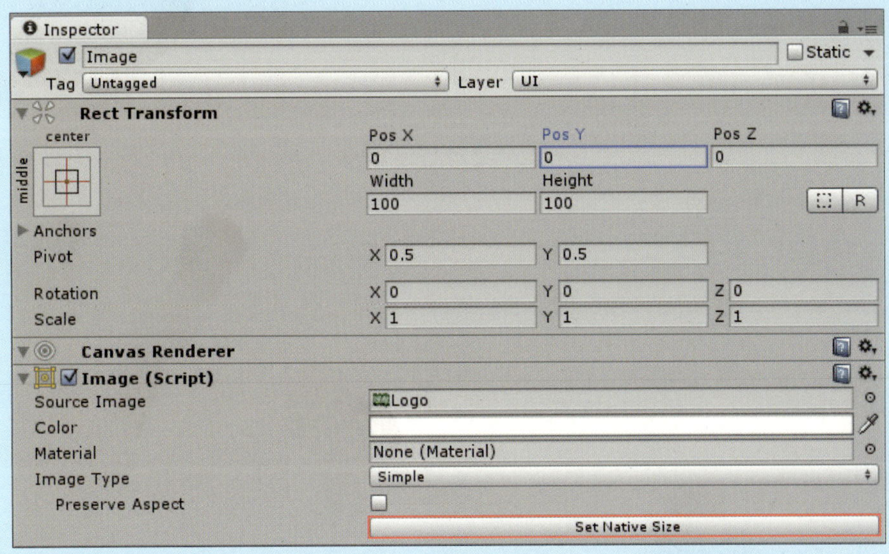

그림 26 이미지를 원래 사이즈로 바꾼다.

11 이미지 사이즈를 확인한다.

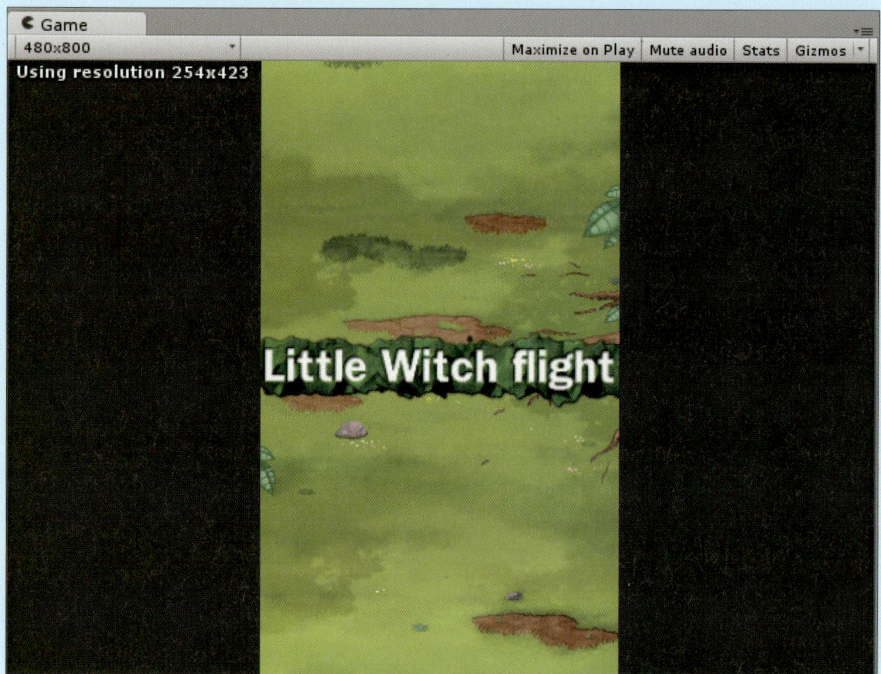

그림 27 이미지 사이즈를 확인한다.

12 **11**의 작업과 동일하게 캐릭터 이미지, 버튼 이미지를 추가한다. 게임 오브젝트 이름을 logo, char, button
으로 설정한다.

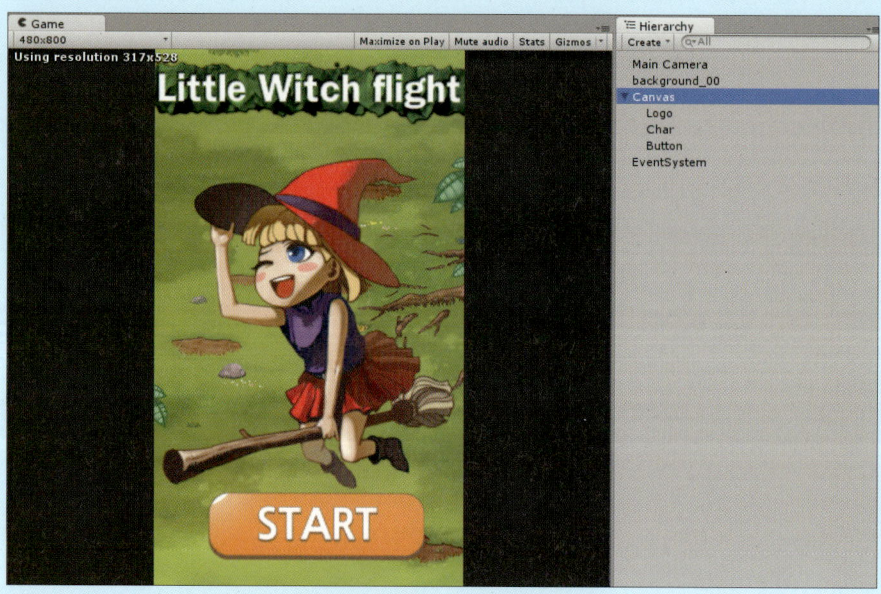

그림 28 앞의 작업과 동일하게 캐릭터 이미지, 버튼 이미지를 추가한다.

타이틀 이미지는 이제 완료되었다. 이제부터 우리는 [Start] 버튼을 클릭하면 게임 화면으로 이동하도록 작업할 것이다.

01 Start 이미지 버튼 기능 추가를 하도록 한다. 먼저 button 게임 오브젝트를 편집하기 위해 계층 뷰(Hierarchy) button 게임 오브젝트를 선택한다.

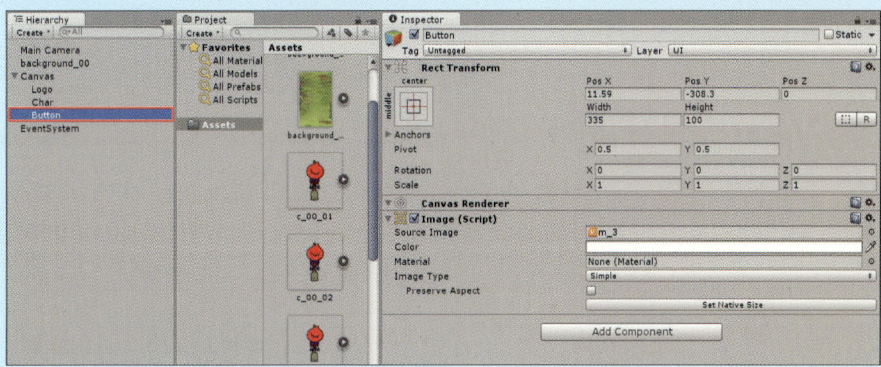

그림 29 Start 이미지 버튼 기능을 추가한다.

02 버튼 기능을 할 수 있는 버튼 컴포넌트를 붙인다.

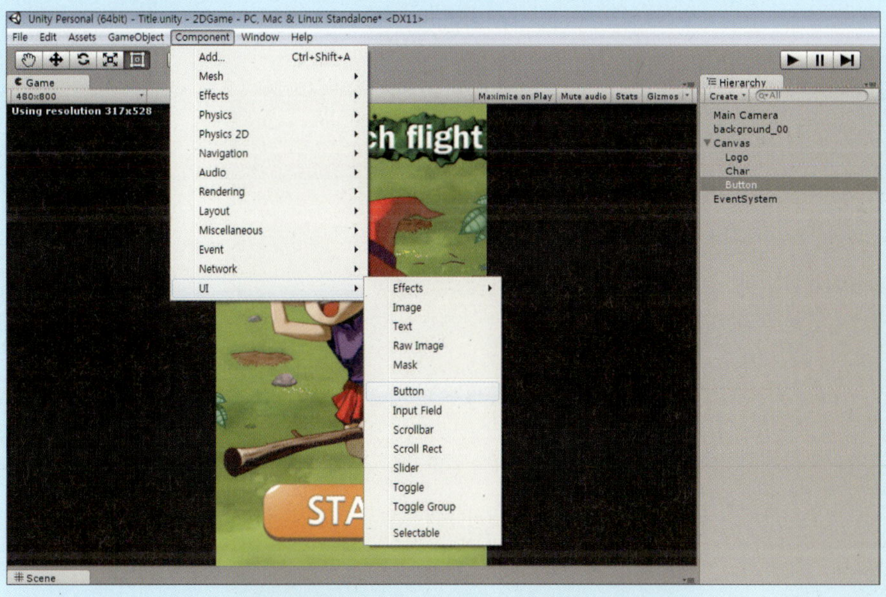

그림 30 버튼 기능을 할 수 있는 버튼 컴포넌트를 붙인다.

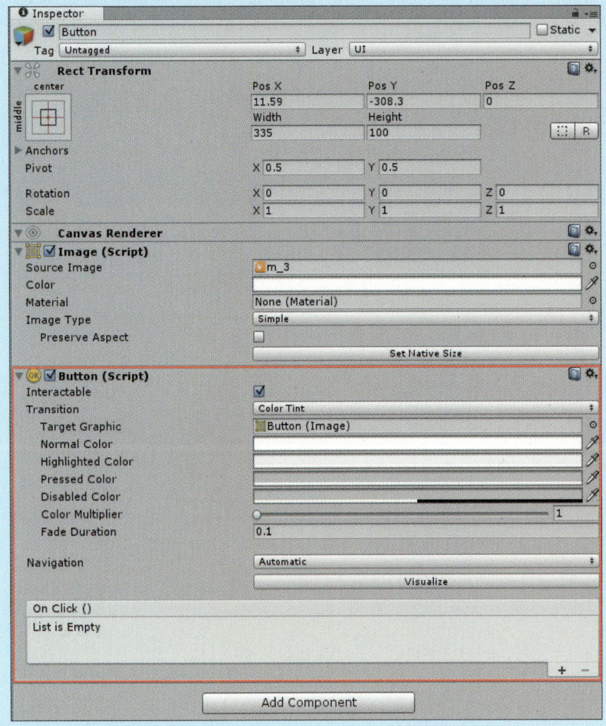

그림 31 추가된 컴포넌트를 확인한다.

04 완료되었으면 유니티를 실행하고 버튼을 클릭한다. 그러면 버튼에 색상이 변경되는 것을 확인할 수 있다.

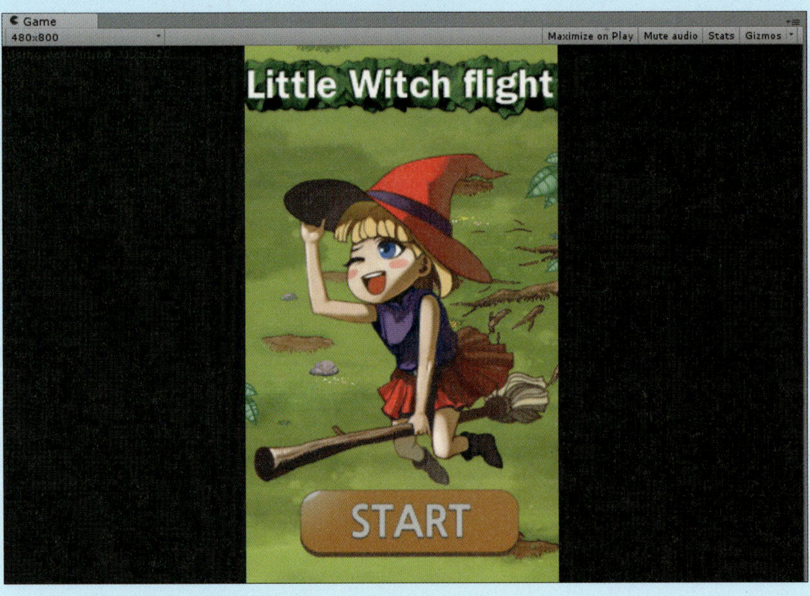

그림 32 추가된 컴포넌트를 확인한다.

05 버튼을 클릭하면 게임 씬으로 이동할 수 있도록 이동할 게임 씬을 만들도록 한다. 새로운 씬(Scene) 만들기 위해 File – New Scene 버튼을 클릭하도록 한다. 주의할 점은 새로 씬을 만들기 전에 반드시 File – Save Scene 을 통해 저장해야 한다는 것이다. 씬을 새롭게 만들었다면 아래 [그림 33]과 같은 화면이 나타날 것이다.

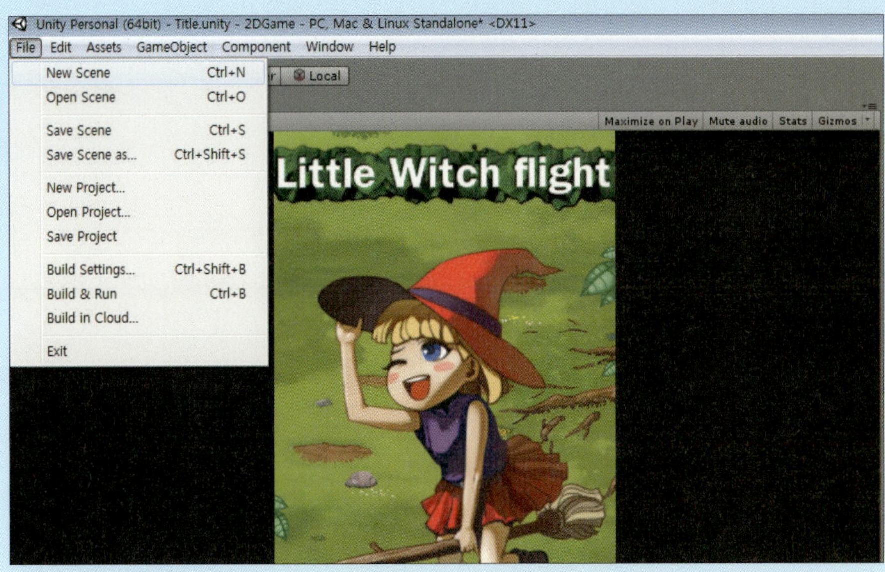

그림 33 새로운 씬(Scene)을 만들기 위해 File – New Scene 버튼을 클릭한다.

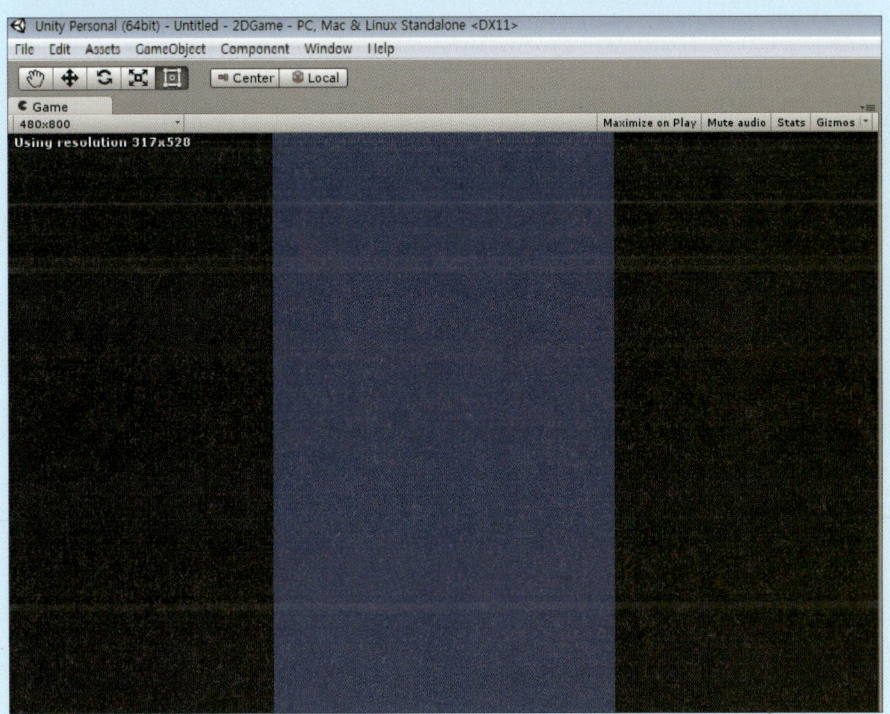

그림 34 새로 씬을 만들기 전에 반드시 File – Save Scene 를 통해 저장해야 한다.

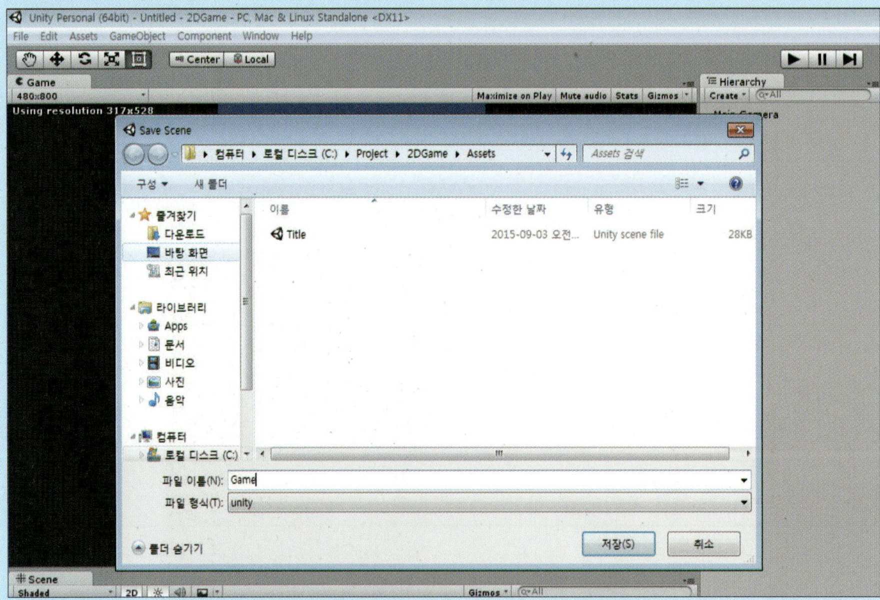

그림 35 File － Save Scene 을 통해 저장한다.

07 완료가 되면 타이틀을 더블클릭하여 다시 타이틀 씬(Scene)으로 이동한다.

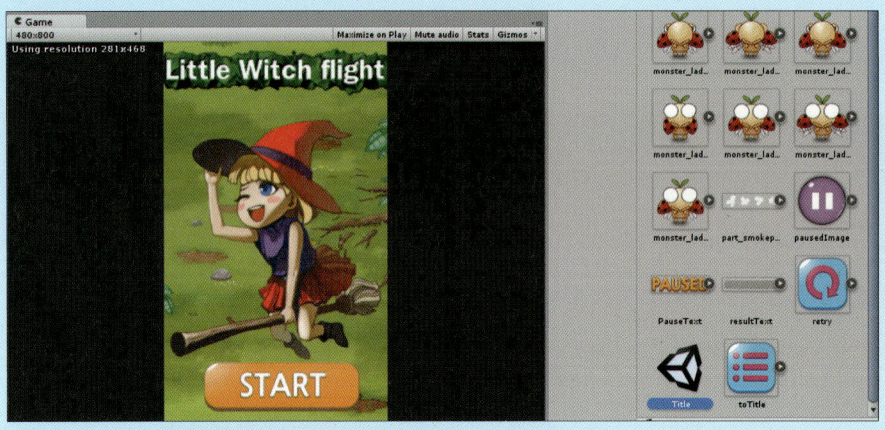

그림 36 완료되면 타이틀을 더블클릭하여 다시 타이틀 씬으로 이동한다.

08 완료가 되면 씬을 이동하기 위하여 스크립트를 제작하자. 프로젝트 뷰(Project)로 여러분이 작업할 스크립트를 만든다. Source 폴더를 만든 후 Event.cs 파일을 만든다.

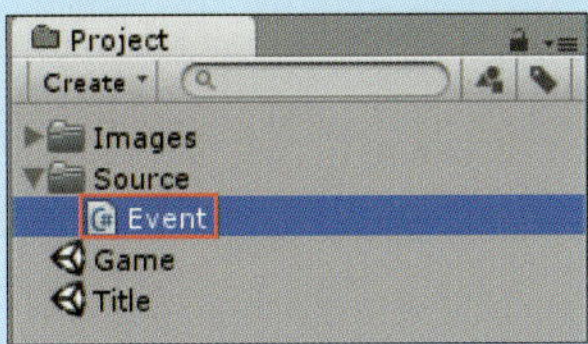

09 저자는 프로젝트 뷰에 있는 이미지를 정리하기 위해 Images 폴더를 만든 후 이미지 파일만 이동한다.

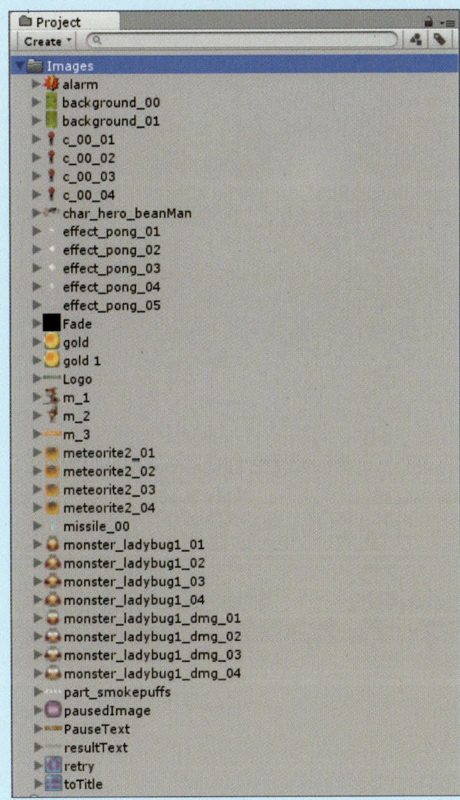

10 이미지 정리가 끝났다면 씬을 이동하기 위해 작업을 진행한다. Event.cs 스크립트를 열어 소스코드를 작성한다.

소스 부록 2-1 ToGame 함수로 씬을 이동하는 코드이다.

```
using UnityEngine;
using System.Collections;
```

```
public class Event : MonoBehaviour
{
    public void ToGame()
    {
        Application.LoadLevel("Game");
    }
}
```

11 Event 소스코드 작업이 완료가 되었다면. 작동을 시키기 위해 게임 오브젝트를 만든다.

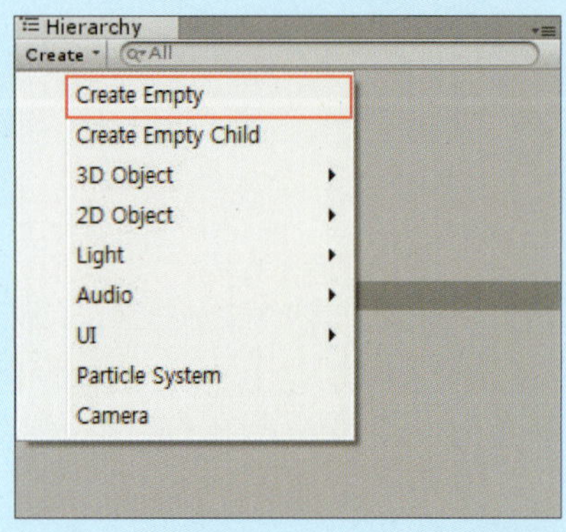

12 완료가 되면 게임 오브젝트 이름을 Event로 만들고 제작한 Event.cs 파일을 붙인다.

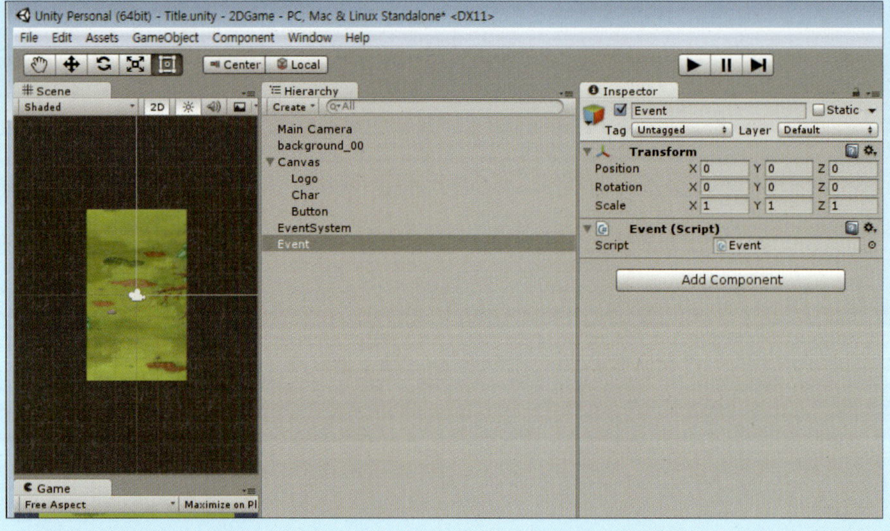

13 그리고 유니티에서 작업할 씬을 등록해주어야 한다. [File – Building Settings〉]로 이동한다. 그런 다음 제작한 씬을 드래그하여 연결한다.

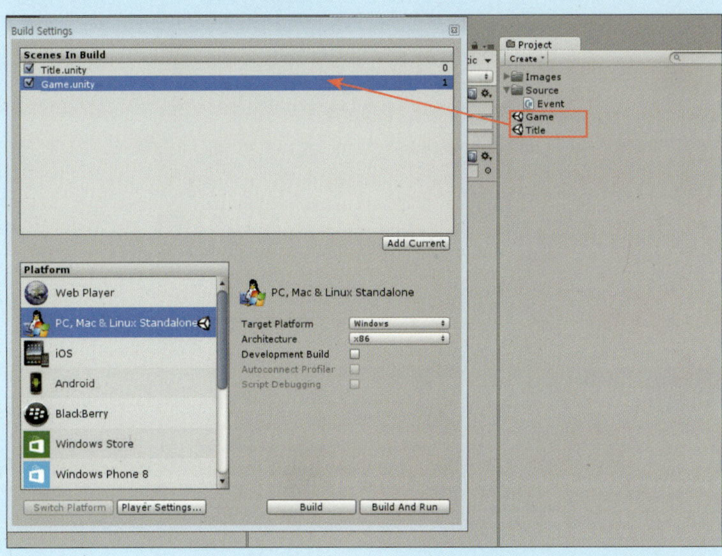

14 이번에는 마지막으로 여러분이 제작한 Event.cs 스크립트에 있는 ToGame( ) 함수를 버튼 클릭시 호출하도록 하자. 먼저 계층 뷰(Hierarchy)에 있는 Button 게임 오브젝트에 있는 Button 컴포넌트에 On Click( ) 이벤트를 추가하도록 하자. + 버튼을 클릭하면 만들 수 있다.

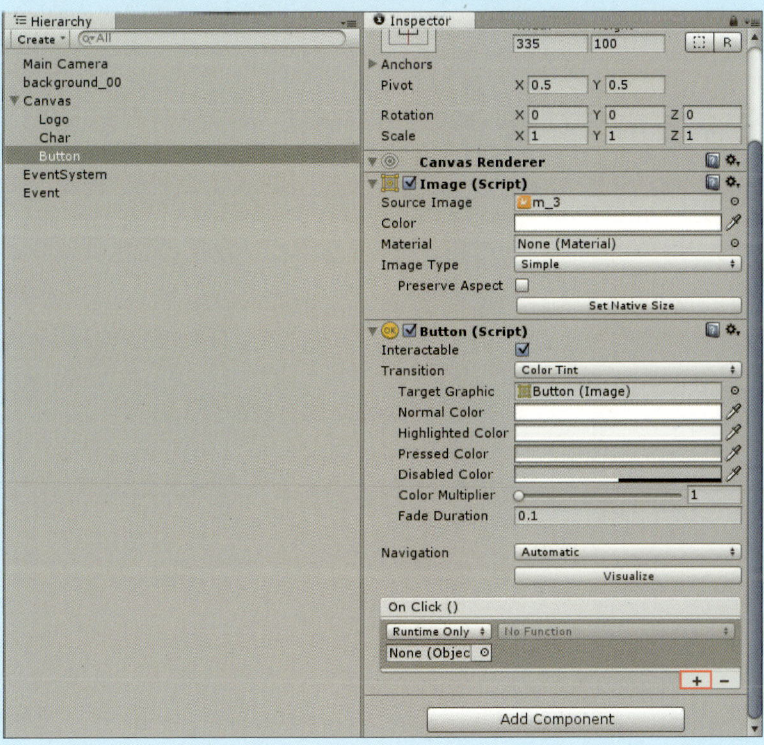

15 이번에는 Event 게임오브젝트를 On Click 이벤트에 연결한다.

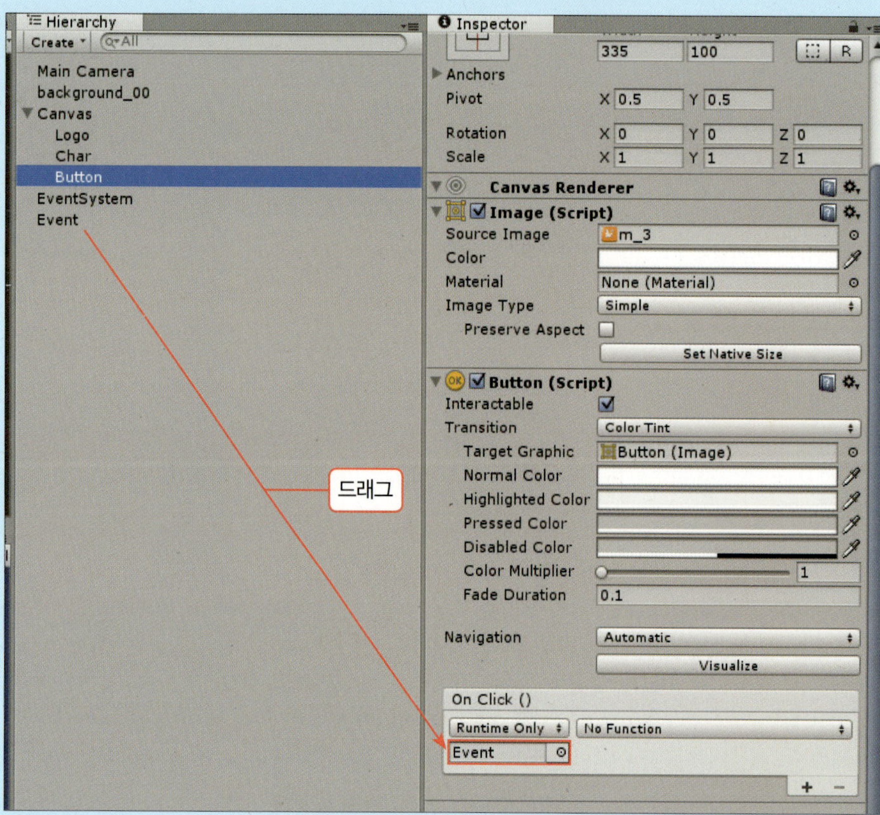

16 NoFunction 부분을 클릭한 후 ToGame( ) 함수를 지정해주면 씬 이동 작업이 완료된다.

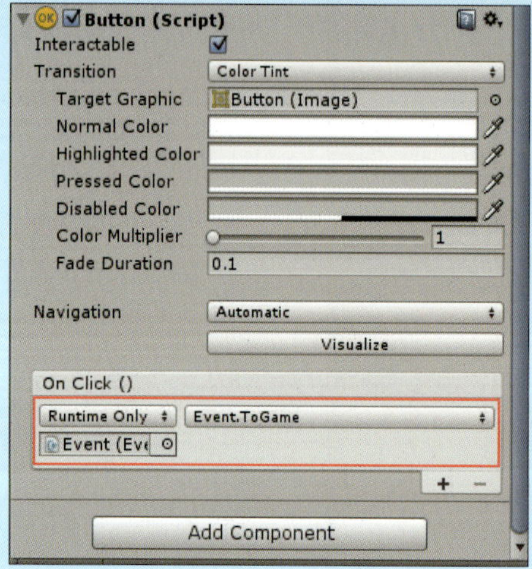

6 게임 제작하기

이번 게임 씬에서의 플레이어 기능은 미사일 공격, 이동 죽음 처리 등을 진행할 것이다. 그리고 적을 구현하도록 한다.

❶ 플레이어 이동

01 먼저 Game 씬으로 이동한 후 앞의 **2**-**5**처럼 배경을 똑같이 제작한다.

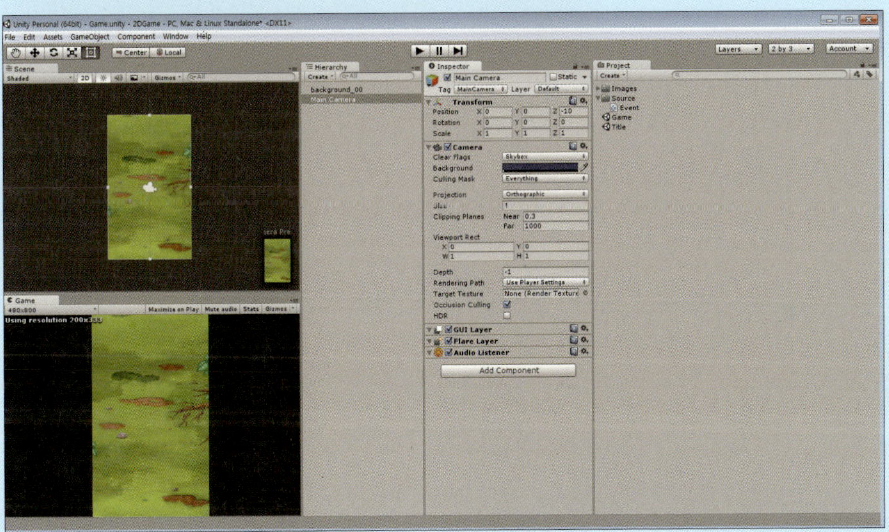

02 완료되었으면 주인공을 추가한다.

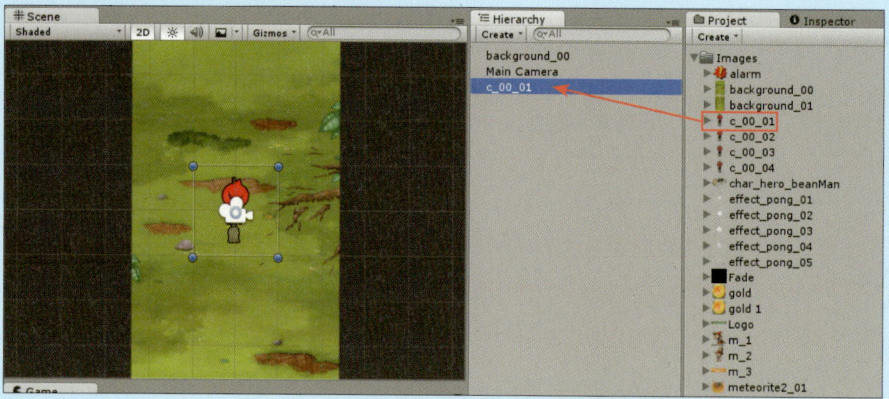

03 완료되었으면 둥둥 떠다니는 애니메이션 작업을 처리한다. Project — Create ▾ — Animator Controller 를 이용하여 애니메이터 컨트롤러 파일을 만든다.

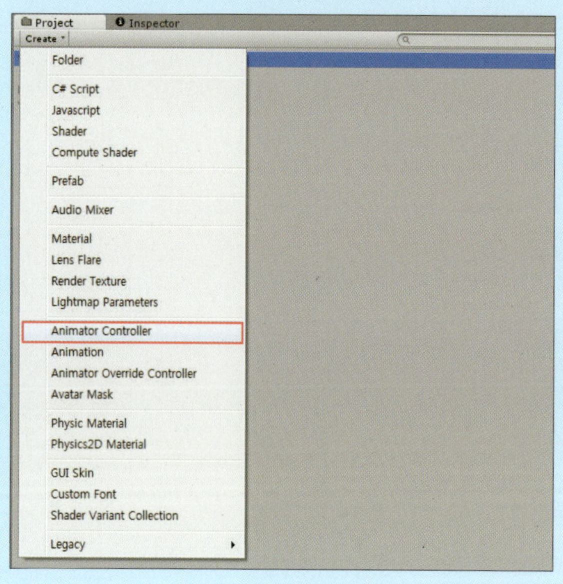

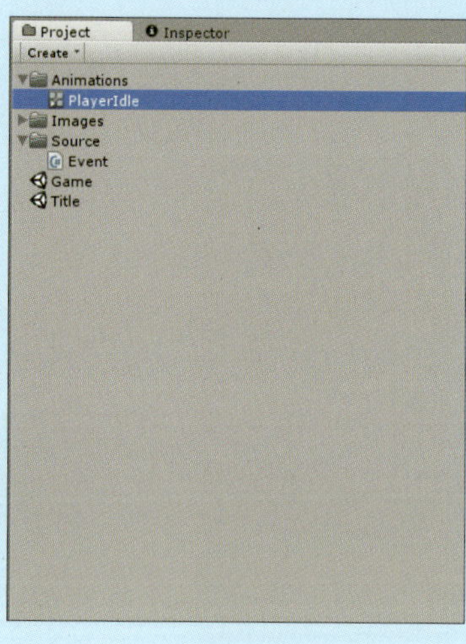

04 좀 더 자세한 애니메이션 제작 방법은 본문 [4장 유니티 2D Sprite]를 참조하거나 부록에 제공되는 소스 코드를 참조한다. 계층 뷰(Hierarchy)에 있는 c_00_01 게임 오브젝트를 Player 변경을 한다. 그리고 Animator 컴포넌트를 붙인다.

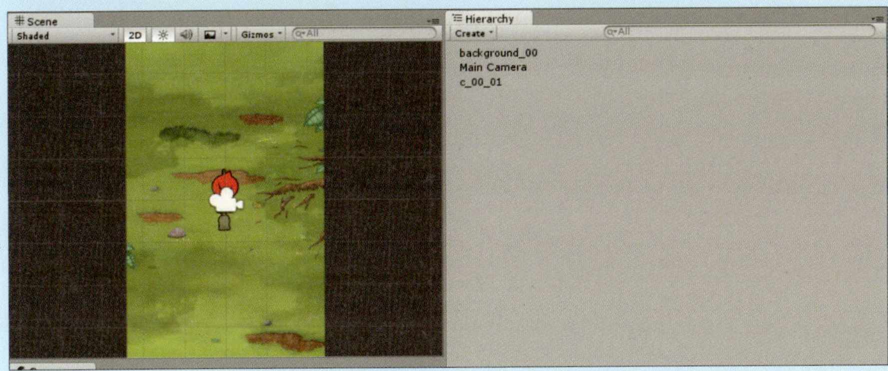

05 c_00_01을 Player 변경한다.

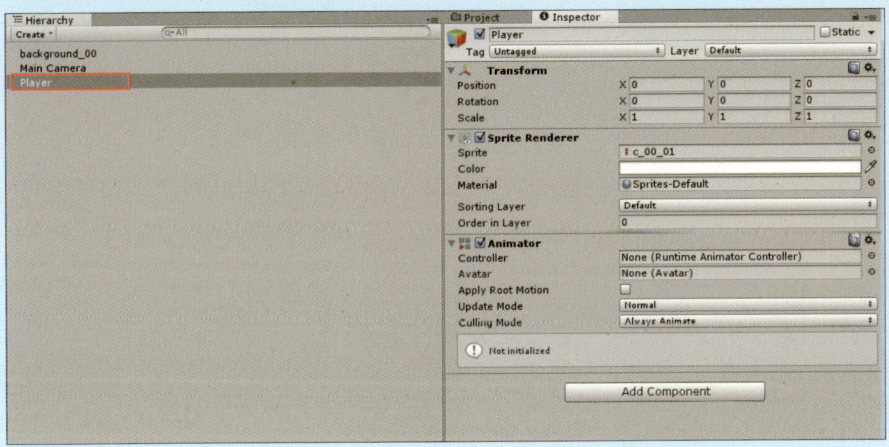

06 계층 뷰(Hierarchy) 에 있는 Player 게임 오브젝트의 Animator 컴포넌트에 앞에 제작한 PlayerIdle 애니메이터 컨트롤러(Animator Controller) 파일을 연결한다.

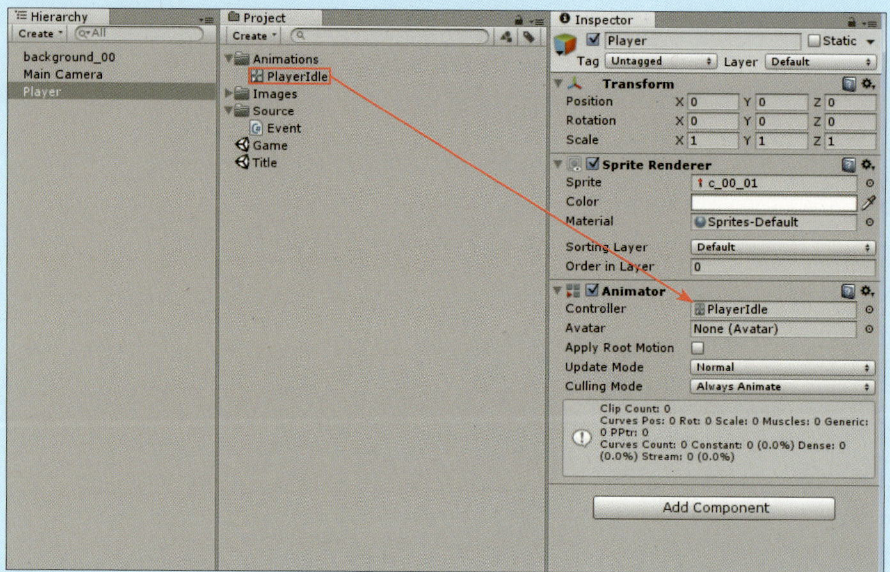

07 애니메이션 편집 작업을 하기 위해 [Window – Animations] 창을 연다.

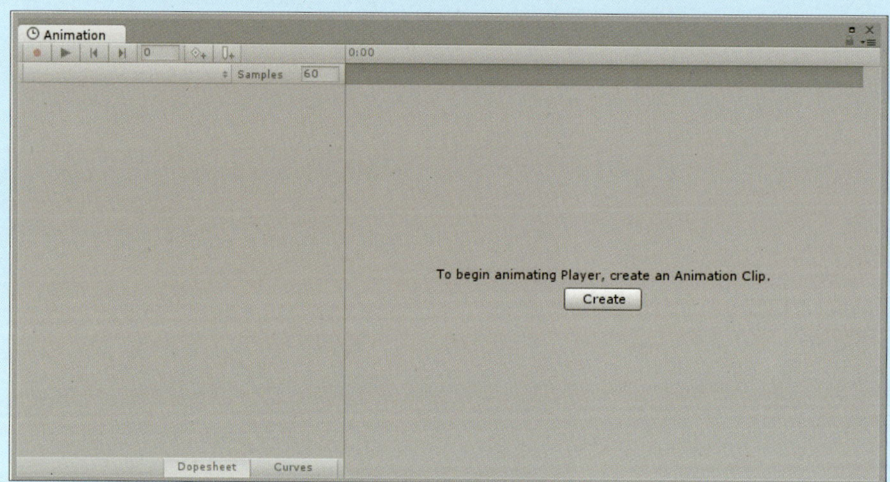

08 애니메이션 정보를 보관할 Animation Clip 파일을 만든다. 우선 계층 뷰(Hierarchy)에 있는 Player 게임 오브젝트를 선택한 후 Animation 창에 있는 [Create] 버튼을 클릭하도록 한다.

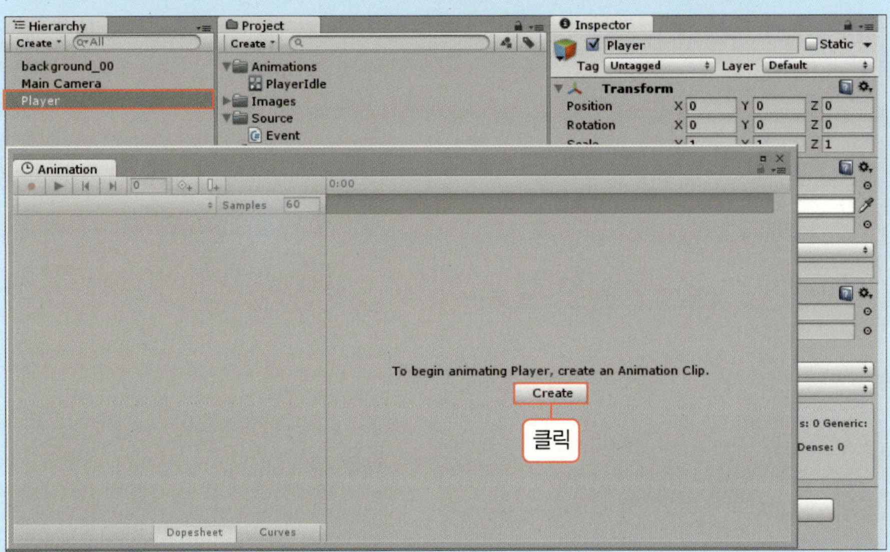

09 Animations 폴더에 'Idle'이라고 저장한다.

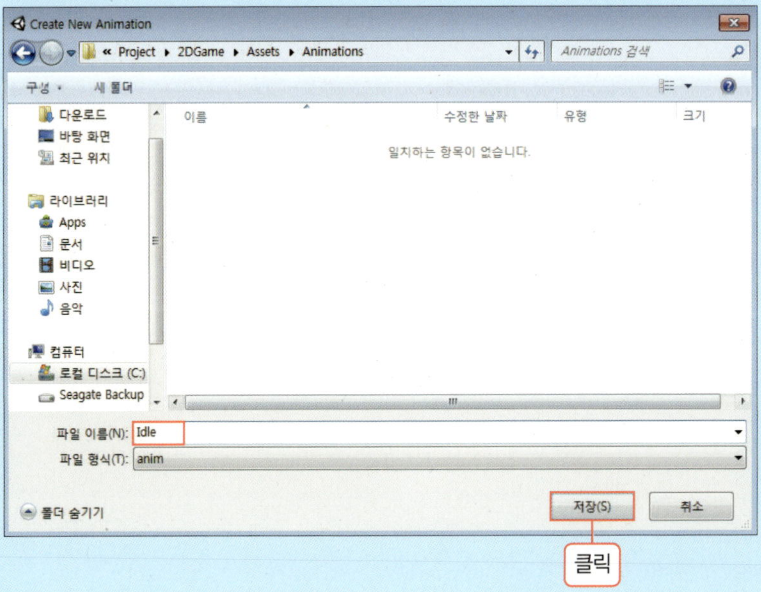

10 플레이어 이미지를 Animation 창에 드래그한다.

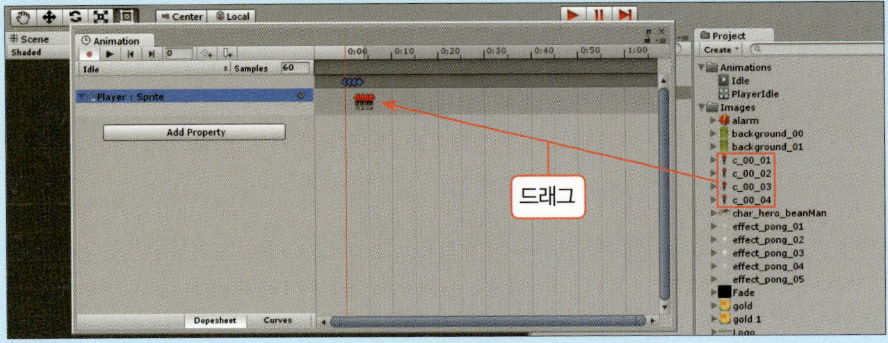

11 애니메이션 프레임 속도를 조정하기 위해 Samples 60 값을 8 정도로 수정한다.

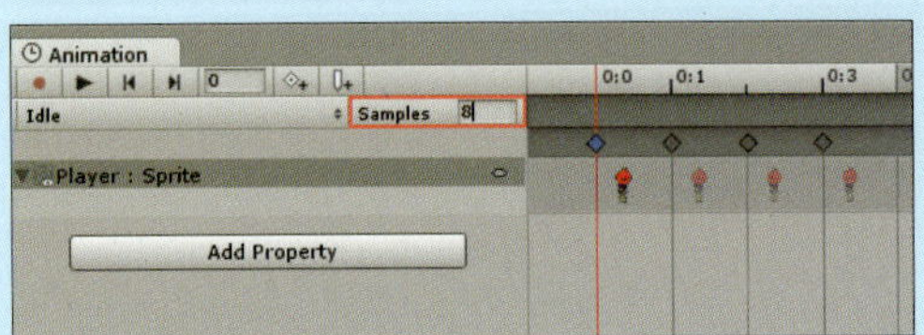

12 애니메이션 편집 작업이 완료되었으면 이번에는 플레이어 이동 처리를 위해 PlayerMove 컴포넌트를 만들어 Player 게임 오브젝트에 붙인다. 키보드 방향키의 왼쪽, 오른쪽을 누르면 이동이 가능할 것이다.

```csharp
using UnityEngine;
using System.Collections;

public class PlayerMove : MonoBehaviour
{
    public float speed = 5;

    void Start ()
    {
    }

    void Update ()
    {
        float dirX = Input.GetAxis("Horizontal");
        float velocityX = dirX * speed * Time.deltaTime;
            this.transform.Translate(velocityX, 0, 0);
            this.transform.position =
                new Vector3(Mathf.Clamp(this.transform.position.x, -2, 2), 0, 0);
    }

}
```

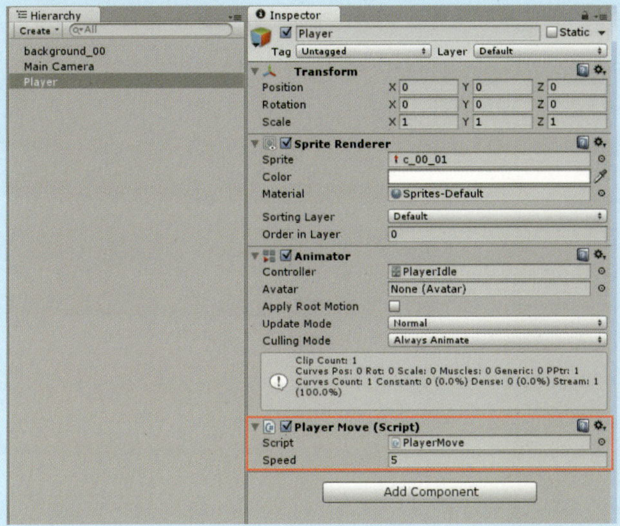

❷ 플레이어 미사일 시스템 구축

01 먼저 미사일 이미지를 게임 오브젝트로 만든다.

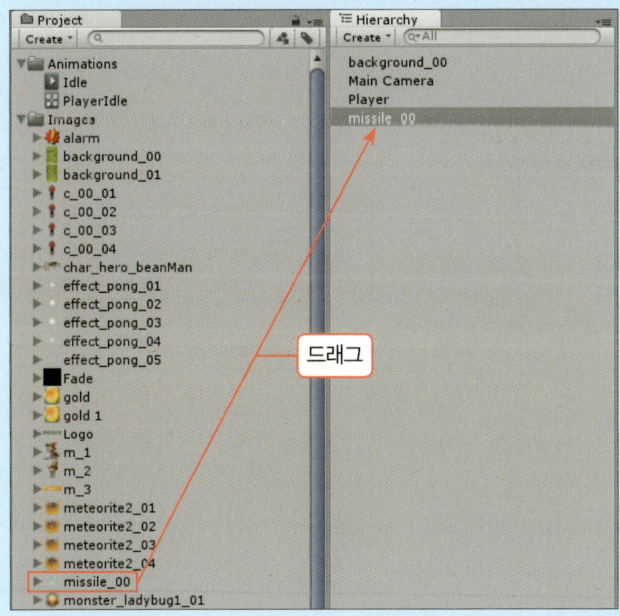

02 이미지 그리는 순서를 설정하기 위해 Sorting Layer로 등록한다. Edit – Project Settings – Tags and Layers 를
실행한다.

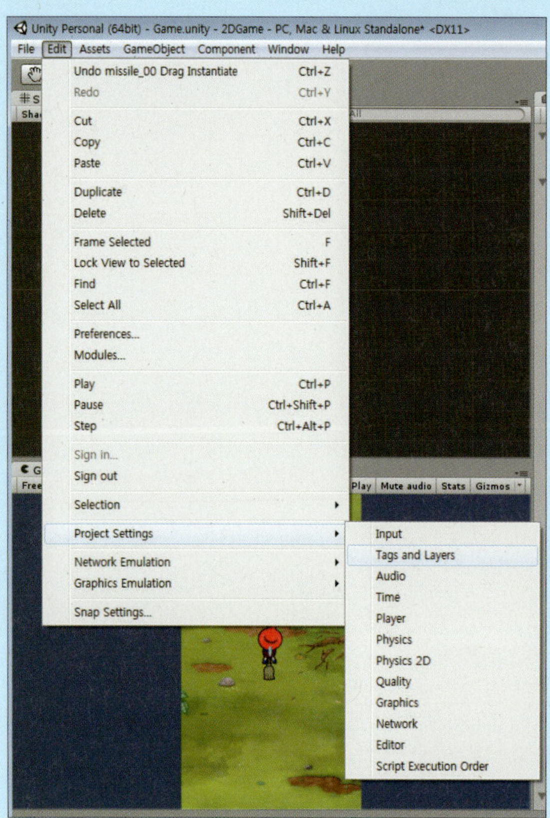

03 그리는 순서 작업을 하기 위해 BG, Player, Missile을 등록한다.

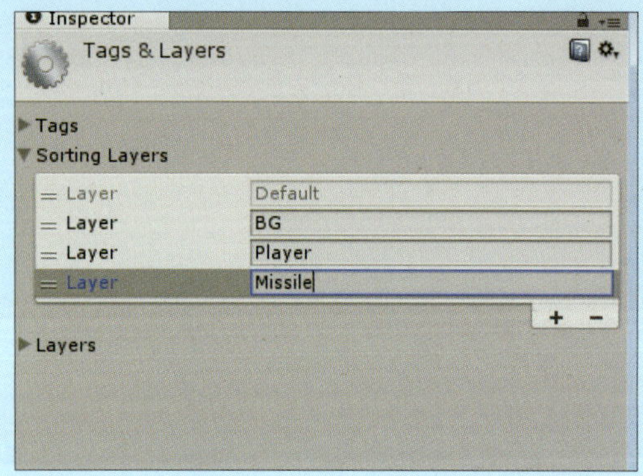

04 완료가 되면 게임 오브젝트를 Sorting Layer 값에 Sprite Renderer 컴포넌트를 설정한다.

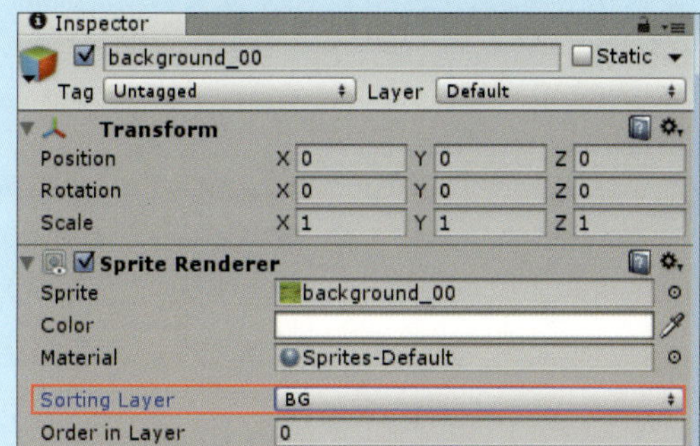

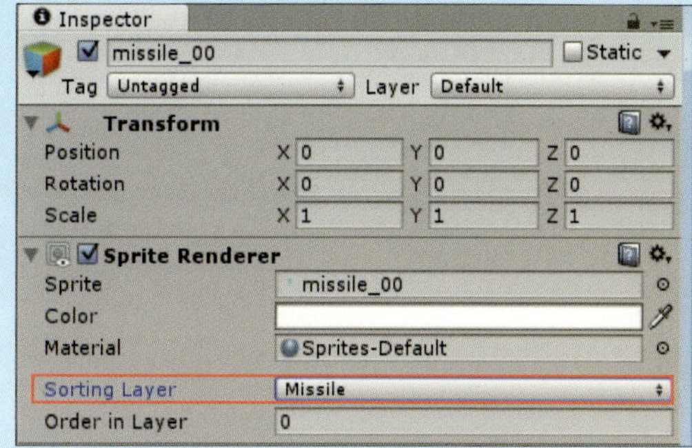

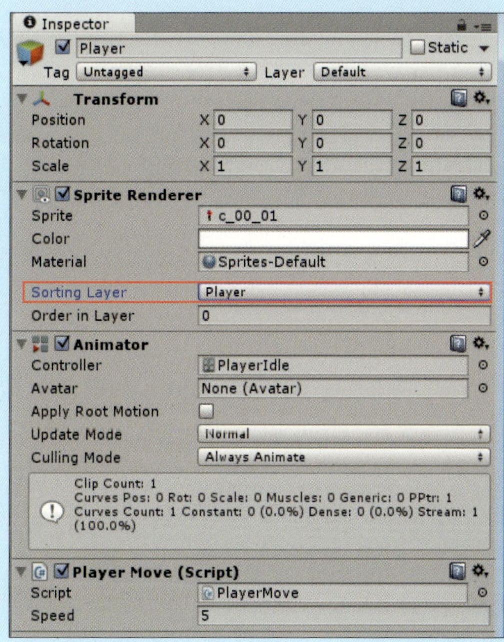

05 완료가 되면 Missile_00 게임 오브젝트가 정상적으로 출력될 것이다. Missile_00 게임 오브젝트에 Box Collider 2D, Rigidbody2D, Missile 컴포넌트를 붙인다. Missile 컴포넌트는 Missile이 위로 올라가게 하는 역할을 한다.

```csharp
using UnityEngine;
using System.Collections;

public class Missile : MonoBehaviour
{

    Rigidbody2D rig = null;

    void Start()
    {
        rig = GetComponent<Rigidbody2D>();

        rig.velocity = new Vector2(0, 10);
    }

    void Update()
    {
    }
}
```

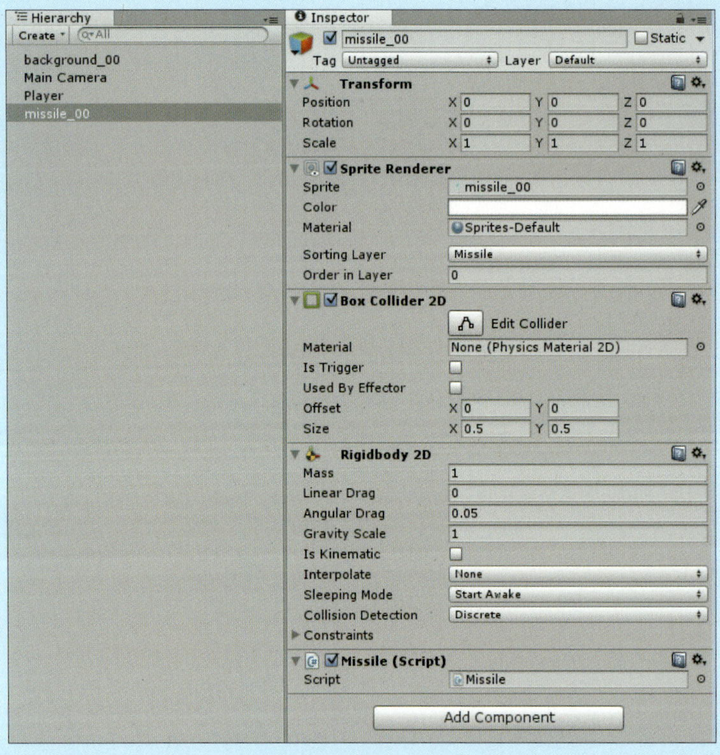

06 완료가 되면 작업한 Missile 파일을 프리팹 파일로 만든다. Missile_00 게임 오브젝트를 프로젝트 뷰 (Project)로 드래그한다.

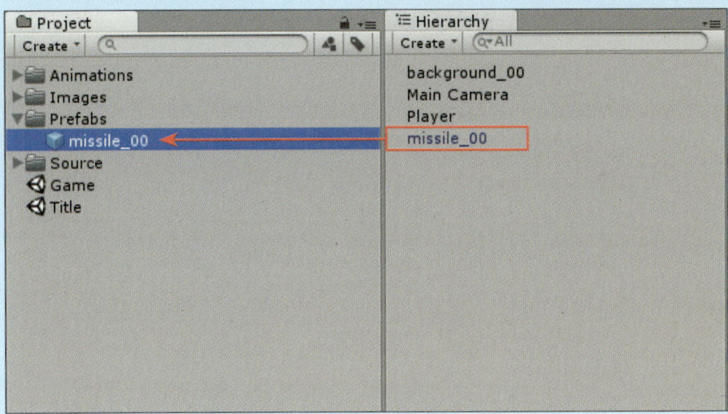

07 이번에는 미사일이 여러 발 나가도록 만들기 위해 MissileProcess 컴포넌트를 만든 후 Player 게임 오 브젝트에 붙인다.

```csharp
using UnityEngine;
using System.Collections;

public class MissileProcess : MonoBehaviour
{
    float interval = 0;
    public float intervalMax = 1;
    public GameObject missile = null;


    void Update()
    {

        interval += Time.deltaTime;
        if (interval > intervalMax)
        {
            //int a;
            //a = 10;
            GameObject obj = Instantiate(missile);
            obj.transform.position = this.transform.position;

            //print (interval);
            interval = 0;
        }

    }
}
```

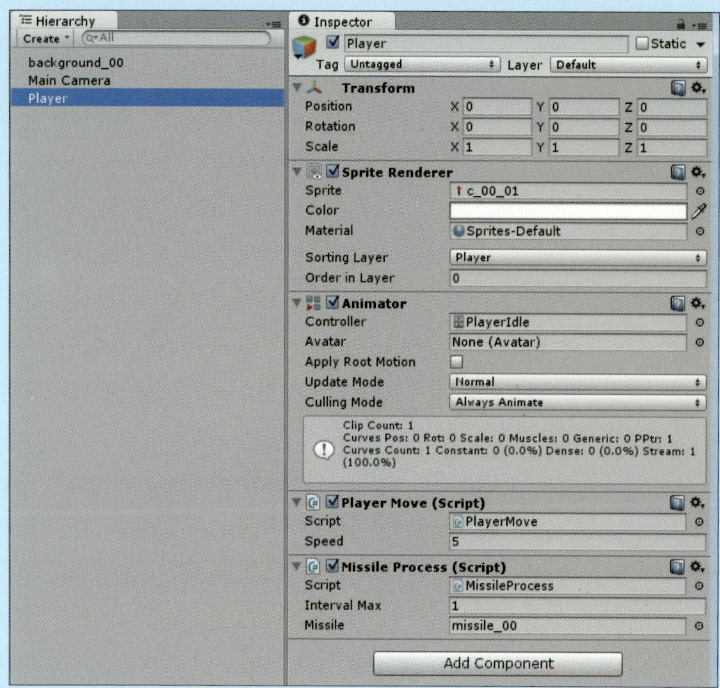

08 MissileProcess 컴포넌트의 Missile에 Missile_00 프리팹 파일을 연결한다.

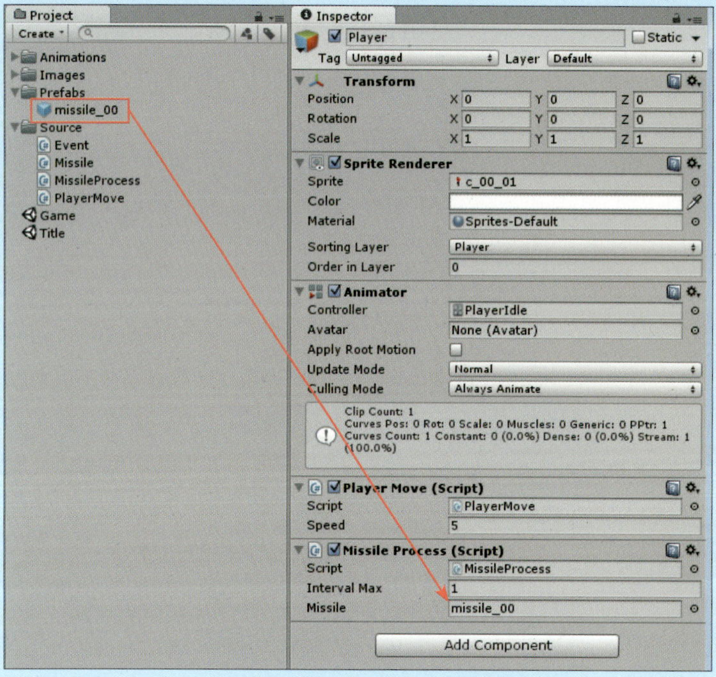

09 일정 시간마다 한 번씩 총알이 나가게 될 것이다.

7 몬스터 구현하기

01 플레이어 작업과 동일하게 먼저 몬스터 게임 오브젝트를 만든다.

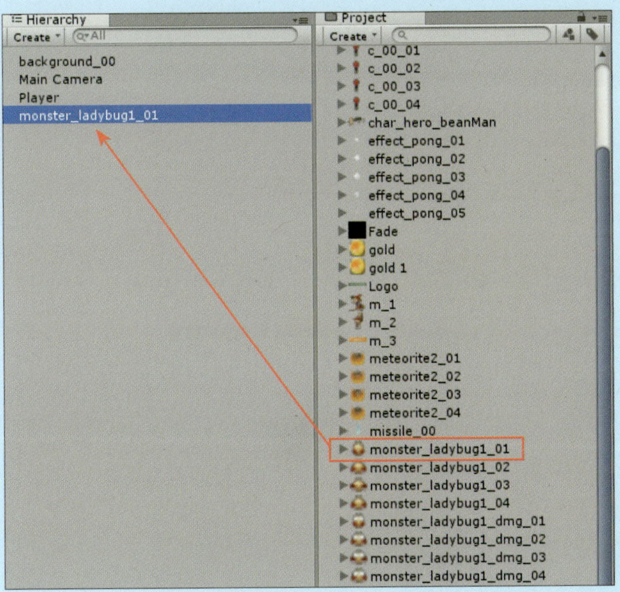

02 monster_ladybug1_01 게임 오브젝트를 이름을 Monster로 변경한다. 그리고 게임 오브젝트를 만들어도 게임 뷰, 씬 뷰에 제대로 출력되지 않을 것이다. 그 이유는 Sorting Layer가 설정되지 않았기 때문이다. Sorting Layer 세팅은 소스 코드를 참조하도록 한다.

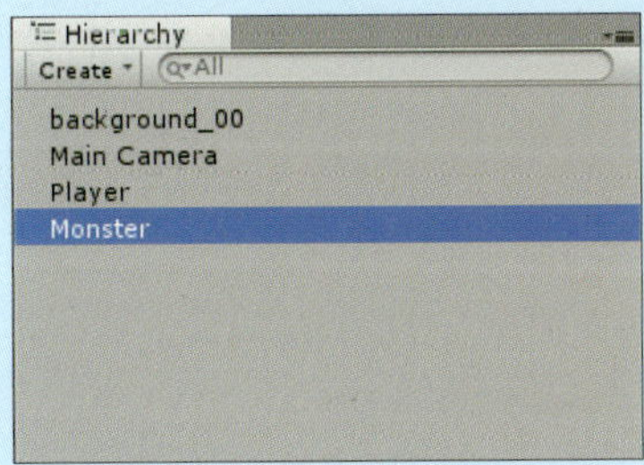

03 Monster 애니메이션도 플레이어와 동일하게 애니메이션 작업한다. 소스 코드를 참조한다.

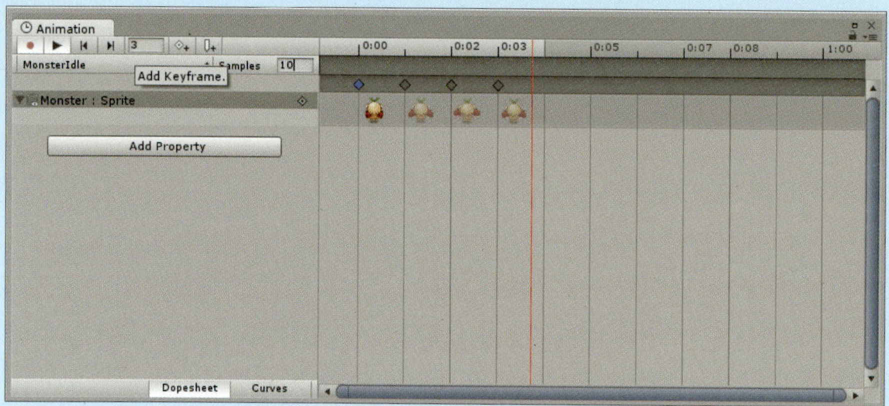

04 몬스터에 Damage, Die 애니메이션을 추가할 것이다. MonsterIdle 버튼을 클릭한 후 [Create New Clip] 버튼으로 나머지 애니메이션을 추가 한다(소스 코드 참조).

05 Monster 게임 오브젝트에 충돌을 처리할 Box Collider 컴포넌트, 물리 처리를 위한 Rigidbody2D 컴포 넌트 등을 추가하도록 한다. 그리고 마지막으로 Monster 컴포넌트를 직접 만들어 추가한다.

```csharp
using UnityEngine;
using System.Collections;

public class Monster : MonoBehaviour
{
    public int hp = 5;
    Animator ani = null;
    Rigidbody2D rig = null;

    void Start()
```

```csharp
{
    ani = GetComponent<Animator>();
    rig = GetComponent<Rigidbody2D>();
    rig.velocity = new Vector2(0, 0);
}

void ToIdle()
{
    ani.Play("MonsterIdle");
}

void Die()
{
    Destroy(this.gameObject);
}

void OnTriggerEnter2D(Collider2D other)
{
    hp--;
    ani.Play("MonsterDamage");
    int layerIndex = other.gameObject.layer;
    int missileIndex = LayerMask.NameToLayer("Missile");
    if (layerIndex == missileIndex)
    {
        Destroy(other.gameObject);
    }


    if (hp == 0)
    {
        BoxCollider2D coll = GetComponent<BoxCollider2D>();
        coll.enabled = false;
        ani.Play("MonsterDead");
    }
}
```

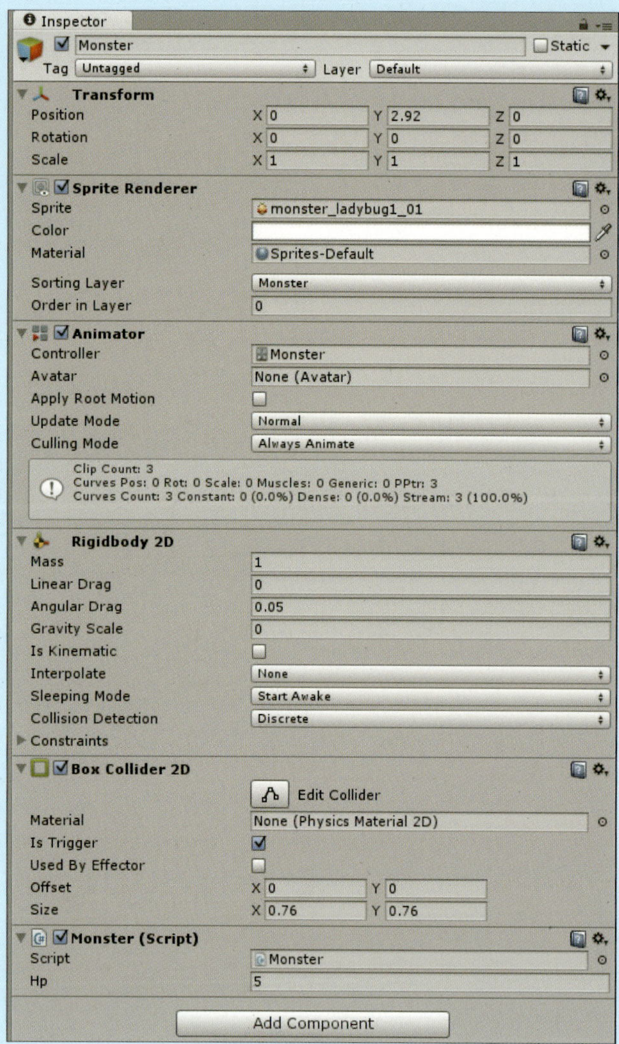

06 몬스터가 여러 마리 나오도록 하기 위해 몬스터도 미사일과 동일하게 프리팹으로 만든다.

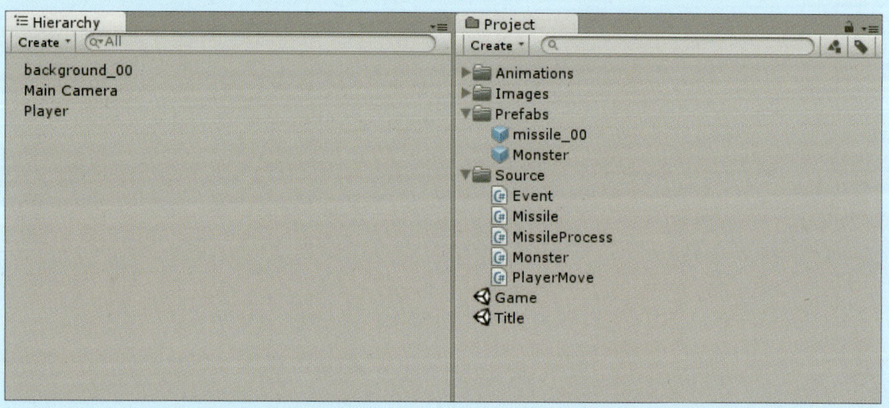

```csharp
using UnityEngine;
using System.Collections;

public class MonsterManager : MonoBehaviour
{
    public GameObject monster = null;
    public float intervalMax = 3;
    float interval = 0;

    void Update()
    {

        interval += Time.deltaTime;
        if (interval > intervalMax)
        {
            int startX = -2;
            for (int i = 0; i < 5; i++)
            {
                GameObject obj = Instantiate(monster);
                obj.transform.position = new Vector2(startX, 8);
                startX++;
            }

            interval = 0;
        }

    }
}
```

08 완료가 되면 몬스터가 출력되는 것을 확인할 수 있다.

8 플레이어 죽음 처리

01 PlayerState 컴포넌트를 만들어 플레이어의 죽음을 처리한다. 플레이어와 몬스터가 부딪히면 타이틀 화면으로 이동한다. PlayerState 컴포넌트를 만들어 Player 게임 오브젝트에 붙인다.

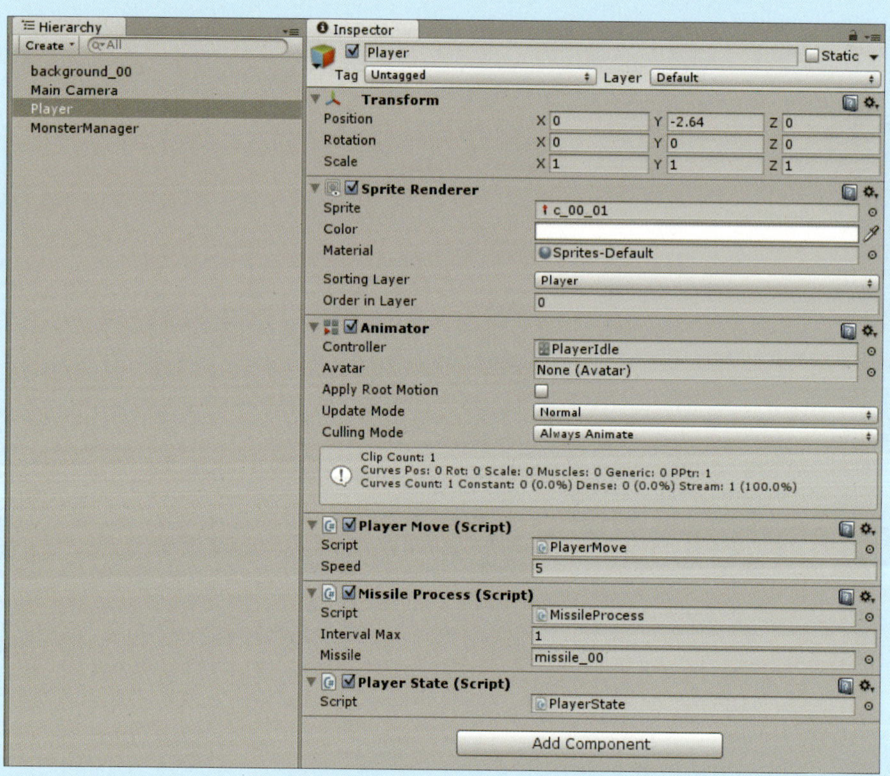

02 PlayerState 스크립트를 제작한다.

```csharp
using UnityEngine;
using System.Collections;

public class PlayerState : MonoBehaviour
{

    void OnTriggerEnter2D(Collider2D other)
    {
        int layerIndex = other.gameObject.layer;

        if (layerIndex == LayerMask.NameToLayer("Monster"))
        {
            Application.LoadLevel("Title");
        }

    }

}
```

03 몬스터와 플레이어가 부딪히면 타이틀 씬으로 이동한다.

```csharp
if (layerIndex == LayerMask.NameToLayer("Monster"))
{
    Application.LoadLevel("Title");
}
```

04 위는 부딪히는 대상의 레이어가 Monster라면 Title로 이동하라는 의미의 소스 코드이다. 따라서 몬스터의 레이어를 세팅해야 한다. 먼저 레이어(Layer) 등록한다. [Edit – Project Setting – Tag and Layers]를 실행한다. Missile, Monster도 등록한다.

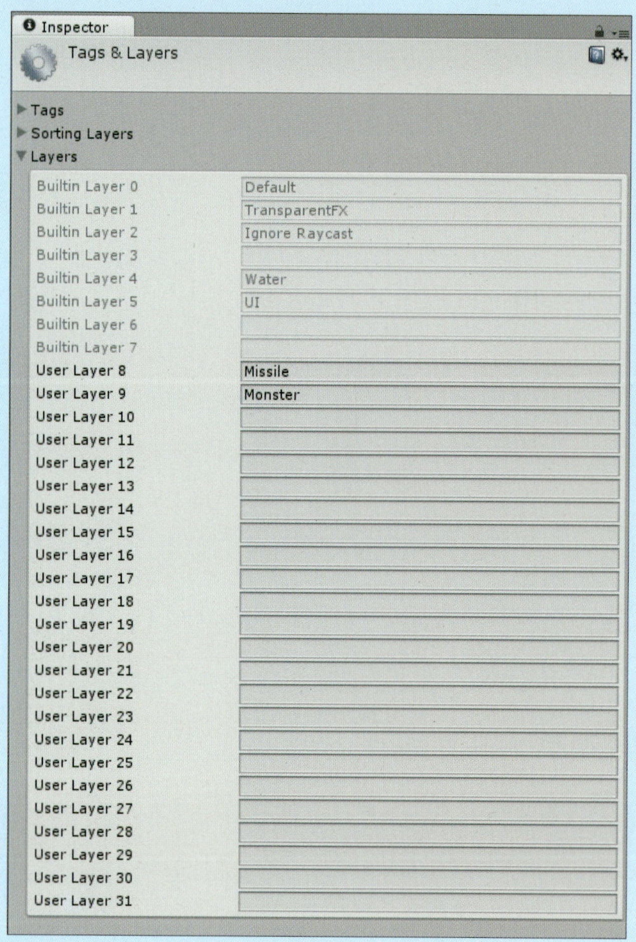

05 Monster 프리팹으로 Monster 게임 오브젝트를 만들기 때문에 Monster 프리팹 레이어를 Monster로 설정해야 한다.

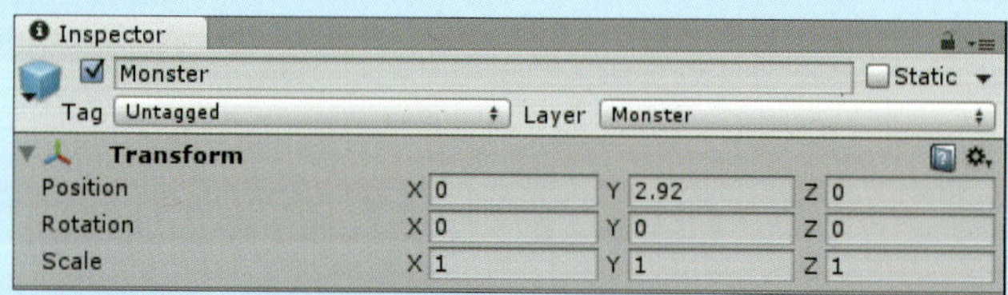

　여기까지 우리는 간단한 UI 작업 플레이어 제작 몬스터 제작 방법에 대해 알아보았다. 완성된 소스코드는 성안당 홈페이지에서 다운로드 할 수 있다.